U0801237

CASIO *fx*-5800P 编程计算器
公路与铁路施工测量程序
(第2版)

覃　辉　段长虹　编著

同济大学出版社
TONGJI UNIVERSITY PRESS

内 容 提 要

第2版是一本全新的图书。书中的QH2－7T与QH2－8T程序都具有三维中边桩坐标正、反算，路基超高及边桩设计高程计算，边坡坡口与坡脚计算，桥墩桩基坐标计算，隧道超欠挖计算等功能。QH2－7T为交点法程序，QH2－8T为线元法程序，两个程序均使用数据库子程序输入平竖曲线的全部设计数据。测试程序各项功能所用的案例均取自真实的工程项目，计算数据由项目的施工企业提供。

本书对缓和曲线切线支距坐标计算与坐标反算原理进行了重大改进，使得用QH2－7T与QH2－8T程序计算缓和曲线坐标反算的速度比第1版的相应程序缩短了1/3，且适用于计算任意偏角的缓和曲线。

本书适合于从事公路与铁路施工、监理、勘察设计的工程技术人员使用，也可供高等院校土建类专业师生参考。

图书在版编目(CIP)数据

CASIO fx-5800P编程计算器公路与铁路施工测量程序/覃辉，段长虹编著. --2版. --上海：同济大学出版社(2016.3重印)

ISBN 978-7-5608-4631-6

Ⅰ. ①C… Ⅱ. ①覃…②段… Ⅲ. ①可编程序计算器—程序设计—应用—道路工程—施工测量②可编程序计算器—程序设计—应用—铁路工程—施工测量 Ⅳ. ①U412.2-39②U212.2-39

中国版本图书馆CIP数据核字(2011)第162143号

CASIO fx-5800P编程计算器公路与铁路施工测量程序(第2版)

编　著　覃　辉　段长虹

责任编辑　杨宁霞　　责任校对　徐春莲　　装帧设计　陈益平

封面设计　覃　楠　　插图　覃　辉

出版发行　同济大学出版社　www.tongjipress.com.cn

(地址：上海市四平路1239号　邮编：200092　电话：021－65985622)

经　销　全国各地新华书店

印　刷　同济大学印刷厂

开　本　787mm×960mm　1/16

印　张　18.75

字　数　375000

版　次　2011年8月第2版　2016年3月第5次印刷

书　号　ISBN 978-7-5608-4631-6

定　价　40.00元

第 2 版前言

本书 2009 年 8 月出版后，市场上出现了大量的盗版书。盗版书是将一本正版书拆分后，采用逐页誊印制版的方式印刷的，所以，书中灰底色按键就变得比较黑，较难看清按键内的文字内容。

为了便于读者识别盗版图书，在第 2 版图书中，我们将 8 个浅灰色背景按键——A-LOCK SHIFT ALPHA INS OFF DEL AC/ON EXE，全部替换为深灰色背景按键——A-LOCK SHIFT ALPHA INS OFF DEL AC/ON EXE，如果是誊印制版印刷的盗版图书，上述 8 个深灰色背景按键将全部变成了黑键，基本看不清按键内的文字内容。购书时，如果读者发现图书存在上述问题，说明您购买的是盗版图书，请您向同济大学出版社发行部举报(021-65981186)，并要求经销商为您调换正版图书。因为您花费了正版图书的价钱，购买了一本盗版图书，经销商侵害了您的权利。

本书的 8 个主程序与 33 个子程序(含 2 个案例数据库子程序)全部存储在 T 母机内，请读者到卡西欧(上海)贸易有限公司分布在全国各地的代理商与测绘店就近传输母机程序，卡西欧各地代理商与测绘店名录请登录网站 http://www.casio.com.cn/support/sale/cal 查询。

读者对本书的意见及使用程序时遇到问题，请发电子邮件到 qh-506@163.com 咨询，卡西欧(上海)贸易有限公司不对用户使用本书程序发生的任何问题负责。

有关 fx-5800P 机器事宜请咨询卡西欧(上海)贸易有限公司客服热线(021-62820809)，或发电子邮件到 cai.jiayi@casio.com.cn 邮箱咨询。

T 母机程序清单列于下表，共需要占用 27 082 字节内存。一台 fx-5800P 计算器的总内存为 28 500 字节，用户传输完 T 母机程序后的剩余内存为 28 500－27 082＝1 418 字节，已不足以执行 QH2－7T 与 QH2－8T 程序的超高与边桩设计高程计算、桥墩桩基坐标计算或隧道超欠挖计算等功能。

建议用户最好购买 2 台 fx-5800P 计算器，将 QH2－7T 与 QH2－8T 程序分别存储在 2 台机器内存，分开使用。

T 母机主程序与子程序文件名列表

序	主程序	子程序	总字节数	功能说明
1	QH1－4N		194	坐标反算边长与方位角程序
2	QH1－5		272	基于串列输入数据坐标反算边长与方位角程序
3	QH1－6N		374	高斯平面坐标线性变换程序
4	QH1－7		378	建筑坐标与测量坐标相互变换程序

续表

序	主程序	子程序	总字节数	功能说明
5	QH1—8T		1 640	复数形式任意单一导线近似平差程序具有闭附合导线、单边无定向导线、双边无定向导线、支导线计算功能
6	QH2—7T	SUB2-71,SUB2-72,SUB2-73 SUB2-74,SUB2-75,SUB2-76 SUB2-77,SUB2-78,SUB2-79 SUB2-7A,SUB2-7B,SUB2-7C SUB2-7D,SUB2-7E,SUB2-7F SUB2-7G	12 392（含 16 个子程序）	含断链、基于数据库子程序输入设计数据的交点法任意基本型曲线三维坐标计算程序，具有三维坐标正反算、超高及边桩设计高程计算、边坡开口位置计算、桥墩桩基坐标计算、隧道超欠挖计算等功能
		数据库子程序案例 JD63	160	图 2－13 案例数据库子程序
7	QH2—8T	SUB2-81,SUB2-82,SUB2-83 SUB2-84,SUB2-85,SUB2-86 SUB2-87,SUB2-88,SUB2-89 SUB2-8A,SUB2-8B,SUB2-8C SUB2-8D,SUB2-8E,SUB2-8F	11 438（含 15 个子程序）	含断链、基于数据库子程序输入设计数据的线元法任意路线或匝道曲线三维坐标计算程序，具有三维坐标正反算、超高及边桩设计高程计算、边坡开口位置计算、桥墩桩基坐标计算、隧道超欠挖计算等功能
		数据库子程序案例 JD63-8	234	图 3－1 案例数据库子程序
T 母机程序合计总字节数			27 082	

第 2 版删除了竖曲线计算程序 QH2—10，将其功能分别合并到 QH2—7T 与 QH2—8T 程序中，并将 QH2—7T 与 QH2—8T 程序升级为三维坐标计算程序，其中的 QH2—7T 为交点法计算程序，QH2—8T 为线元法计算程序。

QH2—7T 与 QH2—8T 程序都是通过数据库子程序输入设计数据。在数据库子程序中，要求将路线或匝道的平竖曲线设计数据输入到指定的字母变量与额外变量存储器中，断链桩数据输入到指定的统计串列存储器中，路基标准横断面设计数据输入到 Mat A 矩阵，路基超高横坡设计数据输入到 Mat B 矩阵，桥墩桩基的墩台中心坐标数据输入到 Mat D 矩阵，桥墩墩台中心设计数据输入到 Mat E 矩阵（或将隧道二衬轮廓线主点数据输入到 Mat D 矩阵，围岩洞身支护参数输入到 Mat E 矩阵）。

使用 QH2—7T 与 QH2—8T 程序进行路线施工放样时，需要频繁使用路线附近的已知导线点坐标作为测站点，程序允许用户将最多 10 个导线点的平面坐标输入到 Mat F 矩阵。执行程序时，用户只需要输入测站点号，即可快速选择一个导线点作为测站点。

第 1 版提出并实现了用缓和曲线拟合圆弧计算缓曲线元垂点的初始桩号，对初始桩号加线长改正数计算缓曲线元垂点桩号的精确值，使缓曲线元坐标反算的平均时间缩短至 7 s 以内。但当边桩点非常接近路线或匝道中线时，将会出现线长改正数 dl 公式（2－120）的分母接近于 0 的情形。为此，第 2 版进一步改进了缓曲线元坐标反算的算法。

众所周知，平曲线主点的桩号、中桩坐标及其走向方位角是坐标正反、算的基础数据，但实际上，平曲线坐标反算时，还需要频繁使用圆曲线元与缓曲线元的起讫弦长、圆心坐标、缓曲线元拟合圆弧半径，执行 QH2－7T 与 QH2－8T 程序计算平曲线主点数据的同时，也将圆曲线元与缓曲线元的起讫弦长、圆心坐标、缓曲线元拟合圆弧半径等数据作为主点数据的组成部分存储在额外变量存储器中，这样做可以加快坐标反算的速度。

级数形式的缓和曲线切线支距坐标公式(2－14)取项到底与什么因素有关？应该取多少项才能同时满足精度与计算速度的要求？这一直是工程界争论不休的问题。第1版是取切线支距坐标公式(2－14)的前5项计算，虽然保证了计算精度，但切线支距坐标的计算时间显然偏长。

本书在第2.1节详细证明了缓和曲线切线支距坐标公式(2－14)的取项仅仅与加桩的计算偏角 β 有关，两者的关系如下：

① 计算误差小于1 mm时，式(2－14)第一式的切线坐标 x' 取项规则

a. $\beta \leqslant 7^\circ$ 时，取式(2－14)第一式的级数展开前2项；

b. $7^\circ < \beta \leqslant 25^\circ$ 时，取式(2－14)第一式的级数展开前3项；

c. $25^\circ < \beta \leqslant 50^\circ$ 时，取式(2－14)第一式的级数展开前4项；

d. $\beta > 50^\circ$ 时，使用积分公式(2－12)的第一式计算。

② 式(2－14)第二式的支距坐标 y' 取项规则

a. $\beta \leqslant 14^\circ$ 时，取式(2－14)第二式的级数展开前2项；

b. $14^\circ < \beta \leqslant 37^\circ$ 时，取式(2－14)第二式的级数展开前3项；

c. $37^\circ < \beta \leqslant 65^\circ$ 时，取式(2－14)第二式的级数展开前4项；

d. $\beta > 65^\circ$ 时，使用积分公式(2－12)的第二式计算。

在匝道平曲线(图2－53)或城市道路改造路线平曲线(图2－54)中，某些非完整缓和曲线可能会出现计算偏角 $\beta > 65^\circ$ 的情形，根据上述原则，应使用本书的积分公式(2－12)计算切线支距坐标。

QH2－7T 程序的切线支距坐标计算子程序为 SUB2－72，QH2－8T 程序的切线支距坐标计算子程序为 SUB2－81，这两个子程序都是按照上述计算偏角取项原则编写的，从而使 QH2－7T 程序与 QH2－8T 程序具有任意非完整缓和曲线的计算功能，并且实现了计算精度与速度的最优化。

第1版的单交点基本型平曲线计算程序 QH2－7 要求交点内的第一缓和曲线与第二缓和曲线均应为完整缓和曲线，而第2版的 QH2－7T 程序允许交点内的第一缓和曲线与第二缓和曲线可以是任意的非完整缓和曲线，还可以是交点转角 $\Delta > 180^\circ$ 的回头曲线。

希望广大读者继续将使用程序时遇到的问题及工程案例数据发送到 qh-506@163.com 信箱，以改进我们的工作，更好地为广大用户服务。

编　者

2011年7月

目　　录

3　含断链的线元法任意路线或匝道曲线三维坐标计算程序

1　复数及基于统计串列存储数据的编程方法与程序

复数(complex number)最早出现在解方程中。由于负数无法开根号,所以很多方程无法解,但这些方程确实不能说没有意义,引进复数概念后,方程就可以解了,后来几乎应用于所有需要数学的领域。复数就像负数一样将数集进一步扩展,现在复数依然是最大的数集。

fx-5800P 的复数计算可以在 **COMP** 模式或程序中进行,使用复数编程进行坐标方位角反算与坐标计算,无论是变量输入还是计算公式都比使用实数计算要简便得多,尤其是进行坐标变换计算。

工程用户很少使用复数进行测量计算,一是因为他们不了解复数计算的原理与方法,二是现在的 PC 机程序语言基本没有复数计算函数及语句。其实,使用 fx-5800P 的复数功能进行平面坐标计算,只需要了解很少的复数基本定理,利用 fx-5800P 强大的复数功能就可以轻松实现。复数计算远没有工程用户想象的那样复杂。

本书介绍的全部路线测量程序都是使用复数计算原理编写。使用复数编程进行坐标计算,既可以节省变量,又可以简化程序;用复数的直角坐标格式 $x+y\mathrm{i}$ 显示坐标计算成果时,还可以少按一次 EXE 键,因此,笔者将复数编程的原理设置为第 1 章。

1.1　复数的几何表示方法

复数有式(1-1)所示的直角坐标、极坐标与指数三种表示方法,其中前两种也称复数的几何表示法,fx-5800P 只能对直角坐标格式与极坐标格式的复数进行计算。

$$z = x + y\mathrm{i} = r\angle\theta = r\mathrm{e}^{\mathrm{i}\theta},\quad 要求\ r > 0 \tag{1-1}$$

1) 直角坐标表示法

复数的直角坐标格式为 $z = a + b\mathrm{i}$,称 a 为复数的实部(real part),b 为复数的虚部(imaginary part),$\mathrm{i}^2 = -1$,按 i 键输入 i。

如果将一个复数存入字母变量 **B**,则 **ReP(B)** 为提取复数变量 **B** 的实部,**ImP(B)** 为提取复数变量 **B** 的虚部,按 FUNCTION 2 4 键输入 **ReP(**,按 FUNCTION 2 5 键输入 **ImP(**,按 FUNCTION 2 键为调出复数函数菜单,结果见图 1-1(b)所示。

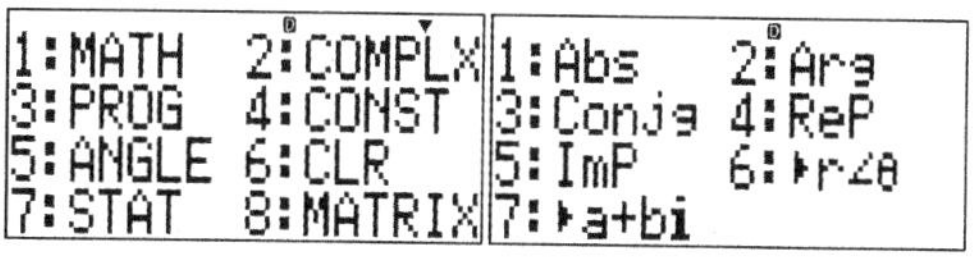

(a)　(b)

图 1-1　复数函数菜单

复数的几何意义是一个复数对应于一个复平面上的点。在图 1-2(a)所示的笛卡尔坐标系中,是以横轴为实数轴,纵轴为虚数轴,象限为逆时针编号;而在图 1-2(b)所示的测量高斯平面直角坐标系中,是以纵轴为实数轴,横轴为虚数轴,象限为顺时针编号。

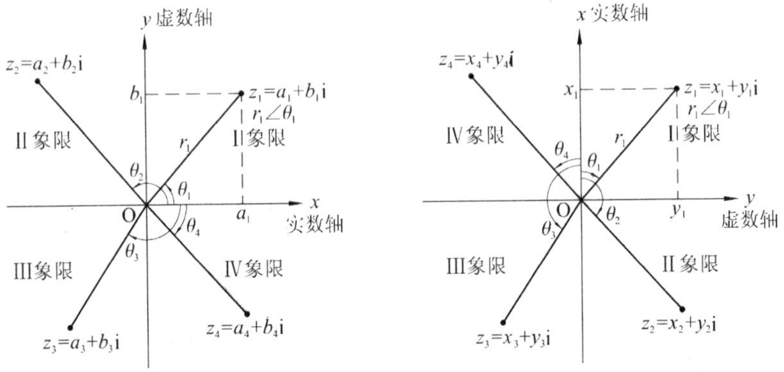

(a) 数学笛卡尔坐标系复平面　　(b) 测量高斯平面直角坐标系复平面

图 1-2　复数的直角坐标表示法与极坐标表示法的关系

[例 1-1]　试分别计算复数函数$(1.5+2.5i)^2$ 与$\sqrt{1.5+2.5i}$的值。

[解]　按 [SHIFT] [SETUP] [8] [1] 键,设置 **Norm 1** 格式显示数值。按 [(] **1.5** [+] **2.5** [i] [)] [x^2] [EXE] 键,结果见图 1-3(a)所示;按 [AC/ON] [√■] **1.5** [+] **2.5** [i] [)] [EXE] 键,结果见图 1-3(b)所示。

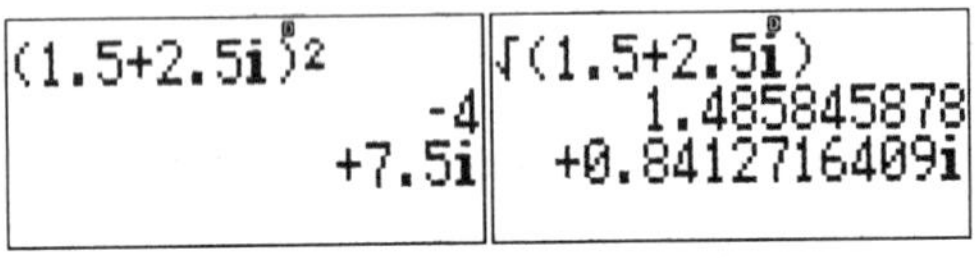

(a)　　(b)

图 1-3　在 **COMP** 模式输入直角坐标复数计算案例

* **本书约定,为了节省篇幅,凡是键入用于计算的数字,一律不用方框数字符号。**

2) 极坐标表示法

复数的极坐标格式为 $z=r\angle\theta$, r 为复数 z 的模(absolutevalue), θ 为复数 z 的辐角(argument),按 [SHIFT] [∠] 键输入∠。辐角的单位应与计算器的当前角度单位相同。

如果将一个复数存入字母变量 **B**,则 **Abs(B)** 为计算复数变量 **B** 的模,**Arg(B)** 为计算复数变量 **B** 的辐角,按 [FUNCTION] [2] [1] 或按 [FUNCTION] [1] [▼] [1] 键输入 **Abs(**,按 [FUNCTION] [2] [2] 键输入 **Arg(**,按 [FUNCTION] [2] 键为调出复数函数菜单,结果见图 1-1(b)所示。

按极坐标格式 $r\angle\theta$ 输入复数时,要求 $r>0$, $r<0$ 时机器将出错。例如,在 **COMP** 模式,按键 **2** [SHIFT] [∠] **-45** [°’”] [EXE],结果为 **1.414213562-1.414213562i**;如果按 **-2** [SHIFT] [∠] **-45** [°’”] [EXE] 键,屏幕显示错误信息“**Math ERROR**”。

复数 $z = a + bi$ 的辐角 θ 定义为以实数轴为 0 方向，取值范围为 0°～±180°的水平角。

在图 1-2(a)所示的笛卡尔坐标系中，当 z 点位于Ⅰ、Ⅱ象限时，辐角 θ 为逆时针角，取值范围为 0°～+180°；当 z 点位于Ⅲ、Ⅳ象限时，辐角 θ 为顺时针角，取值范围为 0°～-180°。

在图 1-2(b)所示的测量高斯平面直角坐标系中，当 z 点位于Ⅰ，Ⅱ象限时，辐角 θ 为顺时针角，取值范围为 0°～+180°；当 z 点位于Ⅲ、Ⅳ象限时，辐角 θ 为逆时针角，取值范围为 0°～-180°。

使用辐角函数 **Arg** 算出的辐角 θ 与极坐标函数 **Pol** 算出的辐角定义是相同的，使用 **Arg** 函数计算边长复数的测量坐标方位角 α 时，算出的辐角 $\theta > 0$，则 $\alpha = \theta$；算出的辐角 $\theta < 0$ 时，则 $\alpha = \theta + 360°$。

［例 1-2］ 试计算复数 1.5+2.5i 的模与辐角。

［解］ 按 SHIFT SETUP 3 (**Deg**)键设置角度单位为十进制度，按 FUNCTION 2 1 **1.5** + **2.5** i) EXE 键，结果见图 1-4(a)所示；按 AC/ON FUNCTION 2 2 **1.5** + **2.5** i) EXE 键，结果见图 1-4(b)所示；按 °’” 或 SHIFT ← 键可将其转换为六十进制角度显示，结果见图 1-4(c)所示。

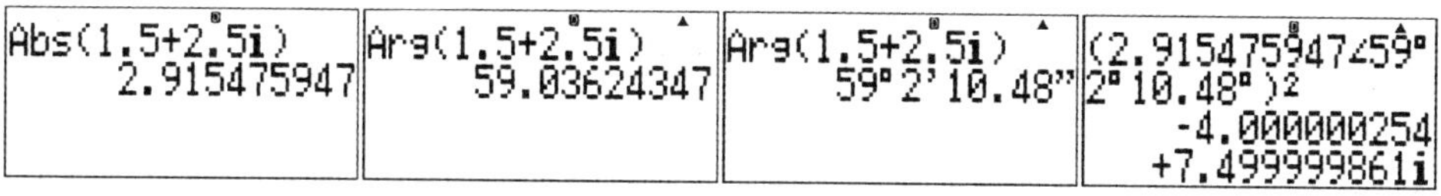

(a) (b) (c) (d)

图 1-4 计算复数的模与辐角和极坐标格式复数计算案例

［例 1-3］ 试计算复数 2.915 475 947∠59°2′10.48″的平方。

［解］ 按 SHIFT SETUP 3 (**Deg**)键设置角度单位为十进制度，按 AC/ON (**2.915475947** SHIFT ∠ **59** °’” **2** °’” **10.48** °’”) x^2 EXE 键，结果见图 1-4(d)所示。它们与图 1-2(a)所示的直角坐标格式复数计算的结果有少许差异，这是因为机器内部是使用 15 位数计算的，而本例的模 **2.915475947** 只取到 10 位数的缘故。

［例 1-4］ 在高斯平面直角坐标系中，已知某边长的坐标增量分别为 $\Delta x = 105.399$ m，$\Delta y = -74.968$ m，试用复数计算该边的平距 r 与方位角 α。

［解］ 设角度单位已设置为十进制度，按 AC/ON FUNCTION 2 1 **105.399** − **74.968** i) EXE 键，结果见图 1-5(a)所示；按 ▶ 键调出最近执行的表达式，按 DEL 键删除模函数 **Abs(**，按 FUNCTION 2 2 键修改为辐角函数 **Arg(**，按 EXE 键，结果见图 1-5(b)所示。因辐角为负数，所以，还应加 360°才能得到边长的方位角，按 + **360** EXE °’” 键计算边长的方位角，结果见图 1-5(c)所示。

(a) (b) (c)

图 1-5 使用复数的模与辐角函数反算边长与方位角

1.2 复数显示格式的应用

1) 复数显示格式的设置

fx-5800P 出厂设置的复数显示格式为直角坐标格式，按 [SHIFT] [SETUP] [▼] 键调出图 1-6(a)所示的设置二页菜单，按 [4] (**COMPLX**) 键调出图 1-6(b)所示的复数显示格式设置菜单，按 [1] (**a+bi**) 键为设置直角坐标格式复数显示，或按 [2] (**r**$\angle\theta$) 键为设置极坐标格式复数显示。

通过转换复数显示格式计算[例 1-4]的方法为：按 [SHIFT] [SETUP] [▼] [4] [2] (**r**$\angle\theta$) 键设置复数为极坐标格式显示，按 [AC/ON] **105.399** [−] **74.968** [i] [EXE] 键，结果见图 1-6(c)所示。

将极坐标格式复数 129.3412163∠324°34′35.73″转换为直角坐标格式显示的方法为：按 [SHIFT] [SETUP] [▼] [4] [1] (**a+bi**) 键设置复数为直角坐标格式显示，按 [AC/ON] **129.3412163** [SHIFT] [∠] **324** [°′″] **34** [°′″] **35.73** [°′″] [EXE] 键，结果见图 1-6(d)所示。

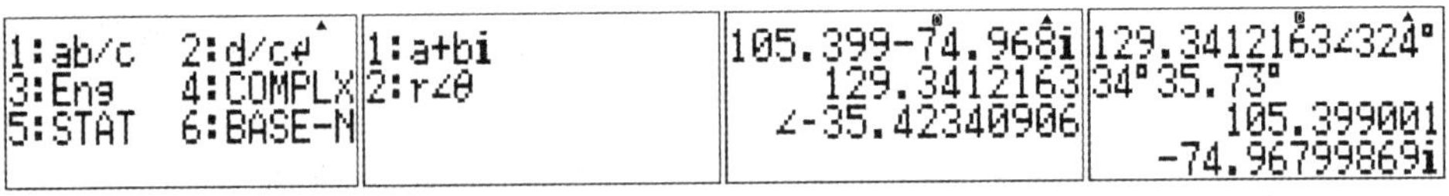

(a) (b) (c) (d)

图 1-6 设置复数显示格式设置菜单与应用案例

2) 应用功能键的复数显示格式命令转换

按 [FUNCTION] [2] (**COMPLX**) 键调出图 1-1(b)所示的复数功能菜单，其中 **▸a+bi** 为将其前面的复数转换为直角坐标格式显示，**▸r**$\angle\theta$ 为将其前面的复数转换为极坐标格式显示，忽略当前设置的复数显示格式。

执行与图 1-6(c)相同操作的方法是：按 [AC/ON] **105.399** [−] **74.968** [i] [FUNCTION] [2] [6] [EXE] 键，结果见图 1-7(a)所示。执行与图 1-6(d)相同操作的方法是：按 [AC/ON] **129.3412163** [SHIFT] [∠] **324** [°′″] **34** [°′″] **35.73** [°′″] [FUNCTION] [2] [7] [EXE] 键，结果见图 1-7(b)所示。

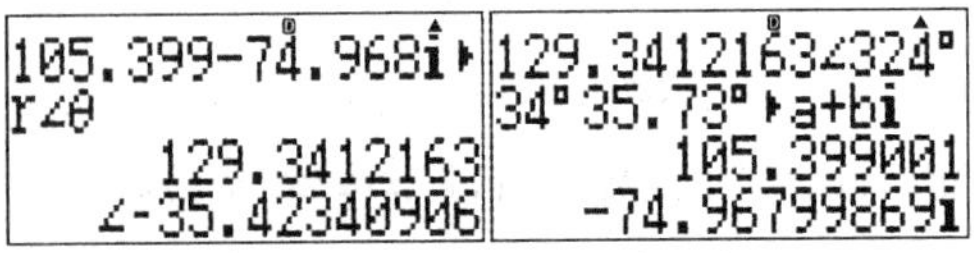

(a) (b)

图 1-7 应用功能键的复数显示命令转换复数显示案例

1.3 共轭复数

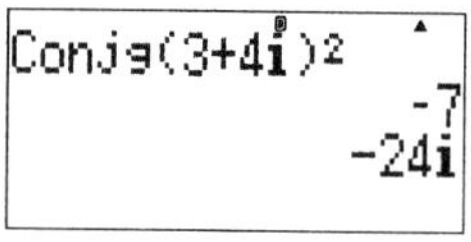

图 1-8　计算复数函数的共轭复数案例

称复数 $a-bi$ 与复数 $a+bi$ 互为其共轭复数(conjugate complex number)。例如,3+4i 的共轭复数为 3-4i，3-4i 的共轭复数为 3+4i。

由图 1-2 可知,无论是在数学笛卡尔坐标系还是测量高斯平面直角坐标系,复数与其共轭复数的几何意义都是关于实数轴 x 对称。

［例 1-5］　试计算$(3+4i)^2$ 的共轭复数。

［解］　按 [FUNCTION] [2] [3] **3** [+] **4** [i] [)] [x^2] [EXE] 键,结果见图 1-8 所示。

1.4 复数形式坐标反算程序(QH1—4)

1）原理

fx-5800P 的 **A～Z** 字母变量存储器不占用机器 28 500 字节的内存空间,且每个字母变量存储器都有 22 字节,是按存储一个复数设计的。当字母变量存储器存储一个实数时,只占用了 12 字节,剩余的用于存储复数虚部的 10 字节并没有使用。因此,在坐标反算编程中,可以将一个点的坐标以复数形式存入一个字母变量中,这样可以减少字母变量的使用数量。

QH1—4 程序的功能是根据用户输入的两点复数形式坐标,计算其边长与方位角。

2）程序

程序名:QH1—4,占用内存 166 字节

"XY→HD,α QH1—4"↲	显示程序标题
Deg:Fix 3↲	设置角度单位与显示格式
"X+YiS(m)="?A↲	输入复数形式起点(start)坐标
Lbl 0:"X+YiE(m),0⇒END="?B↲	输入复数形式端点(end)坐标
ReP(B)=0⇒Goto E↲	判断是否结束程序
Arg(B—A)→J↲	计算辐角
J<0⇒J+360→J↲	转换负数辐角为方位角
"HD(m)=":Abs(B—A)◢	显示边长
"α=":J▸DMS◢	显示方位角
Goto 0↲	继续输入下一个端点的坐标
Lbl E:"QH1—4⇒END"	

输入程序时,按 [SHIFT] [SET UP] [3] 键输入 **Deg**,按 [SHIFT] [SET UP] [6] 键输入 **Fix**,按 [FUNCTION] [4] [▼] [2] 键输入 α,按 [FUNCTION] [1] [▼] [▼] [▼] [1] 键输入 **m**,按 [FUNCTION] [2] [1] 键输入 **Abs(**,或按 [FUNCTION] [1] [▼] [1] 键输入 **Abs(**,按 [FUNCTION] [2] [2] 键输入 **Arg(**,按 [FUNCTION] [2] [4] 键输入 **ReP**

(,按 FUNCTION [5] [4] 键输入▶DMS。

3）案例

表 1-1 列出了 5 个点的平面坐标。

表 1-1　　计算边长与方位角案例

点号	x/m	y/m	起讫点号	D_{ij}/m	α_{ij}
1	3 885.634	3 114.471			
2	4 281.739	3 592.881	1→2	621.108	50°22′35.06″
3	3 356.668	3 419.507	1→3	610.616	150°01′46.09″
4	3 373.397	2 385.189	1→4	891.201	234°54′58.89″
5	3 968.103	3 005.750	1→5	136.460	307°10′54.11″

执行程序 QH1－4，计算表 1-1 的 1 号点分别至 2～5 号点的边长与方位角的屏幕提示与用户操作过程如下：

屏幕提示	按　键	说　明
X,Y→HD,α QH1－4		显示程序标题
X+YiS(m)=?	**3885.634** [+] **3114.471** [i] [EXE]	输入 1 点坐标复数
X+YiE(m),0⇒END=?	**4281.739** [+] **3592.881** [i] [EXE]	输入 2 点坐标复数
HD(m)=621.108	[EXE]	显示 1→2 的水平距离
α=50°22′35.6″	[EXE]	显示 1→2 的方位角
X+YiE(m),0⇒END=?	**3356.668** [+] **3419.507** [i] [EXE]	输入 3 点坐标复数
HD(m)=610.616	[EXE]	显示 1→3 的水平距离
α=150°1′46.09″	[EXE]	显示 1→3 的方位角
X+YiE(m),0⇒END=?	**3373.397** [+] **2385.189** [i] [EXE]	输入 4 点坐标复数
HD(m)=891.201	[EXE]	显示 1→4 的水平距离
α=234°54′58.89″	[EXE]	显示 1→4 的方位角
X+YiE(m),0⇒END=?	**3968.103** [+] **3005.75** [i] [EXE]	输入 5 点坐标复数
HD(m)=136.460	[EXE]	显示 1→5 的水平距离
α=307°10′54.11″	[EXE]	显示 1→5 的方位角
X+YiE(m),0⇒END=?	**0** [EXE]	输入 0 结束程序
QH1－4⇒END		程序结束

在生产实践中，工程用户可能不太习惯以复数形式输入坐标，可以将 QH1－4 程序修改为下面的 QH1－4N 程序。

程序名：QH1－4N，占用内存 194 字节

"XY→HD,α QH1－4N"↵　　显示程序标题

Deg:Fix 3↵　　设置角度单位与数值显示格式

"XS(m)="?A:"YS(m)="?B↵　　输入起点 x，y 坐标

A+Bi→E↵	将起点坐标存为复数形式
Lbl 0:"XE(m),0⇒END="?C↵	输入端点 x 坐标
C=0⇒Goto E↵	判断是否结束程序
"YE(m)="?D↵	输入端点 y 坐标
C+Di→F↵	将终点坐标存为复数形式
Arg(F−E)→J↵	计算辐角
J<0⇒J+360→J↵	转换负数辐角为方位角
"HD(m)=":Abs(F−E)◢	显示边长
"α=":J▶DMS◢	显示方位角
Goto 0↵	继续输入下一个端点的坐标
Lbl E:"QH1−4N⇒END"	

执行 QH1－4N 程序，计算表 1－1 的 1 号点分别至 2～5 号点的边长与方位角的屏幕提示与用户操作过程如下：

屏幕提示	按　键	说　明
XY→HD,α QH1−4N		显示程序标题
XS(m)=?	3885.634 EXE	输入 1 点的 x 坐标
YS(m)=?	3114.471 EXE	输入 1 点的 y 坐标
XE(m),0⇒END=?	4281.739 EXE	输入 2 点的 x 坐标
YE(m)=?	3592.881 EXE	输入 2 点的 y 坐标
HD(m)=621.108	EXE	显示 1→2 的平距
α=50°22′35.6″	EXE	显示 1→2 的方位角
XE(m),0⇒END=?	3356.668 EXE	输入 3 点的 x 坐标
YE(m)=?	3419.507 EXE	输入 3 点的 y 坐标
HD(m)=610.616	EXE	显示 1→3 的平距
α=150°1′46.09″	EXE	显示 1→3 的方位角
XE(m),0⇒END=?	3373.397 EXE	输入 4 点的 x 坐标
YE(m)=?	2385.189 EXE	输入 4 点的 y 坐标
HD(m)=891.201	EXE	显示 1→4 的平距
α=234°54′58.89″	EXE	显示 1→4 的方位角
XE(m),0⇒END=?	3968.103 EXE	输入 5 点的 x 坐标
YE(m)=?	3005.75 EXE	输入 5 点的 y 坐标
HD(m)=136.460	EXE	显示 1→5 的平距
α=307°10′54.11″	EXE	显示 1→5 的方位角
XE(m),0⇒END=?	0 EXE	输入 0 结束程序
QH1−4N⇒END		程序结束显示

QH1－4 程序只有 166 字节，而 QH1－4N 程序却为 194 字节，QH1－4 程序的字节数只有 QH1－4N 程序字节数的 83%。这说明，使用复数输入坐标还可以节省内存。

1.5　基于统计串列输入数据的极坐标法放样程序(QH1－5)

1）原理

QH1－4 程序与 QH1－4N 程序的是通过屏幕对话方式输入点的坐标计算两点之间的边长与方位角。由于 fx-5800P 具有 List X、List Y 与 List Freq 三个统计串列，可以在执行程序之前，按 MODE 4 键进入 **REG** 模式，将点的坐标预先输入 List X 与 List Y 统计串列中，执行程序时，就只需要输入点号，由程序从统计串列中按用户输入的点号调用其坐标计算边长与方位角，称这种编程方式为基于统计串列输入数据的编程法。

如图 1－9 所示，1 号，2 号点为已知点，3～6 号点为设计建筑物的轴线交点，在 1 号点安置全站仪，设置 2 号点为后视方向，当使用极坐标法放样 3～6 号点时，需要计算出 1 号点分别至 3～6 号点的水平距离 d_i 及坐标方位角 α_i。

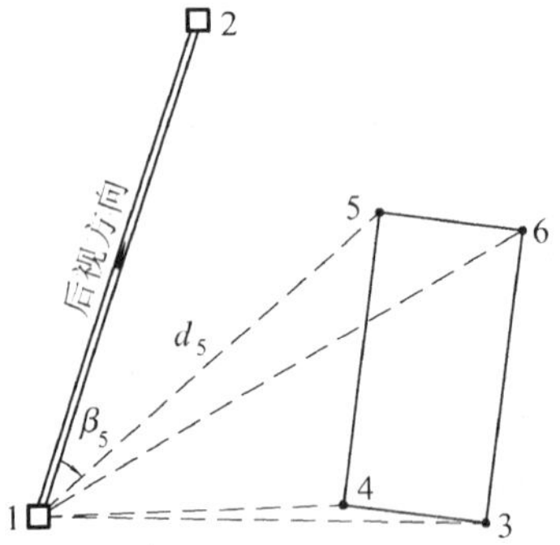

点名	x (m)	y (m)
1	44 180.486	236 28.056
2	44 285.645	236 64.020
3	44 178.189	237 21.791
4	44 182.220	236 92.063
5	44 241.676	237 00.126
6	44 237.645	237 29.854

图 1－9　使用复数的模与辐角函数计算边长与方位角

2）程序

程序名：QH1－5，占用内存 272 字节

```
"STA→S.O HD, α QH1－5"↵                                  显示程序标题
Deg:Fix 3:FreqOn↵                        设置角度单位，数值显示格式，打开频率串列
n→N:"TOTAL Pn=":N◢                              提取与显示统计串列存储的总点数
Lbl 0:"Sn="?A↵                                            输入测站点号(station)
A<1 Or A>N Or Frac(A)≠0⇒Goto E↵                          测站点号非法时结束程序
List X[A]+List Y[A]i→B↵                                      生成测站点坐标复数
Lbl 1:"S.On="?C↵                                   输入放样点号(set-out point)
C<1 Or C>N Or Frac(C)≠0⇒Goto E↵                          放样点号非法时结束程序
If C=A:Then "S.On=Sn,REPEAT!":Goto 1:IfEnd↵
List X[C]+List Y[C]i→D↵                                      生成放样点坐标复数
Arg(D－B)→J↵                                                   测站→放样点辐角
J<0⇒J+360→J↵                                                   辐角转换为方位角
"α=":J▶DMS◢                                               显示测站→放样点方位角
```

"HD(m)=":Abs(D−B)◢ 显示测站→放样点平距

Goto 1↲ 重复输入下一个放样点号

Lbl E:"QH1−5⇒END"

输入程序时，按 [SHIFT] [SET UP] [▼] [5] [1] 键输入 **FreqOn**，按 [FUNCTION] [7] [2] [1] 键输入 **n**，按 [FUNCTION] [1] [▼] [3] 键输入 **Frac(**，按 [FUNCTION] [1] [▼] [▼] [▼] [1] 键输入 **m**，按 [FUNCTION] [7] [1] [1] 键输入 **List**，按 [FUNCTION] [2] [1] 键输入 **Abs(**，按 [FUNCTION] [2] [2] 键输入 **Arg(**。

程序中的 Frac 为小数函数，**Frac(A)**的结果为变量 **A** 的小数，显然，用户输入的点号数值只能是整数，不能含有小数。

3）案例

执行 QH1−5 程序之前，应先按 [MODE] [1] 键进入 **COMP** 模式，按 [FUNCTION] [6] [1] [EXE] 键清除统计存储器，再按 [MODE] [4] 键进入 **REG** 模式，在 List X 串列依次输入图 1-9 中 1～6 点的 x 坐标，在 List Y 串列依次输入 1～6 点的 y 坐标，此时，List Freq 串列的值自动变成为 1，结果见图 1-10 所示。

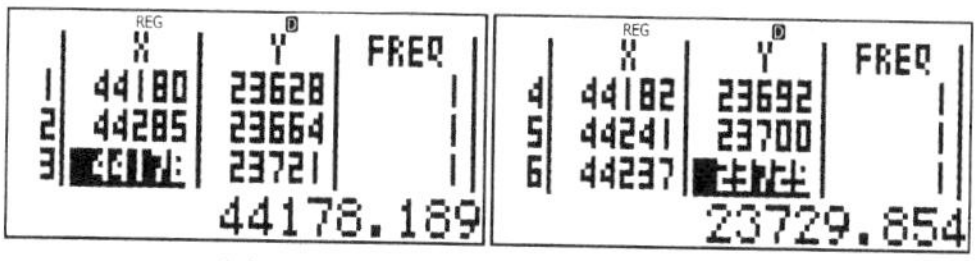

(a) (b)

图1-10 将图 1-9 中六个点的坐标输入统计串列的结果

请不要修改 List Freq 串列中的数值 1，否则，程序自动统计的点号数变量 **n** 将出错。

执行 QH1−5 程序，计算图 1-9 的 1 号点分别至 3～6 号点的边长与水平角的屏幕提示与用户操作过程如下：

屏幕提示	按键	说明
STA→S.O HD, α QH1−5		显示程序标题
TOTAL Pn=6	[EXE]	显示统计串列存储的坐标总点数
Sn=?	**1** [EXE]	输入测站点号
S.On=?	**3** [EXE]	输入放样点号 3
α=91°24′13.56″	[EXE]	显示 1→3 点方位角
HD(m)=93.763	[EXE]	显示 1→3 点平距
S.On=?	**4** [EXE]	输入放样点号 4
α=88°26′53.49″	[EXE]	显示 1→4 点方位角
HD(m)=64.030	[EXE]	显示 1→4 点平距
S.On=?	**5** [EXE]	输入放样点号 5
α=49°40′3.2″	[EXE]	显示 1→5 点方位角
HD(m)=94.543	[EXE]	显示 1→5 点平距
S.On=?	**6** [EXE]	输入放样点号 6
α=60°41′9.73″	[EXE]	显示 1→6 点方位角
HD(m)=116.748	[EXE]	显示 1→6 点平距
S.On=?	**1.2** [EXE]	输入任意非法点号结束程序
QH1−5⇒END		程序结束显示

4) fx-5800P 各类存储器存储复数说明

(1) 可存储复数的存储器类型

在工程编程机 fx-5800P 的存储器中，只有字母变量存储器 A～Z 与额外变量存储器 Z[n]可以存储复数，统计串列存储器 List X, List Y, List Freq 与矩阵存储器 Mat A～Mat F 只能存储实数，不能存储复数。

在一代图形编程机 fx-9860G/fx-9860GSD 的存储器中无额外变量存储器，只有字母变量存储器 A～Z, r, θ 与串列存储器 List 1～List 26 可以存储复数，矩阵存储器 Mat A～Mat Z 只能存储实数，不能存储复数。

在二代图形编程机 fx-9750GⅡ/fx-9860GⅡ/fx-CG20 的存储器中无额外变量存储器，字母变量存储器 A～Z, r, θ，串列存储器 List 1～List 26 与矩阵存储器 Mat A～Mat Z 都能存储复数。矩阵存储器能存储复数是卡西欧二代图形编程机与一代图形编程机的显著区别。

(2) 字母变量存储器存储复数

字母变量存储器不占用机器内存容量。26 个字母变量存储器 A～Z 可以存储 26 个复数，每个字母变量存储器需要 22 字节用于存储数据，26 个字母变量存储器总共需要 26 × 22 = 572 字节，这 572 字节不包括在机器的 28 500 字节内存容量中。

(3) 额外变量存储器存储复数

额外变量存储器需要占用机器内存容量。在程序中执行 **n→DimZ** 语句为定义 n 个额外变量存储器，按 SHIFT DimZ 键输入 **DimZ**。定义 n 个额外变量存储器需要占用 $26+n\times 12$ 字节，其中的 26 字节是固定的，与定义的额外变量存储器个数 n 无关。每将一个复数存入一个额外变量存储器，还需要再增加 10 字节，也即，每个存储有实数的额外变量存储器占用 12 字节内存，每个存储有复数的额外变量存储器占用 22 字节内存。

1.6 复数形式高斯平面坐标线性变换参数计算及批量坐标变换程序(QH1—6)

1) 原理

复数形式高斯平面坐标线性变换的理论基础是参考文献[5]关于复数模与辐角的定理，即

定理一：两个复数乘积的模等于它们模的乘积，两个复数乘积的辐角等于它们的辐角的和。

设有两个复数

$$\left.\begin{aligned} z_1 &= x_1 + y_1\mathrm{i} = r_1\angle\theta_1 \\ z_2 &= x_2 + y_2\mathrm{i} = r_2\angle\theta_2 \end{aligned}\right\} \tag{1-2}$$

根据定理一，则有 $z_1z_2 = r_1r_2\angle(\theta_1+\theta_2)$。

证明：应用式(1-1)的指数形式复数公式，很容易证明该定理。

因 $z_1 = r_1\angle\theta_1 = r_1\mathrm{e}^{\mathrm{i}\theta_1}$，$z_2 = r_2\angle\theta_2 = r_2\mathrm{e}^{\mathrm{i}\theta_2}$，故有

$$z_1 z_2 = r_1 e^{i\theta_1} r_2 e^{i\theta_2} = r_1 r_2 e^{i(\theta_1+\theta_2)} = r_1 r_2 \angle(\theta_1+\theta_2)$$

如图 1-11 所示，两个高斯平面坐标系线性变换的几何意义是：将源坐标系旋转 φ_O 角度，缩放尺度参数 k，加平移参数 x'_O，y'_O 后即变换为目标坐标。

在高斯复平面，平移参数复数为 $z'_O = x'_O + y'_O \mathrm{i}$，旋转角度 φ_O 为旋转尺度复数的辐角，尺度参数 k 为旋转尺度复数的模，旋转尺度复数写成复数的极坐标形式为 $z_\phi = k\angle\phi_O$。

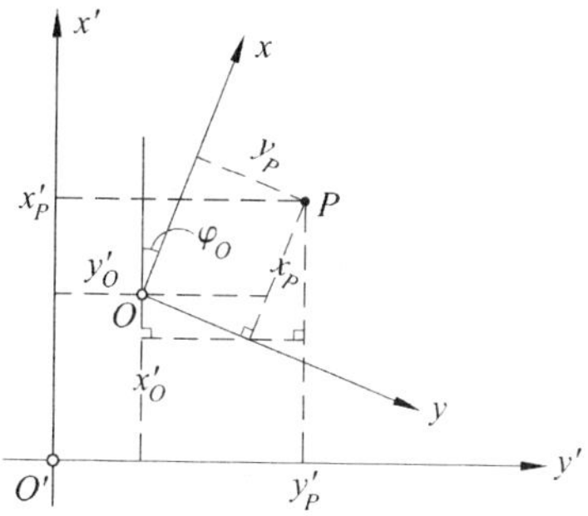

图 1-11　高斯平面坐标系的线性变换

设公共点 P 在 xOy 源坐标系的坐标复数为 $z_P = x_P + y_P \mathrm{i}$，在目标坐标系 $x'O'y'$ 的坐标复数为 $z'_P = x'_P + y'_P \mathrm{i}$。

根据定理一，将源坐标系复平面上的点 z_P 乘以旋转尺度复数 z_ϕ，再加平移复数 z'_O，应等于目标坐标系复平面上的点 z_P，故有以下方程成立

$$z'_P = z'_O + z_\phi z_P \tag{1-3}$$

设 1，2 点在源坐标系 xOy 中的坐标复数分别为 $z_1 = x_1 + y_1 \mathrm{i}$，$z_2 = x_2 + y_2 \mathrm{i}$，在目标坐标系 $x'O'y'$ 中的坐标复数分别为 $z'_1 = x'_1 + y'_1 \mathrm{i}$，$z'_2 = x'_2 + y'_2 \mathrm{i}$，则可列出如下两个复数方程

$$\left.\begin{aligned} z'_1 &= z'_O + z_\phi z_1 \\ z'_2 &= z'_O + z_\phi z_2 \end{aligned}\right\} \tag{1-4}$$

将式(1-4)的第一式减式(1-4)第二式解得旋转尺度复数为

$$z_\phi = \frac{z'_1 - z'_2}{z_1 - z_2} \tag{1-5}$$

将式(1-5)代入式(1-4)的第一式得平移复数为

$$z'_O = z'_1 - z_\phi z_1 \tag{1-6}$$

2）程序

程序名：QH1-6，占用内存 298 字节

```
"XY→TRANS QH1-6"↵                    显示坐标变换(transform)程序标题
Deg:Fix 3:a+bi↵                       设置角度单位与数值显示格式
"NEW(0),OLD(≠0)="?→N↵                 重新输入公共点坐标或用旧参数计算
N≠0⇒Goto 0↵                           用旧参数计算
"X1+Y1i(m)="?A↵                       输入公共点 1 源坐标复数
"X2+Y2i(m)="?B↵                       输入公共点 2 源坐标复数
"X1+Y1i OBJ(m)="?C↵                   输入公共点 1 目标(object)坐标复数
"X2+Y2i OBJ(m)="?D↵                   输入公共点 2 目标(object)坐标复数
```

(C−D)÷(A−B)→F↵	计算旋转尺度复数 z_ϕ
C−FA→E↵	计算平移复数 $z_{O'}$
"X0+Y0i(m)=":E◢	显示平移复数 $z_{O'}$
Norm 1:"k=":Abs(F)◢	显示尺度参数 k
"ϕO=":Arg(F)▸DMS◢	显示旋转参数 ϕ_O
Fix 3:Lbl 0:"X+Yi(m),π⇒END="?X↵	输入任意点源坐标复数
ReP(X)=π⇒Goto E↵	输入 π 结束程序
E+FX→Y:"X+Yi OBJ(m)=":Y◢	计算并显示目标坐标复数
Goto 0:Lbl E:"QH1−6⇒END"	

输入程序时，按 FUNCTION 4 ▼ ▼ ▼ 1 键输入 **k**，按 FUNCTION 4 ▼ ▼ ▼ ▼ 2 键输入 ϕ_O。

3）案例

［例 1－6］ 已知公共点 1，2 两点在源坐标系与目标坐标系的坐标列于表 1－2，试用程序 QH1－6 计算源坐标系→目标坐标系的线性变换参数，并计算 3，4，5 点在目标坐标系的坐标。

表 1－2　　计算高斯平面坐标线性变换参数与坐标转换案例

点号	源坐标/m		目标坐标/m	
	x	y	x'	y'
1	2 505 788.356	406 164.803	55 500.563	48 677.583
2	2 493 038.151	405 552.812	42 748.292	48 142.600
	4 个线性变换参数			
参数名	参数值			
x'_O				－2 452 418.779
y'_O				－342 316.424 1
λ				0.999 890 636 1
θ				－0°20′44.67″
3	2 505 506.417	402 922.768	55 199.099	45 437.663
4	2 504 400.133	401 850.093	54 086.484	44 371.799
5	2 502 274.739	401 462.177	51 959.020	43 996.757

［解］ 执行 QH1－6 程序的屏幕提示与用户操作过程如下：

屏幕提示	按　　键	说　　明
X,Y→TRANS QH1−6		显示程序标题
NEW(0),OLD(≠0)=?	**0** EXE	输入 0 重新计算转换参数

续表

屏幕提示	按　　键	说　　明
X1+Y1i(m)=?	2505788.356 [+] 406164.803 [i] [EXE]	输入公共点 1 源坐标复数
X2+Y2i(m)=?	2493038.151 [+] 405552.812 [i] [EXE]	输入公共点 2 源坐标复数
X1+Y1i OBJ(m)=?	55500.563 [+] 48677.583 [i] [EXE]	输入公共点 1 目标坐标复数
X2+Y2i OBJ(m)=?	42748.292 [+] 48142.6 [i] [EXE]	输入公共点 2 目标坐标复数
X0+Y0i(m)= -2452418.779-342316.424i	[EXE]	显示平移参数复数
k=0.9998906361	[EXE]	显示尺度参数
ϕ_0=-0°20′44.67″	[EXE]	显示旋转参数(负数为左旋角)
X+Yi(m),π⇒END=?	2505506.417 [+] 402922.768 [i] [EXE]	输入第 3 点源坐标复数
X+Yi OBJ(m)= 55199.099+45437.663i	[EXE]	显示第 3 点目标坐标复数
X+Yi(m),π⇒END=?	2504400.133 [+] 401850.093 [i] [EXE]	输入第 4 点源坐标复数
X+Yi OBJ(m)= 54086.484+44371.799i	[EXE]	显示第 4 点目标坐标复数
X+Yi(m),π⇒END=?	2502274.739 [+] 401462.177 [i] [EXE]	输入第 5 点源坐标复数
X+Yi OBJ(m)= 51959.020+43996.757i	[EXE]	显示第 5 点目标坐标复数
X+Yi(m),π⇒END=?	[SHIFT] [π] [EXE]	输入 π 结束程序
QH1-6⇒END		程序结束显示

如果用户不习惯以复数形式输入坐标，可将程序 QH1-6 修改为下列程序 QH1-6N。

程序名：QH1-6N，占用内存 374 字节

"XY→TRANS QH1-6N"↵	显示坐标变换(transform)程序标题
Deg:Fix 3:a+bi↵	设置角度单位与显示格式
"NEW(0),OLD(≠0)="?→N↵	重新输入公共点坐标或用旧参数计算
N≠0⇒Goto 0↵	用旧参数计算
"X1(m)="?A:"Y1(m)="?B↵	输入公共点 1 源坐标
A+Bi→E↵	生成公共点 1 源坐标复数
"X2(m)="?C:"Y2(m)="?D↵	输入公共点 2 源坐标
C+Di→F↵	生成公共点 2 源坐标复数
"X1 OBJ(m)="?G:"Y1 OBJ(m)="?H↵	输入公共点 1 目标坐标
G+Hi→K↵	生成公共点 1 目标(object)坐标复数
"X2 OBJ(m)="?I:"Y2 OBJ(m)="?J↵	输入公共点 2 目标坐标

```
I+Ji→L↵                                    生成公共点 2 目标(object)坐标复数
(K-L)÷(E-F)→V↵                              计算旋转尺度复数 z_φ
K-VE→U↵                                     计算平移复数 z_O'
"X0+Y0i(m)=":U◢                             显示平移复数 z_O'
Norm 1:"k=":Abs(V)◢                         显示尺度参数 k
"φO=":Arg(V)▸DMS◢                           显示旋转参数 φO
Fix 3:Lbl 0:"X(m),π⇒END="?X↵                输入任意点源坐标
X=π⇒Goto E:"Y(m)="?Y↵                       输入 π 结束程序
X+Yi→W:U+VW→M↵                              计算目标坐标复数
"X+Yi OBJ(m)=":M◢                           显示目标坐标复数
Goto 0:Lbl E:"QH1-6N⇒END"
```

执行 QH1－6N 程序的屏幕提示与用户操作过程如下：

屏幕提示	按　键	说　明
X,Y→TRANS QH1－6N		显示程序标题
NEW(0),OLD(≠0)=?	0 EXE	输入 0 重新计算转换参数
X1(m)=?	2505788.356 EXE	输入公共点 1 源坐标
Y1(m)=?	406164.803 EXE	
X2(m)=?	2493038.151 EXE	输入公共点 2 源坐标
Y2(m)=?	405552.812 EXE	
X1 OBJ(m)=?	55500.563 EXE	输入公共点 1 目标坐标
Y1 OBJ(m)=?	48677.583 EXE	
X2 OBJ(m)=?	42748.292 EXE	输入公共点 2 目标坐标
Y2 OBJ(m)=?	48142.6 EXE	
X0+Y0i(m)=-2452418.779－342316.424i	EXE	显示平移参数复数
k=0.9998906361	EXE	显示尺度参数
ϕ_O=-0°20′44.67″	EXE	显示旋转参数(负数为左旋角)
X(m),π⇒END=?	2505506.417 EXE	输入第 3 点源坐标
Y(m)=?	402922.768 EXE	
X+Yi OBJ(m)=55199.099+45437.663i	EXE	显示第 3 点目标坐标复数
X(m),π⇒END=?	2504400.133 EXE	输入第 4 点源坐标
Y(m)=?	401850.093 EXE	
X+Yi OBJ(m)=54086.484+44371.799i	EXE	显示第 4 点目标坐标复数
X(m),π⇒END=?	2502274.739 EXE	输入第 5 点源坐标
Y(m)=?	401462.177 EXE	
X+Yi OBJ(m)=51959.020+43996.757i	EXE	显示第 5 点目标坐标复数
X(m),π⇒END=?	SHIFT π EXE	输入 π 结束程序
QH1－6N⇒END		程序结束显示

程序 QH1－6 只有 298 字节，而程序 QH1－6N 却为 374 字节，程序 QH1－6 的字节数

只有程序 QH1－6N 字节数的 79.7%。这说明,使用复数输入坐标更加节省内存。

1.7　复数形式建筑坐标与测量坐标的相互变换程序(QH1－7)

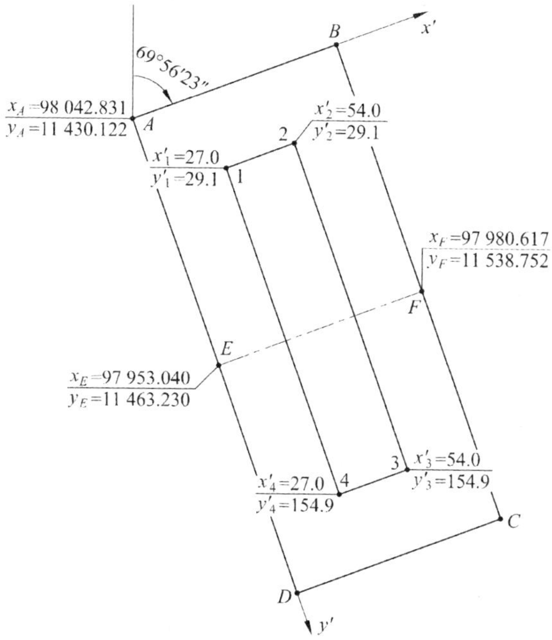

图 1－12　建筑坐标与测量坐标的相互变换案例

1）原理

如图 1－12 所示,设测量坐标系为 xOy,点的坐标复数为 $z = x + y\mathrm{i}$;建筑坐标系为 $x'Ay'$,点的坐标复数为 $z = x + y\mathrm{i}$。已知建筑坐标系原点 A 的测量坐标为 $z_A = x_A + y_A\mathrm{i}$,$+x'$轴的测量坐标方位角为 α,尺度参数 $k = 1$。

则建筑坐标 z'变换到测量坐标 z 的复数公式为

$$z = z_A + k\angle\alpha z' \tag{1-7}$$

由此很容易推导出测量坐标 z 变换到建筑坐标 z'的复数公式为

$$z' = \frac{z - z_A}{k\angle\alpha} \tag{1-8}$$

2）程序

程序名:QH1－7,占用内存 378 字节

"SUR XY TRANS ARC XY QH1－7"↵　　显示程序标题

Deg:Fix 3:a＋bi↵　　设置角度单位与显示格式

"NEW(0),OLD(≠0)＝"?→N↵　　是否重新计算坐标变换参数

N≠0⇒Goto 0↵	用旧参数计算
"XA SUR(m)="?A:"YA SUR(m)="?B↵	输入 *A* 点测量(surveying)坐标
A+Bi→E↵	生成 *A* 点测量坐标复数
"+X α(Deg)="?W↵	输入 $+x'$轴的测量坐标方位角
Lbl 0:"ARC→SUR(0),SUR→ARC(≠0)="?→M↵	输入坐标变换方向控制系数
If M=0:Then Do↵	
"X ARC(m),π⇒END="?U↵	输入任意点建筑(architecture)坐标
U=π⇒Break↵	输入 π 结束程序
"Y ARC(m)="?V↵	输入任意点建筑纵坐标
U+Vi→F↵	生成任意点建筑坐标复数
E+1∠WF→C↵	变换为复数形式测量坐标
"X+Yi SUR(m)=":C◢	显示变换后的测量坐标复数
LpWhile U≠π↵	循环进行建筑坐标→测量坐标计算
Else Do↵	
"X SUR(m),π⇒END="?X↵	输入任意点测量横坐标
X=π⇒Break↵	输入 π 结束程序
"Y SUR(m)="?Y↵	输入任意点测量纵坐标
X+Yi→G↵	生成任意点测量坐标复数
(G−E)÷1∠W→D↵	变换为复数形式建筑坐标
"X+Yi ARC(m)=":D◢	显示变换后的建筑坐标复数
LpWhile X≠π:IfEnd↵	循环进行测量坐标→建筑坐标计算
"QH1−7⇒END"	

3）案例

［例 1－7］ 在图 1－12 中,已知 A 点的测量坐标及$+x'$轴的测量方位角,试计算 1，2，3，4 点的测量坐标与 *E*，*F* 点的建筑坐标。

［解］ 执行 QH1－7 程序,进行建筑坐标变换为测量坐标的屏幕提示与用户操作过程如下：

屏幕提示	按键	说明
SUR XY TRANS ARC XY QH1−7		显示程序标题
NEW(0),OLD(≠0)=?	0 EXE	选择重输坐标变换参数
XA SUR(m)=?	98042.831 EXE	输入 *A* 点测量坐标
YA SUR(m)=?	11430.122 EXE	
+X α(Deg)=?	69 °’’’ 56 °’’’ 23 °’’’ EXE	输入$+x'$轴的测量方位角
ARC→SUR(0),SUR→ARC(≠0)=?	0 EXE	选择建筑坐标→测量坐标
X ARC(m),π⇒END=?	27 EXE	输入 1 点建筑坐标

续表

屏幕提示	按　　键	说　　明
Y ARC(m)=?	29.1 [EXE]	
X+Yi SUR(m)=98024.758+11465.466i	[EXE]	显示1点测量坐标复数
Y SUR(m)=11465.466	[EXE]	
X ARC(m),π⇒END=?	54 [EXE]	输入2点建筑坐标
Y ARC(m)=?	29.1 [EXE]	
X+Yi SUR(m)=98034.019+11490.827i	[EXE]	显示2点测量坐标
X ARC(m),π⇒END=?	54 [EXE]	输入3点建筑坐标
Y ARC(m)=?	154.9 [EXE]	
X+Yi SUR(m)=97915.851+11533.978i	[EXE]	显示3点测量坐标
X ARC(m),π⇒END=?	27 [EXE]	输入4点建筑坐标
Y ARC(m)=?	154.9 [EXE]	
X+Yi SUR(m)=97906.590+11508.616i	[EXE]	显示4点测量坐标
X ARC(m),π⇒END=?	[EXE] [π] [EXE]	输入π结束程序
QH1−7⇒END		程序结束

重复执行 QH1−7 程序，输入 E, F 点的测量坐标计算其建筑坐标的屏幕提示与用户操作过程如下：

屏幕提示	按　　键	说　　明
SUR XY TRANS ARC XY QH1−7	[EXE]	显示程序标题
NEW(0),OLD(≠0)=?	1 [EXE]	选择已有坐标变换参数
ARC→SUR(0),SUR→ARC(≠0)=?	1 [EXE]	选择测量坐标→建筑坐标
X SUR(m),π⇒END=?	97953.04 [EXE]	输入 E 点测量坐标
Y SUR(m)=?	11463.23 [EXE]	
X+Yi ARC(m)=0.300+95.700i	[EXE]	显示 E 点建筑坐标复数
X SUR(m),π⇒END=?	97980.617 [EXE]	输入 F 点测量坐标
Y SUR(m)=?	11538.752 [EXE]	
X+Yi ARC(m)=80.700+95.701i	[EXE]	显示 F 点建筑坐标复数
X SUR(m),π⇒END=?	[EXE] [π] [EXE]	输入π结束程序
QH1−7⇒END		程序结束

1.8 复数形式任意单一导线近似平差原理与程序(QH1−8T)

单一图根导线的布设形式可以是闭合导线、附合导线、双边无定向导线、单边无定向导线与支导线等四种形式，改进后的 QH1-8T 程序可以计算这四种形式的单一导线。

1）复数形式单一导线坐标计算原理

(1) 单一闭合与附合导线

图 1－13 为图根闭合导线，图 1－14 为图根附合导线，它们都有一个方位角闭合差 f''_β 与两个坐标增量闭合差 f_x，f_y。

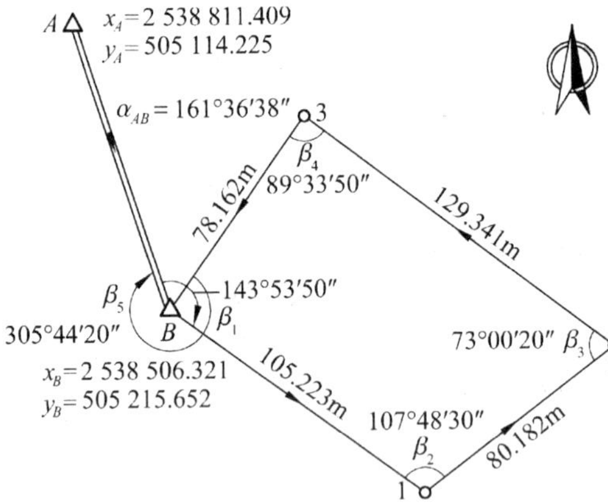

图 1－13　图根闭合导线案例

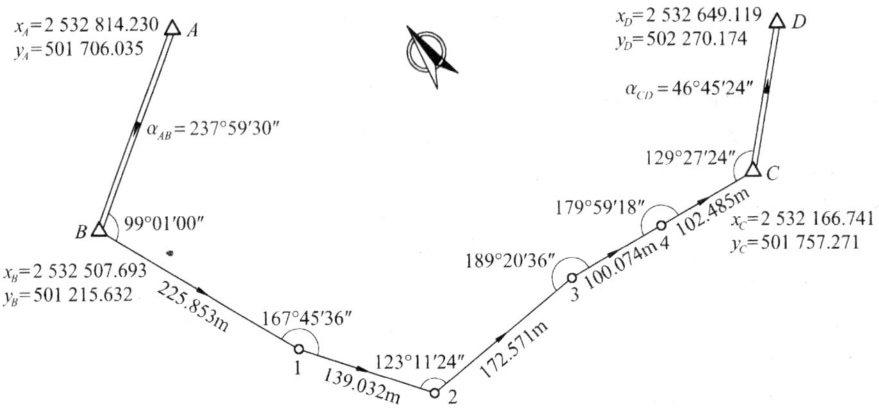

图 1－14　图根附合导线案例

导线方位角闭合差 $f''_\beta \leqslant \pm 40\sqrt{n}$ 时(式中 n 为计算 f''_β所用水平角数)，则按角度数反号平均分配 f''_β，再用改正后的水平角推算导线边的方位角，计算导线边的坐标增量 Δx，Δy 及坐标增量闭合差 f_x，f_y，计算导线相对闭合差 $K=\sqrt{f_x^2+f_y^2}/\sum D$，若 $K \leqslant 1/4\,000$ 则按与边长成比例反号分配 f_x，f_y。

设闭合或附合导线观测了 n 个水平角 β_1，β_2，…，β_n，计算出的方位角闭合差为 f_β，则反号平均分配完方位角闭合差后，水平角的第一次平差值为

$$\tilde{\beta}_j = \beta_j - \frac{f_\beta}{n}, \ j = 1, 2, \cdots, n \tag{1-9}$$

设应用水平角的第一次平差值 $\tilde{\beta}_j$ 推算出的导线边方位角为

$$\hat{\alpha}'_j, \ j = 1, 2, \cdots, n-1 \tag{1-10}$$

导线边坐标增量复数为

$$\Delta z_j = d_j \angle \hat{\alpha}'_j, \ j = 1, 2, \cdots, n-1 \tag{1-11}$$

式中，d_j 为导线边水平距离观测值，对于图 1-13 所示的闭合导线，其坐标增量闭合差复数为

$$f_z = \sum_{j=1}^{n-1} \Delta z_j \tag{1-12}$$

对于图 1-14 所示的附合导线，其坐标增量闭合差复数为

$$f_z = z_B + \sum_{j=1}^{n-1} \Delta z_j - z_C \tag{1-13}$$

式中，z_B，z_C 分别为 B 点与 C 点坐标复数。

根据反号、按导线边长比例分配坐标增量闭合差的原则，导线边坐标增量平差值复数应为

$$\Delta \hat{z}_j = \Delta z_j - \frac{d_j}{\sum_{j=1}^{n-1} d_j} f_z \tag{1-14}$$

未知导线点坐标平差值复数为

$$\left.\begin{aligned} z_1 &= z_B + \Delta \hat{z}_1 \\ z_2 &= z_1 + \Delta \hat{z}_2 \\ &\vdots \\ z_{n-1} &= z_{n-2} + \Delta \hat{z}_{n-1} \end{aligned}\right\} \tag{1-15}$$

作为检核，对于图 1-13 所示的闭合导线，应有关系式 $z_{n-1} = z_B$ 成立；对于图 1-14 所示的附合导线，应有关系式 $z_{n-1} = z_C$ 成立。

(2) 双边无定向导线

在图 1-15 所示的双边无定向导线中，已知端点 B, C 的坐标，当有 n 个未知点时，需要观测 n 个水平角，$n+1$ 条边长。

如图 1-16 所示，先假设 $B \to 1$ 边的方位角 $\alpha'_{B1} = 0$，应用 B 点已知坐标、观测的 n 个水平角与 $n+1$ 条边长推算出 n 个未知点及 C' 点的假定坐标复数 z'_C。

设 B, C 两个已知点的坐标复数为

$$\left.\begin{aligned} z_B &= x_B + y_B \mathrm{i} \\ z_C &= x_C + y_C \mathrm{i} \end{aligned}\right\} \tag{1-16}$$

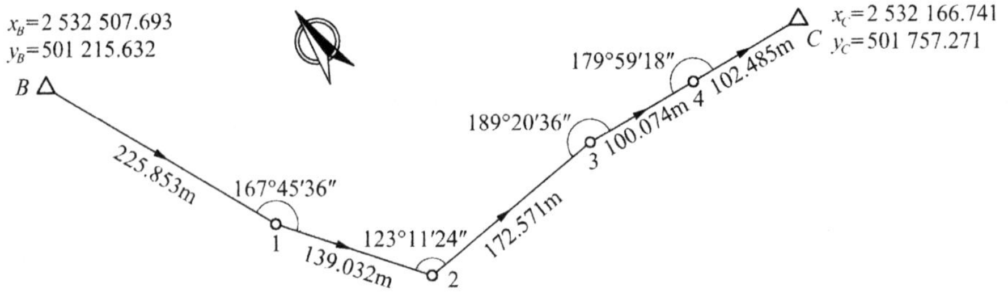

图 1-15 双边无定向导线观测案例

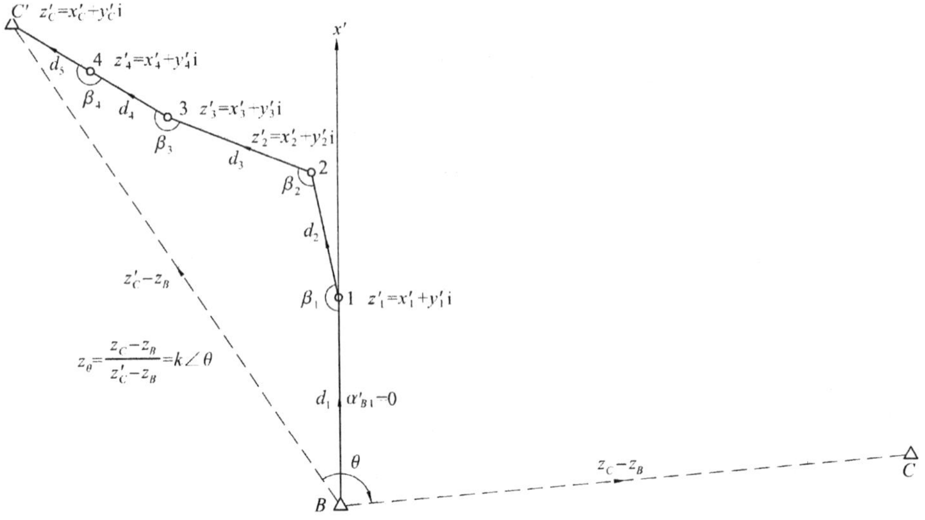

图 1-16 双边无定向导线假定坐标变换为测量坐标原理

参考文献[5]关于两个复数商的模与辐角定理二是计算假定坐标与测量坐标线性变换的理论依据。

定理二:两个复数商的模等于它们模的商,两个复数商的辐角等于被除数与除数的辐角之差,也即有 $\frac{z_1}{z_2}=\frac{r_1}{r_2}\angle(\theta_1-\theta_2)$。

根据式(1-1)有 $z_1=r_1\angle\theta_1=r_1\mathrm{e}^{\mathrm{i}\theta_1}$,$z_2=r_2\angle\theta_2=r_2\mathrm{e}^{\mathrm{i}\theta_2}$,故有

$$\frac{z_1}{z_2}=\frac{r_1\mathrm{e}^{\mathrm{i}\theta_1}}{r_2\mathrm{e}^{\mathrm{i}\theta_2}}=\frac{r_1}{r_2}\mathrm{e}^{\mathrm{i}(\theta_1-\theta_2)}=\frac{r_1}{r_2}\angle(\theta_1-\theta_2)$$

设用假定坐标系求出的 C' 点的假定坐标复数为 $z'_C=x'_C+y'_C\mathrm{i}$,未知点 j 在假定坐标系的复数坐标为 $z'_j=x'_j+y'_j\mathrm{i}$,则假定坐标转换为测量坐标的转换复数 z_θ 为

$$z_\theta=\frac{z_C-z_B}{z'_C-z_B}=k\angle\theta \tag{1-17}$$

转换复数 z_θ 的模 k 为尺度参数，辐角 θ 为旋转参数，导线全长相对闭合差为

$$K = 1 - k = \frac{1}{(1-k)^{-1}} \tag{1-18}$$

将式(1-17)中 C 点的坐标复数替换为任意点 j 的坐标复数，有

$$z_\theta = \frac{z_j - z_B}{z'_j - z_B} \tag{1-19}$$

化简后，得

$$z_j = z_B + z_\theta(z'_j - z_B) \tag{1-20}$$

式(1-20)就是将任意点 j 的假定坐标 $z'_j = x'_j + y'_j\mathrm{i}$ 变换为测量坐标 $z_j = x_j + y_j\mathrm{i}$ 的公式。

(3) 单边无定向导线

在图1-17所示的单边无定向导线中，已知 A, B, C 三点的坐标，当有 n 个未知点时，需要观测 $n+1$ 个水平角，$n+1$ 条边长。

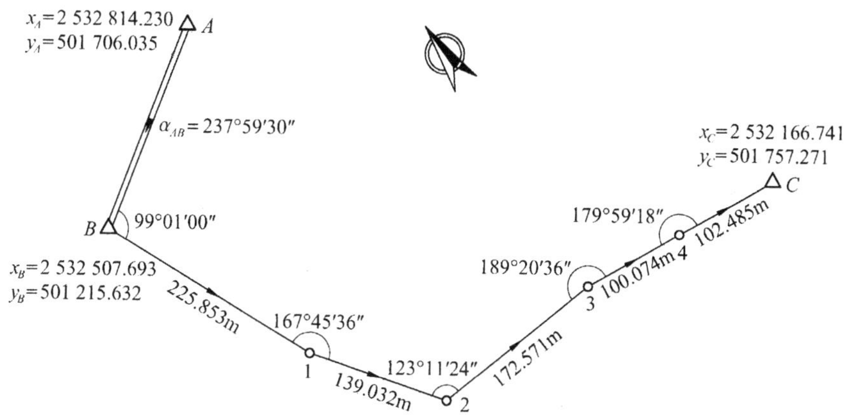

图1-17　单边无定向导线案例

设用起始方位角 α_{AB}，B 点坐标及 $n+1$ 个水平角与 $n+1$ 条边长观测值，推算出未知点 j 的坐标复数为 $z'_j = x'_j + y'_j\mathrm{i}$，$C$ 点坐标复数为 $z'_C = x'_C + y'_C\mathrm{i}$，则导线全长相对闭合差为

$$K = \frac{1}{\mathrm{Abs}(z'_C - z_C)} \tag{1-21}$$

同理，将 z'_C 变换为 z_C 转换复数 z_θ 为

$$z_\theta = \frac{z_C - z_B}{z'_C - z_B} = k\angle\theta \tag{1-22}$$

将式(1-22)中 C 点坐标复数替换为任意点 j 坐标复数

$$z_\theta = \frac{z_j - z_B}{z'_j - z_B} \tag{1-23}$$

化简后得

$$z_j = z_B + z_\theta(z_j' - z_B) \tag{1-24}$$

(4) 支导线

图 1-18 所示的支导线观测数据与图 1-17 所示的单边无定向导线观测数据相同，唯一的区别是，导线终点为未知点。当有 n 个未知点时，需要观测 n 个水平角，n 条边长，无多余观测数，不存在平差计算问题，只需要按导线的方位角推算路线计算未知点坐标，公式为

$$\left.\begin{aligned} z_1 &= z_B + d_1\angle\alpha_{B1} \\ z_2 &= z_1 + d_2\angle\alpha_{12} \\ &\vdots \\ z_n &= z_{n-1} + d_n\angle\alpha_{(n-1)n} \end{aligned}\right\} \tag{1-25}$$

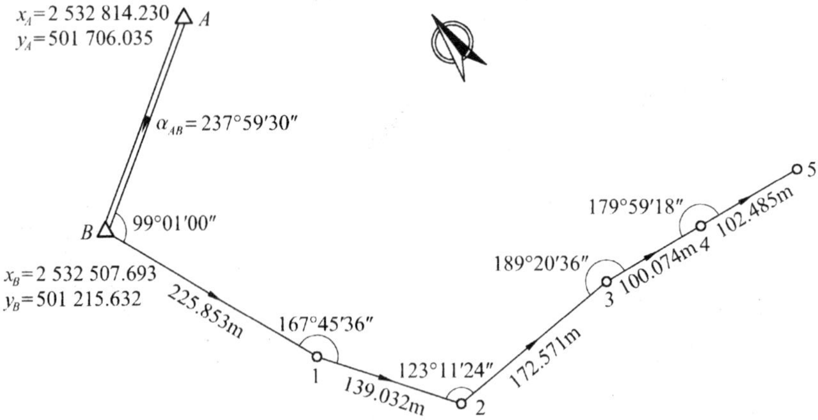

图 1-18　支导线案例

2）已知数据与观测数据的输入

导线的已知数据为方位角或点的坐标，通过变量提示输入。

(1) 已知数据

① 闭合导线——已知坐标只能是 B 点坐标；已知方位角 α_{AB} 可以由 A，B 两点的坐标反算，或直接输入 α_{AB}。

② 附合导线——已知坐标只能是 B，C 两点的坐标；起始边已知方位角 α_{AB} 可以由 A，B 两点的坐标反算，或直接输入 α_{AB}；终止边已知方位角 α_{CD} 可以由 C，D 两点的坐标反算，或直接输入 α_{CD}。

③ 双边无定向导线——已知坐标只能是 B，C 两点的坐标，无已知边方位角。

④ 单边无定向导线——已知坐标只能是 B，C 两点的坐标，已知方位角 α_{AB} 可以由 A，B 两点的坐标反算，或直接输入 α_{AB}。

⑤ 支导线——已知坐标只能是 B 点的坐标，已知方位角 α_{AB} 可以由 A，B 两点的坐标反

算，或直接输入 α_{AB}。

（2）观测数据

观测数据为导线边的水平角与水平距离，应在执行程序之前按 MODE 4 键进入 **REG** 模式，按导线边方位角推算路线为前进方向，在 List X 串列顺序输入水平角，其中位于导线前进方向左侧的水平角输入正值，位于导线前进方向右测的水平角输入负值；在 List Y 串列顺序输入水平距离。当未知导线点数为 n 时，各类导线应输入的水平角数与水平距离数如下：

① 闭合与附合导线——在 List X 串列输入 $n+2$ 个水平角，在 List Y 串列输入 $n+1$ 个水平距离。

② 双边无定向导线——在 List X 串列输入 n 个水平角，在 List Y 串列输入 $n+1$ 个水平距离。

③ 单边无定向导线——在 List X 串列输入 $n+1$ 个水平角，在 List Y 串列输入 $n+1$ 个水平距离。

④ 支导线——在 List X 串列输入 n 个水平角，在 List Y 串列输入 n 个水平距离。

程序将单一导线分为四类：闭、附合导线，双边无定向导线，单边无定向导线与支导线，通过自动探测统计串列的行数 N 及 List X[N]与 List Y[N]串列单元的数值，来判断导线类型，并提示用户在闭、附合导线或单边无定向导线、支导线之间选择。只有当导线为双边无定向导线时，不需要用户选择。

3）基于统计串列输入观测数据的任意单一导线近似平差程序

程序名：QH1－8T，占用内存 1 640 字节

```
"SINGLE TRAVE QH1－8T"↵                                   显示程序标题
Deg:Fix 3:FreqOn:a＋bi↵                                   定义角度单位与数值显示格式
n→N:N＋1→DimZ↵                                           获取统计串列水平角数，定义额外变量维数
∑y→M↵                                                    统计导线边长之和
List X[N]＝0⇒Goto 1↵                                      双边无定向导线
If List Y[N]＝0:Then Do:"CLOS(0),CONT(1)＝"?→Z↵
                                                         输入 0 闭合导线/1 附合导线
LpWhile Z≠0 And Z≠1↵
Else Do:"1 NO DIR(2),OPEN(3)＝"?→Z↵                       输入 2 单边无定向导线/3 支导线
LpWhile Z≠2 And Z≠3:IfEnd↵
"XA(m),π⇒αA→B(Deg)＝"?A↵                                  输入已知点 A 的 x 坐标或 π
If A≠π:Then "YA(m)＝"?B:Else "αA→B(Deg)＝"?R:IfEnd↵
                                                         A≥0 为输入 A 点 y 坐标/否则为输入 AB 边方位角
"XB(m)＝"?C:"YB(m)＝"?D↵                                   输入 B 点坐标
C＋Di→U:U→V:U→Z[N＋1]↵                                     生成 B 点坐标复数
If A≠π:Then Pol(C－A,D－B)↵                                计算 AB 边方位角
J＜0⇒J＋360→J:J→R↵                                         规范 AB 边方位角
"HD A→B(m)＝":I◢                                           显示 AB 边平距
```

```
"αA→B=":R▶DMS◢                                             显示 AB 边方位角
IfEnd↵
If Z=0:Then If R<180:Then R+180→S↵                         闭合导线时计算 AB 边反方位角
Else R−180→S:IfEnd:Goto 0:IfEnd↵
If Z=1 Or Z=2↵                                             附合导线或单边无定向导线时
Then "XC(m)="?E:"YC(m)="?F↵                                输入 C 点坐标
E+Fi→V:Z=2⇒Goto 0:IfEnd↵                                   生成 C 点坐标复数
If Z=1:Then "XD(m),π⇒αC→D(Deg)="?G↵                        输入 D 点 x 坐标或输入 π
If G≠π:Then "YD(m)="?H↵                     G≠π 为输入 D 点 y 坐标/否则输入 CD 边方位角
Pol(G−E,H−F)↵                                              计算附合导线 CD 边的方位角
J<0⇒J+360→J:J→S↵                                           转换辐角为方位角
"HD C→D(m)=":I◢                                            显示附合导线 CD 边的水平距离
"αC→D=":S▶DMS◢                                             显示附合导线 CD 边的方位角
Else "αC→D(Deg)="?S:IfEnd:IfEnd↵
Lbl 0:"∑(D)m=":M◢                                          显示导线边长之和
For 1→I To N↵
If I=1:Then R+List X[I]→L:Else L+List X[I]→L:IfEnd↵        推算导线边方位角
If L<180:Then L+180→L:Else L−180→L:IfEnd↵
L>360⇒L−360→L:L<0⇒L+360→L↵                                 规范导线边方位角
Z=2 Or Z=3⇒U+List Y[I]∠L→U:U→Z[I]↵                         支导线点坐标复数
If Z=3:Then "Pn=":I◢                                       显示支导线点号
"Xp+Ypi(m)=":U◢                                            显示支导线点坐标复数
IfEnd:Next:Z=3⇒Goto E↵
If Z=2:Then V−U→O↵                                         单边无定向导线坐标闭合差复数
"fX+fYi(m)=":O◢                                            显示坐标闭合差复数
"f(m)=":Abs(O)◢                                            显示导线全长闭合差
Int(M÷Abs(O))→K:"K=1÷":K◢                                  显示导线全长相对闭合差
(V−Z[N+1])÷(U−Z[N+1])→T↵                                   单边无定向导线坐标变换复数
For 1→I To N↵                                              计算单边无定向导线点坐标复数
Z[N+1]+T(Z[I]−Z[N+1])→Y↵                                   变换单边无定向导线点坐标复数
"Pn=":I◢                                                   显示支导线点号
"Xp+Ypi(m)=":Y◢                                            显示单边无定向导线点坐标复数
Next:Y−V→Q:"CHECK X+Yi(m)=":Q◢                             显示坐标检核计算结果复数
Goto E:IfEnd↵
3600(L−S)→T:"fα(S)=":T◢                                    显示闭附合导线方位角闭合差
-T÷N÷3600→P:0→O↵                                           角度改正数,存储坐标增量累加和复数清零
```

```
For 1→I To N↲                                      分配角度改正数并计算导线边坐标增量复数
If I=1:Then R+List X[I]+P→L↲                        改正后的导线边方位角
Else L+List X[I]+P→L:IfEnd↲
If L<180:Then L+180→L:Else L−180→L:IfEnd↲
L>360⇒L−360→L:L<0⇒L+360→L↲                          规范导线边方位角
If I<N:Then List Y[I]∠L→Z[I]:Z[I]+O→O↲              累加坐标增量复数
IfEnd:Next↲
Z[N+1]→U:U+O−V→O↲                                   闭附合导线坐标增量闭合差复数
"fX+fYi(m)=":O◢                                     显示导线坐标增量闭合差复数
"f(m)=":Abs(O)◢                                     显示导线全长闭合差
Int(M÷Abs(O))→K↲                                    计算导线全长相对闭合差
"K=1÷":K◢                                           显示导线全长相对闭合差
For 1→I To N−1↲                                     分配坐标闭合差并计算未知点坐标
Z[I]−OList Y[I]÷M→X↲                                改正后的导线边坐标增量复数
If I=1:Then U+X→Y:Else Y+X→Y:IfEnd↲                 未知点坐标复数
"Pn=":I◢                                            显示未知点号
"Xp+Ypi(m)=":Y◢                                     显示未知点坐标复数
Next:Y−V→Q:"CHECK X+Yi(m)=":Q◢                      显示坐标检核计算结果复数
Goto E↲                                             结束程序
Lbl 1:"2 NO DIR TRAVE"↲                             显示双边无定向导线提示字符
"XB(m)="?C:"YB(m)="?D↲                              输入B点坐标
"XC(m)="?E:"YC(m)="?F↲                              输入C点坐标
C+Di→U:E+Fi→V↲                                      生成B，C点坐标复数
"∑(D)m=":M◢                                         显示导线边长之和
0→H:U+List Y[1]∠H→Z[1]↲                             1点假定坐标复数
For 1→I To N−1↲                                     未知点的假定坐标
H+List X[I]→H↲                                      假定方位角
If H>180:Then H−180→H:Else H+180→H:IfEnd↲
Z[I]+List Y[I+1]∠H→Z[I+1]↲                          j点假定坐标复数
Next:(V−U)÷(Z[N]−U)→Z↲                              假定坐标变换为测量坐标复数
Int(Abs((1−Abs(Z))^-1))→K:"K=1÷":K◢                 全长相对闭合差分母
For 1→I To N↲                                       变换未知点假定坐标为测量坐标
U+(Z[I]−U)Z→Z[I]↲                                   j点测量坐标复数
If I≠N:Then "Pn=":I◢                                显示未知点点号
"Xp+Ypi(m)=":Z[I]◢                                  显示未知点坐标复数
IfEnd:Next↲
```

"DELT XC+YCi(m)=":Z[N]-V◢　　　显示 C 点坐标差检核结果复数

Lbl E:"QH1-8T⇛END"

4）案例

(1) 闭合导线计算案例

按 MODE 1 键进入 **COMP** 模式，按 FUNCTION 6 1 EXE 键执行 **ClrStat** 命令清除统计存储器。

按 MODE 4 键进入 **REG** 模式，按图 1-13 所示的导线方位角推算路线 $A\to B\to 1\to 2\to 3\to B\to A$ 为前进方向，在统计串列 List X 顺序输入图 1-13 所注的 5 个水平角观测值，在统计串列 List Y 顺序输入 4 个水平距离观测值。因 5 个水平角均为左角，所以全部输入正角值，结果见图 1-19 所示。

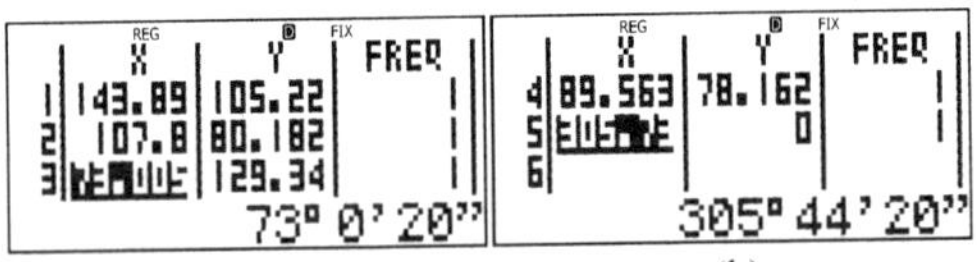

(a)　　　(b)

图1-19　**REG 模式输入图 1-13 闭合导线的水平角与平距**

执行 QH1-8T 程序，用户输入已知数据、屏幕提示及操作过程如下：

屏幕提示	按　　键	说　　明
SINGLE TRAVE QH1-8T		显示程序标题
CLOS(0),CONT(1)=?	**0** EXE	输入 0 选择闭合导线
XA(m),π⇛αA→B(Deg)=?	**2538811.409** EXE	输入 A 点坐标
YA(m)=?	**505114.225** EXE	
XB(m)=?	**2538506.321** EXE	输入 B 点坐标
YB(m)=?	**505215.652** EXE	
HD A→B(m)=321.506	EXE	显示 $A\to B$ 边平距
αA→B=161°36′37.91″	EXE	显示 $A\to B$ 边方位角
∑(D)m=392.908	EXE	显示导线总长
fα(S)=50.000	EXE	显示方位角闭合差，耗时 1.30 s
fX+fYi(m)=0.057-0.070i	EXE	显示坐标增量闭合差复数，耗时 1.52 s
f(m)=0.091	EXE	显示导线全长闭合差
K=1÷4335.000	EXE	显示导线全长相对闭合差
Pn=1.000	EXE	显示未知点号
Xp+Ypi(m)=2538445.195+505301.329i	EXE	显示第 1 个未知点坐标复数
Pn=2.000	EXE	显示未知点号
Xp+Ypi(m)=2538493.090+505365.640i	EXE	显示第 2 个未知点坐标复数
Pn=3.000	EXE	显示未知点号
Xp+Ypi(m)=2538569.667+505261.442i	EXE	显示第 3 个未知点坐标复数

续表

屏幕提示	按　　键	说　　明
Pn=4.000	EXE	显示未知点号
Xp+Ypi(m)=2538506.321+505215.652i	EXE	显示计算到 B 点坐标复数
CHECK X+Yi(m)=0.000	EXE	显示 B 点坐标检核结果复数
QH1−8T⇛END		程序结束显示

程序计算出的结果只供屏幕显示，不存入统计串列，因此，执行程序不会破坏用户预先输入到统计串列的导线观测数据，允许用户反复执行程序。

在图 1-13 中，当 A 点坐标未知，只知道起算边的方位角 α_{AB} 时，重复执行 QH1−8T 程序计算导线未知点坐标的操作过程如下：

屏幕提示	按　　键	说　　明
SINGLE TRAVE QH1−8T		显示程序标题
CLOS(0),CONT(1)=?	0 EXE	输入 0 选择闭合导线
XA(m),π⇛αA→B(Deg)=?	SHIFT π EXE	输入 π 选择输入方位角
αA→B(Deg)=?	161 °′″ 36 °′″ 38 °′″ EXE	输入 $A\rightarrow B$ 边方位角
XB(m)=?	2538506.321 EXE	输入 B 点坐标
YB(m)=?	505215.652 EXE	
Σ(D)m=392.908	EXE	显示导线总长
fα(S)=50.000	EXE	显示方位角闭合差
fX+fYi(m)=0.057−0.070i	EXE	显示坐标增量闭合差复数
f(m)=0.091	EXE	显示导线全长闭合差
K=1÷4335.000	EXE	显示导线全长相对闭合差
Pn=1.000	EXE	显示未知点号
Xp+Ypi(m)=2538445.195+505301.329i	EXE	显示第 1 个未知点坐标复数
Pn=2.000	EXE	显示未知点号
Xp+Ypi(m)=2538493.090+505365.640i	EXE	显示第 2 个未知点坐标复数
Pn=3.000	EXE	显示未知点号
Xp+Ypi(m)=2538569.667+505261.442i	EXE	显示第 3 个未知点坐标复数
Pn=4.000	EXE	显示未知点号
Xp+Ypi(m)=2538506.321+505215.652i	EXE	显示计算到 B 点坐标复数
CHECK X+Yi(m)=0.000	EXE	显示 B 点坐标检核结果复数
QH1−8T⇛END		程序结束显示

(2) 附合导线计算案例

按 MODE 1 键进入 **COMP** 模式，按 FUNCTION 6 1 EXE 键执行 **ClrStat** 命令清除统计存储器。

按 MODE 4 键进入 **REG** 模式，按图 1-14 所示的导线方位角推算路线 $A\rightarrow B\rightarrow 1\rightarrow 2\rightarrow 3\rightarrow 4\rightarrow C\rightarrow D$ 为前进方向，在统计串列 List X 顺序输入图 1-14 所注的 6 个水平角观测值，在统计串列 List Y 顺序输入 5 个水平距离观测值，结果见图 1-20 所示。

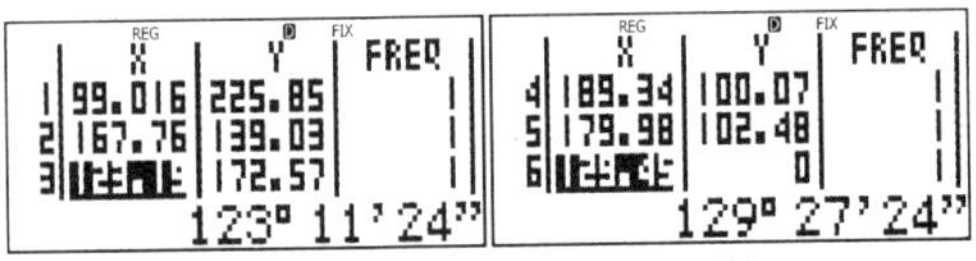

(a)　　　　(b)

图 1-20　**REG** 模式输入图 1-14 附合导线的水平角与平距

执行 QH1－8T 程序,输入已知数据的屏幕提示及用户操作过程如下:

屏幕提示	按　键	说　明
SINGLE TRAVE QH1－8T		显示程序标题
CLOS(0),CONT(1)=?	**1** EXE	输入 1 选择附合导线
XA(m),π⇒αA→B(Deg)=?	**2532814.23** EXE	输入 *A* 点坐标
YA(m)=?	**501706.035** EXE	
XB(m)=?	**2532507.693** EXE	输入 *B* 点坐标
YB(m)=?	**501215.632** EXE	
HD A→B(m)=578.325	EXE	显示 *A*→*B* 边平距
αA→B=237°59′30″	EXE	显示 *A*→*B* 边方位角
XC(m)=?	**2532166.741** EXE	输入 *C* 点坐标
YC(m)=?	**501757.271** EXE	
XD(m),π⇒αC→D(Deg)=?	**2532649.119** EXE	输入 *D* 点坐标
YD(m)=?	**502270.174** EXE	
HD C→D(m)=704.101	EXE	显示 *C*→*D* 边平距
αC→D=46°45′24.1″	EXE	显示 *C*→*D* 边方位角
∑(D)m=740.015	EXE	显示导线总长
fα(S)=-36.107	EXE	显示方位角闭合差,耗时 1.43 s
fX+fYi(m)=-0.149+0.149i	EXE	显示坐标增量闭合差复数,耗时 1.83 s
f(m)=0.210	EXE	显示导线全长闭合差
K=1÷3519.000	EXE	显示导线全长相对闭合差
Pn=1.000	EXE	显示未知点号
Xp+Ypi(m)=2532299.824+501303.798i	EXE	显示第 1 个未知点坐标复数
Pn=2.000	EXE	显示未知点号
Xp+Ypi(m)=2532186.282+501383.969i	EXE	显示第 2 个未知点坐标复数
Pn=3	EXE	显示未知点号
Xp+Ypi(m)=2532192.450+501556.396i	EXE	显示第 3 个未知点坐标复数
Pn=4	EXE	显示未知点号
Xp+Ypi(m)=2532179.740+501655.637i	EXE	显示第 4 个未知点坐标复数
Pn=5	EXE	显示未知点号
Xp+Ypi(m)=2532166.741+501757.271i	EXE	显示计算到 *C* 点坐标复数
CHECK X+Yi(m)=0.000	EXE	显示 *C* 点坐标检核结果复数
QH1－8T⇒END		程序结束显示

(3) 双边无定向导线计算案例

按 MODE 1 键进入 **COMP** 模式,按 FUNCTION 6 1 EXE 键执行 **ClrStat** 命令清除统计存储器。按 MODE 4 键进入 **REG** 模式,按图 1-15 所示的导线方位角推算路线 *B*→1→2→3→4→*C* 为前进方向,在统计串列 List X 顺序输入图 1-15 所注的 4 个水平角观测值,在统计串列

List Y 顺序输入 5 个水平距离观测值，结果见图 1－21 所示。

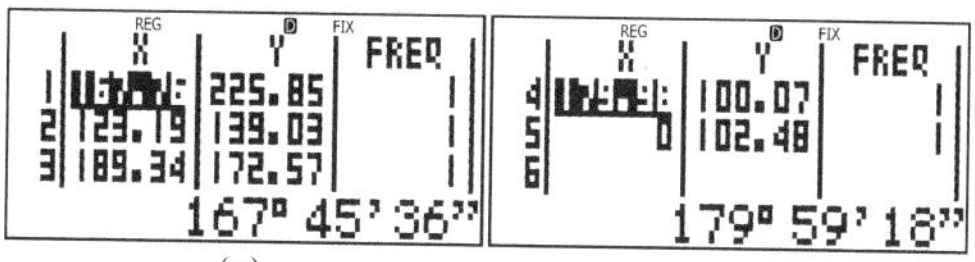

(a)　　(b)

图 1－21　**REG** 模式输入图 1－15 无定向导线的水平角与平距

执行 QH1－8T 程序，输入已知数据的屏幕提示及用户操作过程如下：

屏幕提示	按　键	说　　明
SINGLE TRAVE QH1－8T		显示程序标题
2 NO DIR TRAVE		检测串列数据为双边无定向导线
XB(m)＝?	**2532507.693** EXE	输入 *B* 点坐标
YB(m)＝?	**501215.632** EXE	
XC(m)＝?	**2532166.741** EXE	输入 *C* 点坐标
YC(m)＝?	**501757.271** EXE	
∑(D)m＝740.015	EXE	显示导线总长
K＝1÷3330.000	EXE	显示导线全长相对误差，耗时 1.36 s
Pn＝1.000	EXE	显示未知点号
Xp＋Ypi(m)＝2532299.843＋501303.822i	EXE	显示第 1 个未知点坐标复数
Pn＝2.000	EXE	显示未知点号
Xp＋Ypi(m)＝2532186.312＋501384.003i	EXE	显示第 2 个未知点坐标复数
Pn＝3.000	EXE	显示未知点号
Xp＋Ypi(m)＝2532192.457＋501556.412i	EXE	显示第 3 个未知点坐标复数
Pn＝4.000	EXE	显示未知点号
Xp＋Ypi(m)＝2532179.742＋501655.645i	EXE	显示第 4 个未知点坐标复数
DELT XC＋YCi(m)＝0.000	EXE	显示 *C* 点坐标检核结果复数
QH1－8T⇒END		程序结束显示

(4) 单边无定向导线计算案例

按 MODE 1 键进入 **COMP** 模式，按 FUNCTION 6 1 EXE 键执行 **ClrStat** 命令清除统计存储器。

按 MODE 4 键进入 **REG** 模式，按图 1－17 所示的导线方位角推算路线 *A*→*B*→1→2→3→4→*C* 为前进方向，在统计串列 List X 顺序输入图 1－17 所注的 5 个水平角观测值，在统计串列 List Y 顺序输入 5 个水平距离观测值，结果见图 1－22 所示。

(a)　　(b)

图 1－22　REG 模式输入图 1－15 无定向导线的水平角与平距

执行 QH1－8T 程序，输入已知数据的屏幕提示及用户操作过程如下：

屏幕提示	按　键	说　　明
SINGLE TRAVE QH1－8T		显示程序标题
1 NO DIR(2),OPEN(3)=?	2 EXE	输入 2 选择单边无定向导线
XA(m),π⇒αA→B(Deg)=?	2532814.23 EXE	输入 A 点坐标
YA(m)=?	501706.035 EXE	
XB(m)=?	2532507.693 EXE	输入 B 点坐标
YB(m)=?	501215.632 EXE	
HD A→B(m)=578.325	EXE	显示 A→B 边平距
αA→B=237°59′30″	EXE	显示 A→B 边方位角
XC(m)=?	2532166.741 EXE	输入 C 点坐标
YC(m)=?	501757.271 EXE	
Σ(D)m=740.015	EXE	显示导线总长
fX+fYi(m)=0.100－0.164i	EXE	显示坐标增量闭合差复数，耗时 1.89 s
f(m)=0.192	EXE	显示导线全长闭合差
K=1÷3848.000	EXE	显示导线全长相对闭合差
Pn=1.000	EXE	显示未知点号
Xp+Ypi(m)=2532299.843+501303.822i	EXE	显示第 1 个未知点坐标复数
Pn=2.000	EXE	显示未知点号
Xp+Ypi(m)=2532186.312+501384.003i	EXE	显示第 2 个未知点坐标复数
Pn=3.000	EXE	显示未知点号
Xp+Ypi(m)=2532192.457+501556.412i	EXE	显示第 3 个未知点坐标复数
Pn=4.000	EXE	显示未知点号
Xp+Ypi(m)=2532179.742+501655.645i	EXE	显示第 4 个未知点坐标复数
Pn=5.000	EXE	显示未知点号
Xp+Ypi(m)=2532166.741+501757.271i	EXE	显示第 5 个未知点坐标复数
DELT XC+YCi(m)=0.000	EXE	显示 C 点坐标检核结果复数
QH1－8T⇒END		程序结束显示

（5）支导线计算案例

按 MODE 1 键进入 **COMP** 模式，按 FUNCTION 6 1 EXE 键执行 **ClrStat** 命令清除统计存储器。

按 MODE 4 键进入 **REG** 模式，按图 1－18 所示的导线方位角推算路线 A→B→1→2→3→4→5 为前进方向，在统计串列 List X 顺序输入图 1－18 所注的 5 个水平角观测值，在统计串列 List Y 顺序输入 5 个水平距离观测值，结果与图 1－22 相同。

执行 QH1－8T 程序，输入已知数据的屏幕提示及用户操作过程如下：

屏幕提示	按　键	说　　明
SINGLE TRAVE QH1－8T		显示程序标题
1 NO DIR(2),OPEN(3)=?	3 EXE	输入 3 选择支导线
XA(m),π⇒αA→B(Deg)=?	2532814.23 EXE	输入 A 点坐标
YA(m)=?	501706.035 EXE	
XB(m)=?	2532507.693 EXE	输入 B 点坐标
YB(m)=?	501215.632 EXE	

续表

屏幕提示	按键	说明
HD A→B(m)=578.325	EXE	显示 A→B 边平距
αA→B=237°59′30″	EXE	显示 A→B 边方位角
∑(D)m=740.015	EXE	显示导线总长
Pn=1.000	EXE	提示输入第 1 点的角度与平距
Xp+Ypi(m)=2532299.781+501303.850i	EXE	显示第 1 个未知点坐标复数
Pn=2.000	EXE	显示未知点号
Xp+Ypi(m)=2532186.216+501384.055i	EXE	显示第 2 个未知点坐标复数
Pn=3.000	EXE	显示未知点号
Xp+Ypi(m)=2532192.364+501556.516i	EXE	显示第 3 个未知点坐标复数
Pn=4.000	EXE	显示未知点号
Xp+Ypi(m)=2532179.646+501655.779i	EXE	显示第 4 个未知点坐标复数
Pn=5.000	EXE	显示未知点号
Xp+Ypi(m)=2532166.641+501757.453i	EXE	显示第 5 个未知点坐标复数
QH1－8T⇛END		程序结束显示

(6) 高速公路施工附合导线计算案例

如图 1－23 所示，该施工附合导线观测了 20 个水平角(均为左角)和 19 条边长。

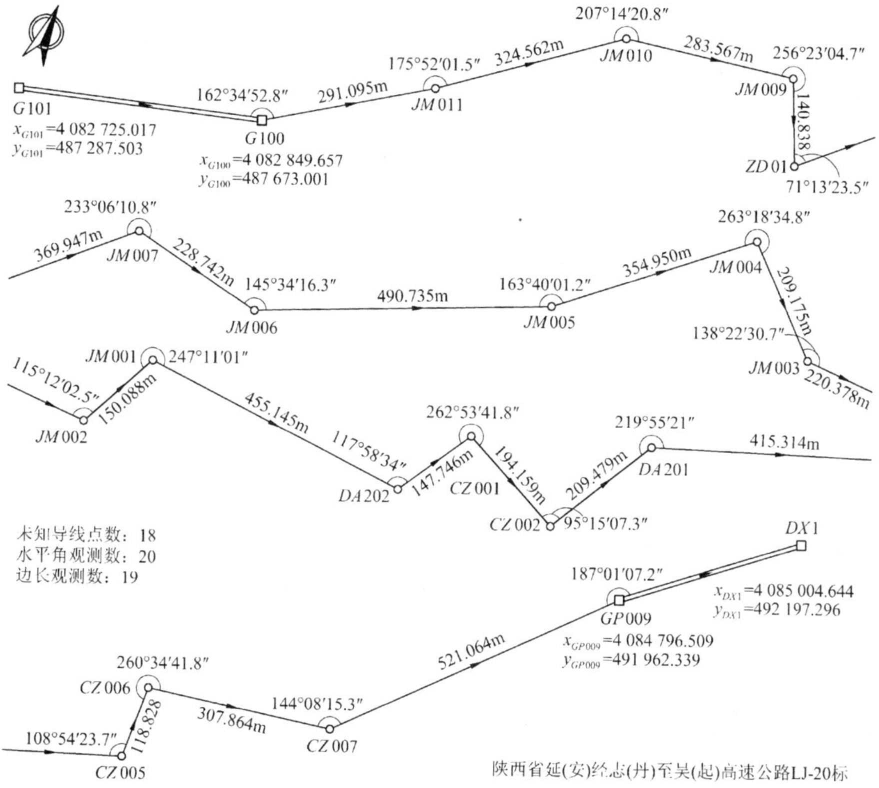

图 1－23　高速公路施工附合导线略图

按 MODE 1 键进入 **COMP** 模式，按 FUNCTION 6 1 EXE 键执行 **ClrStat** 命令清除统计存储器。

按 MODE 4 键进入 **REG** 模式，按图 1－18 所示的导线方位角推算路线 $G101 \to G100 \to JM011 \to \cdots \to ZD01 \to JM007 \to \cdots \to CZ006 \to CZ007 \to GP009 \to DX1$ 为前进方向，在统计串列 List X 顺序输入图 1－23 所注的 20 个水平角观测值，在统计串列 List Y 顺序输入 19 个水平距离观测值，结果见图 1－24 所示。

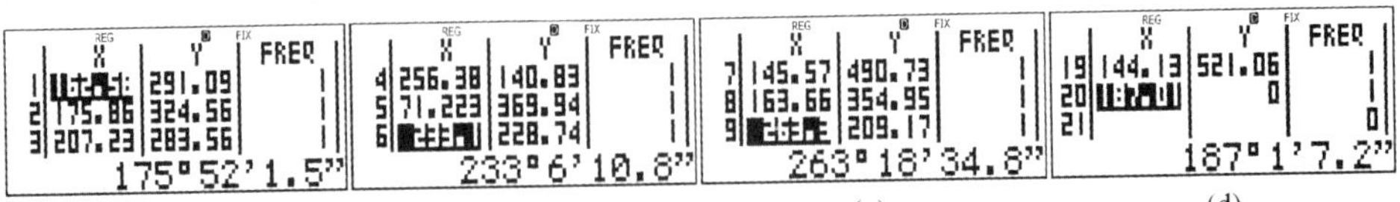

(a) (b) (c) (d)

图 1－24 REG 模式输入图 1－23 附合导线的水平角与平距

执行 QH1－8T 程序，输入已知数据的屏幕提示及用户操作过程如下：

屏幕提示	按 键	说 明
SINGLE TRAVE QH1－8T		显示程序标题
CLOS(0),CONT(1)=?	**1** EXE	输入 1 选择附合导线
XA(m),π⇣αA→B(Deg)=?	**4082725.017** EXE	输入 *G*101 点坐标
YA(m)=?	**487287.503** EXE	
XB(m)=?	**4082849.657** EXE	输入 *G*100 点坐标
YB(m)=?	**487673.001** EXE	
HD A→B(m)=405.147	EXE	显示 *G*101→*G*100 边水平距离
αA→B=72°4′58.21″	EXE	显示 *G*101→*G*100 边方位角
XC(m)=?	**4084796.509** EXE	输入 *GP*009 点坐标
YC(m)=?	**491962.339** EXE	
XD(m),π⇣αC→D(Deg)=?	**4085004.644** EXE	输入 *DX*1 点坐标
YC(m)=?	**492197.296** EXE	
HD C→D(m)=313.887	EXE	显示 *GP*009→*DX*1 边水平距离
αC→D=48°27′50.76″	EXE	显示 *GP*009→*DX*1 边方位角
∑(D)m=5433.676	EXE	显示导线总长
fα(S)=40.156	EXE	显示方位角闭合差，耗时 3.93 s
fX+fYi(m)=0.415－0.220i	EXE	显示坐标增量闭合差复数，耗时 5.49 s
f(m)=0.470	EXE	显示导线全长闭合差
K=1÷11570.000	EXE	显示导线全长相对闭合差
Pn=1.000	EXE	显示未知点号
Xp+Ypi(m)=4083017.997+487910.479i	EXE	显示 *JM*011 点坐标复数
Pn=2.000	EXE	显示未知点号
Xp+Ypi(m)=4083224.287+488161.041i	EXE	显示 *JM*010 点坐标复数
Pn=3.000	EXE	显示未知点号
Xp+Ypi(m)=4083284.342+488438.183i	EXE	显示 *JM*009 点坐标复数

续表

屏幕提示	按键	说明
Pn=4.000	EXE	显示未知点号
Xp+Ypi(m)=4083157.583+488499.590i	EXE	显示 *ZD*01 点坐标复数
Pn=5.000	EXE	显示未知点号
Xp+Ypi(m)=4083417.427+488762.905i	EXE	显示 *JM*007 点坐标复数
Pn=6.000	EXE	显示未知点号
Xp+Ypi(m)=4083383.687+488989.157i	EXE	显示 *JM*006 点坐标复数
Pn=7.000	EXE	显示未知点号
Xp+Ypi(m)=4083598.400+489430.428i	EXE	显示 *JM*005 点坐标复数
Pn=8.000	EXE	显示未知点号
Xp+Ypi(m)=4083837.190+489693.037i	EXE	显示 *JM*004 点坐标复数
Pn=9.000	EXE	**显示未知点号**
Xp+Ypi(m)=4083699.877+489850.854i	EXE	显示 *JM*003 点坐标复数
Pn=10.000	EXE	显示未知点号
Xp+Ypi(m)=4083702.173+490071.229i	EXE	显示 *JM*002 点坐标复数
Pn=11.000	EXE	显示未知点号
Xp+Ypi(m)=4083838.628+490133.711i	EXE	显示 *JM*001 点坐标复数
Pn=12.000	EXE	显示未知点号
Xp+Ypi(m)=4083824.441+490588.654i	EXE	显示 *DA*202 点坐标复数
Pn=13.000	EXE	显示未知点号
Xp+Ypi(m)=4083952.693+490661.991i	EXE	显示 *CZ*001 点坐标复数
Pn=14.000	EXE	显示未知点号
Xp+Ypi(m)=4083877.902+490841.181i	EXE	显示 *CZ*002 点坐标复数
Pn=15.000	EXE	显示未知点号
Xp+Ypi(m)=4084063.010+490939.221i	EXE	显示 *DA*201 点坐标复数
Pn=16.000	EXE	显示未知点号
Xp+Ypi(m)=4084219.732+491323.834i	EXE	显示 *CZ*005 点坐标复数
Pn=17.000	EXE	显示未知点号
Xp+Ypi(m)=4084338.357+491317.064i	EXE	显示 *CZ*006 点坐标复数
Pn=18.000	EXE	显示未知点号
Xp+Ypi(m)=4084405.970+491617.419i	EXE	显示 *CZ*007 点坐标复数
Pn=19.000	EXE	显示未知点号
Xp+Ypi(m)=4084796.509+491962.339i	EXE	显示计算到 *GP*009 点坐标复数
CHECK X+Yi(m)=0.000	EXE	显示 *GP*009 点坐标检核复数
QH1−8T⇒END		程序结束显示

1.9 程序语句与常用提示字符的输入方法

虽然卡西欧(上海)贸易有限公司为全国的代理商都传输了本书的母机程序,但仍然有许多工程用户是通过手工方式输入程序的。由于已在参考文献[3,4]中介绍了 fx-5800P 的基本操作，为减少篇幅，本书第1版省略了对fx-5800P基本操作的介绍，这就使很多初学者在输入程序时遇到了困难。

任何一个程序，只要一条语句输入错误，都将导致计算结果的不正确或程序执行时出错。例如，**LpWhile**语句，正确的输入方法是按 FUNCTION 3 ▼ ▼ ▼ 8 键输入，但有些用户却是按 ALPHA L 键输入字母 **L**，按 FUNCTION 1 ▼ ▼ ▼ 4 键输入字符 **p**，按 FUNCTION 3 ▼ ▼ ▼ 5 键输入 **While** 等字符组合的方式输入的 **LpWhile** 语句，程序执行到该语句时，将显示错误信息“**Syntax ERROR**”。对于初学者，很难发现产生这种语句输入错误的原因。语句输入错误是第1版读者来信咨询最多的问题。

1）新机器输入程序前的设置

fx-5800P可以数学格式或线性格式显示用户输入的表达式，新机器出厂设置为数学格式显示表达式，状态行显示 **Math**。在数学格式显示表达式状态下，在 **PROG** 模式输入与编辑程序时，按 FUNCTION 3 键只能调出图1-25(a)所示的程序语句菜单，它只能输入赋值语句**→**，不能输入其他语句。

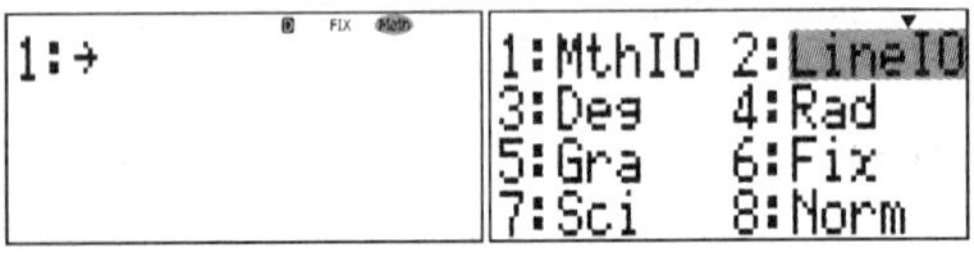

(a)　　(b)

图1-25　数学格式显示表达式的程序语句菜单

此时应按 EXIT EXIT 键退出该菜单，按 MODE 1 键进入 **COMP** 模式，按 SHIFT SETUP 键调出图1-25(b)所示的设置菜单，按 2 键设置为线性格式显示表达式，状态行字符 **Math** 消失，再按 FUNCTION 3 键就可以调出图1-26(b)～(f)所示的5页完整程序语句菜单了。

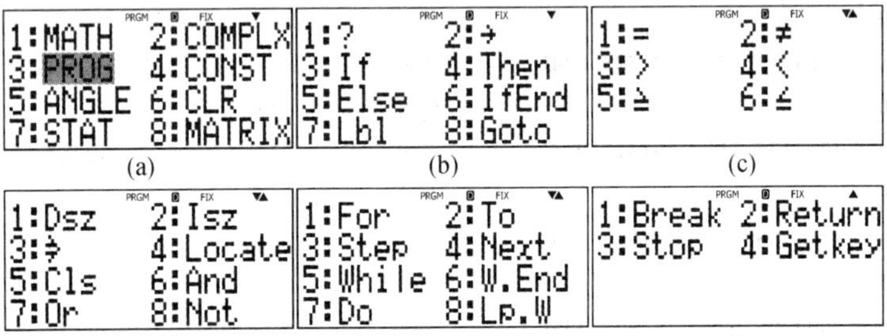

(a)　(b)　(c)　(d)　(e)　(f)

图1-26　在PROG模式按 FUNCTION 3 键调出的完整程序语句菜单

2）程序语句的输入方法

在 **PROG** 模式下，按 FUNCTION 3 键调出图1-26(b)所示的程序语句菜单，按 ▼ 键为向下翻页，按 ▲ 键为向上翻页，按当前菜单页显示的数字键选择程序语句后，自动关闭程序语句菜单。fx-5800P全部34个程序语句的输入按键方法列于表1-3。

表 1-3　　fx-5800P 程序语句的输入方法

序	按　键	语句	序	按　键	语句
1	FUNCTION 3 1	?	18	FUNCTION 3 ▼ ▼ 4	Locate
2	FUNCTION 3 2	→	19	FUNCTION 3 ▼ ▼ 5	Cls
3	FUNCTION 3 3	If	20	FUNCTION 3 ▼ ▼ 6	And
4	FUNCTION 3 4	Then	21	FUNCTION 3 ▼ ▼ 7	Or
5	FUNCTION 3 5	Else	22	FUNCTION 3 ▼ ▼ 8	Not
6	FUNCTION 3 6	IfEnd	23	FUNCTION 3 ▼ ▼ ▼ 1	For
7	FUNCTION 3 7	Lbl	24	FUNCTION 3 ▼ ▼ ▼ 2	To
8	FUNCTION 3 8	Goto	25	FUNCTION 3 ▼ ▼ ▼ 3	Step
9	FUNCTION 3 ▼ 1	=	26	FUNCTION 3 ▼ ▼ ▼ 4	Next
10	FUNCTION 3 ▼ 2	≠	27	FUNCTION 3 ▼ ▼ ▼ 5	While
11	FUNCTION 3 ▼ 3	>	28	FUNCTION 3 ▼ ▼ ▼ 6	WhileEnd
12	FUNCTION 3 ▼ 4	<	29	FUNCTION 3 ▼ ▼ ▼ 7	Do
13	FUNCTION 3 ▼ 5	⩾	30	FUNCTION 3 ▼ ▼ ▼ 8	LpWhile
14	FUNCTION 3 ▼ 6	⩽	31	FUNCTION 3 ▼ ▼ ▼ ▼ 1	Break
15	FUNCTION 3 ▼ ▼ 1	Dsz	34	FUNCTION 3 ▼ ▼ ▼ ▼ 2	Return
16	FUNCTION 3 ▼ ▼ 2	Isz	33	FUNCTION 3 ▼ ▼ ▼ ▼ 3	Stop
17	FUNCTION 3 ▼ ▼ 3	⇛	34	FUNCTION 3 ▼ ▼ ▼ ▼ 4	Getkey

表 1-3 灰底色的 **LpWhile** 语句，为第 1 版用户经常输错的语句。

3）设置语句的输入方法

程序中，角度单位、数值显示格式、复数显示格式、分数显示格式、频率统计串列 List Freq 的开/关等，是通过设置语句实现的。在 **PROG** 模式，按 SHIFT SET UP 键调出图 1-27 所示的设置语句菜单，共有两页菜单，按 ▼ 键为向下翻页，按 ▲ 键为向上翻页，14 个设置语句的输入方法列于表 1-4。

图 1-27　在 **PROG** 模式按 SHIFT SET UP 键调出设置菜单

表 1-4　　fx-5800P 程序设置语句的输入方法

序	按　键	语句	序	按　键	语句
1	SHIFT SET UP 3	Deg	8	SHIFT SET UP ▼ 2	d/c
2	SHIFT SET UP 4	Rad	9	SHIFT SET UP ▼ 3 1	EngOn
3	SHIFT SET UP 5	Gra	10	SHIFT SET UP ▼ 3 2	EngOff
4	SHIFT SET UP 6	Fix	11	SHIFT SET UP ▼ 4 1	a+bi
5	SHIFT SET UP 7	Sci	12	SHIFT SET UP ▼ 4 2	r∠θ
6	SHIFT SET UP 8	Norm	13	SHIFT SET UP ▼ 5 1	FreqOn
7	SHIFT SET UP ▼ 1	ab/c	14	SHIFT SET UP ▼ 5 2	FreqOff

4）复数函数及其显示语句的输入方法

在 PROG 模式，按 [FUNCTION] [2] 键调出图 1－1(b)所示的复数函数菜单，7 个函数及其显示语句的输入方法列于表 1－5。

表 1－5　　fx-5800P 复数函数及其显示语句的输入方法

序	按　键	语句	序	按　键	语句
1	[FUNCTION] [2] [1]	**Abs(**	5	[FUNCTION] [2] [5]	**ImP(**
2	[FUNCTION] [2] [2]	**Arg(**	6	[FUNCTION] [2] [6]	**▸r∠θ**
3	[FUNCTION] [2] [3]	**Conjg(**	7	[FUNCTION] [2] [7]	**▸a+bi**
4	[FUNCTION] [2] [4]	**ReP(**			

5）程序中双引号内显示字符的输入方法

程序中双引号内的显示字符，是为了说明其后输入数值或显示数值的意义。

例如，单一导线近似平差程序 QH1－8T 中的起点坐标输入语句为

"XA(m),π⇒αA→B(Deg)="?A ↵　　　　输入已知点 A 的 x 坐标或 π

它的作用是要求输入导线 A 点的以 m 为单位的 x 坐标；当按 [SHIFT] [π] 键输入 π 响应时，为其后输入起算边的方位角 α_{AB}，要求以十进制度为单位。按 [FUNCTION] [1] [▼] [▼] [▼] [1] 键输入双引号内的字符 m，见图 1－28(b)所示；按 [FUNCTION] [4] [▼] [2] 键输入双引号内的字符 α，见图 1－29(c)所示；按 [SHIFT] [SET UP] [3] 键输入双引号内的字符 Deg，见图 1－27(a)所示。

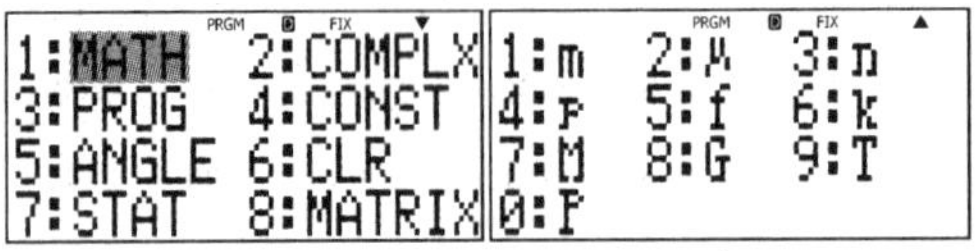

(a)　　(b)

图 1－28　在 **PROG** 模式按 [FUNCTION] [1] [▼] [▼] [▼] 键调出函数菜单

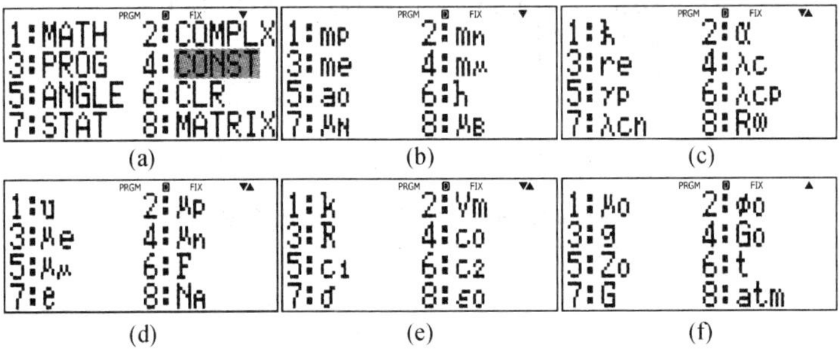

图 1－29　在 PROG 模式下按 [FUNCTION] [4] 键调出物理常数菜单

fx-5800P 只有在编辑用户公式文件时，才能输入小写字母或下标字符；编辑程序文件时，只能输入 A～Z 大写字母。上述双引号内的小写字母 m 是在数学函数菜单中输入的，α 是在物理常数菜单中输入的，Deg 是在设置菜单中输入的，它们仅仅用作双引号内的显示字符，并不参与数值计算或执行角度单位设置。

2 含断链的交点法任意路线或匝道曲线三维坐标计算程序

2.1 单交点非对称基本型平曲线坐标正算原理

我国公路与铁路平曲线均使用回旋线(spiral)作为缓和曲线。如图 2-1 所示,缓和曲线的几何意义是:曲线上任意点 P 的曲率半径 ρ 与该点至原点 ZH 的曲线长 l 成反比,曲线方程为

$$\rho = \frac{A^2}{l} \tag{2-1}$$

式中,A 为缓和曲线参数。

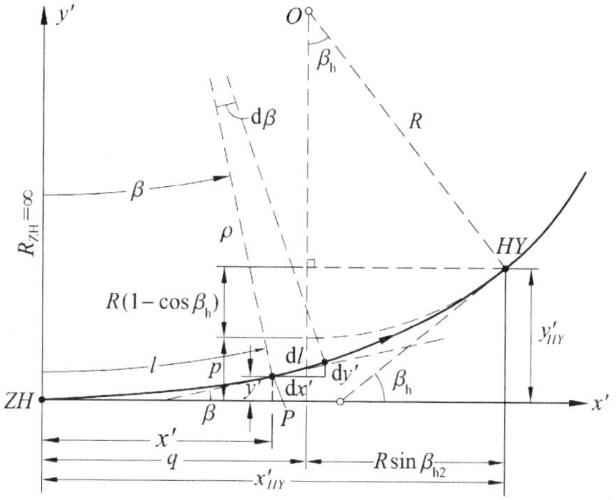

图 2-1 完整缓和曲线要素计算原理

设缓和曲线终点 HY 的曲线长为 L_h,曲率半径为 R,代入式(2-1)求得缓和曲线参数为

$$A = \sqrt{RL_h} \tag{2-2}$$

1) 单交点非对称基本型曲线要素计算公式

如图 2-2 所示,非对称基本型平曲线由“第一缓和曲线+圆曲线+第二缓和曲线”组成。其中,第一缓和曲线的起点半径为 $\rho_{ZH}=\infty$,终点半径为 $\rho_{HY}=R$;第二缓和曲线的起点半径为 $\rho_{YH}=R$,终点半径为 $\rho_{HZ}=\infty$。缓和曲线一端的曲率半径为∞时,称为完整缓和曲线。图 2-2 所示的第一缓和曲线与第二缓和曲线均为完整缓和曲线。

(1) 第一缓和曲线切线支距坐标公式

在图 2-1 所示的切线支距坐标系 $x'ZHy'$ 中,设缓和曲线上任意点 P 的曲率半径为 ρ,曲率半径 ρ 偏离纵轴 y' 的偏角为 β(下称 P 点的计算偏角),微分弧长为 dl,则缓和曲线的微分

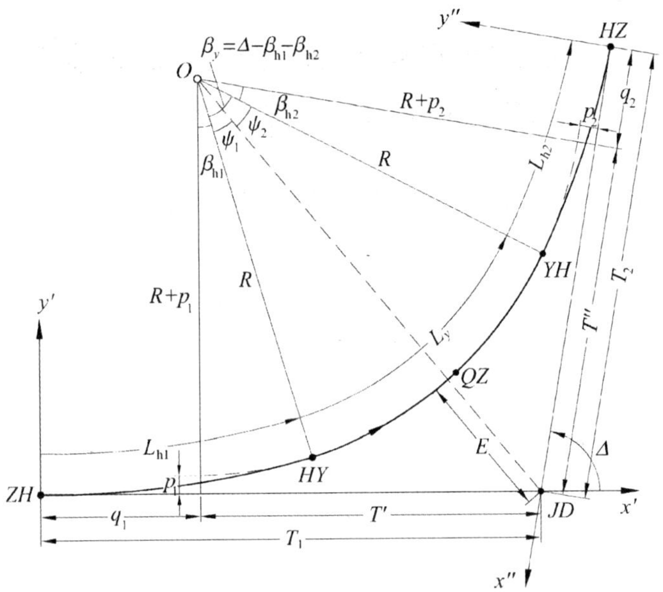

图 2－2　非对称基本型曲线要素计算原理

方程为

$$dl = \rho d\beta \tag{2-3}$$

将式(2－1)代入式(2－3)，得

$$d\beta = \frac{dl}{\rho} = \frac{l}{A^2}dl \tag{2-4}$$

对式(2－4)积分，得以弧度为单位的计算偏角为

$$\beta = \frac{l^2}{2A^2} \tag{2-5}$$

显然，在缓和曲线原点 ZH 点，$l=0$，代入式(2－5)求得 $\beta_0=0$；在 HY 点，$l=L_h$，代入式(2－5)并顾及式(2－2)，得

$$\beta_h = \frac{L_h^2}{2RL_h} = \frac{L_h}{2R} \tag{2-6}$$

设缓和曲线任意点 P 的切线支距坐标为 x'，y'，则微分弧长 dl 在切线支距坐标系 $x'ZHy'$ 的 $+x'$ 与 $+y'$ 轴的投影微分长度为

$$\left.\begin{aligned} dx' &= dl\cos\beta \\ dy' &= dl\sin\beta \end{aligned}\right\} \tag{2-7}$$

将式(2－3)代入式(2－7)，得

$$\left.\begin{aligned} dx' &= \rho\cos\beta d\beta \\ dy' &= \rho\sin\beta d\beta \end{aligned}\right\} \tag{2-8}$$

由式(2－5)求得 $l = A\sqrt{2\beta}$，代入式(2－1)，得

$$\rho = \frac{A^2}{A\sqrt{2\beta}} = \frac{A}{\sqrt{2\beta}} \tag{2-9}$$

将式(2－9)代入式(2－8)，得

$$\left.\begin{aligned} dx' &= \frac{A}{\sqrt{2\beta}}\cos\beta d\beta \\ dy' &= \frac{A}{\sqrt{2\beta}}\sin\beta d\beta \end{aligned}\right\} \tag{2-10}$$

对式(2－10)积分，得以计算偏角 β 为自变量的切线支距坐标积分公式

$$\left.\begin{aligned} x' &= \frac{A}{\sqrt{2}}\int_0^\beta \frac{\cos\beta}{\sqrt{\beta}} d\beta \\ y' &= \frac{A}{\sqrt{2}}\int_0^\beta \frac{\sin\beta}{\sqrt{\beta}} d\beta \end{aligned}\right\} \tag{2-11}$$

将式(2－5)代入式(2－7)并积分，得以线长 l 为自变量的切线支距坐标积分公式

$$\left.\begin{aligned} x' &= \int_0^l \cos\frac{l^2}{2A^2} dl \\ y' &= \int_0^l \sin\frac{l^2}{2A^2} dl \end{aligned}\right\} \tag{2-12}$$

将式中的 $\cos\beta$，$\sin\beta$ 以三角级数展开，各取前 4 项[6]，得

$$\left.\begin{aligned} \cos\beta &\approx 1 - \frac{\beta^2}{2!} + \frac{\beta^4}{4!} - \frac{\beta^6}{6!} \\ \sin\beta &\approx \beta - \frac{\beta^3}{3!} + \frac{\beta^5}{5!} - \frac{\beta^7}{7!} \end{aligned}\right\} \tag{2-13}$$

将式(2－13)代入式(2－10)，分别对式(2－10)两式积分，整理后得级数形式切线支距坐标公式

$$\left.\begin{aligned} x' &= l - \frac{l^5}{40A^4} + \frac{l^9}{3\,456A^8} - \frac{l^{13}}{599\,040A^{12}} \\ y' &= \frac{l^3}{6A^2} - \frac{l^7}{336A^6} + \frac{l^{11}}{42\,240A^{10}} - \frac{l^{15}}{9\,676\,800A^{14}} \end{aligned}\right\} \tag{2-14}$$

(2) 圆曲线内移值与切线增量公式

在直线与圆曲线之间插入缓和曲线时，在第一缓和曲线端，应将原有圆曲线向内移动距

离 p_1 才能使圆曲线与第一缓和曲线衔接，这时，切线增长了距离 q_1，称 p_1 为圆曲线内移值，q_1 为切线增量；此时，在第二缓和曲线端的圆曲线内移值为 p_2，切线增量为 q_2。

由图 2-2 可以写出圆曲线在第一缓和曲线端的内移值 p_1 与切线增量 q_1 的公式为

$$\left.\begin{aligned} p_1 &= y'_{HY} - R(1-\cos\beta_{h1}) \\ q_1 &= x'_{HY} - R\sin\beta_{h1} \end{aligned}\right\} \tag{2-15}$$

在第二缓和曲线端的内移值 p_2 与切线增量 q_2 的公式为

$$\left.\begin{aligned} p_2 &= y''_{YH} - R(1-\cos\beta_{h2}) \\ q_2 &= x''_{YH} - R\sin\beta_{h2} \end{aligned}\right\} \tag{2-16}$$

式中，x''_{YH}，y''_{YH} 为第二缓和曲线起点 YH 点在其切线支距坐标系 $x''HZy''$ 中的坐标，见图 2-2 所示。

(3) 切线公式

设第一缓和曲线参数为 A_1，第二缓和曲线参数为 A_2，由式(2-2)得第一与第二缓和曲线长为

$$\left.\begin{aligned} L_{h1} &= \frac{A_1^2}{R} \\ L_{h2} &= \frac{A_2^2}{R} \end{aligned}\right\} \tag{2-17}$$

由式(2-6)得以弧度为单位的第一、第二缓和曲线总偏角为

$$\left.\begin{aligned} \beta_{h1} &= \frac{L_{h1}}{2R} \\ \beta_{h2} &= \frac{L_{h2}}{2R} \end{aligned}\right\} \tag{2-18}$$

由图 2-2 可以列出切线长公式为

$$\left.\begin{aligned} T_1 &= T' + q_1 = (R+p_1)\tan(\psi_1+\beta_{h1}) + q_1 \\ T_2 &= T'' + q_2 = (R+p_2)\tan(\psi_2+\beta_{h2}) + q_2 \end{aligned}\right\} \tag{2-19}$$

式中，$\tan(\psi_1+\beta_{h1})$，$\tan(\psi_2+\beta_{h2})$ 可以通过解下列方程求出

$$\left.\begin{aligned} &\psi_1+\beta_{h1} = \Delta-(\psi_2+\beta_{h2}) \\ &\frac{\cos(\psi_1+\beta_{h1})}{\cos(\psi_2+\beta_{h2})} = \frac{R+p_1}{R+p_2} \end{aligned}\right\} \tag{2-20}$$

将式(2-20)的第一式代入其第二式消去 $\psi_1+\beta_{h1}$ 项，得

$$\frac{\cos[\Delta-(\beta_{h2}+\psi_2)]}{\cos(\psi_2+\beta_{h2})} = \frac{R+p_1}{R+p_2} \tag{2-21}$$

展开并化简式(2-21)，得

$$\frac{\cos\Delta\cos(\beta_{h2}+\psi_2)+\sin\Delta\sin(\beta_{h2}+\psi_2)}{\cos(\psi_2+\beta_{h2})}=\cos\Delta+\sin\Delta\tan(\beta_{h2}+\psi_2)=\frac{R+p_1}{R+p_2}$$

$$\tan(\psi_2+\beta_{h2})=\frac{R+p_1}{R+p_2}\csc\Delta-\cot\Delta \tag{2-22}$$

将式(2-22)代入式(2-19)的第二式,得

$$T_2=(R+p_1)\csc\Delta-(R+p_2)\cot\Delta+q_2 \tag{2-23}$$

将式(2-20)变换为

$$\left.\begin{aligned}&\psi_2+\beta_{h2}=\Delta-(\psi_1+\beta_{h1})\\&\frac{\cos(\psi_2+\beta_{h2})}{\cos(\psi_1+\beta_{h1})}=\frac{R+p_2}{R+p_1}\end{aligned}\right\} \tag{2-24}$$

采用上述同样的方法化简,得

$$T_1=(R+p_2)\csc\Delta-(R+p_1)\cot\Delta+q_1 \tag{2-25}$$

作为特例,当为对称基本型曲线时,有 $p_1=p_2=p$, $q_1=q_2=q$ 成立,将其代入式(2-25),并顾及下列半角三角函数恒等式[6]

$$\tan\frac{\Delta}{2}=\frac{1-\cos\Delta}{\sin\Delta}=\csc\Delta-\cot\Delta \tag{2-26}$$

式(2-23)与式(2-25)可化简为

$$T_1=T_2=T=(R+p)\tan\frac{\Delta}{2}+q \tag{2-27}$$

由图2-2可以列出曲线长公式为

$$\left.\begin{aligned}&L_y=R(\Delta-\beta_{h1}-\beta_{h2})\\&L=L_{h1}+L_{h2}+L_y\end{aligned}\right\} \tag{2-28}$$

式中,L_y 为圆曲线长,第一与第二缓和曲线总偏角 β_{h1},β_{h2} 应以弧度为单位,切曲差为

$$J=T_1+T_2-L \tag{2-29}$$

5个主点的桩号为

$$\left.\begin{aligned}&Z_{ZH}=Z_{JD}-T_1\\&Z_{HY}=Z_{ZH}+L_{h1}\\&Z_{QZ}=Z_{HY}+L_y/2\\&Z_{YH}=Z_{HY}+L_y\\&Z_{HZ}=Z_{YH}+L_{h2}\\&Z_{HZ}=Z_{JD}+T_2-J\end{aligned}\right\} \tag{2-30}$$

由图 2-2 容易写出外距公式为

$$E=\sqrt{(R+p_1)^2+(T_1-q_1)^2}-R \qquad (2-31)$$

2）主点中桩坐标及其走向方位角计算

单交点非对称基本型曲线有 5 个主点，它们是 ZH，HY，QZ，YH，HZ。为便于 fx-5800P 编程计算，本节采用复数形式推算主点中桩坐标。

为使复数的辐角恒为正值，应保证缓和曲线支距坐标 y' 与 y'' 恒为正值，因此，在图 2-2 中，缓和曲线切线支距坐标系 $x'ZHy'$ 与 $x''ZHy''$ 不像高斯平面直角坐标系一样符合右手螺旋规则。

设已知 JD 坐标复数为 $z_{JD}=x_{JD}+y_{JD}\mathrm{i}$，交点转角为 Δ，则 ZH 点的走向方位角为 α_{ZH} 可由后交点与本交点坐标反算出（以路线走向为前进方向）；设计数据为交点第一缓和曲线参数 A_1，第二缓和曲线参数 A_2，圆曲线半径 R，适用于 fx-5800P 编程的交点路线曲线要素计算的顺序汇总如下：

（1）交点曲线要素的计算

① 由式(2-17)计算第一与第二缓和曲线长 L_{h1}，L_{h2}。

② 由式(2-18)计算第一与第二缓和曲线总计算偏角 β_{h1}，β_{h2}。

③ 由式(2-15)计算圆曲线在第一缓和曲线端的切线增量 q_1 与内移值 p_1，同理计算圆曲线在第二缓和曲线端的切线增量 q_2 与圆曲线内移值 p_2。

④ 由式(2-25)与式(2-23)分别计算第一与第二切线长 T_1，T_2。

⑤ 由式(2-28)计算圆曲线长 L_y 与总曲线长 L。

⑥ 由式(2-30)计算 5 个主点桩号。

⑦ 由式(2-31)计算外距。

（2）主点中桩坐标与走向方位角的计算

① ZH 与 HZ 点中桩坐标

$$z_{ZH}=z_{JD}-T_1\angle\alpha_{ZH} \qquad (2-32)$$

HZ 点的走向方位角为 $\alpha_{HZ}=\alpha_{ZH}\pm\Delta$，式中的“±”号，交点右转时取“+”号，左转时取“−”号，下同。HZ 点的中桩坐标为

$$z_{HZ}=z_{JD}+T_2\angle\alpha_{HZ} \qquad (2-33)$$

② HY 点中桩坐标

将 $l=L_h$ 代入式(2-14)算出 HY 点的切线支距坐标 $z'_{HY}=x'_{HY}+y'_{HY}\mathrm{i}$，则 $ZH\rightarrow HY$ 的弦长与弦切角即为 z'_{ZH} 的模与辐角

$$\left.\begin{aligned}c_{ZH-HY}&=\mathrm{Abs}(z'_{HY})\\ \theta_{ZH-HY}&=\mathrm{Arg}(z'_{HY})\end{aligned}\right\} \qquad (2-34)$$

则 $ZH\rightarrow HY$ 弦长的方位角及 HY 点的走向方位角为

$$\left.\begin{aligned}\alpha_{ZH-HY} &= \alpha_{ZH} \pm \theta_{ZH-HY}\\ \alpha_{HY} &= \alpha_{ZH} \pm \beta_{h1}\end{aligned}\right\} \tag{2-35}$$

HY 点中桩坐标复数为

$$z_{HY} = z_{ZH} + c_{ZH-HY}\angle\alpha_{ZH-HY} \tag{2-36}$$

③ YH 点中桩坐标

YH 点中桩坐标可以从 HY 点计算，也可以从 HZ 点计算，前者的计算方向与路线走向相同，后者的计算方向与路线走向相反，本书采用从 HY 点计算。$HY \to YH$ 的弦切角与弦长为

$$\left.\begin{aligned}\theta_{HY-YH} &= \frac{L_y}{2R}\\ c_{HY-YH} &= 2R\sin\theta_{HY-YH}\end{aligned}\right\} \tag{2-37}$$

$HY \to YH$ 弦长的方位角及 YH 的走向方位角为

$$\left.\begin{aligned}\alpha_{HY-YH} &= \alpha_{HY} \pm \theta_{HY-YH}\\ \alpha_{YH} &= \alpha_{HY} \pm 2\theta_{HY-YH}\end{aligned}\right\} \tag{2-38}$$

YH 点中桩坐标复数为

$$z_{YH} = z_{HY} + c_{HY-YH}\angle\alpha_{HY-YH} \tag{2-39}$$

④ QZ 点中桩坐标

QZ 点中桩坐标从 HY 点计算，$HY \to QZ$ 的弦切角与弦长为

$$\left.\begin{aligned}\theta_{HY-QZ} &= \frac{L_y}{4R}\\ c_{HY-QZ} &= 2R\sin\theta_{HY-QZ}\end{aligned}\right\} \tag{2-40}$$

$HY \to QZ$ 的方位角及 QZ 点的走向方位角为

$$\left.\begin{aligned}\alpha_{HY-QZ} &= \alpha_{HY} \pm \theta_{HY-QZ}\\ \alpha_{QZ} &= \alpha_{HY} \pm 2\theta_{HY-QZ}\end{aligned}\right\} \tag{2-41}$$

QZ 点中桩坐标复数为

$$z_{QZ} = z_{HY} + c_{HY-QZ}\angle\alpha_{HY-QZ} \tag{2-42}$$

(3) 加桩中桩坐标及其走向方位角的计算

因交点曲线的路线走向为 $ZH \to HY \to QZ \to YH \to HZ$，设 ZH 点后及 HZ 点前的线元均为夹直线时，则加桩点 j 可能位于 ZH 点后的直线段、$ZH \sim HY$ 的第一缓和曲线段、$HY \sim YH$ 的圆曲线段、$YH \sim HZ$ 的第二缓和曲线段或 HZ 点前的直线段等五种情形。

① 加桩 j 位于 ZH 点后的夹直线段

设加桩号为 Z_j，$Z_j < Z_{ZH}$ 时，j 点的中桩坐标复数与走向方位角为

$$\left.\begin{aligned} z_j &= z_{ZH} - (Z_{ZH} - Z_j)\angle\alpha_{ZH} \\ \alpha_j &= \alpha_{ZH} \end{aligned}\right\} \tag{2-43}$$

② 加桩 j 位于 $ZH \sim HY$ 的第一缓和曲线段

当 $Z_{ZH} < Z_j < Z_{HY}$ 时，j 点距 ZH 点的曲线长为 $l_j = Z_j - Z_{ZH}$，将 $l = l_j$，$A = A_1$ 代入式(2-14)，求出 j 点的切线支距坐标 $z'_j = x'_j + y'_j i$，则 $ZH \rightarrow j$ 的弦长与弦切角为

$$\left.\begin{aligned} c_{ZH-j} &= \mathrm{Abs}(z'_j) \\ \theta_{ZH-j} &= \mathrm{Arg}(z'_j) \end{aligned}\right\} \tag{2-44}$$

将 $l = l_j$ 代入式(2-5)，算出以弧度为单位的 j 点计算偏角为

$$\beta_j = \frac{l_j^2}{2A_1^2} \tag{2-45}$$

$ZH \rightarrow j$ 弦长的方位角及 j 点走向方位角为

$$\left.\begin{aligned} \alpha_{ZH-j} &= \alpha_{ZH} \pm \theta_{ZH-j} \\ \alpha_j &= \alpha_{ZH} \pm \beta_j \end{aligned}\right\} \tag{2-46}$$

j 点的中桩坐标复数为

$$z_j = z_{ZH} + c_{ZH-j}\angle\alpha_{ZH-j} \tag{2-47}$$

③ 加桩 j 位于 $HY \sim YH$ 的圆曲线段

当 $Z_{HY} < Z_j < Z_{YH}$ 时，j 点距 HY 点的曲线长为 $l_j = Z_j - Z_{HY}$，$HY \rightarrow j$ 的弦切角与弦长为

$$\left.\begin{aligned} \theta_{HY-j} &= \frac{l_j}{2R} \\ c_{HY-j} &= 2R\sin\theta_{HY-j} \end{aligned}\right\} \tag{2-48}$$

$HY \rightarrow j$ 弦长的方位角及 j 点走向方位角为

$$\left.\begin{aligned} \alpha_{HY-j} &= \alpha_{HY} \pm \theta_{HY-j} \\ \alpha_j &= \alpha_{HY} \pm 2\theta_{HY-j} \end{aligned}\right\} \tag{2-49}$$

j 点中桩坐标复数为

$$z_j = z_{HY} + c_{HY-j}\angle\alpha_{HY-j} \tag{2-50}$$

④ 加桩 j 位于 $YH \sim HZ$ 的第二缓和曲线段

加桩点 j 位于第二缓和曲线段时，参考文献[3, 4]都是以 HZ 点为基点计算，计算方向与路线走向相反。下面采用以 YH 点为基点计算的方法，这样可以保证计算方向与路线走向相同，以便于统一公式与简化 fx-5800P 程序的逻辑结构。

当 $Z_{YH} < Z_j < Z_{HZ}$ 时，j 点距 HZ 点的曲线长为 $l_j = Z_{HZ} - Z_j$。将 $l = l_j$，$A = A_2$ 代入式(2-14)，求出 j 点的切线支距坐标 $z''_j = x''_j + y''_j\mathrm{i}$；将 $l = L_\mathrm{h}$，$A = A_2$ 代入式(2-14)，求出 YH 点的切线支距坐标 $z''_{YH} = x''_{YH} + y''_{YH}\mathrm{i}$，则 $j \to YH$ 的弦长与弦切角为

$$\left.\begin{aligned} c_{j-YH} &= \mathrm{Abs}(z''_{YH} - z''_j) \\ \theta_{j-YH} &= \mathrm{Arg}(z''_{YH} - z''_j) \end{aligned}\right\} \qquad (2-51)$$

由图 2-3 反求得 $YH \to j$ 的弦切角为

$$\Delta\theta_{YH-j} = \beta_{\mathrm{h}2} - \theta_{j-YH} \qquad (2-52)$$

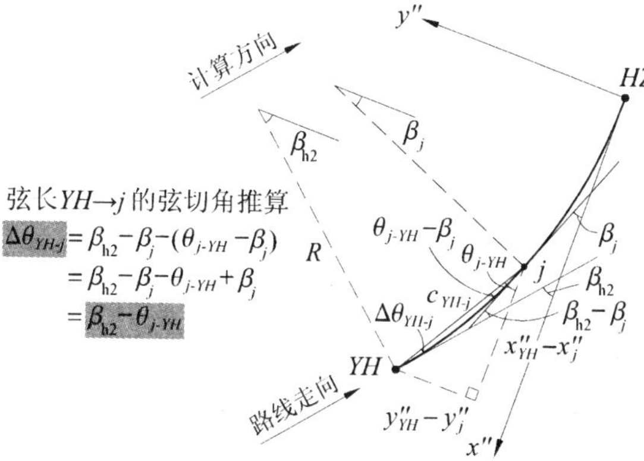

图 2-3　以 YH 点为基点计算加桩 j 点的中桩坐标

将 $l = l_j$ 代入式(2-5)，算出以弧度为单位的 j 点计算偏角为

$$\beta_j = \frac{l_j^2}{2A_2^2} \qquad (2-53)$$

则 $YH \to j$ 弦长方位角及 j 点走向方位角为

$$\left.\begin{aligned} \alpha_{YH-j} &= \alpha_{YH} \pm \Delta\theta_{YH-j} \\ \alpha_j &= \alpha_{YH} \pm (\beta_{\mathrm{h}2} - \beta_j) \end{aligned}\right\} \qquad (2-54)$$

j 点中桩坐标复数为

$$z_j = z_{YH} + c_{j-YH} \angle \alpha_{YH-j} \qquad (2-55)$$

⑤ 加桩 j 位于 HZ 点前的夹直线段

当 $Z_j > Z_{HZ}$ 时，j 点中桩坐标复数与走向方位角为

$$\left.\begin{aligned} z_j &= z_{HZ} + (Z_j - Z_{HZ}) \angle \alpha_{HZ} \\ \alpha_j &= \alpha_{HZ} \end{aligned}\right\} \qquad (2-56)$$

(4) 加桩边桩坐标的计算

设加桩 j 点中桩坐标复数为 z_j，走向方位角为 α_j，只需要给出左偏角(或右偏角)、左边

距、右边距就能算出 j 点的边桩坐标。

如图 2-4 所示，在路线施工测量生产中，边桩的左、右偏角一般只需要给出其中的任一个即可，另一个偏角通过加±180°获得。

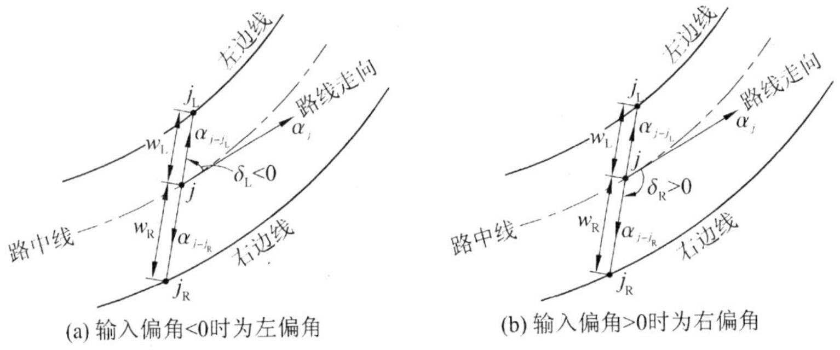

图 2-4　加桩点 j 的边桩坐标计算原理

输入的偏角值<0 时为左偏角 δ_L，中桩 j→左边桩 j_L 的方位角为 $\alpha_{j-j_L}=\alpha_j+\delta_L$，中桩 j→右边桩 j_R 的方位角为 $\alpha_{j-j_R}=\alpha_{j-j_L}+180°$。

输入的偏角值>0 时为右偏角 δ_R，中桩 j→右边桩 j_R 的方位角为 $\alpha_{j-j_R}=\alpha_j+\delta_R$，中桩 j→左边桩 j_L 的方位角为 $\alpha_{j-j_L}=\alpha_{j-j_R}-180°$。

当输入的偏角值为-90°或+90°时，都是计算走向法线方向的边桩坐标，其效果是相同的。设左、右边距分别为 w_L，w_R，则 j 点的左、右边桩坐标为

$$\left.\begin{aligned} z_{j_L} &= z_j + w_L\angle\alpha_{j-j_L} \\ z_{j_R} &= z_j + w_R\angle\alpha_{j-j_R} \end{aligned}\right\} \tag{2-57}$$

3）级数形式缓和曲线切线支距坐标公式的误差分析

(1) fx-5800P 的计算速度对缓和曲线切线支距坐标计算的影响

fx-5800P 有积分函数∫，可以使用积分公式(2-12)精确地计算缓和曲线任意点的切线支距坐标，但由于 fx-5800P 的计算速度远不及 PC 机，使用级数公式(2-14)计算的时间要远小于使用积分公式(2-12)计算的时间，下面用一个案例说明如下：

设正向完整缓和曲线端点 HY 的半径为 $R=800$ m，缓曲线长为 $L_h=260$ m，由式(2-2)算出的缓和曲线参数为 $A=456.070\,2$，分别使用积分公式(2-12)与不同展开项数的级数公式(2-14)计算 HY 点切线支距坐标的结果列于表 2-1。

表 2-1　积分公式与级数公式计算缓和曲线切线支距坐标的差异

序	z'_{HY}/m	耗时/s	备　注
1	259.314 3+14.056 8i	2.76	积分公式(2-12)
2	259.313 4+14.056 8i	0.43	级数公式(2-14)前 2 项
3	259.314 3+14.056 8i	0.76	级数公式(2-14)前 3 项
4	259.314 3+14.056 8i	1.09	级数公式(2-14)前 4 项

由表 2-1 可知，积分公式耗时最长，级数公式展开项取的越多，耗时越长。对于本例，使用 4 项与 3 项级数公式的计算结果与积分公式计算结果相同，但使用 2 项级数公式的计算结果与积分公式就有差异。因此，在保证计算精度的条件下，应尽量使用级数公式计算。

(2) 缓和曲线切线支距坐标级数公式的精度分析

式(2-14)切线支距坐标公式是式(2-13)的三角级数展开式取前 4 项推出的，所以，式(2-14)的计算精度与式(2-13)的计算精度有关，而式(2-13)的计算精度又与计算偏角 β 的大小有关。

由式(2-5)可知，当缓和曲线参数 A 固定时，只要已知缓曲线长 l 与计算偏角 β 中的任意一个，另一个可以由式(2-5)求得。下面讨论 β 的大小与三角级数展开式(2-13)计算精度的关系。

设 $\cos\beta^{(n)}$ 与 $\sin\beta^{(n)}$ 为使用式(2-13)三角函数级数展开式的前 n 项计算的结果，$n=2$，3，4，$\cos\beta$ 与 $\sin\beta$ 为直接使用三角函数计算的结果，则取式(2-13)的前 2，3，4 项计算的三角函数误差为

$$\left.\begin{aligned}\Delta_{c(n)} &= \cos\beta - \cos\beta^{(n)}\\ \Delta_{s(n)} &= \sin\beta - \sin\beta^{(n)}\end{aligned}\right\} \tag{2-58}$$

由于很难从式(2-14)推导出 $\Delta_{c(n)}$ 与 $\Delta_{s(n)}$ 与计算偏角 β 的关系，为此，我们采用模拟计算的方法反求其相互关系。先设置 $\Delta_{c(n)}$ 与 $\Delta_{s(n)}$ 的绝对值最大不超过 1×10^{-5}，通过模拟计算反求 n 分别取 2，3，4 时的最大允许计算偏角的整数值，结果列于表 2-2。

表 2-2　三角函数级数展开式(2-12)精度与计算偏角 β 角的关系

β	$\Delta_{c(n)}$			β	$\Delta_{s(n)}$		
	$n=2$	$n=3$	$n=4$		$n=2$	$n=3$	$n=4$
7°	-9.28×10^{-6}	4.62×10^{-9}	-1.23×10^{-12}	14°	-7.25×10^{-6}	1.03×10^{-8}	-8.55×10^{-12}
25°	-1.50×10^{-3}	9.55×10^{-6}	-3.25×10^{-8}	37°	-9.27×10^{-4}	9.24×10^{-6}	-5.32×10^{-8}
50°	$-0.023\ 559$	6.05×10^{-4}	-8.27×10^{-6}	65°	$-0.015\ 188$	4.71×10^{-4}	-8.48×10^{-6}

编写缓和曲线切线支距坐标计算子程序时，根据表 2-2 的结果，可以按下列的计算偏角 β 截取切线支距坐标公式(2-14)的级数展开项数。

① 式(2-14)第一式级数展开项的取项规则

a. $\beta\leqslant7°$ 时，取式(2-14)第一式的级数展开前 2 项；

b. $7°<\beta\leqslant25°$ 时，取式(2-14)第一式的级数展开前 3 项；

c. $25°<\beta\leqslant50°$ 时，取式(2-14)第一式的级数展开前 4 项；

d. $\beta>50°$ 时，使用积分公式(2-12)的第一式计算。

② 式(2-14)第二式级数展开项的取项规则

a. $\beta\leqslant14°$ 时，取式(2-14)第二式的级数展开前 2 项；

b. $14°<\beta\leqslant37°$ 时，取式(2-14)第二式的级数展开前 3 项；

c. $37°<\beta\leqslant65°$ 时，取式(2-14)第二式的级数展开前 4 项；

d. $\beta > 65°$ 时，使用积分公式(2－12)的第二式计算。

4）缓和曲线切线支距坐标计算子程序 SUB2－72

SUB2－72 为本书 QH2－7T 的子程序，其功能是根据存储在字母变量 **A** 中的缓和曲线参数，字母变量 **L** 中的缓和曲线长，计算偏角 β(存储在字母变量 **J**)及切线支距坐标 x'，y'(坐标复数存储在字母变量 **X**)，根据计算偏角的不同，采用表 2－2 的规则选择计算公式。

子程序名 SUB2－72，占用内存 436 字节

功能 计算缓和曲线加桩 j 的切线支距坐标。

入口变量 缓和曲线原点至加桩的缓和曲线长 L，缓和曲线参数 A。

出口变量 偏角 J，复数形式切线支距坐标 X。

```
If L<1×10-5:Then 0→X:0→J:Return:IfEnd ↵
(L²÷(2A²))ʳ→J ↵                                             十进制度偏角
L^(3)÷6÷A²−L^(7)÷336÷A^(6)→D ↵                              级数公式前 2 项支距坐标
J≦14⇒Goto X ↵
If J>14 And J≦37 ↵
Then D+L^(11)÷42240÷A^(10)→D:Goto X:IfEnd ↵                  前 3 项支距坐标
If J>37 And J≦65 ↵
Then D+L^(11)÷42240÷A^(10)−L^(15)÷9676800÷A^(14)→D ↵
                                                              前 4 项支距坐标
Goto X:IfEnd ↵
Rad:∫(sin(X²÷(2A²)),0,L)→D ↵                                 积分公式计算支距坐标
∫(cos(X²÷(2A²)),0,L)+Di→X ↵                                  积分公式计算切线坐标
Deg:Return ↵
Lbl X:L−L^(5)÷40÷A^(4)→X ↵                                   级数公式前 2 项切线坐标
If J≦7:Then X+Di→X:Return:IfEnd ↵
If J>7 And J≦25 ↵
Then X+L^(9)÷3456÷A^(8)+Di→X:Return:IfEnd ↵                  前 3 项切线坐标
If J>25 And J≦50 ↵
Then X+L^(9)÷3456÷A^(8)−L^(13)÷599040÷A^(12)+Di→X ↵
                                                              前 4 项切线坐标
Return:IfEnd ↵
Rad:∫(cos(X²÷(2A²)),0,L)+Di→X ↵                              积分公式计算切线坐标
Deg:Return                                                    生成切线支距坐标复数
```

5）案例验算

对于正向完整缓和曲线，其最大计算偏角位于 HY 点。设由积分公式(2－12)算出的 HY 点的切线支距坐标复数为 z'_{HY}，由级数公式(2－14)算出的切线支距坐标复数为 $z'_{HY_{(n)}}$，坐标差复数为

$$\Delta z'_{HY} = z'_{HY_{(n)}} - z'_{HY} \tag{2-59}$$

下面我们取不同缓曲参数 A 的路线交点平曲线，使用 SUB2－72 子程序，分别计算其第一缓和曲线的 $\Delta z'_{HY}$ 值。

(1) 高速铁路完整缓和曲线案例验算

表 2－3　武(汉)广(州)铁路客运专线武汉至韶关段左线

序	交点	R/m	L_h/m	A_1	β_{max}	n_x+n_yi	$\Delta z'_{HY}$/m
1	JDT_3	5 500	520	1 691.153 5	2°42′30.07″	2+2i	0.000 0+0.000 0i
2	JDT_5	7 000	670	2 165.640 8	2°44′31.24″	2+2i	0.000 0+0.000 0i
3	JDT_6	9 000	490	2 100	1°33′34.99″	2+2i	0.000 0+0.000 0i
4	JDT_9	10 000	430	2 073.644 1	1°13′54.69″	2+2i	0.000 0+0.000 0i
5	JD_3	11 000	370	2 017.424 1	0°57′49″	2+2i	0.000 0+0.000 0i
6	JD_{11}	12 000	330	1 989.974 9	0°47′16.14″	2+2i	0.000 0+0.000 0i

因 $\beta_{max}<7°$，所以，子程序 SUB2－72 自动取级数公式(2－14)的前两项计算，其与积分公式的计算结果在 0.1 mm 位无差异。

(2) 高速公路完整缓和曲线案例验算

表 2－4　广西河池至都安高速公路(G75)2-2 标段

序	交点	R/m	L_h/m	A_1	β_{max}	n_x+n_yi	$\Delta z'_{HY}$/m
1	JD_{33}	1 000	200	447.213 6	5°43′46.48″	2+2i	-0.000 1+0.000 0i
2	JD_{36}	1 800	220	629.285 3	3°30′05.07″	2+2i	0.000 0+0.000 0i
3	JD_{38}	800	260	456.070 2	9°18′38.03″	3+2i	0.000 0+0.000 0i
4	JD_{39}	1 200	250	547.722 6	5°58′05.92″	2+2i	-0.000 1+0.000 0i
5	JD_{42}	750	190	337.491 7	7°15′26.88″	3+2i	0.000 0+0.000 0i
6	JD_{43}	713.33	240	413.762 3	9°38′18.91″	3+2i	0.000 0+0.000 0i
7	JD_{44}	1 092.843	165	424.640 0	4°19′31.17″	2+2i	0.000 0+0.000 0i

对于 $7°<\beta_{max}<14°$ 的缓和曲线，子程序 SUB2-72 自动取级数公式(2－14)第一式的前 3 项计算切线坐标 x'，自动取级数公式(2－14)第二式的前两项计算支距坐标 y'。

(3) 高速公路匝道非完整缓和曲线案例验算

表 2－5　大广高速公路(G45)湖北黄石至通山段 10 标龙港互通立交 A 匝道

序	交点	R/m	L_h/m	A_1/A_2	β_{max}	n_x+n_yi	$\Delta z'_{HY}$/m
1	AJD_1	420	40.238 1	130	2°44′40.06″	2+2i	0.000 0+0.000 0i
2	AJD_1	420	186.666 7	280	12°43′56.62″	3+2i	0.000 0−0.000 1i
3	AJD_2	300	176.333 3	230	16°50′18.93″	3+3i	0.000 0+0.000 0i
4	AJD_2	55	181.818 1	100	94°42′13.56″	积分公式	0+0i

对于 $\beta_{max}>65°$ 的缓和曲线，子程序 SUB2－72 自动取积分公式(2－12)计算切线支距

坐标。

(4) 低等级公路完整缓和曲线案例验算

表 2-6　　国道 108 线四川梓潼至剑阁公路灾后大修工程

序	交点	R/m	L_h/m	A_1	β_{max}	n_x+n_yi	$\Delta z'_{HY}$/m
1	JD_{77}	107.561	25	51.855 8	6°39′30.68″	2+2i	0.000 0+0.000 0i
2	JD_{78}	60	25	38.729 8	11°56′11.83″	3+2i	0.000 0+0.000 0i
3	JD_{79}	150	25	61.237 2	4°46′28.73″	2+2i	0.000 0+0.000 0i
4	JD_{85}	291.968	25	85.435 4	2°27′10.08″	2+2i	0.000 0+0.000 0i
5	JD_{89}	220	25	74.162	3°15′19.59″	2+2i	0.000 0+0.000 0i
6	JD_{99}	30	20	24.494 9	19°05′54.94″	3+3i	0.000 0+0.000 0i
7	JD_{105}	53.254	20	32.635 6	10°45′32.27″	3+2i	0.000 0+0.000 0i
8	JD_{111}	60	25	38.729 8	11°56′11.83″	3+2i	0.000 0+0.000 0i
9	JD_{112}	90	25	47.434 2	7°57′27.89″	3+2i	0.000 0+0.000 0i
10	JD_{136}	40	39.58	39.789 4	28°20′49.51″	4+3i	0.000 0+0.000 0i
11	JD_{137}	50	22.212	33.325 7	12°43′35.54″	3+2i	0.000 0+0.000 0i
12	JD_{143}	49.053	20	31.321 9	11°40′49.38″	3+2i	0.000 0+0.000 0i

对于 $25° < \beta_{max} < 37°$ 的缓和曲线，子程序 SUB2－72 自动取级数公式(2-14)第一式的前 4 项计算切线坐标 x'，自动取级数公式(2-14)第二式的前 3 项计算支距坐标 y'。

(5) 等外公路完整缓和曲线案例验算

表 2-7　　陕西安康市香溪洞风景区道路

序	交点	R/m	L_h/m	A_1	β_{max}	n_x+n_yi	$\Delta z'_{HY}$/m
1	JD_2	23.224	25	24.095 6	30°50′19.21″	4+3i	0.000 0+0.000 0i
2	JD_8	37	20	27.202 9	15°29′07.24″	3+3i	0.000 0+0.000 0i
3	JD_9	105	20	45.825 8	5°27′24.27″	2+2i	0.000 0+0.000 0i
4	JD_{16}	38.617	15	24.067 7	11°07′39.72″	3+2i	0.000 0+0.000 0i
5	JD_{17}	15	15	15	28°38′52.04″	4+3i	0.000 0+0.000 0i
6	JD_{18}	12	20	15.491 9	47°44′47.34″	4+4i	0.000 0+0.000 0i
7	JD_{22}	20	15	17.320 5	21°29′09.03″	3+3i	0.000 0+0.000 0i

对于 $\beta_{max} > 37°$ 的缓和曲线，子程序 SUB2－72 自动取级数公式(2-14)的前 4 项计算切线支距坐标。

2.2　单交点基本型平曲线坐标正算案例

QH2－7T 程序为单交点基本型曲线三维坐标计算程序，具有三维坐标正反算、超高与边桩设计高程计算、桥墩桩基坐标计算、隧道超欠挖计算等功能，且允许在交点内曲线段或交点曲线外的夹直线段含有任意个断链，其中的第一缓和曲线与第二缓和曲线可以为任意的非完整缓和曲线。本节案例的特点是：第一缓和曲线与第二缓和曲线均为完整缓和曲线。

[例 2-1] 图 2-5 为交点法单圆曲线的设计图纸，设全站仪已安置在导线点 S107 并完成后视定向，试用 QH2－7T 程序计算加桩 K23＋620，K23＋060，K24＋680 的中边桩坐标及其极坐标放样数据，左右边距均为 13 m。

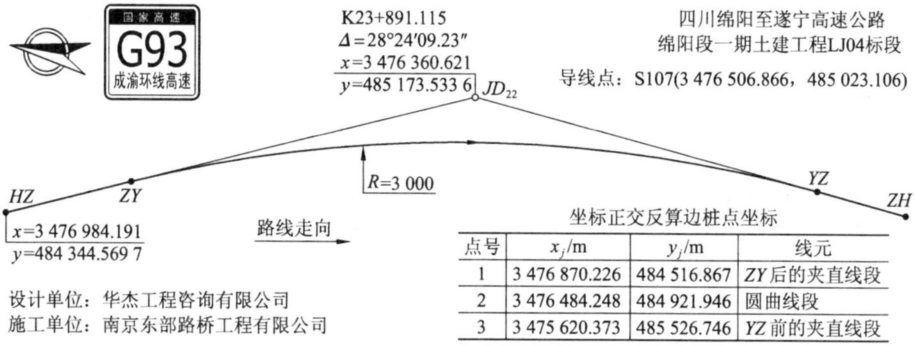

点号	x_j/m	y_j/m	线元
1	3 476 870.226	484 516.867	ZY 后的夹直线段
2	3 476 484.248	484 921.946	圆曲线段
3	3 475 620.373	485 526.746	YZ 前的夹直线段

图 2-5　交点法单圆平曲线设计图纸

[解]　① 编写与输入 JD_{22} 的数据库子程序文件 JD22。

23891.115→Z:3476360.621＋485173.5336i→B↵　　JD_{22} 桩号/平面坐标复数

28°24°9.23°→Q↵　　正数为右转角

3000→R↵　　圆曲半径

3476984.191＋484344.5697i→U↵　　HZ_{21} 平面坐标复数

35＋2S→DimZ↵　　定义额外变量维数

Return

其中的 S 变量为竖曲线变坡点数，由于主程序 QH2－7T 在调用数据库子程序之前，自动执行了 **ClrMemory** 语句清除字母变量存储器，所以，当数据库子程序没有为 S 变量赋值时，其缺省值为 0，也即无竖曲线数据。

将上述子程序输入 fx-5800P，编辑 QH2－7T 主程序，将正数第 10 行的数据库子程序名修改为 JD22，结果见图 2-6(a)所示。

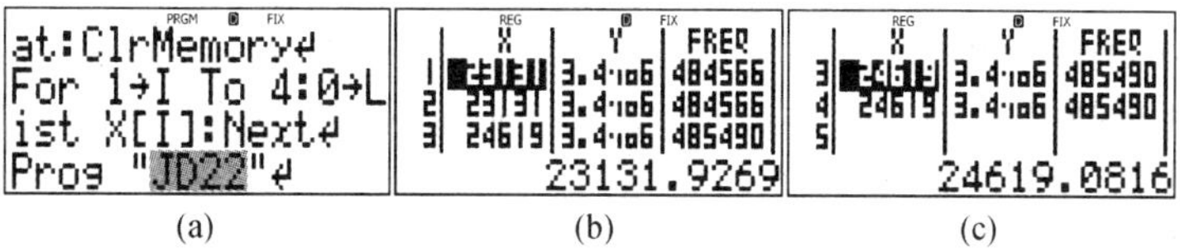

图 2-6　将主程序 QH2－7T 中的数据库子程序名修改为 JD22 及程序计算的串列结果

② 执行 QH2－7T 程序，计算 JD_{22} 的曲线要素与主点数据的屏幕提示及其用户操作过程如下：

屏幕提示	按　键	说　明
BASIC TYPE CURVE QH2－7T		显示程序标题
NEW(0),OLD(≠0) DATA=?	0 EXE	重新调用数据库子程序/耗时 2.79 s
DISP YES(1),NO(≠1)=?	1 EXE	输入 1 显示交点曲线要素
T1(m)=759.1881	EXE	显示第一切线长
T2(m)=759.1881	EXE	显示第二切线长
E(m)=94.5705	EXE	显示外距
Lh1(m)=0.0000	EXE	显示第一缓和曲线长
LY(m)=1487.1548	EXE	显示圆曲线长
Lh2(m)=0.0000	EXE	显示第二缓和曲线长
L(m)=1487.1548	EXE	显示总曲线长
J(m)=31.2215	EXE	显示切曲差，计算主点数据/耗时 2.66 s
[MODE][4]⇒Stop!	MODE 4	停止程序执行进入 REG 模式

当屏幕显示"[MODE][4]⇒Stop!"时，可以按 EXE 键继续执行程序，也可以按 MODE 4 键停止程序并进入 **REG** 模式，查看程序算出的 4 个主点桩号及其中桩坐标，结果见图 2-6(b)，(c)所示。

单圆曲线是基本型平曲线在第一缓和曲线参数 $A_1=0$，第二缓和曲线参数 $A_2=0$ 的特例。基本型平曲线有 *ZH*，*HY*，*QZ*，*YH*，*HZ* 等 5 个主点，程序将除 *QZ* 点外其余 4 个主点的桩号与中桩坐标顺序存储在统计串列 List X，List Y，List Freq 的 1～4 行，*ZH*，*HZ*，*HY*，*YH* 主点的走向方位角分别存储在额外变量单元 *Z*[1]，*Z*[2]，*Z*[3]，*Z*[4]中，详细参见表 2-34。

为便于野外快速计算，程序不显示这 4 个主点的桩号、中桩坐标及其走向方位角；正算时，程序不自动计算逐桩坐标，只计算加桩的中边桩坐标。

对于单圆曲线，*ZH* 与 *HY* 点重合为 *ZY* 点，也即串列 1～2 行的数据相同；*YH* 与 *HZ* 点重合为 *YZ* 点，也即串列 3～4 行的数据相同。将串列的 2 个主点 *ZY*，*YZ* 数据与设计图纸比较无误后，即可重复执行 QH2－7T 程序进行坐标正反算计算。

③ 计算极坐标放样数据的坐标正算

重复执行 QH2－7T 程序，输入测站点坐标，计算坐标正算的屏幕提示及其用户操作过程如下：

屏幕提示	按　键	说　明
BASIC TYPE CURVE QH2－7T		显示程序标题
NEW(0),OLD(≠0) DATA=?	3 EXE	用最近调用的数据库子程序计算
STA XY,NEW(0),OLD(1),NO(2)=?	0 EXE	重新输入测站点(station)坐标
STA X(m),Mat F TRA n=?	3476506.866 EXE	输入导线点 S107 的坐标
STA Y(m)=?	485023.106 EXE	
PEG→XY(1),XY→PEG(2),Pier(4)=?	1 EXE	输入 1 为坐标正算
+PEG(m),π⇒END=?	23620 EXE	输入加桩号(位于圆曲线)

续表

屏幕提示	按键	说明
αi=136°16′22.89″	EXE	显示加桩走向方位角/耗时 1.59 s
X+Yi(m)=3476493.233+484931.3410i	EXE	显示中桩坐标复数
α=261°32′59.42″	EXE	显示测站→中桩方位角
HD(m)=92.7721	EXE	显示测站→中桩平距
ANGLE(0)⇒NO,-L +R(Deg)=?	90 EXE	输入正数为右偏角
WL(m),0⇒NO=?	13 EXE	输入左边距值
XL+YLi(m)=3476502.219+484940.7354i	EXE	显示左边桩坐标复数
α=266°46′16.04″	EXE	显示测站→左边桩方位角
HD(m)=82.5016	EXE	显示测站→左边桩平距
WL(m),0⇒NO=?	0 EXE	输入 0 结束左边桩坐标计算
WR(m),0⇒NO=?	13 EXE	输入右边距值
XR+YRi(m)=3476484.247+484921.9467i	EXE	显示右边桩坐标复数
α=257°23′46.63″	EXE	显示测站→右边桩方位角
HD(m)=103.6572	EXE	显示测站→右边桩平距
WR(m),0⇒NO=?	0 EXE	输入 0 结束右边桩坐标计算
+PEG(m),π⇒END=?	SHIFT π EXE	输入 π 结束程序
QH2−7T⇒END		程序结束显示

使用程序计算结果,用全站仪放样加桩 K23+620 中桩的方法是:旋转全站仪照准部,使水平盘读数为程序算出的测站→中桩的方位角 261°32′59.42″,指挥棱镜,使其移动到全站仪的视准轴方向,使全站仪照准棱镜中心;操作全站仪测距,当测站→棱镜的平距为 92.772 1 m 时,立镜点即为该桩号的中桩位置。参照上表计算结果,同法可放样该加桩的左、右边桩位置。

④ 不计算极坐标放样数据的坐标正算

重复执行 QH2−7T 程序,计算本例另外两个加桩坐标正算的屏幕提示及其用户操作过程如下:

屏幕提示	按键	说明
BASIC TYPE CURVE QH2−7T		显示程序标题
NEW(0),OLD(≠0) DATA=?	3 EXE	用最近调用的数据库子程序计算
STA XY,NEW(0),OLD(1),NO(2)=?	2 EXE	输入 2 为不计算极坐标放样数据
PEG→XY(1),XY→PEG(2),Pier(4)=?	1 EXE	输入 1 为坐标正算
+PEG(m),π⇒END=?	23060 EXE	输入加桩号(位于 ZY 后的夹直线)
αi=126°57′5.46″	EXE	显示中桩走向方位角/耗时 1.18 s
X+Yi(m)=3476860.237+484509.3526i	EXE	显示中桩坐标复数
ANGLE(0)⇒NO,-L +R(Deg)=?	0 EXE	输入 0 为不计算边桩坐标
+PEG(m),π⇒END=?	24680 EXE	输入加桩号(位于 *YZ* 前的夹直线)
αi=155°21′14.69″	EXE	显示中桩走向方位角/耗时 1.22 s

续表

屏幕提示	按　键	说　　明
X+Yi(m)=3475615.224+485515.5257i	EXE	显示中桩坐标复数
ANGLE(0)⇒NO,-L +R(Deg)=?0	EXE	使用偏角原值
+PEG(m),π⇒END=?	SHIFT π EXE	输入 π 结束程序
QH2−7T⇒END		程序结束显示

为节省篇幅,以上没有计算这两个加桩的边桩坐标。

［例 2-2］ 图 2-7 为非对称基本型平曲线的设计图纸,试将 F17 与 F18 两个导线点坐标预先输入到 Mat F 矩阵,以 F18 为测站点,应用 QH2−7T 程序计算加桩 K55+915,K56+163,K56+755 的中边桩坐标及其坐标放样数据,左右边距均为 12.25 m。

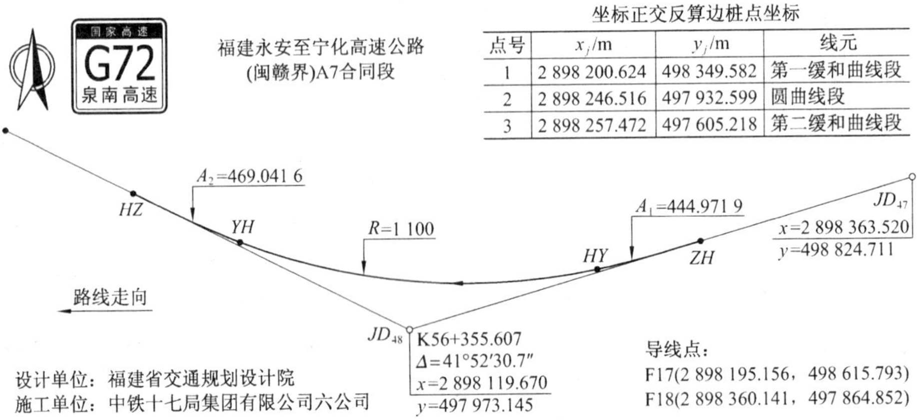

图 2-7　非对称基本型平曲线设计图纸

［解］ ① 编写与输入 JD_{48} 的数据库子程序文件 JD48

56355.607→Z:2898119.67+497973.145i→B↵ 　　JD_{48} 桩号/平面坐标复数

41°52′30.7°→Q↵ 　　正数为右转角

444.9719→E:1100→R:469.0416→F↵ 　　第一缓曲参数/圆曲半径/第二缓曲参数

2898363.52+498824.711i→U↵ 　　JD_{47} 平面坐标复数

35+2S→DimZ↵ 　　定义额外变量维数

Return

将上述子程序输入 fx-5800P,编辑 QH2−7T 主程序,将正数第 10 行的数据库子程序名修改为 JD48,结果见图 2-8(a)所示。

② 按 MODE 1 键进入 **COMP** 模式,按 FUNCTION 8 1 键进入矩阵列表菜单,按 ▲ ▲ 键移动光标到 Mat F 矩阵行按 EXE 2 EXE 2 EXE EXE 键,定义 Mat F 矩阵为 2 行×2 列,将图 2-7 的 F17 与 F18 导线点坐标输入矩阵单元,结果见图 2-8(b)所示。

用户最多可以预先输入 10 个导线点的坐标到 Mat F 矩阵,供执行 QH2−7T 程序时,作

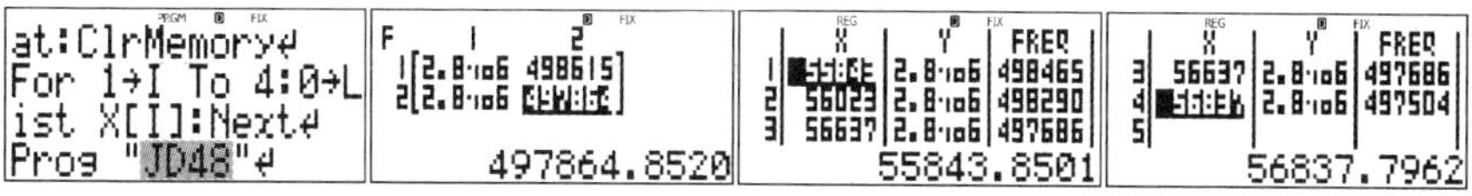

(a) (b) (c) (d)

图 2-8　将主程序 QH2-7T 中的数据库子程序名修改为 JD48 及程序计算串列结果

为测站点调用。

③ 执行 QH2－7T 程序计算 JD_{48}的曲线要素与主点数据

选择执行 QH2－7T 程序，调用数据库子程序 JD48 计算 JD_{48}平曲线主点数据的屏幕提示及其用户操作过程如下：

屏幕提示	按　键	说　　明
BASIC TYPE CURVE QH2－7T		显示程序标题
NEW(0),OLD(≠0) DATA=?	0 EXE	重新调用数据库子程序/耗时 4.34 s
DISP YES(1),NO(≠1)=?	1	输入 1 显示交点曲线要素
T1(m)=511.7568	EXE	显示第一切线长
T2(m)=520.9973	EXE	显示第二切线长
E(m)=79.2356	EXE	显示外距
Lh1(m)=180.0000	EXE	显示第一缓和曲线长
LY(m)=613.9460	EXE	显示圆曲线长
Lh2(m)=200.0000	EXE	显示第二缓和曲线长
L(m)=993.9460	EXE	显示总曲线长
J(m)=38.8081	EXE	显示切曲差，计算主点数据/耗时 5.38 s
[MODE][4]⇛Stop!	MODE 4	停止程序执行进入 REG 模式

当屏幕显示“[MODE][4]⇛Stop!”时，按 MODE 4 键停止程序并进入 **REG** 模式，查看程序算出的 4 个主点桩号与中桩坐标，结果见图 2-8(c)，(d)所示。

④ 计算极坐标放样数据的坐标正算

重复执行 QH2－7T 程序，计算本例坐标正算的操作过程如下：

屏幕提示	按　键	说　　明
BASIC TYPE CURVE QH2－7T		显示程序标题
NEW(0),OLD(≠0) DATA=?	4 EXE	用最近调用的数据库子程序计算
STA XY,NEW(0),OLD(1),NO(2)=?	0 EXE	重新输入测站点(station)坐标
STA X(m),Mat F TRA n=?	2 EXE	输入 2 选择 F18 为测站点
Xt+Yti(m)=2898360.141+497864.8520i	EXE	显示 2 号导线点(traverse)坐标复数
PEG→XY(1),XY→PEG(2),Pier(4)=?	1 EXE	输入 1 为坐标正算
+PEG(m),π⇛END=?	55915 EXE	输入加桩号(位于第一缓和曲线)
αi=254°45′11.26″	EXE	显示加桩走向方位角/耗时 2.19 s
X+Yi(m)=2898241.257+498396.6451i	EXE	显示中桩坐标复数
α=102°36′5.36″	EXE	显示测站→中桩方位角

续表

屏幕提示	按　键	说　　明
HD(m)=544.9196	EXE	显示测站→中桩平距
ANGLE(0)⇛NO,-L +R(Deg)=?	90 EXE	输入正数为右偏角
WL(m),0⇛NO=?	12.25 EXE	输入左边距
XL+YLi(m)=2898229.438+498399.8666i	EXE	显示左边桩坐标复数
α=103°43′42.13″	EXE	显示测站→左边桩方位角
HD(m)=550.7485	EXE	显示测站→左边桩平距
WL(m),0⇛NO=?	0 EXE	输入 0 结束左边桩坐标计算
WR(m),0⇛NO=?	12.25 EXE	输入右边距
XR+YRi(m)=2898253.075+498393.4236i	EXE	显示右边桩坐标复数
α=101°27′2.51″	EXE	显示测站→右边桩方位角
HD(m)=539.3060	EXE	显示测站→右边桩平距
WR(m),0⇛NO=?	0 EXE	输入 0 结束右边桩坐标计算
+PEG(m),π⇛END=?	SHIFT π EXE	输入 π 结束程序
QH2-7T⇛END		程序结束显示

⑤ 不计算极坐标放样数据的坐标正算

重复执行 QH2－7T 程序，计算本例另外两个加桩坐标正算的屏幕提示及其用户操作过程如下：

屏幕提示	按　键	说　　明
BASIC TYPE CURVE QH2-7T		显示程序标题
NEW(0),OLD(≠0) DATA=?	3 EXE	用最近调用的数据库子程序计算
STA XY,NEW(0),OLD(1),NO(2)=?	2 EXE	输入 2 为不计算极坐标放样数据
PEG→XY(1),XY→PEG(2),Pier(4)=?	1 EXE	输入 1 为坐标正算
+PEG(m),π⇛END=?	56163 EXE	输入加桩号(位于圆曲线)
αi=265°57′23.13″	EXE	显示中桩走向方位角/耗时 1.56 s
X+Yi(m)=2898197.196+498153.0344i	EXE	显示中桩坐标复数
ANGLE(0)⇛NO,-L +R(Deg)=?	0 EXE	输入 0 为不计算边桩坐标
+PEG(m),π⇛END=?	56755 EXE	输入加桩号(位于第二缓和曲线)
αi=295°0′11.54″	EXE	显示中桩走向方位角/耗时 1.84 s
X+Yi(m)=2898311.436+497579.1300i	EXE	显示中桩坐标复数
ANGLE(0)⇛NO,-L+R(Deg)=?0	EXE	使用偏角原值
+PEG(m),π⇛END=?	SHIFT π EXE	输入 π 结束程序
QH2-7T⇛END		程序结束显示

[例 2－3] 图 2－9 为无第一缓和曲线的基本型平曲线的设计图纸，应用 QH2－7T 程序计算加桩 ZK72＋860，ZK72＋930 的中桩坐标。

[解] ① 编写与输入 JD_1 的数据库子程序文件 JD1

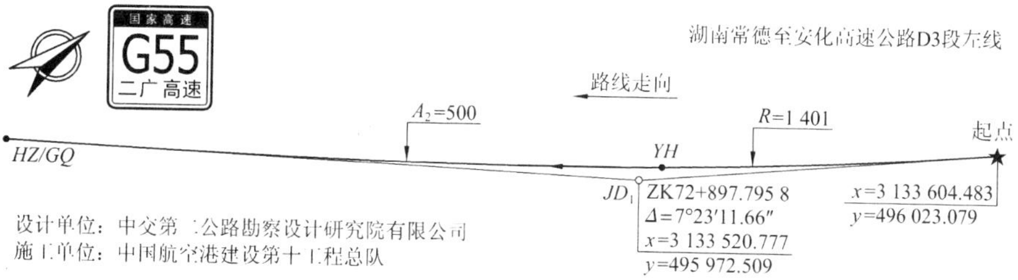

图 2-9　无第一缓和曲线的基本型平曲线设计图纸

72897.7958→Z:3133520.777+495972.509i→B↵	JD_1 桩号/平面坐标复数
7°23°11.66°→Q↵	正数为右转角
1401→R:500→F↵	圆曲半径/第二缓曲参数
3133604.483+496023.079i→U↵	起点平面坐标复数
35+2S→DimZ↵	定义额外变量维数
Return	

将上述子程序输入 fx-5800P，编辑 QH2－7T 主程序，将正数第 10 行的调数据库子程序名修改为 JD1。

② 执行 QH2－7T 程序计算 JD_1 的曲线要素、主点数据及坐标正算

选择执行 QH2－7T 程序，调用数据库子程序 JD1 计算 JD_1 平曲线曲线要素、主点数据及坐标正算的屏幕提示与用户操作过程如下：

屏幕提示	按　键	说　　明
BASIC TYPE CURVE QH2－7T		显示程序标题
NEW(0),OLD(≠0) DATA=?	0 EXE	重新调用数据库子程序/耗时 3.47 s
DISP YES(1),NO(≠1)=?	1 EXE	输入 1 显示交点曲线要素
T1(m)=97.7988	EXE	显示第一切线长
T2(m)=172.3397	EXE	显示第二切线长
E(m)=3.4093	EXE	显示外距
Lh1(m)=0.0000	EXE	显示第一缓和曲线长
LY(m)=91.3949	EXE	显示圆曲线长
Lh2(m)=178.4440	EXE	显示第二缓和曲线长
L(m)=269.8389	EXE	显示总曲线长
J(m)=0.2996	EXE	显示切曲差，计算主点数据/耗时 3.28 s
[MODE][4]⇛Stop!	EXE	继续执行程序
STA XY,NEW(0),OLD(1),NO(2)=?	2 EXE	输入 2 为不计算极坐标放样数据
PEG→XY(1),XY→PEG(2),Pier(4)=?	1 EXE	输入 1 为坐标正算
+PEG(m),π⇛END=?	72860 EXE	输入加桩号(位于圆曲线)
αi=213°35′30.06″	EXE	显示中桩走向方位角/耗时 1.56 s
X+Yi(m)=3133553.807+495990.9630i	EXE	显示中桩坐标复数
ANGLE(0)⇛NO,-L+R(Deg)=?	0 EXE	输入 0 为不计算边桩坐标

续表

屏幕提示	按 键	说 明
+PEG(m),π⇒END=?	72930 EXE	输入加桩号(位于第二缓和曲线)
αi=216°17′1.03″	EXE	显示中桩走向方位角/耗时 1.87 s
X+Yi(m)=3133496.466+495950.8248i	EXE	显示中桩坐标复数
ANGLE(0)⇒NO,-L+R(Deg)=?0	EXE	使用偏角原值
+PEG(m),π⇒END=?	SHIFT π EXE	输入 π 结束程序
QH2-7T⇒END		程序结束显示

[**例 2-4**] 试用 QH2-7T 程序计算图 2-10 所示斜交涵洞轴线左右边桩 A, B 点的设计坐标。

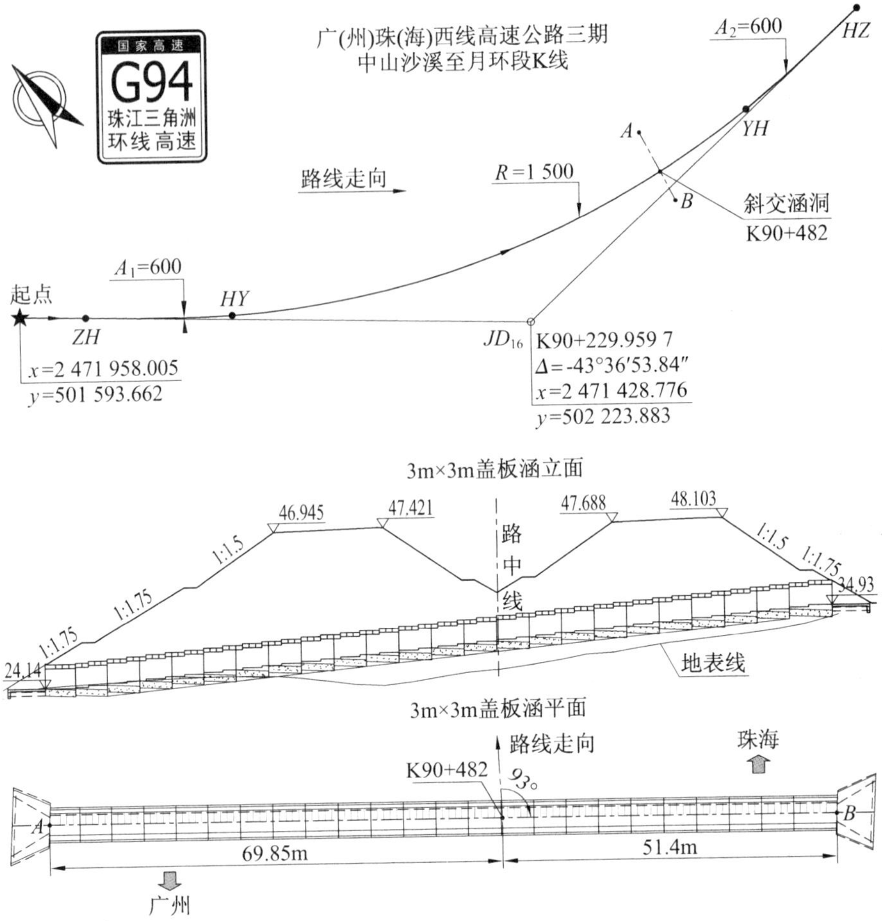

图 2-10 对称基本型平曲线与斜交涵洞设计图

[**解**] ① 编写与输入数据库子程序 JD16

```
90229.9597→Z:2471428.779+502223.883i→B↵        JD16桩号/平面坐标复数
-43°36°53.84°→Q↵                               负数为左转角
600→E:1500→R:600→F↵                            第一缓曲参数/圆曲半径/第二缓曲参数
2471958.005+501593.662i→U↵                     起点平面坐标复数
35+2S→DimZ↵                                    定义额外变量维数
Return
```

将上述子程序输入 fx-5800P，编辑 QH2－7T 主程序，将正数第 10 行的调用数据库子程序名修改为 JD16。

② 坐标正算

执行 QH2－7T 程序，调用数据库子程序 JD16 计算 JD_{16} 平曲线曲线要素、主点数据及坐标正算的屏幕提示与用户操作过程如下：

屏幕提示	按　键	说　　明
BASIC TYPE CURVE QH2－7T		显示程序标题
NEW(0),OLD(≠0) DATA=?	0 EXE	重新调用数据库子程序/耗时 4.41 s
DISP YES(1),NO(≠1)=?	1 EXE	输入 1 显示交点曲线要素
T1(m)=720.7987	EXE	显示第一切线长
T2(m)=720.7987	EXE	显示第二切线长
E(m)=117.3408	EXE	显示外距
Lh1(m)=240.0000	EXE	显示第一缓曲线长
LY(m)=901.8369	EXE	显示圆曲线长
Lh2(m)=240.0000	EXE	显示第二缓曲线长
L(m)=1381.8369	EXE	显示总曲线长
J(m)=59.7605	EXE	显示切曲差，计算主点数据/耗时 5.03 s
[MODE][4]⇛Stop!	EXE	继续执行程序
STA XY,NEW(0),OLD(1),NO(2)=?	2 EXE	输入 2 不计算极坐标放样数据
PEG→XY(1),XY→PEG(2),Pier(4)=?	1 EXE	输入 1 为坐标正算
+PEG(m),π⇛END=?	90482 EXE	输入加桩号
αi=97°26′44.51″	EXE	显示加桩走向方位角/耗时 1.40 s
X+Yi(m)=2471477.730+502535.0379i	EXE	显示中桩坐标复数
ANGLE(0)⇛NO,-L +R(Deg)=?	93 EXE	输入正数为右偏角
WL(m),0⇛NO=?	69.85 EXE	输入 *A* 点左边距
XL+YLi(m)=2471546.422+502547.7020i	EXE	显示左边桩 *A* 点坐标复数
WL(m),0⇛NO=?	0 EXE	输入 0 结束左边桩坐标计算
WR(m),0⇛NO=?	51.4 EXE	输入 *B* 点右边距
XR+YRi(m)=2471427.181+502525.7189i	EXE	显示右边桩 *B* 点坐标复数
WR(m),0⇛NO=?	0 EXE	输入 0 结束右边桩坐标计算
+PEG(m),π⇛END=?	SHIFT π EXE	输入 π 结束程序
QH2－7T⇛END		程序结束显示

2.3 单交点基本型回头曲线计算原理及其案例

1）主点数据计算原理

(1) 切线长计算

如图 2-11 所示，基本型回头曲线的转角 $\Delta > 180°$，其切线方程为

$$\left.\begin{aligned} T'_1 &= (R+p_1)\cot\delta_1 - q_1 \\ T'_2 &= (R+p_2)\cot\delta_2 - q_2 \end{aligned}\right\} \tag{2-60}$$

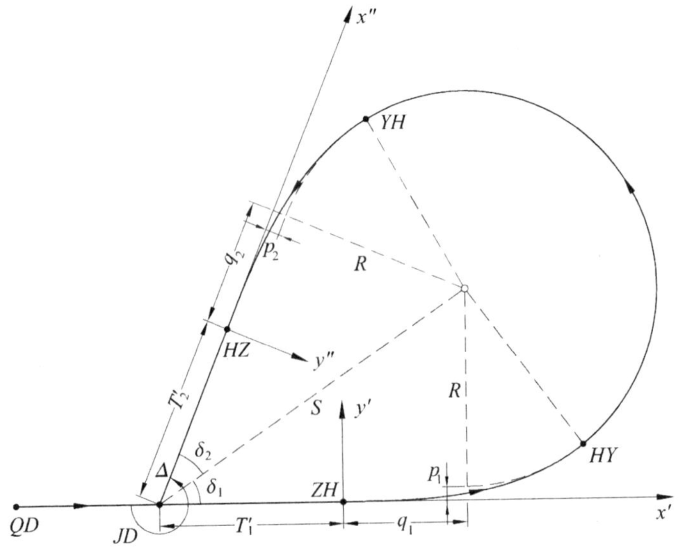

图 2-11 基本型回头曲线要素计算原理

式中的 $\cot\delta_1$ 与 $\cot\delta_2$ 可以通过下列方程求出

$$\left.\begin{aligned} \delta_1 &= \Delta - 180° - \delta_2 \\ \frac{\sin\delta_1}{\sin\delta_2} &= \frac{R+p_1}{R+p_2} \end{aligned}\right\} \tag{2-61}$$

由式(2-61)的第一式，得

$$\begin{aligned} \sin\delta_1 &= \sin(\Delta - 180° - \delta_2) \\ &= -\sin(180° - \Delta + \delta_2) \\ &= -\sin(\Delta - \delta_2) \\ &= -(\sin\Delta\cos\delta_2 - \sin\delta_2\cos\Delta) \\ &= -\sin\Delta\cos\delta_2 + \sin\delta_2\cos\Delta \end{aligned}$$

将其代入式(2-61)的第二式，得

$$\frac{R+p_1}{R+p_2}=\frac{\sin\delta_1}{\sin\delta_2}=\frac{-\sin\Delta\cos\delta_2+\sin\delta_2\cos\Delta}{\sin\delta_2}=-\sin\Delta\cot\delta_2+\cos\Delta \quad (2-62)$$

化简式(2-62),得

$$R+p_1=-\sin\Delta(R+p_2)\cot\delta_2+(R+p_2)\cos\Delta$$

$$\sin\Delta(R+p_2)\cot\delta_2=(R+p_2)\cos\Delta-(R+p_1)$$

$$(R+p_2)\cot\delta_2=(R+p_2)\cot\Delta-(R+p_1)\csc\Delta \quad (2-63)$$

将式(2-63)代入式(2-60)第二式,得

$$\begin{aligned}T'_2&=(R+p_2)\cot\Delta-(R+p_1)\csc\Delta-q_2\\&=-[(R+p_1)\csc\Delta-(R+p_2)\cot\Delta+q_2]=-T_2\end{aligned} \quad (2-64)$$

同法化简,得

$$\begin{aligned}T'_1&=(R+p_1)\cot\Delta-(R+p_2)\csc\Delta-q_1\\&=-[(R+p_2)\csc\Delta-(R+p_1)\cot\Delta+q_1]=-T_1\end{aligned} \quad (2-65)$$

分别比较式(2-64)与式(2-23)、式(2-65)与式(2-25)可知,基本型回头曲线的切线长公式为基本型曲线的切线长公式的反号。由于程序 QH2－7T 是使用统一式(2-23)与式(2-25)计算两个切线长,因此,算出的基本型回头曲线的切线长应为负数。

切曲差为

$$J=|T_1+T_2|-L_{h1}-L_y-L_{h2} \quad (2-66)$$

由图 2-12 可知,基本型回头曲线的切曲差为负数。外距为

$$E=\sqrt{(R+p_1)^2+(T_1+q_1)^2}-R \quad (2-67)$$

(2) 主点数据计算

设由起点坐标与 JD 点坐标算出的起点→JD 的方位角为 α_{ZH},则由图 2-11 可得 ZH 点的中桩坐标复数为

$$z_{ZH}=z_{JD}+|T_1|\angle\alpha_{ZH} \quad (2-68)$$

HZ 点走向方位角及其中桩坐标复数为

$$\left.\begin{aligned}\alpha_{HZ}&=\alpha_{ZH}+\Delta\\z_{HZ}&=z_{JD}-|T_2|\angle\alpha_{HZ}\end{aligned}\right\} \quad (2-69)$$

主点 HY 与 YH 数据的计算原理与基本型曲线相同。

2) 案例

[例 2-5] 图 2-12 为交点法基本型回头曲线的设计图纸,试用 QH2－7T 程序计算平曲线主点数据及加桩 WNK0+420, WNK0+520, WNK0+770, WNK0+820 的中桩坐标。

[解] ① 编写与输入数据库子程序 WNJD1

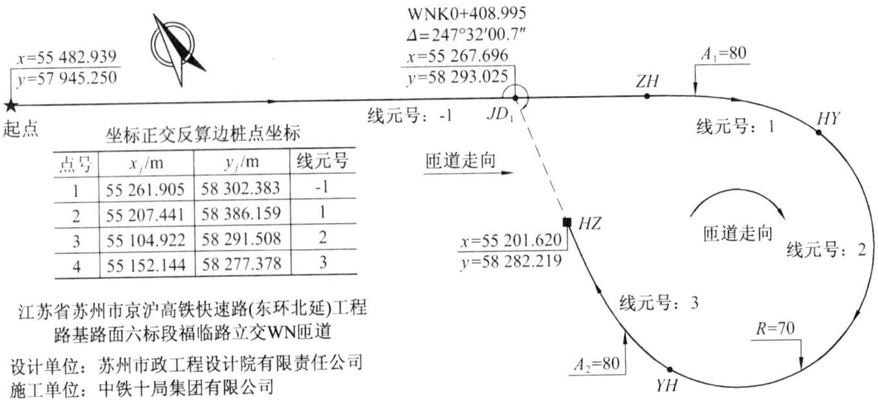

点号	x_j/m	y_j/m	线元号
1	55 261.905	58 302.383	-1
2	55 207.441	58 386.159	1
3	55 104.922	58 291.508	2
4	55 152.144	58 277.378	3

图 2－12　基本型回头曲线设计图纸

408.995→Z:55267.696+58293.025i→B↵ 　JD_1 桩号/平面坐标复数

247°32°0.7°→Q↵ 　正数为右转角

80→E:70→R:80→F↵ 　第一缓曲参数/圆曲半径/第二缓曲参数

55482.939+57945.25i→U↵ 　起点平面坐标复数

35+2S→DimZ↵ 　定义额外变量维数

Return

将上述子程序输入 fx-5800P，编辑 QH2－7T 主程序，将正数第 10 行的调用数据库子程序名修改为 WNJD1。

② 坐标正算

执行 QH2－7T 程序，调用数据库子程序 WNJD1 计算 JD_1 平曲线曲线要素、主点数据及坐标正算的屏幕提示与用户操作过程如下：

屏幕提示	按　键	说　　明
BASIC TYPE CURVE QH2－7T		显示程序标题
NEW(0),OLD(≠0) DATA＝?	0 EXE	重新调用数据库子程序/耗时 7.82 s
DISP YES(1),NO(≠1)＝?	1 EXE	输入 1 显示交点曲线要素
T1(m)＝-66.9537	EXE	显示第一切线长
T2(m)＝-66.9537	EXE	显示第二切线长
E(m)＝64.7585	EXE	显示外距
Lh1(m)＝91.4286	EXE	显示第一缓曲线长
LY(m)＝210.9907	EXE	显示圆曲线长
Lh2(m)＝91.4286	EXE	显示第二缓曲线长
L(m)＝393.8478	EXE	显示总曲线长
J(m)＝-259.9405	EXE	显示切曲差，计算主点数据/耗时 6.62 s
[MODE][4]⇒Stop!	EXE	继续执行程序
STA XY,NEW(0),OLD(1),NO(2)＝?	2 EXE	输入 2 不计算极坐标放样数据

续表

屏幕提示	按 键	说 明
PEG→XY(1),XY→PEG(2),Pier(4)=?	1 [EXE]	输入 1 为坐标正算
+PEG(m),π⇛END=?	420 [EXE]	输入加桩号
αi=121°45′14.28″	[EXE]	显示加桩走向方位角/耗时 1.29 s
X+Yi(m)=55261.9044+58302.3827i	[EXE]	显示中桩坐标复数
ANGLE(0)⇛NO,-L+R(Deg)=?	0 [EXE]	输入 0 不计算边桩坐标
+PEG(m),π⇛END=?	520 [EXE]	输入加桩号
αi=130°26′24.69″	[EXE]	显示加桩走向方位角/耗时 2.38 s
X+Yi(m)=55207.4405+58386.1587i	[EXE]	显示中桩坐标复数
ANGLE(0)⇛NO,-L+R(Deg)=?0	[EXE]	使用偏角原值
+PEG(m),π⇛END=?	770 [EXE]	输入加桩号
αi=325°1′14.22″	[EXE]	显示加桩走向方位角/耗时 1.68 s
X+Yi(m)=55104.9210+58291.5090i	[EXE]	显示中桩坐标复数
ANGLE(0)⇛NO,-L+R(Deg)=?0	[EXE]	使用偏角原值
+PEG(m),π⇛END=?	820 [EXE]	输入加桩号
αi=358°11′16.18″	[EXE]	显示加桩走向方位角/耗时 1.97 s
X+Yi(m)=55152.1429+58277.3779i	[EXE]	显示中桩坐标复数
ANGLE(0)⇛NO,-L+R(Deg)=?0	[EXE]	使用偏角原值
+PEG(m),π⇛END=?	[SHIFT] [π] [EXE]	输入 π 结束程序
QH2-7T⇛END		程序结束显示

由于程序 QH2-7T 是使用统一式(2-23)与式(2-25)计算两个切线长,因此,本例的切线长为负数。

2.4 含非完整缓和曲线的单交点基本型平曲线计算

1) 工程案例

图 2-13 所示交点平曲线的特点是,第一缓和曲线的起点半径 $R_{ZH}=1\ 400$ m,不等于∞,

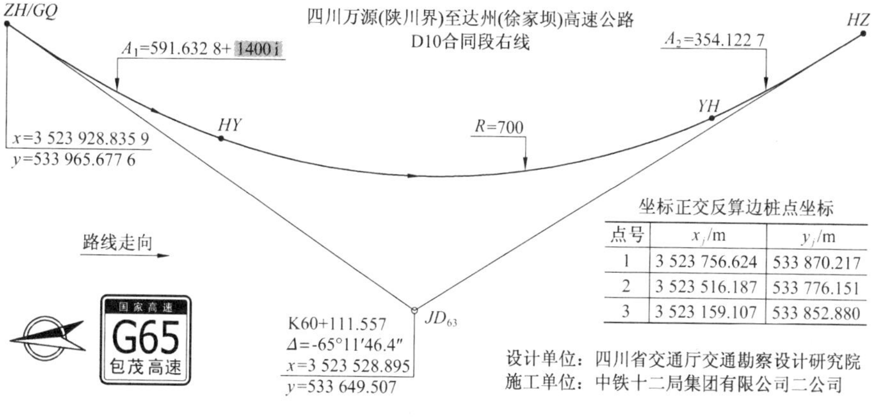

图 2-13 第一缓和曲线为非完整缓和曲线($R_{ZH}>R$)的基本型平曲线设计图纸

属于非完整缓和曲线，因 $R_{ZH}>R=700$ m，所以，第一缓和曲线切线支距坐标原点(其曲率半径 $\rho=\infty$)位于 ZH 点端。

因第一缓和曲线的起点(ZH)半径不等于∞，在数据库子程序中，QH2－7T 程序要求将第一缓和曲线的起点半径 R_{ZH} 输入到缓曲参数 A_1 的虚部。图 2－13 所示平曲线的数据库子程序 JD63 如下：

60111.557→Z:3523528.895＋533649.507i→B↲ JD_{63} 桩号/平面坐标复数

-65°11°46.4°→Q↲ 负数为左转角

591.6328＋1400i→E:700→R:354.1227→F↲ 第一缓曲参数/圆曲半径/第二缓曲参数

3523928.8359＋533965.6776i→U↲ ZH 点平面坐标复数

35＋2S→DimZ↲ 定义额外变量维数

Return

图 2－14 所示交点平曲线的特点是，第二缓和曲线的终点半径 $R_{HZ}=401.63$ m，不等于∞，属于非完整缓和曲线，因 $R_{HZ}<R=801.63$ m，所以，第二缓和曲线切线支距坐标原点(其曲率半径 $\rho=\infty$)位于 YH 点端。

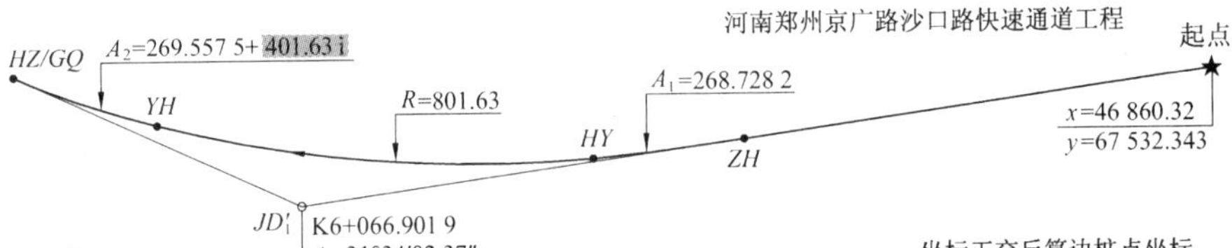

坐标正交反算边桩点坐标

点号	x_i/m	y_i/m
1	47 163.501	67 368.725
2	47 412.246	67 317.353
3	47 533.209	67 292.490

图 2－14 第二缓和曲线为非完整缓和曲线($R_{HZ}<R$)的基本型平曲线设计图纸

因第二缓和曲线的终点(HZ)半径不等于∞，在数据库子程序中，QH2－7T 程序要求将第二缓和曲线的终点半径 R_{HZ} 输入到缓曲参数 A_2 的虚部。图 2－14 所示平曲线的数据库子程序 JD1 如下：

编写与输入数据库子程序 JD1 如下：

6066.9019→Z:47346.6685＋67283.9853i→B↲ JD'_1 桩号/平面坐标复数

31°34°2.37°→Q↲ 正数为右转角

268.7282→E:801.63→R:269.5575＋401.63i→F↲ 第一缓曲参数/圆曲半径/第二缓曲参数

46860.32＋67532.343i→U↲ 起点平面坐标复数

35＋2S→DimZ↲ 定义额外变量维数

Return

单交点基本型平曲线计算的关键要素是切线长，式(2-25)与式(2-23)的切线长公式只适用于第一与第二缓和曲线均为完整缓和曲线的情形，当交点曲线含有非完整缓和曲线时，需要重新推导切线长公式。

2）含非完整缓和曲线的交点平曲线切线长

交点平曲线含有非完整缓和曲线时，可以有三种组合：①第一缓和曲线与第二缓和曲线均为非完整缓和曲线；②第一缓和曲线为非完整缓和曲线，第二缓和曲线为完整缓和曲线；③第一缓和曲线为完整缓和曲线，第二缓和曲线为非完整缓和曲线。

无论是第一缓和曲线还是第二缓和曲线，因其一端是与半径为 R 的圆曲线径向连接，所以，就非完整缓和曲线另一端的半径 R_X 而言，有 $R_X > R$ 与 $R_X < R$ 两种情形。

为便于公式推导，本节只讨论第一缓和曲线为完整缓和曲线，第二缓和曲线为非完整缓和曲线的计算原理，它有 $R < R_{HZ}$ 与 $R > R_{HZ}$ 的两种情形，其他情形的计算公式，很容易由这两种情形的公式导出。

(1) 第二缓和曲线终点半径 $R_{HZ}>R$ 的情形

如图 2-15 所示，设第一缓曲参数为 A_1，因为是完整缓和曲线，所以，ZH 点的曲率半径 $R_{ZH}=\infty$，缓曲线长为 L_{h1}；圆曲线半径为 R；第二缓曲参数为 A_2，HZ 点的曲率半径 $R_{HZ}>R$，缓曲线长为 L_{h2}。应用式(2-12)或式(2-14)计算的第一缓和曲线切线支距坐标的原点为 ZH，第二缓和曲线切线支距坐标的原点为 O''。

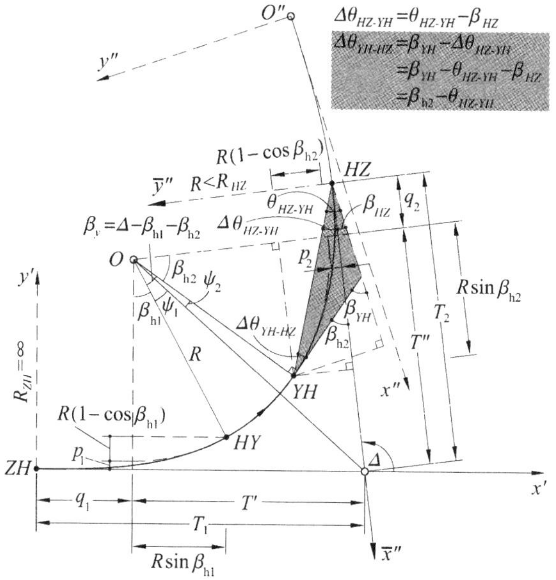

图 2-15　$R_{HZ}>R$ 时非完整缓和曲线的单交点曲线要素计算原理

当在直线与圆曲线之间插入缓和曲线时，在第一缓和曲线端，应将原有圆曲线向内移动距离 p_1，才能使圆曲线与第一缓和曲线衔接，这时，切线增长了距离 q_1；此时，在第二缓和曲线端的圆曲线内移值为 p_2，切线增量为 q_2。

① 第一缓和曲线内移值与切线增量的计算

由图 2－15 可得圆曲线在第一缓和曲线端的内移值 p_1 与切线增量 q_1 的公式为

$$\left.\begin{aligned} p_1 &= y'_{HY} - R(1-\cos\beta_{h1}) \\ q_1 &= x'_{HY} - R\sin\beta_{h1} \end{aligned}\right\} \tag{2-70}$$

式中，$z'_{HY} = x'_{HY} + y'_{HY}\mathrm{i}$ 为 HY 点在切线支距坐标系 $x'ZHy'$ 的坐标复数，将第一缓曲参数 A_1，第一缓和曲线长 L_{h1} 代入式(2－11)计算；$\beta_{h1} = \beta_{HY} - \beta_{ZH}$，为第一缓和曲线的偏角差，由于第一缓和曲线为完整缓和曲线，故有 $\beta_{ZH} = 0$，因此有 $\beta_{h1} = \beta_{HY}$，将 A_1 与 L_{h1} 代入式(2－5)计算。

由图 2－15 可知，因 $y'_{HY} > R(1-\cos\beta_{h1})$，$x'_{HY} > R\sin\beta_{h1}$，所以，由式(2－70)算出的 p_1 与 q_1 的值均为正数。

② 第二缓和曲线内移值与切线增量的计算

如图 2－15 所示，因 $R_{HZ} > R$，所以，第二缓和曲线切线支距坐标的原点 O'' 位于 HZ 点端附近，圆曲线在第二缓曲线端的内移值 p_2 与切线增量 q_2 的公式为

$$\left.\begin{aligned} p_2 &= \bar{y}''_{YH} - R(1-\cos\beta_{h2}) \\ q_2 &= \bar{x}''_{YH} - R\sin\beta_{h2} \end{aligned}\right\} \tag{2-71}$$

式中，$\beta_{h2} = \beta_{YH} - \beta_{HZ}$，为第二缓和曲线的偏角差，$\bar{z}''_{YH} = \bar{x}''_{YH} + \bar{y}''_{YH}\mathrm{i}$，为 YH 点在切线支距坐标系 $\bar{x}''HZ\bar{y}''$ 中的坐标复数，下面讨论其计算公式。

首先应确定 R_{HZ} 的值。在路线设计图纸的“直线、曲线及转角表”(简称直曲表)中，一般不直接给出 R_{HZ} 的值，需要根据第二缓曲参数 A_2 与线长 L_{h2} 以及圆曲线半径 R 反求 R_{HZ} 的值。

由第二缓曲线长方程 $\dfrac{A_2^2}{R} - \dfrac{A_2^2}{R_{HZ}} = L_{h2}$，可以解出

$$R_{HZ} = \left(R^{-1} - \frac{L_{h2}}{A_2^2}\right)^{-1} \tag{2-72}$$

则原点 O'' 分别至 HZ 点与 YH 点的线长(以下简称原点线长)为

$$\left.\begin{aligned} l_{HZ} &= \frac{A_2^2}{R_{HZ}} \\ l_{YH} &= \frac{A_2^2}{R} \end{aligned}\right\} \tag{2-73}$$

将式(2－73)代入式(2－12)或式(2－14)求出 HZ 点与 YH 点的切线支距坐标为

$$\left.\begin{aligned} z''_{HZ} &= x''_{HZ} + y''_{HZ}\mathrm{i} \\ z''_{YH} &= x''_{YH} + y''_{YH}\mathrm{i} \end{aligned}\right\} \tag{2-74}$$

将式(2－73)代入式(2－5)，求得 HZ 点与 YH 点的计算偏角为

$$\left.\begin{aligned}\beta_{HZ} &= \frac{l_{HZ}^2}{2A_2^2} \\ \beta_{YH} &= \frac{l_{YH}^2}{2A_2^2}\end{aligned}\right\} \tag{2-75}$$

第二缓和曲线的偏角差为

$$\beta_{h2} = \beta_{YH} - \beta_{HZ} \tag{2-76}$$

因 $+\bar{x}''$ 轴相对于 $+x''$ 轴的偏角为 β_{HZ}，由图 2-15 可知，设 $\bar{z}''_{YH}$ 为 YH 点在切线支距坐标系 $\bar{x}''HZ\bar{y}''$ 中的坐标，将其变换为切线支距坐标系 $x''O''y''$ 的坐标公式为 $z''_{YH} = z''_{HZ} + \bar{z}''_{YH}1\angle\beta_{HZ}$，解该复数方程，求得

$$\bar{z}''_{YH} = \frac{z''_{YH} - z''_{HZ}}{1\angle\beta_{HZ}} \tag{2-77}$$

将式(2-76)与式(2-77)代入式(2-71)，可求得 p_2 与 q_2 的值。

由图 2-15 可知，因 $\bar{y}''_{YH} > R(1-\cos\beta_{h_2})$，$\bar{x}''_{YH} > R\sin\beta_{h2}$，由式(2-71)算出的 p_2 与 q_2 的值均为正数。

作为特例，当第二缓和曲线为完整缓和曲线时，$R_{HZ} \to \infty$，$l_{HZ} = 0$，$\beta_{HZ} = 0$，$1\angle\beta_{HZ} = 1\angle 0 = 1$，$z''_{HZ} = 0$，将其代入式(2-77)，得

$$\bar{z}''_{YH} = z''_{YH} \tag{2-78}$$

仿式(2-25)与式(2-23)，可写出交点曲线的第一与第二切线长为

$$\left.\begin{aligned}T_1 &= (R+p_2)\csc\Delta - (R+p_1)\cot\Delta + q_1 \\ T_2 &= (R+p_1)\csc\Delta - (R+p_2)\cot\Delta + q_2\end{aligned}\right\} \tag{2-79}$$

曲线长、切曲差、外距公式分别与式(2-28)、式(2-29)、式(2-31)相同。

应用上述公式计算图 2-15 所示交点曲线要素结果见该图右上部灰底色数值所示。

(2) 第二缓和曲线终点半径 $R_{HZ}<R$ 的情形

如图 2-16 所示，因 $R_{HZ}<R$，所以，第二缓和曲线切线支距坐标的原点 O'' 位于 YH 点端附近，圆曲线在第二缓曲线端的内移值 p_2 与切线增量 q_2 仍按式(2-71)计算。由图 2-16 可知，由式(2-71)算出的 p_2 与 q_2 的值均为负数，下面讨论其计算公式。

由第二缓曲线长方程 $\dfrac{A_2^2}{R_{HZ}} - \dfrac{A_2^2}{R} = L_{h2}$，可以解出

$$R_{HZ} = \left(R^{-1} + \frac{L_{h2}}{A_2^2}\right)^{-1} \tag{2-80}$$

HZ 点的原点线长 l_{HZ}，YH 点的原点线长 l_{YH} 仍按式(2-73)计算，分别将 l_{HZ} 与 l_{YH} 代入式(2-12)或式(2-14)求出 HZ 点与 YH 点的切线支距坐标复数 z''_{HZ}，z''_{YH}。

HZ 点与 YH 点的计算偏角仍按式(2-75)计算，则第二缓和曲线的偏角差为

$$\beta_{h2} = \beta_{HZ} - \beta_{YH} \tag{2-81}$$

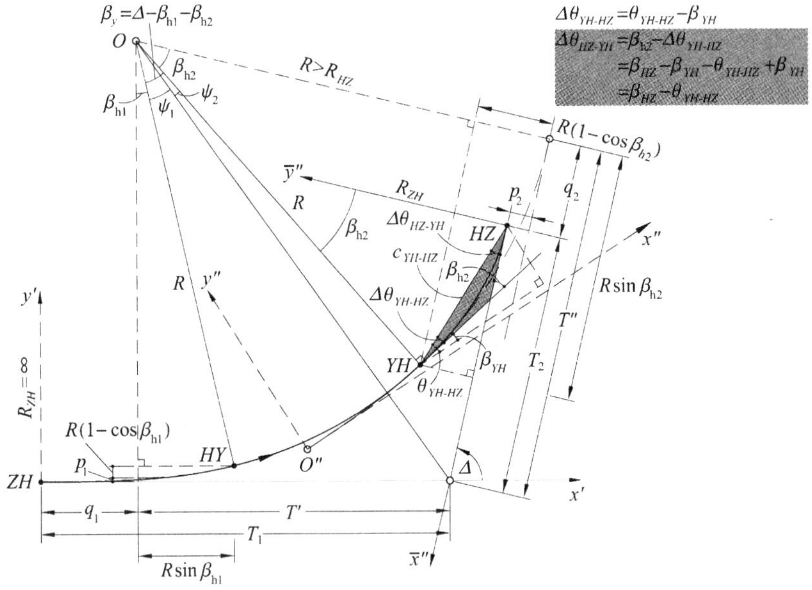

图 2-16　$R_{HZ}<R$ 时非完整缓和曲线的单交点路线曲线要素计算原理

YH 点至 *HZ* 点弦长之间夹角与偏角之间的关系比图 2-15 的情形要复杂，详细参见图 2-16 右上角所示的灰底色角度公式，*YH* 点在切线支距坐标系 $\bar{x}''HZ\bar{y}''$ 中的坐标复数为

$$\bar{z}''_{YH}=\mathrm{Abs}(z''_{HZ}-z''_{YH})\angle(\beta_{HZ}-\theta_{YH\text{-}HZ}) \tag{2-82}$$

将式(2-81)与式(2-82)代入式(2-71)可求得 p_2 与 q_2 的值。由图 2-17 可知，因 $\bar{y}''_{YH}<R(1-\cos\beta_{h2})$，$\bar{x}''_{YH}<R\sin\beta_{h2}$，所以，由式(2-71) 算出的 p_2 与 q_2 值均为负数。

3）工程案例计算

［例 2-6］ 试用 QH2－7T 程序计算图 2-13 所示交点平曲线要素与主点数据，并计算加桩 K59＋800，K60＋060，K60＋430 的中桩坐标。

［解］ 将图 2-13 的数据库子程序 JD63 输入 fx-5800P，编辑 QH2－7T 主程序，将正数第 10 行的调数据库子程序名修改为 JD63。

执行 QH2－7T 程序，调用数据库子程序 JD63 计算 JD_{63} 平曲线曲线要素、主点数据及坐标正算的屏幕提示与用户操作过程如下：

屏幕提示	按　键	说　　明
BASIC TYPE CURVE QH2－7T		显示程序标题
NEW(0),OLD(≠0) DATA＝?	0 EXE	重新调用数据库子程序/耗时 5.47 s
DISP YES(1),NO(≠1)＝?	1 EXE	输入 1 显示交点曲线要素
T1(m)＝509.8201	EXE	显示第一切线长
T2(m)＝541.3865	EXE	显示第二切线长
E(m)＝134.7788	EXE	显示外距

续表

屏幕提示	按键	说明
Lh1(m)=250.0210	EXE	显示第一缓曲线长
LY(m)=519.4329	EXE	显示圆曲线长
Lh2(m)=179.1470	EXE	显示第二缓曲线长
L(m)=948.6009	EXE	显示总曲线长
J(m)=102.6058	EXE	显示切曲差，计算主点数据/耗时 5.28 s
[MODE][4]⇛Stop!	EXE	继续执行程序
STA XY,NEW(0),OLD(1),NO(2)=?	2 EXE	输入 2 不计算极坐标放样数据
PEG→XY(1),XY→PEG(2),Pier(4)=?	1 EXE	输入 1 为坐标正算
+PEG(m),π⇛END=?	59800 EXE	输入加桩号(位于第一缓和曲线)
αi=206°59′48.16″	EXE	显示加桩走向方位角/耗时 2.63 s
X+Yi(m)=3523763.206+533857.2970i	EXE	显示中桩坐标复数
ANGLE(0)⇛NO,-L+R(Deg)=?	0 EXE	输入 0 不计算边桩坐标
+PEG(m),π⇛END=?	60060 EXE	输入加桩号(位于圆曲线)
αi=185°56′4.82″	EXE	显示加桩走向方位角/耗时 1.56 s
X+Yi(m)=3523515.411+533783.6103i	EXE	显示中桩坐标复数
ANGLE(0)⇛NO,-L+R(Deg)=?0	EXE	使用偏角原值
+PEG(m),π⇛END=?	60430 EXE	输入加桩号(位于第二缓和曲线)
αi=156°26′23.46″	EXE	显示加桩走向方位角/耗时 1.78 s
X+Yi(m)=3523154.310+533841.8801i	EXE	显示中桩坐标复数
ANGLE(0)⇛NO,-L+R(Deg)=?0	EXE	使用偏角原值
+PEG(m),π⇛END=?	SHIFT π EXE	输入 π 结束程序
QH2−7T⇛END		程序结束显示

对于图 2-13 所示的第一缓和曲线，有不等式 $R_{ZH}=1400\,m>R=700$ 成立，因此，第一缓和曲线原点位于 ZH 端，QH2−7T 程序算出的 $p_1=4.6368$ m，$q_1=62.2236$ m，均为正数。

［例 2-7］ 试用 QH2−7T 程序计算图 2-14 所示交点平曲线要素与主点数据，并计算加桩 K5+860，K6+060，K6+190 的中桩坐标。

［解］ 将图 2-14 的数据库子程序 JD1 输入 fx-5800P，编辑 QH2−7T 主程序，将正数第 10 行的调数据库子程序名修改为 JD1。

执行 QH2−7T 程序，调用数据库子程序 JD1 计算 JD_1' 平曲线曲线要素、主点数据及坐标正算的屏幕提示与用户操作过程如下：

屏幕提示	按键	说明
BASIC TYPE CURVE QH2−7T		显示程序标题
NEW(0),OLD(≠0) DATA=?	0 EXE	重新调用数据库子程序/耗时 5.00 s
DISP YES(1),NO(≠1)=?	1 EXE	输入 1 显示交点曲线要素
T1(m)=265.3213	EXE	显示第一切线长
T2(m)=187.3703	EXE	显示第二切线长

续表

屏幕提示	按　键	说　　明
E(m)=30.1223	EXE	显示外距
Lh1(m)=90.0850	EXE	显示第一缓曲线长
LY(m)=261.3907	EXE	显示圆曲线长
Lh2(m)=90.2740	EXE	显示第二缓曲线长
L(m)=441.7497	EXE	显示总曲线长
J(m)=10.9418	EXE	显示切曲差，计算主点数据/耗时 4.87 s
[MODE][4]⇛Stop!	EXE	继续执行程序
STA XY,NEW(0),OLD(1),NO(2)=?	**2** EXE	输入 2 不计算极坐标放样数据
PEG→XY(1),XY→PEG(2),Pier(4)=?	**1** EXE	输入 1 为坐标正算
+PEG(m),π⇛END=?	**5860** EXE	输入加桩号（位于第一缓和曲线）
αi=334°18′8.62″	EXE	显示加桩走向方位角/耗时 2.22 s
X+Yi(m)=47162.6084+67378.4937i	EXE	显示中桩坐标复数
ANGLE(0)⇛NO,-L+R(Deg)=?	**0** EXE	输入 0 不计算边桩坐标
+PEG(m),π⇛END=?	**6060** EXE	输入加桩号（位于圆曲线）
αi=348°11′57.97″	EXE	显示加桩走向方位角/耗时 1.59 s
X+Yi(m)=47351.3124+67313.7863i	EXE	显示中桩坐标复数
ANGLE(0)⇛NO,-L+R(Deg)=?0	EXE	使用偏角原值
+PEG(m),π⇛END=?	**6190** EXE	输入加桩号（位于第二缓和曲线）
αi=358°1′45.04″	EXE	显示加桩走向方位角/耗时 1.87 s
X+Yi(m)=47480.1648+67297.7281i	EXE	显示中桩坐标复数
ANGLE(0)⇛NO,-L+R(Deg)=?0	EXE	使用偏角原值
+PEG(m),π⇛END=?	SHIFT π EXE	输入 π 结束程序
QH2−7T⇛END		程序结束显示

对于图 2-14 所示的第二缓和曲线，有不等式 $R_{HZ}=401.63\text{ m}<R=801.63$ 成立，因此，第二缓和曲线原点位于 YH 端，QH2−7T 程序算出的 $p_2=-2.9429\text{ m}$，$q_2=-44.8167\text{ m}$，均为负数。

2.5　任意非完整缓和曲线坐标正、反算原理

1）缓和曲线参数

设任意非完整缓和曲线的起点（start）半径为 R_s，终点（end）半径为 R_e，缓曲线长为 L_h，起点桩号为 Z_s，起点走向方位角为 α_s，起点中桩坐标复数为 z_s。

设缓和曲线参数为 A，当 $R_s>R_e$ 时为正向非完整缓和曲线，其切线支距坐标系的原点 O' 位于起点 s 端[图 2-17(a)]，则缓和曲线起点 s 点与终点 e 的原点线长为

$$\left.\begin{aligned} l_s &= \frac{A^2}{R_s} \\ l_e &= \frac{A^2}{R_e} \end{aligned}\right\} \tag{2-83}$$

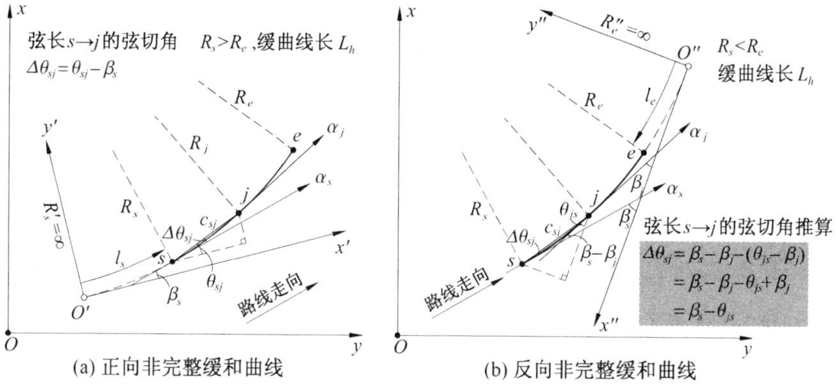

图 2-17　正、反向非完整缓和曲线加桩走向方位角与中桩坐标计算原理

线长方程为

$$L_{\mathrm{h}}=l_e-l_s \tag{2-84}$$

将式(2-83)代入式(2-84),求得缓和曲线参数为

$$A=\sqrt{\frac{L_{\mathrm{h}}}{R_e^{-1}-R_s^{-1}}} \tag{2-85}$$

当 $R_s<R_e$ 时为反向非完整缓和曲线,其切线支距坐标系的原点 O''位于终点 e 端(图 2-17(b)),仿式(2-85)的缓和曲线参数为

$$A=\sqrt{\frac{L_{\mathrm{h}}}{R_s^{-1}-R_e^{-1}}} \tag{2-86}$$

合并式(2-85)与式(2-86),得缓和曲线参数的统一形式为

$$A=\sqrt{\frac{L_{\mathrm{h}}}{|R_e^{-1}-R_s^{-1}|}} \tag{2-87}$$

2）坐标正算原理

(1) 正向非完整缓和曲线

如图 2-17(a)所示,设正向非完整缓和曲线任意点 j 的桩号为 Z_j,则 j 点的原点线长为

$$l_j=l_s+Z_j-Z_s \tag{2-88}$$

分别将 l_s, l_j 代入式(2-5),求得其计算偏角为 β_s, β_j;分别将 l_s, l_j 代入式(2-12)或式(2-14),求得其切线支距坐标复数为 $z_s'=x_s'+y_s'\mathrm{i}$, $z_j'=x_j'+y_j'\mathrm{i}$,由图 2-17(a)可以写出

$$\left.\begin{aligned}c_{sj}&=\mathrm{Abs}(z_j'-z_s')\\ \theta_{sj}&=\mathrm{Arg}(z_j'-z_s')\end{aligned}\right\} \tag{2-89}$$

弦长$\overline{sj}$在 s 点的弦切角为

$$\Delta\theta_{sj} = \theta_{sj} - \beta_s \tag{2-90}$$

弦长$\overline{sj}$的方位角α_{sj}及j点走向方位角α_j为

$$\left.\begin{aligned} \alpha_{sj} &= \alpha_s \pm \Delta\theta_{sj} \\ \alpha_j &= \alpha_s \pm (\beta_j - \beta_s) \end{aligned}\right\} \tag{2-91}$$

式中的±，缓和曲线右偏时取"＋"，左偏时取"－"，下同。j点的中桩坐标复数为

$$z_j = z_s + c_{sj} \angle \alpha_{sj} \tag{2-92}$$

令$l_j = l_e$，代入上述各式容易求得终点e的中桩坐标复数z_e与走向方位角α_e。

(2) 反向非完整缓和曲线

如图2-17(b)所示，反向非完整缓和曲线的切线支距坐标系原点O''位于终点e端。设缓和曲线任意点j的桩号为Z_j，则j点的原点线长为

$$l_j = l_s - (Z_j - Z_s) = l_s - Z_j + Z_s \tag{2-93}$$

分别将l_s，l_j代入式(2-5)，求得其计算偏角为β_s，β_j；分别将l_s，l_j代入式(2-12)或式(2-14)，求得其切线支距坐标复数为$z''_s = x''_s + y''_s\text{i}$，$z''_j = x''_j + y''_j\text{i}$，由图2-17(b)可以写出

$$\left.\begin{aligned} c_{js} &= \text{Abs}(z''_s - z''_j) \\ \theta_{js} &= \text{Arg}(z''_s - z''_j) \end{aligned}\right\} \tag{2-94}$$

弦长$\overline{sj}$在s点的弦切角为

$$\Delta\theta_{sj} = \beta_s - \theta_{js} \tag{2-95}$$

综合式(2-90)与式(2-95)，得正、反向非完整缓和曲线弦长$\overline{sj}$在s点弦切角的统一公式为

$$\Delta\theta_{sj} = |\theta_{js} - \beta_s| \tag{2-96}$$

弦长$\overline{sj}$的方位角α_{sj}及j点走向方位角α_j为

$$\left.\begin{aligned} \alpha_{sj} &= \alpha_s \pm \Delta\theta_{sj} \\ \alpha_j &= \alpha_s \pm (\beta_s - \beta_j) \end{aligned}\right\} \tag{2-97}$$

j点的中桩坐标复数与式(2-92)相同。

3) 坐标反算原理

设边桩j在缓曲线元上的垂点为p(以下简称垂点)，其桩号为Z_p，由式(2-88)或式(2-93)可算出p点的原点线长为l_p，由此求出p点的中桩坐标复数为z_p，走向方位角为α_p，这说明，即z_p与α_p实际上都是p点桩号Z_p的函数，因此，如何准确快速地求出Z_p，是缓和曲线坐标反算的核心问题。

参考文献[4]的缓和曲线坐标反算程序CAS58－5－1采用的是二分法迭代计算，原理如图2-18所示。

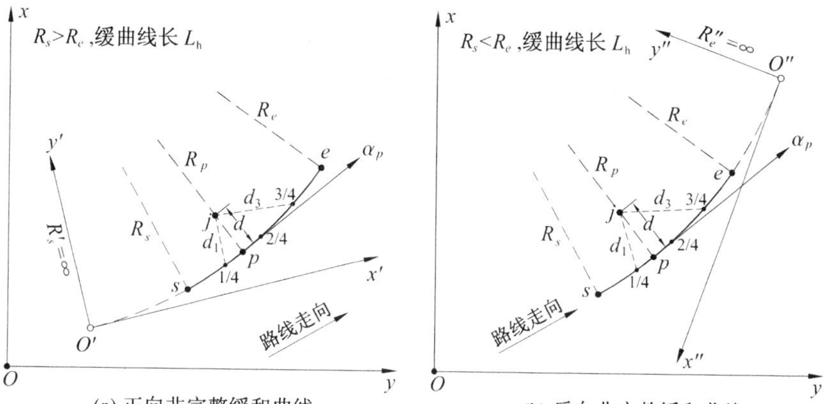

(a) 正向非完整缓和曲线　　(b) 反向非完整缓和曲线

图 2-18　二分法迭代计算缓曲线元垂点 p 的坐标

将缓和曲线长 L_h 四等份，分别计算 p 点至 $L_h/4$ 点与 $3L_h/4$ 点的距离 d_1，d_3，如 $d_1<d_3$，则选择 $s\sim2L_h/4$ 点为计算区间，否则选择 $2L_h/4\sim e$ 点为计算区间；重复上述计算，直至计算区间小于一个很小的数 ε 为止(程序 CAS58-5-1 取 ε=0.001 m)。每迭代计算一次，计算区间减小 1/2，设迭代次数为 n，则应有等式 $L_h/2^n=\varepsilon$ 成立。对等式两边取自然对数，解得

$$n=\frac{\ln L_h-\ln\varepsilon}{\ln 2} \tag{2-98}$$

表 2-8 为应用式(2-98)算出的缓曲线长 L_h 及最小区间宽 ε 与二分法迭代计算次数 n 的数值关系。

表 2-8　L_h 与 ε 对二分法迭代次数 n 的影响

ε/m		0.001	0.01	0.1
序	L_h/m	n	n	n
1	30	15	12	8
2	40	15	12	9
3	90	17	13	10
4	180	18	14	11
5	200	18	14	11
6	300	18	15	12
7	340	18	15	12

由表 2-8 可以得出两点结论：①L_h 的值愈大，n 愈大，但 L_h 增加到一定量值，例如 L_h=90 m，再增加 L_h 的值对增加 n 的贡献率逐步减小；②ε 的值愈小，n 愈大，但一味减小 ε 的值，对减小 n 的贡献率逐步减小。

对于一般的路线曲线，$L_h>30$ m，如取 ε=0.001 m，则 $n>15$，这就是应用参考文献[4]的 CAS58－5－1 程序进行坐标反算时，计算时间普遍大于 2 min 的主要原因。

二分法迭代计算由于没有预先确定垂点 p 的初始桩号 $Z_p^{(0)}$ 使得计算时间过长。本节提出了缓和曲线的拟合圆弧(affinity arc)的概念,利用拟合圆弧确定垂点的初始桩号,再用垂点走向方位角与边距方位角组成的角度微分方程精确解算初始桩号的改正数,从而实现直接解算垂点桩号 Z_p 的目的。

(1) 缓和曲线中点曲率半径与拟合圆弧

如图 2-19 所示,设任意缓和曲线的中点为 m,当为正向非完整缓和曲线,因 $R_s>R_e$,则 m 点的原点线长为

$$l_m = l_s + \frac{L_h}{2} = \frac{2l_s + L_h}{2} = \frac{l_s + l_s + L_h}{2} = \frac{l_s + l_e}{2} \tag{2-99}$$

当为反向非完整缓和曲线,因 $R_s<R_e$,则 m 点的原点线长为

$$l_m = l_e + \frac{L_h}{2} = \frac{2l_e + L_h}{2} = \frac{l_e + l_e + L_h}{2} = \frac{l_e + l_s}{2} \tag{2-100}$$

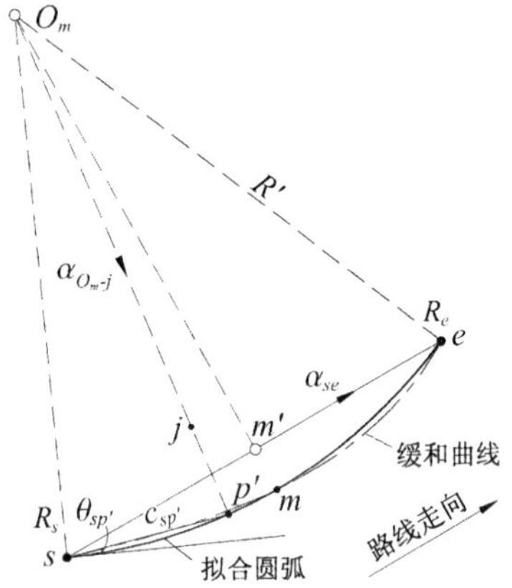

图 2-19　拟合圆弧的定义

比较式(2-99)与式(2-100)可知,无论是正向非完整缓和曲线,还是反向非完整缓和曲线,其中点的原点线长公式是相同的。

将 l_m 代入式(2-1),求得缓和曲线中点的曲率半径为

$$\rho_m = \frac{A^2}{l_m} = \frac{A^2}{\dfrac{l_s + l_e}{2}} = \frac{2}{\dfrac{l_s}{A^2} + \dfrac{l_e}{A^2}} = \frac{2}{R_s^{-1} + R_e^{-1}} = R' \tag{2-101}$$

当缓和曲线为完整缓和曲线时,有 $R_s\to\infty$ 或 $R_e\to\infty$,将其代入式(2-101),可得 $R'=2R$, R 为圆曲线的半径。由此可知,完整缓和曲线中点的曲率半径 R' 为其小半径 R 的 2 倍。

过缓和曲线起点 s 与终点 e,以 R' 为半径作圆弧,称该圆弧为缓和曲线的拟合圆弧(affinity arc),其半径 R' 称为拟合圆弧半径。

(2) 拟合圆弧的圆心坐标

如图 2-19 所示,设缓和曲线起点 s 的中桩坐标复数为 z_s,终点 e 的中桩坐标复数为 z_e,由此得缓和曲线起点→终点弦长 $\overline{se}$ 及其方位角为

$$\left.\begin{aligned} c_{se} &= \mathrm{Abs}(z_e - z_s) \\ \alpha_{se} &= \mathrm{Arg}(z_e - z_s) \end{aligned}\right\} \tag{2-102}$$

起终点弦长 $\overline{se}$ 中点 m' 的坐标复数为

$$z_{m'} = \frac{z_s + z_e}{2} \tag{2-103}$$

中点 m' 至拟合圆弧圆心 O_m 的平距

$$c_{m'O_m} = \sqrt{R'^2 - \frac{c_{se}^2}{4}} \tag{2-104}$$

由此求出拟合圆弧圆心 O_m 的坐标复数为

$$z_{O_m} = z_{m'} + c_{m'O_m} \angle (\alpha_{se} \pm 90°) \tag{2-105}$$

(3) 垂点初始桩号

设边桩点 j 的坐标复数为 z_j，应用拟合圆弧圆心坐标可求出 j 点拟合圆弧垂点 p' 的坐标复数为

$$z_{p'} = z_{O_m} + R' \angle \alpha_{O_m j} \tag{2-106}$$

式中 $\alpha_{O_m j}$ 为拟合圆弧圆心至 j 点的辐角。

由此可以求出缓和曲线起点→p' 的弦长及其弦切角为

$$\left.\begin{aligned} c_{sp'} &= \mathrm{Abs}(z_{p'} - z_s) \\ \theta_{sp'} &= \sin^{-1} \frac{c_{sp'}}{2R'} \end{aligned}\right\} \tag{2-107}$$

拟合圆弧垂点 p' 的桩号

$$Z_{p'} = Z_s + 2\theta_{sp'} R' \tag{2-108}$$

式中，弦切角 $\theta_{sp'}$ 的单位为弧度。

(4) 垂点的初始中桩坐标及其走向方位角

将 $Z_{p'}$ 作为缓和曲线垂点的初始桩号，代入式(2-12)或式(2-14)，算出初始垂点的中桩坐标复数为 $z_p^{(0)}$；代入式(2-91)或式(2-97)，算出初始垂点的走向方位角 $\alpha_p^{(0)}$。

(5) 缓曲线元垂点应满足的条件

设边桩 j 在缓曲线元垂点 p 的中桩坐标复数为 $z_p = x_p + y_p \mathrm{i}$，走向方位角为 α_p，则垂线 $\overline{jp}$ 的点斜式方程为

$$y - y_j = -\frac{x - x_j}{\tan \alpha_p} \tag{2-109}$$

将 p 点坐标代入式(2-109)，得

$$y_p - y_j = -\frac{x_p - x_j}{\tan \alpha_p} \tag{2-110}$$

化简后得方程式

$$\begin{aligned} f(l_p) &= \tan \alpha_p (y_p - y_j) + x_p - x_j \\ &= \tan \alpha_p \Delta y_{jp} + \Delta x_{jp} \\ &= \tan \alpha_p \mathrm{ImP}(z_p - z_j) + \mathrm{ReP}(z_p - z_j) \end{aligned} \tag{2-111}$$

式中，$\mathrm{ImP}(z_p-z_j)$为复数 z_p-z_j 的实部，$\mathrm{ReP}(z_p-z_j)$为复数 z_p-z_j 的虚部，l_p 为 p 点原点线长，称 $f(l_p)$为垂线方程残差。

在式(2-111)中，z_p 与 α_p 都是垂点桩号 Z_p 的函数，对于正向缓和曲线，有

$$Z_p = Z_s + l_p - l_s \tag{2-112}$$

对于反向缓和曲线，有

$$Z_p = Z_s + l_s - l_p \tag{2-113}$$

式中，l_s 为缓和曲线起点 s 的原点线长，它是已知的。因此，p 点的缓曲垂线方程残差是 p 点原点线长 l_p 的函数，故用 $f(l_p)$表示。

(6) 垂点初始桩号及其改正数

设使用缓和曲线初始桩号 $Z_p^{(0)}$ 算出的中桩点为 $p^{(0)}$，$p^{(0)}$ 点的原点线长为 $l_p^{(0)}$，$p^{(0)}$ 至边桩点 j 的边距 $d_{p^{(0)}j}$ 及其方位角 $\alpha_{p^{(0)}j}$ 为

$$\left.\begin{aligned} d_{p^{(0)}j} &= \mathrm{Abs}(z_j - z_p^{(0)}) \\ \alpha_{p^{(0)}j} &= \mathrm{Arg}(z_j - z_p^{(0)}) \end{aligned}\right\} \tag{2-114}$$

则边距直线$\overline{p^{(0)}j}$以 $p^{(0)}$ 的走向方位角 $\alpha_p^{(0)}$ 为零方向的走向归零方位角为

$$\alpha'_{p^{(0)}j} = \alpha_{p^{(0)}j} - \alpha_p^{(0)} \tag{2-115}$$

走向归零方位角 $\alpha'_{p^{(0)}j}$的标准值，右边桩点应为 90°，左边桩点应为 270°，由此得边距直线$\overline{p^{(0)}j}$的偏角改正数为

$$\left.\begin{aligned} \delta_L &= \alpha'_{p^{(0)}j} - 270^\circ \\ \delta_R &= 90^\circ - \alpha'_{p^{(0)}j} \end{aligned}\right\} \tag{2-116}$$

如图 2-20 所示，偏角改正数 $\delta(\delta_L$ 或 $\delta_R) > 0$ 时，垂点初始线长 $l_p^{(0)}$ 的改正数 $\mathrm{d}l > 0$，反之 $\mathrm{d}l < 0$。下面讨论 $\mathrm{d}l$ 的计算公式。

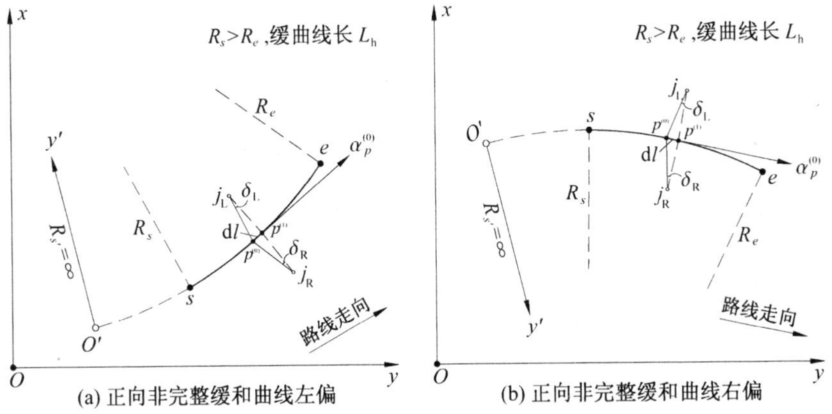

图 2-20　缓和曲线垂点初始桩号改正数 $\mathrm{d}l$ 与角度改正数 δ 的关系

如图 2-20(a)所示，线长改正数 dl 对直线$\overline{p^{(0)}j}$方位角的影响值为

$$\mathrm{d}\beta_1=\frac{\mathrm{d}l}{c_{p^{(0)}j}} \tag{2-117}$$

对式(2-5)取微分，得 dl 对 $p^{(0)}$ 点走向方位角的影响值为

$$\mathrm{d}\beta_2=\frac{l\mathrm{d}l}{A^2} \tag{2-118}$$

式(2-117)与式(2-118)的代数和应等于式(2-116)的偏角改正数

$$\delta=\frac{\mathrm{d}l}{c_{p^{(0)}j}}\pm\frac{l\mathrm{d}l}{A^2} \tag{2-119}$$

式(2-119)中的"±"号，与缓和曲线偏转方向(左偏或右偏)、边桩点的位置(路线左侧或右侧)有关，规律如下：

右边桩$\begin{cases}\text{路线左偏取“+”号}\\ \text{路线右偏取“−”号}\end{cases}$；左边桩$\begin{cases}\text{路线左偏取“−”号}\\ \text{路线右偏取“+”号}\end{cases}$

由式(2-119)解得缓和曲线初始线长改正数为

$$\mathrm{d}l=\frac{\delta}{c_{p^{(0)}j}^{-1}\pm l/A^2} \tag{2-120}$$

改正后的垂点桩号为 $Z_p=Z_p^{(0)}+\mathrm{d}l$，由 Z_p 算出垂点中桩坐标 z_p 与走向方位角 α_p，将其代入式(2-111)计算缓曲垂线方程残差 $f(l_p)$，如果 $|f(l_p)|<0.001\,\mathrm{m}$，则结束计算，否则还需再重复计算一次即可。

(7) 缓和曲线坐标正交反算案例及分析

分别选取大、中、小三种半径的 7 条缓和曲线，在每个缓和曲线的长度内，按两端各 1 个，中间 1 个共选择 3 个边桩点，使用式(2-120)计算缓曲线元坐标反算结果分别列于表 2-9～表 2-15。

表 2-9～表 2-15 中的边距 d_j，负数代表左边桩点，正数代表右边桩点。

分析表 2-9～表 2-15 的计算结果，容易得出如下结论：

① 只有表 2-14 的第 3 个边桩点(简称 2-14-3 点)需要计算 2 次，其余边桩点都只需要计算 1 次。

② 代表垂点桩号、中桩坐标与走向方位角计算精度的缓曲垂线方程残差 $f(l_p)$，普遍小于 0.000 1 m，最大的 2-14-1 点也只有 0.000 8 m，这说明缓和曲线初始线长改正数公式(2-120)是正确的，而且其精度非常高。

③ 影响缓和曲线坐标反算耗时的因素主要是垂点的计算偏角 β_p，因为 β_p 愈大，用式(2-14)计算垂点的切线支距坐标时，所需要截取的级数项就愈多，当 $\beta_p>50°$时，程序自动使用积分公式(2-12)的第一式计算切线坐标；当 $\beta_p>65°$时，程序自动使用积分公式(2-12)的第二式计算支距坐标。

表 2-9　大半径正向完整缓和曲线坐标反算结果(武广铁路客运专线)

线元数据与主点数据	$\alpha_{ZH}=179°50'40.54''$, $Z_{ZH}=$K1249+221.832 2, $z_{ZH}=3\ 331\ 939.577\ 6+510\ 845.184\ 2i$ $A=2\ 017.424\ 1$, $R_{ZH}=\infty$, $R_{HY}=11\ 000$ m, $L_h=370$ m, $R'=22\ 000$ m, $\beta_{HY}=0°57'49''$,左偏						
耗时/次数	z_j/m	dl/m	z_p/m	$\pm d_j$/m	$f(l_p)$	Z_p/m	α_p/m
4.69 s/1	933.22+855.05i	0.024 8	933.193 2+845.201 5i	-9.848 5	0.000 0	K1249+228.216 6	179°50′39.51″
4.62 s/1	744.197+832.272i	0.018 7	744.298 7+846.018 8i	13.747 2	0.000 0	K1249+417.113 1	179°34′34.22″
4.63 s/1	572.498+861.192i	0.035 1	572.247 6+848.210 4i	-12.984 0	0.000 0	K1249+589.179 2	178°53′41.11″

注:x 坐标减去了常数 3 331 000,y 坐标减去了常数 510 000,R'为缓曲拟合圆弧半径,下同。

表 2-10　大半径反向完整缓和曲线坐标反算结果(武广铁路客运专线)

线元数据与主点数据	$\alpha_{YH}=149°59'55.09''$, $Z_{YH}=$K1194+814.81, $z_{YH}=3\ 382\ 663.203\ 9+517\ 793.795\ 3i$ $A=1\ 691.153\ 5$, $R_{YH}=5\ 500$, $R_{HZ}=\infty$, $L_h=520$ m, $R'=11\ 000$ m, $\beta_{YH}=2°42'30.7''$,左偏						
耗时/次数	z_j/m	dl/m	z_p/m	$\pm d_j$/m	$f(l_p)$	Z_p/m	α_p/m
5.22 s/1	658.432+786.621i	0.067 3	662.732 5+794.067 5i	8.599 1	0.000 0	K1294+815.354 4	149°59′34.68″
5.28 s/1	458.023+927.732i	0.041 9	453.365 1+920.264 0i	-8.801 6	0.000 0	K1295+059.825 3	148°2′51.15″
5.25 s/1	217.775+1 057.638i	0.083 5	223.453 8+1 066.480 3i	10.508 9	0.000 0	K1295+332.294 7	147°17′24.62″

注:x 坐标减去了常数 3 382 000,y 坐标减去了常数 517 000。

表 2-11　中半径反向非完整缓和曲线坐标反算结果(图 2-14)

线元数据与主点数据	$\alpha_{YH}=354°51'1.98''$, $Z_{YH}=$K6+153.056 5, $z_{YH}=47\ 443.301+67\ 300.079\ 5i$ $A=269.557\ 5$, $R_{HY}=801.63$, $R_{HZ}=401.63$, $L_h=90.274$ m, $R'=535.144$ m, $\beta_{HY}=12°54'16.41''$,右偏。						
耗时/次数	z_j/m	dl/m	z_p/m	$\pm d_j$/m	$f(l_p)$	Z_p/m	α_p/m
5.16 s/1	443.208+293.73i	-0.056 7	443.772 6+300.037 1i	-6.332 4	0.000 0	K6+153.530 0	354°53′4.14″
5.47 s/1	492.818+303.156i	-0.030 2	492.754 0+297.438 7i	5.717 7	0.000 0	K6+202.592 8	359°21′30.88″
5.47 s/1	533.209+292.49i	-0.053 9	532.731 3+298.681 1i	-6.209 5	0.000 0	K6+242.602 4	4°24′43.81″

注:x 坐标减去了常数 47 000, y 坐标减去了常数 67 000。

表 2-12　中半径正向非完整缓和曲线坐标反算结果(图 2-13)

线元数据与主点数据	$\alpha_{GQ}=218°19'40.42''$，$Z_{GQ}=K59+601.738\ 1$，$z_{YH}=3\ 523\ 928.835\ 9+533\ 965.677\ 6i$ $A=591.632\ 8$，$R_{GQ}=1\ 400$，$R_{HY}=700$，$L_h=250.021$ m，$R'=933.333\ 3$ m，$\beta_{HY}=20°27'52.18''$，左偏。						
耗时/次数	z_j/m	dl/m	z_p/m	$\pm d_j$/m	$f(l_p)$	Z_p/m	α_p/m
5.10 s/1	922.785+973.054i	0.143 0	928.699 9+965.570 1i	-9.539 1	0.000 0	K59+601.911 5	218°19′14.86″
5.34 s/1	834.448+885.993i	0.047 1	828.992 4+894.695 9i	10.271 5	0.000 0	K59+724.302 4	212°4′56.69″
5.69 s/1	713.057+849.358i	0.206 0	718.612 3+836.386 0i	-14.111 5	0.000 0	K59+849.263 2	203°10′59.9″

注：x 坐标减去了常数 3 523 000，y 坐标减去了常数 533 000。

表 2-13　中半径正向非完整缓和曲线坐标反算结果(湖北黄石至通山高速龙港立交 A 匝道)

线元数据与主点数据	$\alpha_{YH}=305°0'43.96''$，$Z_{YH}=K0+677.844\ 1$，$z_{YH}=276\ 367.371\ 3+493\ 338.578\ 3i$ $A=100$，$R_{YH}=300$，$R_{GQ}=55$，$L_h=148.484\ 8$ m，$R'=92.957\ 7$ m，$\beta_{YH}=\underline{94°42'13.56''}$，右偏。						
耗时/次数	z_j/m	dl/m	z_p/m	$\pm d_j$/m	$f(l_p)$	Z_p/m	α_p/m
7.13 s/1	362.757+335.192i	0.004 7	367.442 3+338.477 0i	-5.722 2	0.000 0	K0+677.967 8	305°2′9.14″
12.18 s/1	429.361+296.619i	0.022 3	425.463 1+287.063 7i	10.319 8	0.000 0	K0+756.578 0	337°48′29.44″
10.28 s/1	495.177+287.341i	-0.519 1	491.538 9+292.348 3i	-6.189 4	-0.000 6	K0+825.812 2	35°59′43.39″

注：x 坐标减去了常数 276 000，y 坐标减去了常数 493 000。

表 2-14　小半径反向完整缓和曲线坐标反算结果(陕西安康市香溪洞风景区道路)

线元数据与主点数据	$\alpha_{YH}=223°27'29.11''$，$Z_{YH}=$K1+176.640 5，$z_{YH}=6\ 691.563\ 8+4\ 720.930\ 9i$ $A=15.491\ 9$，$R_{YH}=12$，$R_{HZ}=\infty$，$L_h=20$ m，$R'=24$ m，$\beta_{YH}=47°44'48.08''$，左偏。						
耗时/次数	z_j/m	dl/m	z_p/m	$\pm d_j$/m	$f(l_p)$	Z_p/m	α_p/m
12.40 s/1	690.347+722.045i	−0.237 9	691.465 5+720.838 8i	−1.645 0	0.000 8	K1+176.775 3	222°49′0.72″
9.47 s/1	684.49+713.097i	−0.151 0	683.720 3+717.189 0i	4.163 8	0.000 2	K1+185.451 3	190°39′21.63″
12.03 s/2	672.864+718.665i	−0.177 4 −0.014 7	672.742 4+717.041 4i	−1.628 1	0.000 0	K1+196.463 3	175°42′55.26″

注：x 坐标减去了常数 6 000，y 坐标减去了常数 4 000。

表 2-15　大参数小半径反向非完整缓和曲线坐标反算结果(广东河源市滨江大道改造工程)

线元数据与主点数据	$\alpha_{YH}=290°51'31.32''$，$Z_{YH}=$K11+528.708 7，$z_{YH}=2\ 626\ 957.194\ 9+50\ 198.807\ 8i$，左偏 $A=1\ 779.189\ 5$，$R_{YH}=621.25$，$R_{GQ}=632.441$，$L_h=90.158\ 7$ m，$R'=626.795\ 6$ m，$\beta_{YH}=\underline{234°57'56.09''}$						
耗时/次数	z_j/m	dl/m	z_p/m	$\pm d_j$/m	$f(l_p)$	Z_p/m	α_p/m
15.53 s/1	951.405+196.424i	−0.001 3	957.254 6+198.651 1i	−6.259 2	0.000 0	K11+528.876 4	290°50′35.65″
15.41 s/1	978.609+156.933i	−0.000 6	972.056 3+154.978 5i	6.837 9	0.000 0	K11+574.999 7	286°36′31.8″
15.50 s/1	977.042+111.197i	−0.001 3	983.115 1+112.556 6i	−6.223 4	0.000 0	K11+618.848 1	282°37′8.33″

注：x 坐标减去了常数 2 626 000，y 坐标减去了常数 50 000。

表 2-9 和表 2-10 所示缓和曲线的最大计算偏角 $\beta_{max}<7°$，程序自动使用级数公式(2-14)的前两项计算垂点的切线支距坐标，因此，其坐标反算耗时最小。

表 2-15 缓和曲线的最大计算偏角 $\beta_{max}>65°$，程序自动使用积分公式(2-12)计算垂点的切线支距坐标，因此，其坐标反算耗时最大。

(8) 边桩位于中线的坐标反算

当边桩位于缓曲线元中线时，式(2-120)中的初始边距 $c_{p^{(0)}j}\to 0, c_{p^{(0)}j}^{-1}\to\infty$，这将使初始线长改正数 dl 的计算误差增大，从而增加迭代计算次数。表 2-16 为使用表 2-14 案例数据计算的结果，算出的边距 $d_j=-0.000\,7$ m，说明边桩非常接近于中线，其计算次数已达到 7 次，计算耗时高达 26.53 s。

表 2-16 的结果表明，使用式(2-120)计算的线长改正数 dl 在正负数之间摇摆不定，致使缓曲垂线方程残差 $f(l_p)$ 也在正负数之间摇摆不定。只有经多次迭代计算后，算出的线长改正数绝对值 $|dl|$ 较小时，才能使 $|f(l_p)|<0.001$ m，从而使坐标反算时间变长。因此，式(2-120)不适用于边桩位于中线的坐标反算，需要另外推导公式。

如图 2-21 所示，设由初始垂点中桩坐标复数 $z_{p^{(0)}}$ 与边桩坐标复数 z_j，算出 $p^{(0)}\to j$ 的方位角与平距分别为 $\alpha_{p^{(0)}j}$ 与 $c_{p^{(0)}j}$，以初始垂点 $p^{(0)}$ 走向方向 $\alpha_{p^{(0)}}$ 为零方向，将 $\alpha_{p^{(0)}j}$ 归零，得

$$\gamma_{p^{(0)}j}=\alpha_{p^{(0)}j}-\alpha_{p^{(0)}} \tag{2-121}$$

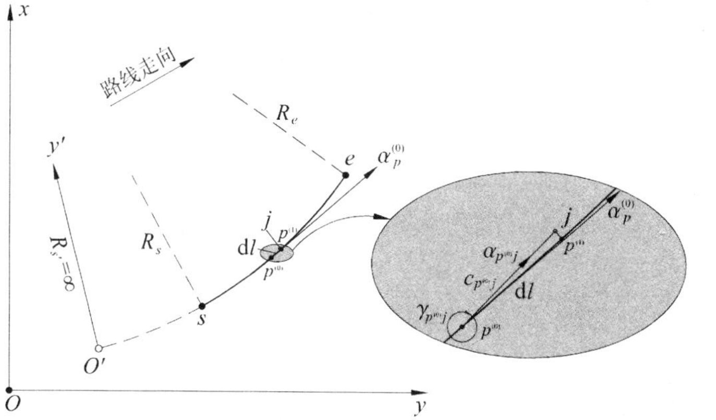

图 2-21　边桩接近中线时垂点初始桩号改正数 dl 的计算原理

按方向法水平角观测的归零原理，当算出的 $\gamma_{p^{(0)}j}<0$ 时，应加 360°。则初始垂点 $p^{(0)}$ 的线长改正数为

$$dl=c_{p^{(0)}j}\cos\gamma_{p^{(0)}j} \tag{2-122}$$

程序 QH2-7T 是以±3°为限，判断边桩 j 是否接近中线。也即当 $357°<\gamma_{p^{(0)}j}<3$ 或 $177°<\gamma_{p^{(0)}j}<183°$ 时，使用式(2-122)计算初始垂点 $p^{(0)}$ 的线长改正数。采用初始垂点线长改正后的桩号算出一次垂点 $p^{(1)}$ 的中桩坐标后，如果边距 $c_{p^{(1)}j}<0.001$，则结束计算，否则，还需要使用式(2-120)计算一次垂点线长改正数。案例见表 2-17 所示。

表 2-16　使用式(2-120)计算缓和曲线中桩点坐标反算结果(陕西安康市香溪洞风景区道路)

线元数据与主点数据	$\alpha_{YH}=223°27'29.11''$，$Z_{YH}=$K1+176.640 5，$z_{YH}=$6 691.563 8+4 720.930 9i $A=15.4919$，$R_{YH}=12$，$R_{HZ}=\infty$，$L_h=20$ m，$R'=24$ m，$\beta_{YH}=47°44'48.08''$，左偏。						
次数	z_j/m	dl/m	z_p/m	$\pm d_j$/m	$f(l_p)$	Z_p/m	α_p/m
1	673.204+717.007i 总耗时 26.53 s	0.056 8	673.203 3+717.007 0i	-0.000 7	-0.020 7	K1+196.001 1	175°45′37.43″
2		-0.032 4			0.011 8		
3		0.018 5			-0.006 7		
4		-0.010 6			0.003 9		
5		0.006 0			-0.002 2		
6		-0.003 4			0.001 3		
7		0.002 0			-0.000 7		

注：x 坐标减去了常数 6 000，y 坐标减去了常数 4 000。

表 2-17　使用式(2-122)计算缓和曲线中桩点坐标反算结果(陕西安康市香溪洞风景区道路)

线元数据与主点数据	$\alpha_{YH}=223°27'29.11''$，$Z_{YH}=$K1+176.640 5，$z_{YH}=$6 691.563 8+4 720.930 9i $A=15.4919$，$R_{YH}=12$，$R_{HZ}=\infty$，$L_h=20$ m，$R'=24$ m，$\beta_{YH}=47°44'48.08''$，左偏。						
耗时/次数	z_j/m	dl/m	z_p/m	$\pm d_j$/m	$c_p{}^{(1)}{}_j$	Z_p/m	α_p/m
10.10 s/1	673.204+717.007i	0.036 2	673.204 0+717.007 0i	0.000 0	0.000 0	K1+196.000 4	175°45′37.82″

注：x 坐标减去了常数 6 000，y 坐标减去了常数 4 000。

表 2-16 使用式(2-120)计算 7 次的线长改正数之和为 0.056 8－0.032 4＋0.018 5－0.010 6＋0.006－0.003 4＋0.002＝0.036 9 m，而表 2-17 使用式(2-122)计算一次的线长改正数为 0.036 2 m，虽然初始垂点的总线长改正数基本相等，但使用式(2-122)计算的精度却要高很多，计算耗时也只有 10.10 s。

2.6 圆曲线与直线的坐标正、反算原理

1）圆曲线元坐标正反算原理

设圆曲线元的半径为 R，起点(start)桩号为 Z_s，圆曲线长为 L_y，起点走向方位角为 α_s，起点中桩坐标复数为 z_s。

(1) 正算原理

如图 2-22(a)所示，设圆曲线元中线上任意点 j 的桩号为 Z_j，则 j 点的圆弧长为

$$l_j = Z_j - Z_s \tag{2-123}$$

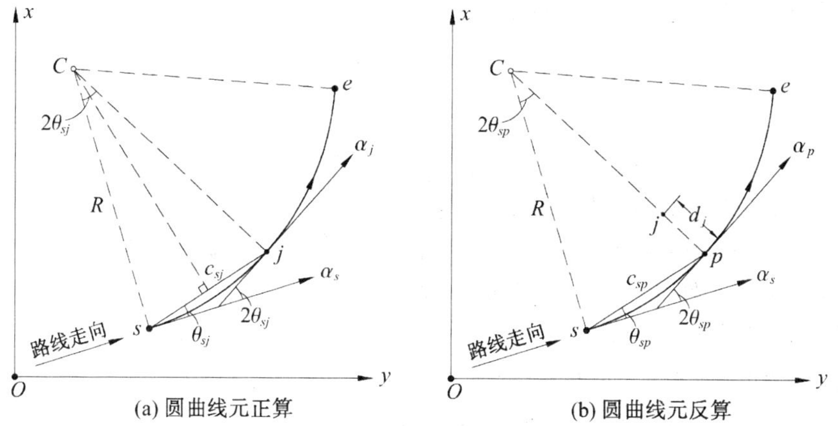

图 2-22 圆曲线元坐标正反算原理

弦长 $\overline{sj}$ 的弦切角与弦长为

$$\left.\begin{aligned} \theta_{sj} &= \frac{l_j}{2R} \\ c_{sj} &= 2R\sin\theta_{sj} \end{aligned}\right\} \tag{2-124}$$

弦长 $\overline{sj}$ 的方位角与 j 点走向方位角为

$$\left.\begin{aligned} \alpha_{sj} &= \alpha_s \pm \theta_{sj} \\ \alpha_j &= \alpha_s \pm 2\theta_{sj} \end{aligned}\right\} \tag{2-125}$$

j 点中桩坐标复数为

$$z_j = z_s + c_{sj}\angle\alpha_{sj} \tag{2-126}$$

(2) 小于半圆弧长的圆曲线元反算原理

如图 2-22(b)所示，设 j 点为圆曲线附近任意边桩点，则圆心点 C 的坐标复数为

$$\left.\begin{aligned} z_C &= z_s + R\angle\alpha_{sC} \\ \alpha_{sC} &= \alpha_s \pm 90^\circ \end{aligned}\right\} \tag{2-127}$$

根据圆心点 C 与 j 点的坐标算出直线 $\overline{Cj}$ 的方位角 α_{Cj} 与距离 d_{Cj}，则 j 点的边距为 $d_j = R - d_{Cj}$，由圆心点坐标反算垂点 p 的中桩坐标复数为

$$z_p = z_C + R\angle\alpha_{Cj} \tag{2-128}$$

$s \to p$ 的弦长及其弦切角为

$$\left.\begin{aligned} c_{sp} &= \text{Abs}(z_p - z_s) \\ \theta_{sp} &= \sin^{-1}\frac{c_{sp}}{2R} \end{aligned}\right\} \tag{2-129}$$

垂点 p 的桩号及其走向方位角为

$$\left.\begin{aligned} Z_p &= Z_s + 2\theta_{sp}R \\ \alpha_p &= \alpha_s \pm 2\theta_{sp} \end{aligned}\right\} \tag{2-130}$$

(3) 大于半圆弧长的圆曲线元(回头曲线)反算原理

如图 2-23 所示，当回头曲线的圆曲线元长大于半圆弧长，且边桩垂点 p 的圆曲线长大于半圆弧长时，p 点的弦切角大于 90°，由于使用反正弦函数 $\sin^{-1}$ 算出的弦切角是≤90°的，因此，使用式(2-129)的第二式算出的 p 点弦切角 θ_{sp} 实际上是 p' 点的弦切角 $\theta_{sp'}$，其中 p' 点为 p 点相对于过线元起点 s 的直径的对称点。

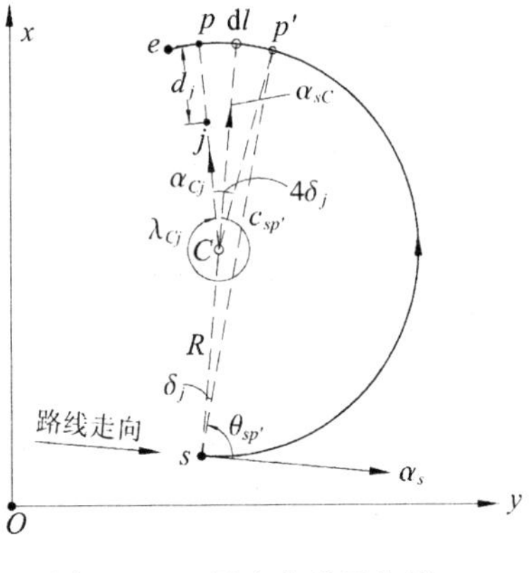

图 2-23　回头曲线圆曲线元坐标反算原理

将 θ_{sp} 代入式(2-130)算出的垂点桩号 Z_p 实际上是 p' 点的桩号 $Z_{p'}$，还应加线长改正数 dl 才能得到垂点的实际桩号 Z_p。

由图 2-23 可以写出 dl 的计算公式为

$$\left.\begin{aligned} \delta_j &= 90^\circ - \theta_{sp} \\ \mathrm{d}l &= \frac{4\pi\delta_j}{180}R = \frac{\pi\delta_j}{45}R \end{aligned}\right\} \tag{2-131}$$

下面讨论 p 点位置的判断方法。由式(2-128)算出 p 点坐标后，设起点 $s \to$ 圆心 C 的方位角为 α_{sC}，圆心 $C \to$ 边桩 j 的方位角为 α_{Cj}，则以起点 $s \to$ 圆心 C 为零方向，将 α_{Cj} 归零后的水平角为

$$\lambda_{Cp} = \alpha_{Cj} - \alpha_{sC} \tag{2-132}$$

按方向法水平角观测的归零原理，当算出的 $\lambda_{Cp}<0$ 时，应加 360°。由图 2-23 可知，当 $\lambda_{Cp}>180°$ 时，需要对式(2-130)算出的垂点桩号加线长改正数。

2）直线线元坐标正、反算原理

设直线线元起点(start)桩号为 Z_s，线长为 L，起点走向方位角为 α_s，起点中桩坐标复数为 z_s。

(1) 正算原理

设直线上任意点 j 的桩号为 Z_j，则 j 点中桩坐标复数为

$$z_j=z_s+(Z_j-Z_s)\angle\alpha_s \tag{2-133}$$

将 $Z_j=Z_e$ 代入式(2-133)可求得终点 e 的中桩坐标 z_e。

(2) 反算原理

如图 2-24 所示，直线 $\overline{se}$ 的点斜式方程为

$$y-y_p=\tan\alpha_s(x-x_p) \tag{2-134}$$

将起点 s 的中桩坐标代入式(2-134)，解得

$$y_p=y_s-\tan\alpha_s(x_s-x_p) \tag{2-135}$$

因直线 $\overline{jp}\perp\overline{se}$，故 p 点中桩坐标应满足垂线 $\overline{jp}$ 的下列点斜式方程

$$y_p-y_j=-\frac{x_p-x_j}{\tan\alpha_s} \tag{2-136}$$

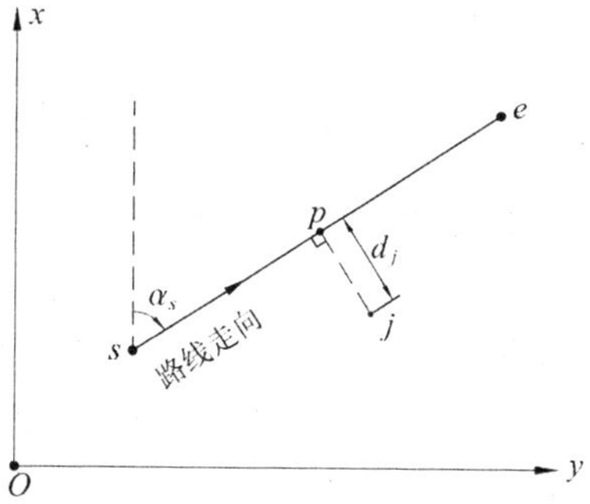

图 2-24 直线线元坐标反算原理

将式(2-135)代入式(2-136)，得

$$y_s-\tan\alpha_s(x_s-x_p)-y_j=-\frac{x_p-x_j}{\tan\alpha_s}$$

$$\tan\alpha_s(y_s-y_j)-\tan^2\alpha_s x_s+\tan^2\alpha_s x_p=-x_p+x_j$$

化简后，得

$$\left.\begin{aligned}x_p&=\frac{x_j+\tan^2\alpha_s x_s-\tan\alpha_s(y_s-y_j)}{\tan^2\alpha_s+1}\\y_p&=y_j-\frac{x_p-x_j}{\tan\alpha_s}\end{aligned}\right\} \tag{2-137}$$

根据 p 点坐标反算出边距 d_j，则 p 点的桩号为

$$Z_p=Z_s+\mathrm{Abs}(z_p-z_s) \tag{2-138}$$

3）边桩点位于路线走向左、右侧的判断

设由垂点 p 的坐标与边桩点 j 的坐标反算出的 $p\rightarrow j$ 的方位角为 α_{pj}，p 点走向方位角为 α_p，以 α_p 为零方向，将 α_{pj} 归零，得

$$\alpha'_{pj} = \alpha_{pj} - \alpha_p \pm 360° \tag{2-139}$$

当 $\alpha'_{pj} > 180°$ 时，j 点位于路线走向左侧；$\alpha'_{pj} < 180°$ 时，j 点位于路线走向右侧。

QH2－7T 与 QH2－8T 程序是用边距的正负来表示边桩点的位置，当边桩点位于路线走向左侧时，显示的边距值为负数；当边桩点位于路线走向右侧时，显示的边距值为正数。

4）缓曲线元拟合圆弧圆心与圆曲线元圆心坐标复数的作用

缓曲线元坐标反算的初始基准是拟合圆弧的圆心坐标与端点弦长，圆曲线元坐标反算的基准是其圆心坐标与端点弦长。为了加快缓曲线元与圆曲线元坐标反算的速度，在计算交点曲线主点数据时，QH2－7T 程序还同时算出了第一缓和曲线及第二缓和曲线拟合圆弧与圆曲线元的圆心坐标及其端点弦长，其中，第一缓和曲线拟合圆弧圆心坐标复数存储在 Z[14]单元，“端点弦长＋拟合圆弧半径 i”复数存储在 Z[15]单元；第二缓和曲线拟合圆弧圆心坐标复数存储在 Z[16]单元，“端点弦长＋拟合圆弧半径 i”复数存储在 Z[17]单元；圆曲线的圆心坐标复数存储在 Z[12]单元，“端点弦长＋圆弧半径 i”复数存储在 Z[13]单元，详细参见表 2-34。

2.7 坐标反算工程案例

1）计算图 2-5 内表 1，2，3 号边桩点的坐标正交反算结果

请确认图 2-5 的数据库子程序 JD22 已输入用户计算器内存，编辑 QH2－7T 主程序，将正数第 10 行的数据库子程序名修改为 JD22，结果见图 2-6(a)所示。

执行 QH2－7T 程序，重新计算 JD_{22} 的曲线要素与主点数据及进行计算反算的屏幕提示及用户操作过程如下：

屏幕提示	按　键	说　　明
BASIC TYPE CURVE QH2－7T		显示程序标题
NEW(0),OLD(≠0) DATA＝?	**0** EXE	重新调用数据库子程序/耗时 2.81 s
DISP YES(1),NO(≠1)＝?	**0** EXE	输入 0 不显示交点曲线要素
[MODE][4]⇛Stop!	EXE	继续执行程序/耗时 2.78 s
STA XY,NEW(0),OLD(1),NO(2)＝?	**2** EXE	输入 2 为不计算极坐标放样数据
PEG→XY(1),XY→PEG(2),Pier(4)＝?	**2** EXE	输入 2 为坐标反算
XJ(m),π⇛END＝?	**3476870.226** EXE	输入图 2-5 内表 1 号边桩点坐标
YJ(m)＋ni＝?	**484516.867** EXE	
p PEG(m)＝23060.0001－1.0000i	EXE	显示垂点桩号＋线元号复数/耗时 3.06 s
αp＝126°57′5.46″	EXE	显示垂点走向方位角
Xp＋Ypi(m)＝3476860.237＋484509.3527i	EXE	显示垂点中桩坐标复数
HDp→J -L,＋R(m)＝-12.5001	EXE	显示负数为左边距
XJ(m),π⇛END＝?	**3476484.248** EXE	输入图 2-5 内表 2 号边桩点坐标
YJ(m)＋ni＝?	**484921.946** EXE	
p PEG(m)＝23619.9990＋2.0000i	EXE	显示垂点桩号＋线元号复数/耗时 5.00 s
αp＝136°16′22.83″	EXE	显示垂点走向方位角

续表

屏幕提示	按　键	说　　明
Xp+Ypi(m)=3476493.234+484931.3404i	EXE	显示垂点中桩坐标复数
HDp→J -L,+R(m)=13.0000	EXE	显示正数为右边距
XJ(m),π⇒END=?	3475620.373 EXE	输入图 2-5 内表 3 号边桩点坐标
YJ(m)+ni=?	485526.746 EXE	
p PEG(m)=24679.9994+4.0000i	EXE	显示垂点桩号+线元号复数/耗时 5.84 s
αp=155°21′14.69″	EXE	显示垂点走向方位角
Xp+Ypi(m)=3475615.225+485515.5255i	EXE	显示垂点中桩坐标复数
HDp→J -L,+R(m)=-12.3452	EXE	显示负数为左边距
XJ(m),π⇒END=?	SHIFT π EXE	输入 π 结束程序
QH2-7T⇒END		程序结束显示

QH2－7T 程序将基本型平曲线的第一缓和曲线、圆曲线、第二缓和曲线的线元号分别定义为 1 号，2 号，3 号线元，*ZH* 点后的夹直线定义为-1 号线元(以路线走向为前进方向)，*HZ* 点前的夹直线定义为 4 号线元，显示的垂点桩号复数，其实部为垂点桩号，虚部为垂点所在线元号(以后简称垂点线元号)。

执行 QH2－7T 程序的坐标反算功能，屏幕提示"**YJ(m)+ni=?**"时，为要求输入边桩 *y* 坐标复数，其实部应为边桩的 *y* 坐标，虚部应为垂点线元号，垂点线元号只能是-1，1，2，3，4。省略虚部数值时，由 QH2－7T 程序自动搜索垂点线元号。

绝大部分情况下，不需要用户输入垂点线元号，只有在计算回头曲线、且路线处于立体交叉、程序搜索的垂点不是用户需要的垂点时，需要用户输入垂点线元号。

图 2-5 的交点平曲线为单圆曲线，圆曲线的圆心坐标复数存储在 Z[12]单元，"端点弦长+圆弧半径 i"复数存储在 Z[13]单元(表 2-34)。

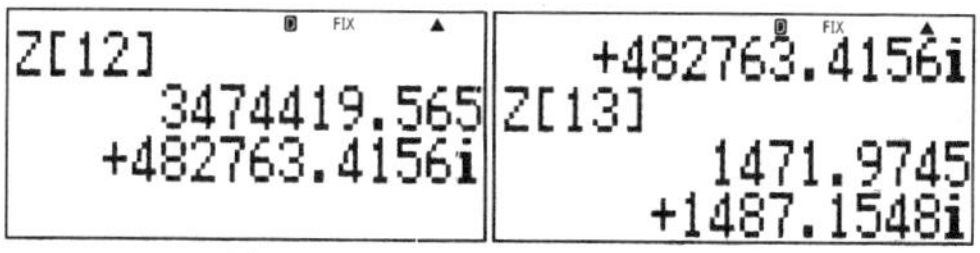

图 2-25　存储在额外变量存储器的圆曲线圆心坐标复数及"端点弦长+圆曲线长 i"复数

结束程序后，按 MODE 1 键进入 **COMP** 模式，按 AC ALPHA Z ALPHA [1 2 ALPHA] EXE 键，屏幕显示圆曲线的圆心坐标复数，结果见图 2-25(a)所示；按 ALPHA Z ALPHA [1 3 ALPHA] EXE 键，屏幕显示"端点弦长+圆曲线长 i"复数，结果见图 2-25(b)所示。

2) 计算图 2-7 内表 1，2，3 号边桩点的坐标正交反算结果

请确认图 2-7 的数据库子程序 JD48 已输入用户计算器内存，编辑 QH2－7T 主程序，将正数第 10 行的数据库子程序名修改为 JD48，结果见图 2-8(a)所示。

执行 QH2－7T 程序，重新计算 JD_{48} 的曲线要素与主点数据，进行计算反算的屏幕提示及用户操作过程如下：

屏幕提示	按　键	说　明
BASIC TYPE CURVE QH2－7T		显示程序标题
NEW(0),OLD(≠0) DATA＝?	0 EXE	重新调用数据库子程序/耗时 4.43 s
DISP YES(1),NO(≠1)＝?	0 EXE	输入 0 不显示交点曲线要素
[MODE][4]⇒Stop!	EXE	继续执行程序/耗时 5.38 s
STA XY,NEW(0),OLD(1),NO(2)＝?	2 EXE	输入 2 为不计算极坐标放样数据
PEG→XY(1),XY→PEG(2),Pier(4)＝?	2 EXE	输入 2 为坐标反算
XJ(m),π⇒END＝?	2898200.624 EXE	输入图 2－7 内表 1 号边桩点坐标
YJ(m)＋ni＝?	498349.582 EXE	
p PEG(m)＝55970.3380＋1.0000i	EXE	显示垂点桩号＋线元号复数/耗时 6.31 s
αp＝256°20′7.95″	EXE	显示垂点走向方位角
Xp＋Ypi(m)＝2898227.374＋498343.0786i	EXE	显示垂点中桩坐标复数
HDp→J -L,＋R(m)＝-27.5292	EXE	显示负数为左边距
XJ(m),π⇒END＝?	2898246.516 EXE	输入图 2－7 内表 2 号边桩点坐标
YJ(m)＋ni＝?	497932.599 EXE	
p PEG(m)＝56389.6782＋2.0000i	EXE	显示垂点桩号＋线元号复数/耗时 5.59 s
αp＝277°45′48.34″	EXE	显示垂点走向方位角
Xp＋Ypi(m)＝2898204.540＋497926.8763i	EXE	显示垂点中桩坐标复数
HDp→J -L,＋R(m)＝42.3641	EXE	显示正数为右边距
XJ(m),π⇒END＝?	2898257.472 EXE	输入图 2－7 内表 3 号边桩点坐标
YJ(m)＋ni＝?	497605.218 EXE	
p PEG(m)＝56709.3842＋3.0000i	EXE	显示垂点桩号＋线元号复数/耗时 6.97 s
αp＝293°44′55.08″	EXE	显示垂点走向方位角
Xp＋Ypi(m)＝2898292.577＋497620.6637i	EXE	显示垂点中桩坐标复数
HDp→J -L,＋R(m)＝-38.3531	EXE	显示负数为左边距
XJ(m),π⇒END＝?	SHIFT π EXE	输入 π 结束程序
QH2－7T⇒END		程序结束显示

本例第一缓和曲线拟合圆弧圆心坐标复数存储在 Z[14]单元，“端点弦长＋拟合圆弧半径 i”复数存储在 Z[15]单元；第二缓和曲线拟合圆弧圆心坐标复数存储在 Z[16]单元，“端点弦长＋拟合圆弧半径 i”复数存储在 Z[17]单元。

结束程序后，按 MODE 1 键进入 COMP 模式，按 AC/ON ALPHA Z ALPHA [1 4 ALPHA] EXE 键，屏幕显示第一缓和曲线拟合圆弧的圆心坐标复数，结果见图 2－26(a)所示；按 ALPHA Z ALPHA [1 5 ALPHA] EXE 键，屏幕显示“端点弦长＋拟合圆弧半径 i”复数，结果见图 2－26(b)所示。同法可以察看第二缓和曲线与圆曲线的上述数据，结果见图 2－26(c)～(f)所示。

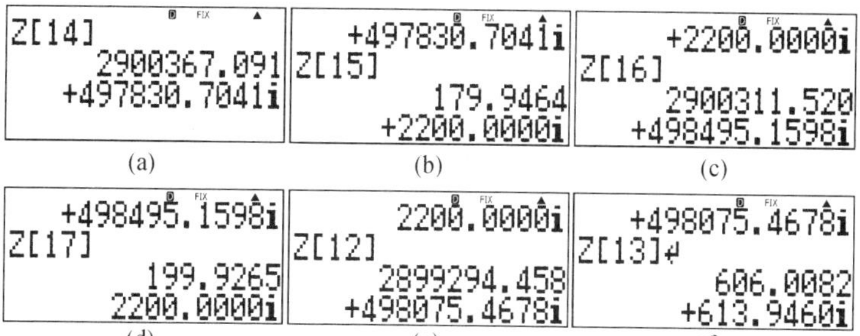

(a) (b) (c) (d) (e) (f)

图 2－26 存储在额外变量存储器的圆心坐标复数及“端点弦长＋半径 i”复数结果

3）计算图 2－13 内表 1，2，3 号边桩点的坐标正交反算结果

请确认图 2－13 的数据库子程序 JD63 已输入用户计算器内存，编辑 QH2－7T 主程序，将正数第 10 行的数据库子程序名修改为 JD63。

执行 QH2－7T 程序，重新计算 JD_{63} 的曲线要素与主点数据及进行计算反算的屏幕提示及用户操作过程如下：

屏幕提示	按　键	说　明
BASIC TYPE CURVE QH2－7T		显示程序标题
NEW(0),OLD(≠0) DATA＝?	0 EXE	重新调用数据库子程序/耗时 5.53 s
DISP YES(1),NO(≠1)＝?	0 EXE	输入 0 不显示交点曲线要素
[MODE][4]⇛Stop!	EXE	继续执行程序/耗时 5.38 s
STA XY,NEW(0),OLD(1),NO(2)＝?	2 EXE	输入 2 为不计算极坐标放样数据
PEG→XY(1),XY→PEG(2),Pier(4)＝?	2 EXE	输入 2 为坐标反算
XJ(m),π⇛END＝?	3523756.624 EXE	输入图 2－13 内表 1 号边桩点坐标
YJ(m)＋ni＝?	533870.217 EXE	
p PEG(m)＝59799.9997＋1.0000i	EXE	显示垂点桩号＋线元号复数/耗时 7.15 s
αp＝206°59′48.24″	EXE	显示垂点走向方位角
Xp＋Ypi(m)＝3523763.206＋533857.2972i	EXE	显示垂点中桩坐标复数
HDp→J -L,＋R(m)＝-14.4998	EXE	显示负数为左边距
XJ(m),π⇛END＝?	3523516.187 EXE	输入图 2－13 内表 2 号边桩点坐标
YJ(m)＋ni＝?	533776.151 EXE	
p PEG(m)＝60059.9993＋2.0000i	EXE	显示垂点桩号＋线元号复数/耗时 5.56 s
αp＝185°56′5.04″	EXE	显示垂点走向方位角
Xp＋Ypi(m)＝3523515.412＋533783.6103i	EXE	显示垂点中桩坐标复数
HDp→J -L,＋R(m)＝7.4995	EXE	显示正数为右边距
XJ(m),π⇛END＝?	3523159.107 EXE	输入图 2－13 内表 3 号边桩点坐标
YJ(m)＋ni＝?	533852.88 EXE	
p PEG(m)＝60429.9998＋3.0000i	EXE	显示垂点桩号＋线元号复数/耗时 7.10 s
αp＝156°26′23.51″	EXE	显示垂点走向方位角

续表

屏幕提示	按键	说明
Xp+Ypi(m)=3523154.310+533841.8800i	EXE	显示垂点中桩坐标复数
HDp→J -L,+R(m)=-12.0003	EXE	显示负数为左边距
XJ(m),π⇒END=?	SHIFT π EXE	输入π结束程序
QH2−7T⇒END		程序结束显示

4）计算图2-14内表1，2，3号边桩点的坐标正交反算结果

请确认图2-14的数据库子程序JD1已输入用户计算器内存，编辑QH2−7T主程序，将正数第10行的数据库子程序名修改为JD1。

执行QH2−7T程序，重新计算JD'_1的曲线要素与主点数据及进行计算反算的屏幕提示及用户操作过程如下：

屏幕提示	按键	说明
BASIC TYPE CURVE QH2−7T		显示程序标题
NEW(0),OLD(≠0) DATA=?	0 EXE	重新调用数据库子程序/耗时7.91 s
DISP YES(1),NO(≠1)=?	0 EXE	输入0不显示交点曲线要素
[MODE][4]⇒Stop!	EXE	继续执行程序/耗时6.87 s
STA XY,NEW(0),OLD(1),NO(2)=?	2 EXE	输入2为不计算极坐标放样数据
PEG→XY(1),XY→PEG(2),Pier(4)=?	2 EXE	输入2为坐标反算
XJ(m),π⇒END=?	47163.501 EXE	输入图2-14内表1号边桩点坐标
YJ(m)+ni=?	67368.725 EXE	
p PEG(m)=5865.0047+1.0000i	EXE	显示垂点桩号+线元号复数/耗时6.37 s
αp=334°32′39.48″	EXE	显示垂点走向方位角
Xp+Ypi(m)=47167.1226+67376.3330i	EXE	显示垂点中桩坐标复数
HDp→J -L,+R(m)=-8.4260	EXE	显示负数为左边距
XJ(m),π⇒END=?	47412.246 EXE	输入图2-14内表2号边桩点坐标
YJ(m)+ni=?	67317.353 EXE	
p PEG(m)=6120.0004+2.0000i	EXE	显示垂点桩号+线元号复数/耗时4.22 s
αp=352°29′16.47″	EXE	显示垂点走向方位角
Xp+Ypi(m)=47410.4488+67303.7243i	EXE	显示垂点中桩坐标复数
HDp→J -L,+R(m)=13.7467	EXE	显示正数为右边距
XJ(m),π⇒END=?	47533.209 EXE	输入图2-14内表3号边桩点坐标
YJ(m)+ni=?	67292.49 EXE	
p PEG(m)=6242.6023+3.0000i	EXE	显示垂点桩号+线元号复数/耗时7.75 s
αp=4°24′43.89″	EXE	显示垂点走向方位角
Xp+Ypi(m)=47532.7313+67298.6812i	EXE	显示垂点中桩坐标复数
HDp→J -L,+R(m)=-6.2096	EXE	显示负数为左边距
XJ(m),π⇒END=?	SHIFT π EXE	输入π结束程序
QH2−7T⇒END		程序结束显示

5）计算图 2－12 内表 1，2，3，4 号边桩点的坐标正交反算结果

请确认图 2－12 的数据库子程序 WNJD1 已输入用户计算器内存，编辑 QH2－7T 主程序，将正数第 10 行的数据库子程序名修改为 WNJD1。

执行 QH2－7T 程序，重新计算 WNJD$_1$ 的曲线要素与主点数据及进行计算反算的屏幕提示及用户操作过程如下：

屏幕提示	按　键	说　明
BASIC TYPE CURVE QH2－7T		显示程序标题
NEW(0),OLD(≠0) DATA=?	0 EXE	重新调用数据库子程序/耗时 5.12 s
DISP YES(1),NO(≠1)=?	0 EXE	输入 0 不显示交点曲线要素
[MODE][4]⇛Stop!	EXE	继续执行程序/耗时 5.03 s
STA XY,NEW(0),OLD(1),NO(2)=?	2 EXE	输入 2 为不计算极坐标放样数据
PEG→XY(1),XY→PEG(2),Pier(4)=?	2 EXE	输入 2 为坐标反算
XJ(m),π⇛END=?	55261.905 EXE	输入图 2－12 内表 1 号边桩点坐标
YJ(m)+ni=?	58302.383 EXE	
p PEG(m)=419.9999－1.0000i	EXE	显示垂点桩号＋线元号复数/耗时 3.28 s
αp=121°45′14.28″	EXE	显示垂点走向方位角
Xp+Ypi(m)=55261.9044+58302.3826i	EXE	显示垂点中桩坐标复数
HDp→J -L,+R(m)=-0.0007	EXE	显示负数为左边距
XJ(m),π⇛END=?	55207.441 EXE	输入图 2－12 内表 2 号边桩点坐标
YJ(m)+ni=?	58386.159 EXE	
p PEG(m)=519.9999+1.0000i	EXE	显示垂点桩号＋线元号复数/耗时 7.25 s
αp=130°26′24.59″	EXE	显示垂点走向方位角
Xp+Ypi(m)=55207.4406+58386.1586i	EXE	显示垂点中桩坐标复数
HDp→J -L,+R(m)=-0.0006	EXE	显示负数为左边距
XJ(m),π⇛END=?	55104.922 EXE	输入图 2－12 内表 3 号边桩点坐标
YJ(m)+ni=?	58291.508 EXE	
p PEG(m)=770.0013+2.0000i	EXE	显示垂点桩号＋线元号复数/耗时 4.41 s
αp=325°1′18.18″	EXE	显示垂点走向方位角
Xp+Ypi(m)=55104.9221+58291.5082i	EXE	显示垂点中桩坐标复数
HDp→J -L,+R(m)=-0.0003	EXE	显示负数为左边距
XJ(m),π⇛END=?	55152.144 EXE	输入图 2－12 内表 3 号边桩点坐标
YJ(m)+ni=?	58277.378 EXE	
p PEG(m)=820.0011+3.0000i	EXE	显示垂点桩号＋线元号复数/耗时 7.72 s
αp=358°11′17.96″	EXE	显示垂点走向方位角
Xp+Ypi(m)=55152.1440+5877.3779i	EXE	显示垂点中桩坐标复数
HDp→J -L,+R(m)=0.0001	EXE	显示正数为右边距
XJ(m),π⇛END=?	SHIFT π EXE	输入 π 结束程序
QH2－7T⇛END		程序结束显示

4 个边桩反算的边距基本为 0 表明，本例的 4 个边桩点基本位于中线上。

6）立体交叉回头曲线坐标正交反算案例

[例 2-8] 图 2-27 为交点法基本型回头曲线的设计图纸，试用 QH2—7T 程序计算平曲线主点数据及图中内表 5 个边桩的坐标正交反算结果。

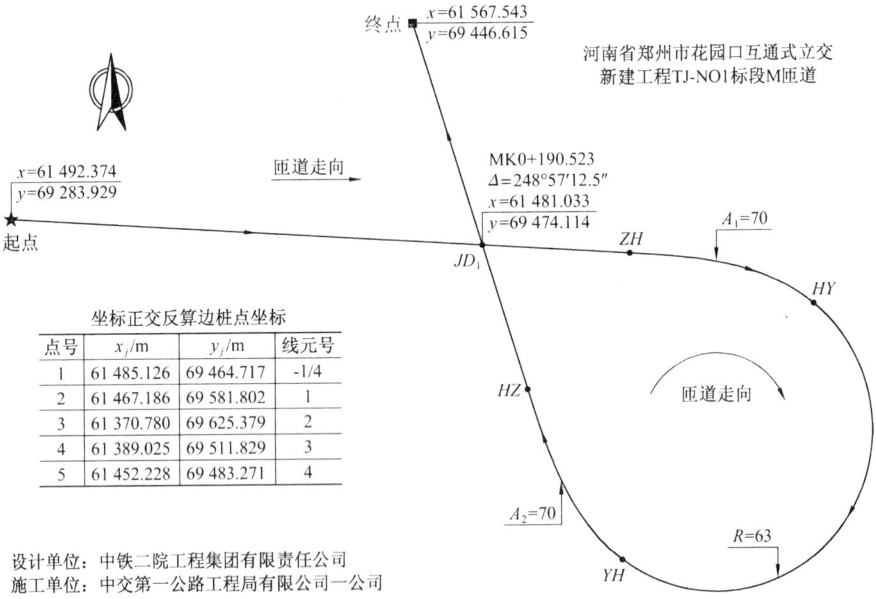

坐标正交反算边桩点坐标

点号	x_i/m	y_i/m	线元号
1	61 485.126	69 464.717	-1/4
2	61 467.186	69 581.802	1
3	61 370.780	69 625.379	2
4	61 389.025	69 511.829	3
5	61 452.228	69 483.271	4

图 2-27　立体交叉回头曲线设计图纸

[解] ① 编写与输入数据库子程序 MJD1 如下：

190.523→Z:61481.033+69474.114i→B↲　　JD_1 桩号/平面坐标复数

248°57′12.5°→Q↲　　正数为右转角

70→E:63→R:70→F↲　　第一缓曲参数/圆曲半径/第二缓曲参数

61492.374+69283.929i→U↲　　起点平面坐标复数

35+2S→DimZ↲　　定义额外变量维数

Return

执行 QH2—7T 程序，计算 MJD_1 的曲线要素与主点数据及计算 1 号边桩坐标反算的屏幕提示及用户操作过程如下：

屏幕提示	按　键	说　明
BASIC TYPE CURVE QH2—7T		显示程序标题
NEW(0),OLD(≠0) DATA=?	0 EXE	重新调用数据库子程序/耗时 7.63 s
DISP YES(1),NO(≠1)=?	1 EXE	输入 1 显示交点曲线要素
T1(m)=-59.0930	EXE	显示第一切线长
T2(m)=-59.0930	EXE	显示第二切线长
E(m)=55.2659	EXE	显示外距

续表

屏幕提示	按 键	说 明
Lh1(m)=77.7778	EXE	显示第一缓曲线长
LY(m)=195.9609	EXE	显示圆曲线长
Lh2(m)=77.7778	EXE	显示第二缓曲线长
L(m)=351.5164	EXE	显示总曲线长
J(m)=-233.3303	EXE	显示切曲差，计算主点数据/耗时 6.62 s
[MODE][4]⇛Stop!	EXE	继续执行程序
STA XY,NEW(0),OLD(1),NO(2)=?	2 EXE	输入 2 不计算极坐标放样数据
PEG→XY(1),XY→PEG(2),Pier(4)=?	2 EXE	输入 2 为坐标反算
XJ(m),π⇛END=?	61485.126 EXE	输入图 2-27 内表 1 号边桩点坐标
YJ(m)+ni=?	69464.717 EXE	
p PEG(m)=180.8990−1.0000i	EXE	显示垂点桩号+线元号复数/耗时 3.06 s
αp=93°24′45.31″	EXE	显示垂点走向方位角
Xp+Ypi(m)=61481.6059+69464.5071i	EXE	显示垂点中桩坐标复数
HDp→J -L,+R(m)=-3.5264	EXE	显示负数为左边距
XJ(m),π⇛END=?	61485.126 EXE	输入图 2-27 内表 1 号边桩点坐标
YJ(m)+ni=?	69464.717 + 4 i EXE	复数虚部输入边桩垂点线元号
p PEG(m)=666.9728+4.0000i	EXE	显示垂点桩号+线元号复数/耗时 2.94 s
αp=342°21′57.81″	EXE	显示垂点走向方位角
Xp+Ypi(m)=61487.4633+69472.0700i	EXE	显示垂点中桩坐标复数
HDp→J -L,+R(m)=-7.7155	EXE	显示负数为左边距
XJ(m),π⇛END=?	61481.033 EXE	输入 MJD1 坐标
YJ(m)+ni=?	69474.114 EXE	
p PEG(m)=190.5230−1.0000i	EXE	显示垂点桩号+线元号复数/耗时 3.00 s
αp=93°24′45.31″	EXE	显示垂点走向方位角
Xp+Ypi(m)=61481.0330+69474.1140i	EXE	显示垂点中桩坐标复数
HDp→J -L,+R(m)=0.0000	EXE	显示 0 边距为中桩坐标
XJ(m),π⇛END=?	61481.033 EXE	输入 MJD1 坐标
YJ(m)+ni=?	69474.114 + 4 i EXE	复数虚部输入边桩垂点线元号
p PEG(m)=660.2255+4.0000i	EXE	显示垂点桩号+线元号复数/耗时 2.93 s
αp=342°21′57.81″	EXE	显示垂点走向方位角
Xp+Ypi(m)=61481.0330+69474.1140i	EXE	显示垂点中桩坐标复数
HDp→J -L,+R(m)=0.0000	EXE	显示 0 边距为中桩坐标
XJ(m),π⇛END=?	SHIFT π EXE	输入 π 结束程序
QH2−7T⇛END		程序结束显示

计算图 2-27 内表 1 号边桩的坐标反算时，QH2−7T 自动搜索到的垂点线元号为-1，在边桩 y 坐标复数虚部输入 4 时，则为计算 4 号线元的垂点数据。同理，计算 MJD1 点的坐标反算时，QH2−7T 自动搜索到的垂点线元号为-1，在边桩 y 坐标复数虚部输入 4 时，则为计算 4 号线元的垂点数据。

重复执行 QH2－7T 程序，计算图 2－27 内表 1～4 号边桩坐标反算的屏幕提示及用户操作过程如下：

屏幕提示	按　键	说　　明
BASIC TYPE CURVE QH2－7T		显示程序标题
NEW(0),OLD(≠0) DATA＝?	2 [EXE]	使用最近调用的数据库子程序计算
STA XY,NEW(0),OLD(1),NO(2)＝?	2 [EXE]	输入 2 不计算极坐标放样数据
PEG→XY(1),XY→PEG(2),Pier(4)＝?	2 [EXE]	输入 2 为坐标反算
XJ(m),π⇒END＝?	61467.186 [EXE]	输入图 2－27 内表 2 号边桩点坐标
YJ(m)＋ni＝?	69581.802 [EXE]	
p PEG(m)＝299.9980＋1.0000i	[EXE]	显示垂点桩号＋线元号复数/耗时 7.19 s
αp＝108°15′10.97″	[EXE]	显示垂点走向方位角
Xp＋Ypi(m)＝61470.2151＋69582.8009i	[EXE]	显示垂点中桩坐标复数
HDp→J -L,＋R(m)＝3.1895	[EXE]	显示正数为右边距
XJ(m),π⇒END＝?	61370.78 [EXE]	输入图 2－27 内表 3 号边桩点坐标
YJ(m)＋ni＝?	69625.379 [EXE]	
p PEG(m)＝419.9992＋2.0000i	[EXE]	显示垂点桩号＋线元号复数/耗时 5.53 s
αp＝213°0′3.51″	[EXE]	显示垂点走向方位角
Xp＋Ypi(m)＝61374.0883＋69620.2849i	[EXE]	显示垂点中桩坐标复数
HDp→J -L,＋R(m)＝-6.0741	[EXE]	显示负数为左边距
XJ(m),π⇒END＝?	61389.025 [EXE]	输入图 2－27 内表 4 号边桩点坐标
YJ(m)＋ni＝?	69511.829 [EXE]	
p PEG(m)＝559.9986＋3.0000i	[EXE]	显示垂点桩号＋线元号复数/耗时 7.13 s
αp＝332°28′25.62″	[EXE]	显示垂点走向方位角
Xp＋Ypi(m)＝61386.3479＋69506.6904i	[EXE]	显示垂点中桩坐标复数
HDp→J -L,＋R(m)＝5.7942	[EXE]	显示正数为右边距
XJ(m),π⇒END＝?	61452.228 [EXE]	输入图 2－27 内表 5 号边桩点坐标
YJ(m)＋ni＝?	69483.271 [EXE]	复数虚部输入垂点线元号
p PEG(m)＝630.0000＋4.0000i	[EXE]	显示垂点桩号＋线元号复数/耗时 6.03 s
αp＝342°21′57.81″	[EXE]	显示垂点走向方位角
Xp＋Ypi(m)＝61452.2278＋69483.2703i	[EXE]	显示垂点中桩坐标复数
HDp→J -L,＋R(m)＝0.0007	[EXE]	显示正数为右边距
XJ(m),π⇒END＝?	[SHIFT] [π] [EXE]	输入 π 结束程序
QH2－7T⇒END		程序结束显示

2.8　断链计算

因局部改线或其他原因造成路线桩号不连续的现象称为“断链”，桩号不连续的中桩称为断链桩。设计图纸应在断链桩处标明它的老(后)、新(前)桩号与断链值，格式为：后桩号＝前桩号，断链值＝后桩号－前桩号。断链值＜0 称为短链，案例见图 2－28 所示；断链值＞0 称为长链，案例见图 2－29 所示。

1）坐标正算的桩号处理

图 2-28 所示的短链存在一个空桩区间 K26＋490.358～K26＋520，区间宽度为短链值，该区间内的桩号在实际路线中是不存在的。坐标正算时，如果用户输入的加桩号位于该空桩区间 K26＋490.358～K26＋520 内时，程序不能计算并提示用户重复输入新加桩号。

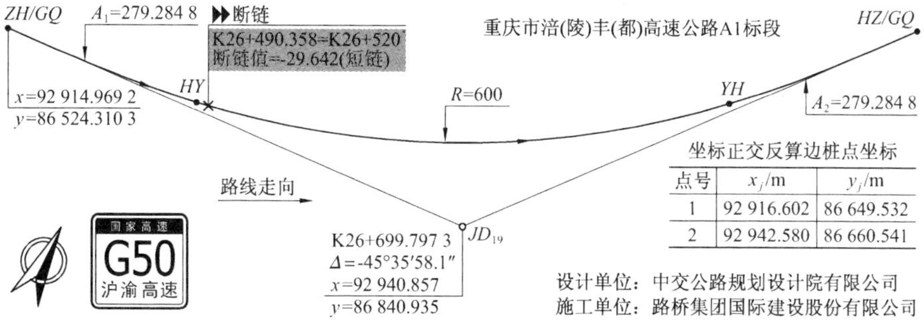

图 2-28　交点平曲线含短链设计图

图 2-29 所示的长链存在两个重桩区间，分长链桩后重桩区间与长链桩前重桩区（以路线走向为前进方向），桩号区间均为 K53＋563.478～K53＋570.416，后、前重桩区间的总宽度为 2 倍长链值。坐标正算时，如果用户输入的加桩号位于重桩区间 K53＋563.478～K53＋570.416 内时，应提示用户在长链桩后重桩区间（BACK）与长链桩前（FRONT）重桩区间选择。

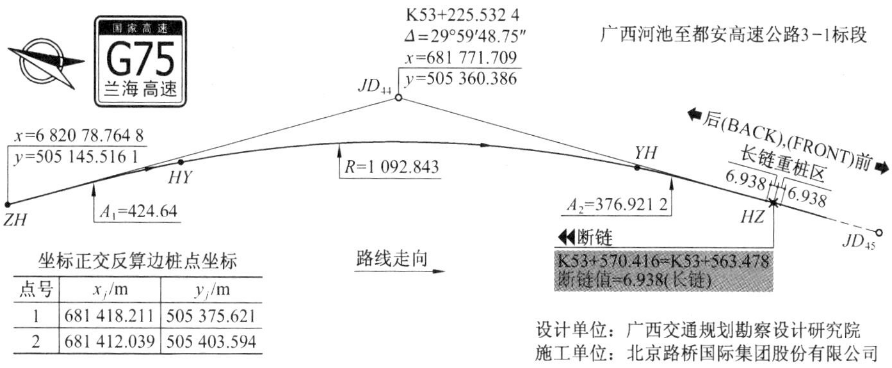

图 2-29　交点平曲线含长链设计图

称不考虑断链的桩号为连续桩号，顾及断链的桩号为设计桩号。执行 QH2－7T 程序正算时，用户输入的桩号为设计桩号，主程序通过调用 SUB2－7A 子程序将其变换为连续桩号后才能计算。

当只有一个断链时，断链桩后的连续桩号就等于设计桩号，断链桩前的连续桩号应减去断链值才等于设计桩号。当有多个断链时，应以路线走向为前进方向，由前向后搜索。

执行 QH2－7T 程序，完成主点数据计算后，存储在 List X[1]～List X[4]的 *ZH*，*HY*，*YH*，*HZ* 等 4 个主点桩号为连续桩号。

2）坐标反算的桩号处理

由于坐标反算求出的垂点桩号是根据存储在 List X[1]～List X[4]的 4 个主点桩号计算的，因此，算出的垂点桩号为连续桩号，主程序 QH2－7T 自动调用 SUB2－79 子程序将其变换为设计桩号后，才发送到屏幕显示。也即坐标正算时用户输入的加桩号，坐标反算时屏幕显示的垂点桩号均为设计桩号。

当只有一个断链时，断链桩后的连续桩号就等于设计桩号，断链桩前的连续桩号应加断链值才等于设计桩号。当有多个断链时，应以路线走向为前进方向，由后向前搜索。

3）短链计算案例

［例 2－9］ 试用 QH2－7T 程序计算图 2－28 所示平曲线加桩 K26＋510，K26＋480，K26＋530 的中桩坐标及内表所示两个边桩点的坐标反算结果。

［解］ ① 编写与输入 JD_{19} 的数据库子程序文件 JD19

26699.7973→Z:92940.857＋86840.935i→B↵	JD_{19} 桩号/平面坐标复数
-45°35°58.1°→Q↵	负数为左转角
279.2848→E:600→R:279.2848→F↵	第一缓曲参数/圆曲半径/第二缓曲参数
92914.9692＋86524.3103i→U↵	GQ 点平面坐标复数
1→D↵	断链桩数
35＋2S→DimZ↵	定义额外变量维数
26490.358→List X[5]:26520→List Y[5]↵	断链桩数值
Return	

QH2－7T 程序要求将断链桩数据存入 List X[5]，List Y[5]开始的统计串列，List Freq[5]用于存储程序计算的断链值。

将上述子程序输入 fx-5800P，编辑 QH2－7T 主程序，将正数第 10 行的调数据库子程序名修改为 JD19，结果见图 2－30(a)所示。

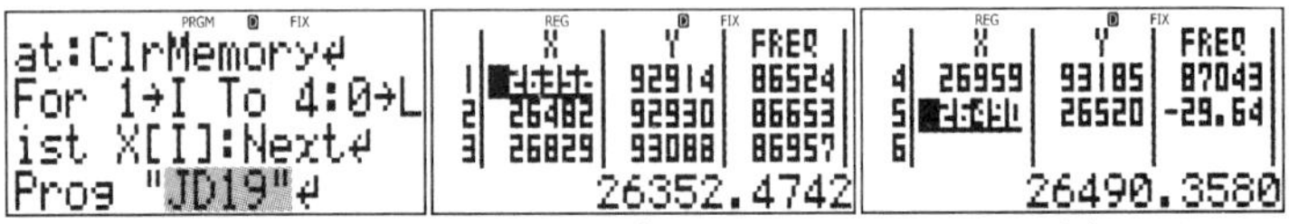

(a) (b) (c)

图 2－30 将主程序 QH2-7T 中的数据库子程序名修改为 JD19 及程序计算串列结果

② 计算 JD_{19} 的曲线要素与主点数据

选择执行 QH2－7T 程序，调用数据库子程序 JD19 计算 JD_{19} 平曲线的屏幕提示及操作过程如下：

屏幕提示	按　键	说　　明
BASIC TYPE CURVE QH2－7T		显示程序标题
NEW(0),OLD(≠0) DATA＝?	0 EXE	重新调用数据库子程序/耗时 4.81 s

续表

屏幕提示	按　键	说　　明
DISP YES(1),NO(≠1)=?	1 EXE	输入1显示交点曲线要素
T1(m)=317.6811	EXE	显示第一切线长
T2(m)=317.6811	EXE	显示第二切线长
E(m)=52.1271	EXE	显示外距
Lh1(m)=130.0000	EXE	显示第一缓和曲线长
LY(m)=347.5166	EXE	显示圆曲线长
Lh2(m)=130.0000	EXE	显示第二缓和曲线长
L(m)=607.5166	EXE	显示总曲线长
J(m)=27.8457	EXE	显示切曲差,计算主点数据/耗时4.93 s
[MODE][4]⇛Stop!	MODE 4	停止程序执行进入REG模式

当屏幕显示“[MODE][4]⇛Stop!”时,按 MODE 4 键停止程序并进入 **REG** 模式,察看程序算出的4个主点桩号、中桩坐标与断链桩数据,List Freq[5]为程序计算的断链值(负数为短链),结果见图2-30(b),(c)所示。

③ 坐标正算

重复执行QH2－7T程序,计算本例3个加桩的坐标正算操作过程如下:

屏幕提示	按　键	说　　明
BASIC TYPE CURVE QH2－7T		显示程序标题
NEW(0),OLD(≠0) DATA=?	4 EXE	用最近调用的数据库子程序计算
STA XY,NEW(0),OLD(1),NO(2)=?	2 EXE	输入2不计算极坐标放样数据
PEG→XY(1),XY→PEG(2),Pier(4)=?	1 EXE	输入1为坐标正算
+PEG(m),π⇛END=?	26510 EXE	输入加桩号
in-Break PEG n=1.0000	EXE	显示加桩位于1号短链空桩区
+PEG(m),π⇛END=?	26480 EXE	输入加桩号
αi=79°21′9.95″	EXE	显示加桩走向方位角/耗时2.50 s
X+Yi(m)=92929.7633+86650.9132i	EXE	显示中桩坐标复数
ANGLE(0)⇛NO,-L+R(Deg)=?	0 EXE	输入0不计算边桩坐标
+PEG(m),π⇛END=?	26530 EXE	输入加桩号
αi=77°24′39.48″	EXE	显示加桩走向方位角/耗时1.72 s
X+Yi(m)=92933.8626+86670.8532i	EXE	显示中桩坐标复数
ANGLE(0)⇛NO,-L+R(Deg)=?	0 EXE	输入0不计算边桩坐标
+PEG(m),π⇛END=?	SHIFT π EXE	输入π结束程序
QH2－7T⇛END		程序结束显示

④ 坐标反算

重复执行QH2－7T程序,计算本例两个加桩的坐标反算操作过程如下:

屏幕提示	按　键	说　　明
BASIC TYPE CURVE QH2－7T		显示程序标题
NEW(0),OLD(≠0) DATA=?	5 EXE	用最近调用的数据库子程序计算
STA XY,NEW(0),OLD(1),NO(2)=?	2 EXE	输入 2 为不计算极坐标放样数据
PEG→XY(1),XY→PEG(2),Pier(4)=?	2 EXE	输入 2 为坐标反算
XJ(m),π⇒END=?	92916.602 EXE	输入图 2-28 内表 1 号边桩点坐标
YJ(m)+ni=?	86649.532 EXE	位于短链桩后
p PEG(m)+ni=26476.2868+1.0000i	EXE	显示垂点桩号/耗时 6.25 s
αp=79°41′43.93″	EXE	显示垂点走向方位角
Xp+Ypi(m)=92929.0882+86647.2619i	EXE	显示垂点中桩坐标复数
p→J HD -L,+R(m)=12.6909	EXE	显示正数为右边距
XJ(m),π⇒END=?	92942.58 EXE	输入图 2-28 内表 2 号边桩点坐标
YJ(m)+ni=?	86660.541 EXE	位于短链桩前
p PEG(m)+ni=26521.6873+2.0000i	EXE	显示垂点桩号/耗时 5.97 s
αp=78°12′17.18″	EXE	显示垂点走向方位角
Xp+Ypi(m)=92932.1070+86662.7280i	EXE	显示垂点中桩坐标复数
p→J HD -L,+R(m)=-10.6989	EXE	显示负数为左边距
XJ(m),π⇒END=?	SHIFT π EXE	输入 π 结束程序
QH2－7T⇒END		程序结束显示

4）长链计算案例

［例 2-10］ 试用 QH2－7T 程序计算图 2-29 所示长链重桩区加桩 K53+566 的中桩坐标及内表所示 2 个边桩点的坐标反算结果。

［解］ ① 编写与输入 JD_{44} 的数据库子程序文件 JD44

53225.5324→Z:681771.709+505360.386i→B↵ 　JD_{44}桩号/平面坐标复数

29°59°48.75°→Q↵ 　转角,左负右正

424.64→E:1092.843→R:376.9212→F↵ 　第一缓曲参数/圆曲半径/第二缓曲参数

682078.7648+505145.5161i→U↵ 　*GQ* 点平面坐标复数

1→D↵ 　断链桩数

35+2S→DimZ↵ 　定义额外变量维数

53570.416→List X[5]:53563.478→List Y[5]↵ 　断链桩数值

Return

将上述子程序输入 fx-5800P,编辑 QH2－7T 主程序,将正数第 10 行的调数据库子程序名修改为 JD44,结果见图 2-31(a)所示。

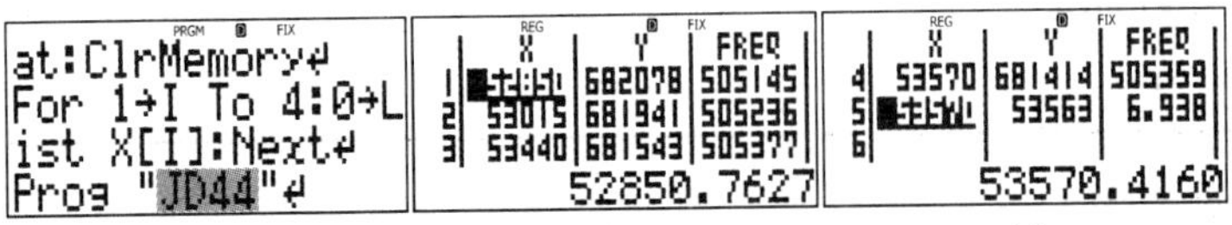

(a)　　(b)　　(c)

图 2-31　将主程序 QH2－7T 中的数据库子程序名修改为 JD44 及程序计算串列结果

② 计算 JD_{44} 的曲线要素与主点数据

选择执行 QH2－7T 程序，调用数据库子程序 JD44 计算 JD_{44} 平曲线的屏幕提示及操作过程如下：

屏幕提示	按　键	说　　明
BASIC TYPE CURVE QH2－7T		显示程序标题
NEW(0),OLD(≠0) DATA=?	**0** EXE	重新调用数据库子程序/耗时 4.72 s
DISP YES(1),NO(≠1)=?	**1** EXE	输入 1 显示交点曲线要素
T1(m)=347.7697	EXE	显示第一切线长
T2(m)=358.7465	EXE	显示第二切线长
E(m)=39.4140	EXE	显示外距
Lh1(m)=165.0000	EXE	显示第一缓和曲线长
LY(m)=424.6516	EXE	显示圆曲线长
Lh2(m)=130.0000	EXE	显示第二缓和曲线长
L(m)=719.6517	EXE	显示总曲线长
J(m)=13.8646	EXE	显示切曲差，计算主点数据/耗时 4.93 s
[MODE][4]⇛Stop!	MODE 4	停止程序执行进入 REG 模式

当屏幕显示“**[MODE][4]⇛ Stop!**”时，按 MODE 4 键停止程序并进入 **REG** 模式，查看程序算出的 4 个主点桩号、中桩坐标与断链桩数据，List Freq[5]为程序计算的断链值(正数为长链)，结果见图 2-31(b)，(c)所示。

③ 坐标正算

重复执行 QH2－7T 程序，计算本例坐标正算的屏幕提示及用户操作过程如下：

屏幕提示	按　键	说　　明
BASIC TYPE CURVE QH2－7T		显示程序标题
NEW(0),OLD(≠0) DATA=?	**4** EXE	用最近调用的数据库子程序计算
STA XY,NEW(0),OLD(1),NO(2)=?	**2** EXE	输入 2 不计算极坐标放样数据
PEG→XY(1),XY→PEG(2),Pier(4)=?	**1** EXE	输入 1 为坐标正算
+PEG(m),π⇛END=?	**53566** EXE	输入加桩号
BACK(0),+Break,FRONT(≠0)=?	**0** EXE	输入 0 选择长链后重桩区
αi=175°0′34.51″	EXE	显示加桩走向方位角/耗时 1.40 s
X+Yi(m)=681418.7179+505391.1847i	EXE	显示中桩坐标复数
ANGLE(0)⇛NO,-L+R(Deg)=?	**0** EXE	输入 0 不计算边桩坐标
+PEG(m),π⇛END=?	**53566** EXE	输入加桩号
BACK(0),+Break,FRONT(≠0)=?	**5** EXE	输入≠0 的数选择长链前重桩区
αi=175°0′48.66″	EXE	显示加桩走向方位角/耗时 1.40 s
X+Yi(m)=681411.8062+505391.7879i	EXE	显示中桩坐标复数
ANGLE(0)⇛NO,-L+R(Deg)=?	**0** EXE	输入 0 不计算边桩坐标
+PEG(m),π⇛END=?	SHIFT π EXE	输入 π 结束程序
QH2－7T⇛END		程序结束显示

④ 坐标反算

重复执行 QH2－7T 程序，计算本例两个加桩的屏幕提示及用户坐标反算操作过程如下：

屏幕提示	按　键	说　　明
BASIC TYPE CURVE QH2－7T		显示程序标题
NEW(0),OLD(≠0) DATA=?	5 EXE	用最近调用的数据库子程序计算
STA XY,NEW(0),OLD(1),NO(2)=?	2 EXE	输入 2 为不计算极坐标放样数据
PEG→XY(1),XY→PEG(2),Pier(4)=?	2 EXE	输入 2 为坐标反算
XJ(m),π⇒END=?	681418.211 EXE	输入图 2－29 内表 1 号边桩点坐标
YJ(m)+ni=?	505375.621 EXE	位于长链后重桩区
p PEG(m)+ni=53565.1507+3.0000i	EXE	显示垂点桩号/耗时 7.03 s
αp=175°0′28.55″	EXE	显示垂点走向方位角
Xp+Ypi(m)=681419.5640+505391.1108i	EXE	显示垂点中桩坐标复数
p→J HD -L,+R(m)=15.5488	EXE	显示正数为右边距
XJ(m),π⇒END=?	681412.039 EXE	输入图 2－29 内表 2 号边桩点坐标
YJ(m)+ni=?	505403.594 EXE	位于长链前重桩区
p PEG(m)+ni=53566.7943+4.0000i	EXE	显示垂点桩号/耗时 6.35 s
αp=175°0′48.66″	EXE	显示垂点走向方位角
Xp+Ypi(m)=681411.0149+505391.8569i	EXE	显示垂点中桩坐标复数
p→J HD -L,+R(m)=-11.7817	EXE	显示负数为左边距
XJ(m),π⇒END=?	SHIFT π EXE	输入 π 结束程序
QH2－7⇒TEND		程序结束显示

2.9　竖曲线计算

为了行车的平稳和满足视距的要求，路线纵坡变更处应以圆曲线相接，称这种曲线为竖曲线，纵坡变更处称为变坡点，也即竖交点，用 *SJD* 表示[9]。竖曲线按其变坡点 *SJD* 在曲线的上方或下方分别称为凸形或凹形竖曲线。如图 2－32 所示，路线上有三条相邻纵坡 i_1(＋)、i_2(－)、i_3(＋)，在 i_1 和 i_2 之间设置凸形竖曲线；在 i_2 和 i_3 之间设置凹形竖曲线。

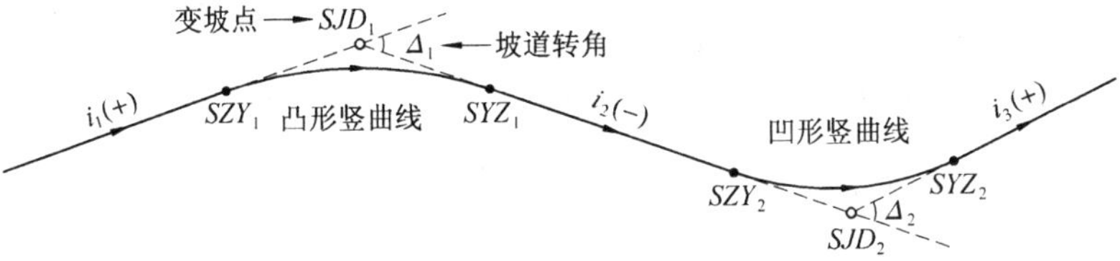

图 2－32　竖曲线及其类型

《公路路线设计规范》[8]规定，路线最大纵坡应符合表 2－18 的规定。

表 2-18　　　最大纵坡

设计速度/(km/h)	120	100	80	60	40	30	20
最大纵坡/%	3	4	5	6	7	8	9

竖曲线的最小半径与竖曲线长度应符合表 2-19 的规定。

表 2-19　　　竖曲线最小半径与竖曲线长度

设计速度/(km/h)		120	100	80	60	40	30	20
凸形竖曲线半径/m	一般值	17 000	10 000	4 500	2 000	700	400	200
	极限值	11 000	6 500	3 000	1 400	450	250	100
凹形竖曲线半径/m	一般值	6 000	4 500	3 000	1 500	700	400	200
	极限值	4 000	3 000	2 000	1 000	450	250	100
竖曲线长度/m	一般值	250	210	170	120	90	60	50
	最小值	100	85	70	50	35	25	20

1）计算原理

如图 2-33 所示，设 s 为路线起点，其桩号与高程分别为 Z_s 与 H_s，SJD_1 为 1 号变坡点，其桩号与高程分别为 Z_{SJD_1} 与 H_{SJD_1}，SJD_2 为 2 号变坡点，其桩号与高程分别为 Z_{SJD_2} 与 H_{SJD_2}，设 SJD_1 的竖曲线半径为 R；$s \rightarrow SJD_1$ 的纵坡为 i_1，$SJD_1 \rightarrow SJD_2$ 的纵坡为 i_2。

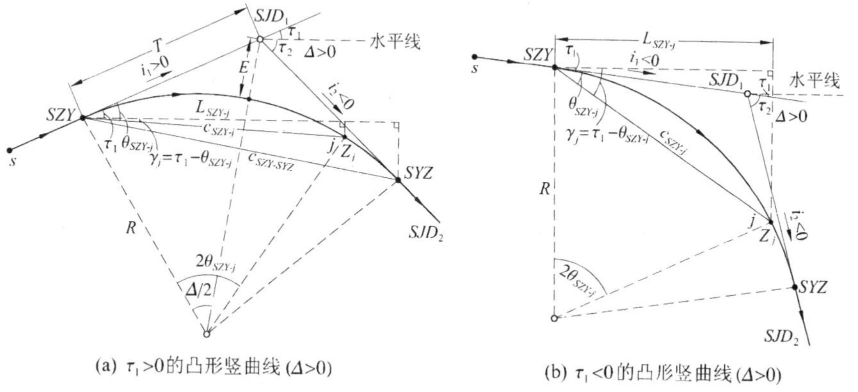

图 2-33　两种情形的凸形竖曲线的主点桩号与高程计算原理

$i_1 - i_2 > 0$ 时为凸形竖曲线，有两种情形的凸形竖曲线：图 2-33(a)为 $i_1 > 0$ 的凸形竖曲线，图 2-33(b)为 $i_1 < 0$ 的凸形竖曲线。$i_1 - i_2 < 0$ 时为凹形竖曲线，有两种情形的凹形竖曲线：图 2-34(a)为 $i_1 < 0$ 的凹形竖曲线，图 2-34(b)为 $i_1 > 0$ 的凹形竖曲线。

(1) 竖曲线要素的计算

在竖曲线设计资料中，虽然同时给出了 Z_s，H_s，Z_{SJD_1}，H_{SJD_1}，Z_{SJD_2}，H_{SJD_2}，i_1，i_2 等数据，但在编程计算输入已知数据时，坡度 i_1 与 i_2 是不需要输入的，它们可以利用下列公式反算出

$$i_1 = \frac{H_{SJD_1} - H_s}{Z_{SJD_1} - Z_s}$$
$$i_2 = \frac{H_{SJD_2} - H_{SJD_1}}{Z_{SJD_2} - Z_{SJD_1}} \qquad (2-140)$$

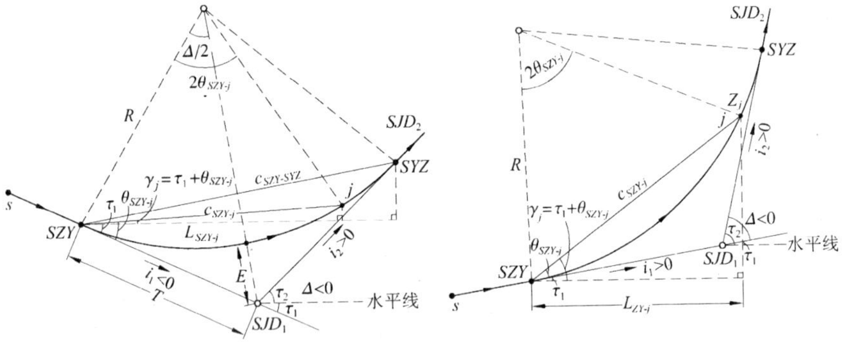

(a) $\tau_1<0$的凹形竖曲线($\Delta<0$)　　(b) $\tau_1>0$的凹形竖曲线($\Delta<0$)

图 2-34　两种情形的凹形竖曲线的主点桩号与高程计算原理

变坡点 SJD_1 的竖曲线要素包括竖曲线长 L_y、切线长 T、外距 E 和坡道转角 Δ。由图 2-33 或图 2-34 所示的几何关系，得

$$\left.\begin{aligned} \Delta &= \tau_1 - \tau_2 \\ \tau_1 &= \tan^{-1} i_1 \\ \tau_2 &= \tan^{-1} i_2 \end{aligned}\right\} \qquad (2-141)$$

式中，坡道转角 Δ，对于凸形竖曲线，$\Delta>0$；对于凹形竖曲线，$\Delta<0$。

竖曲线其余要素的计算公式为

$$L_y = \frac{\pi}{180^\circ} |\Delta| R \qquad (2-142)$$

$$T = R\tan\frac{|\Delta|}{2} \qquad (2-143)$$

$$E = R\left(\sec\frac{|\Delta|}{2} - 1\right) \qquad (2-144)$$

(2) 竖曲线主点桩号与设计高程的计算

在图 2-33 所示的凸形竖曲线或图 2-34 所示的凹形竖曲线中，竖曲线起点 SZY 的桩号与设计高程为

$$\left.\begin{aligned} Z_{SZY} &= Z_{SJD_1} - T\cos\tau_1 \\ H_{SZY} &= H_{SJD_1} - T\sin\tau_1 \end{aligned}\right\} \qquad (2-145)$$

竖曲线终点 SYZ 的桩号与设计高程为

$$\left.\begin{aligned}Z_{SYZ} &= Z_{SJD_1} + T\cos\tau_2\\ H_{SYZ} &= H_{SJD_1} + T\sin\tau_2\end{aligned}\right\}\tag{2-146}$$

由于纵坡竖直角 τ_1 与 τ_2 比较小，有 $\cos\tau_1\approx1$，$\cos\tau_2\approx1$，因此，施工中经常直接用切线长 T 代替其平距计算 SZY 与 SYZ 的桩号

$$\left.\begin{aligned}Z_{SZY} &\approx Z_{SJD} - T\\ Z_{SYZ} &\approx Z_{SJD} + T\end{aligned}\right\}\tag{2-147}$$

下面讨论用 T 代替 $T\cos\tau_1$ 的差异。设

$$\Delta T = T - T\cos\tau_1 = T(1-\cos\tau_1) = R\tan\frac{|\tau_1-\tau_2|}{2}(1-\cos\tau_1)\approx R\tan\tau_1(1-\cos\tau_1)\tag{2-148}$$

因纵坡竖直角 τ_1 较小，故有 $\sin\tau_1\approx\tan\tau_1\approx i_1$，施工中常用 T_i 代替 $T\sin\tau_1$ 计算 SZY 的高程，其差值为

$$\Delta H = T_i - T\sin\tau_1 = T(i-\sin\tau_1)\tag{2-149}$$

根据《公路工程技术标准》[7] 的规定，算出设计速度大于 60 km/h 公路的 ΔT 与 ΔH 值列于表 2-20。

表 2-20　用切线长代替切线平距对桩号与高程的影响（竖曲线半径的一般值与最大纵坡）

设计速度/(km/h)	120	100	80	60
凸型半径一般值/m	17 000	10 000	4 500	2 000
最大纵坡/%	4	5	6	7
竖直角 τ_1	2°17′26.2″	2°51′44.66″	3°26′1.07″	4°0′15.02″
ΔT/m	0.543	0.624	0.485	0.342
ΔH/m	1.737×10^{-5}	3.892×10^{-5}	5.221×10^{-5}	5.839×10^{-5}
凹型半径一般值/m	6 000	4 500	3 000	1 500
最大纵坡/%	4	5	6	7
竖直角 τ_1	2°17′26.2″	2°51′44.66″	3°26′1.07″	4°0′15.02″
ΔT/m	0.192	0.281	0.323	0.256
ΔH/m	6.129×10^{-6}	1.751×10^{-5}	3.480×10^{-5}	4.380×10^{-5}

注：上述纵坡值，已考虑经技术经济论证，参考文献[7]允许增加的 1%坡度。

表 2-20 的结果表明，用切线长代替平距计算 SZY 桩号的误差还是比较大的，但高差却相差很小，可以忽略。本章全部用平距计算桩号，虽然公式略微复杂一点，但用 fx-5800P 编

程很容易实现。

(3) 竖曲线圆曲线段加桩设计高程的计算

设加桩 j 的桩号为 Z_j，则 $L_{SZY-j}=Z_j-Z_{SZY}$ 即为 $SZY\rightarrow j$ 的平距，设 $ZY\rightarrow j$ 的弦长为 c_{SZY-j}，弦长与水平线的夹角为 $\gamma_j=\tau_1\mp\theta_{SZY-j}$，则加桩 j 的设计高程为

$$H_j=H_{SZY}+L_{SZY-j}\tan(\tau_1\mp\theta_{SZY-j}) \tag{2-150}$$

式中的 θ_{SZY-j} 为恒大于零的正角，其中的"∓"号，对凸形竖曲线取"－"号；为凹形竖曲线取"＋"号。θ_{SZY-j} 的公式推导过程如下：

$$\begin{aligned}L_{SZY-j}&=c_{SZY-j}\cos(\tau_1\mp\theta_{SZY-j})\\&=2R\sin\theta_{SZY-j}(\cos\tau_1\cos\theta_{SZY-j}\pm\sin\tau_1\sin\theta_{SZY-j})\\&=2R(\cos\tau_1\sin\theta_{SZY-j}\cos\theta_{SZY-j}\pm\sin\tau_1\sin^2\theta_{SZY-j})\\&=2R\cos^2\theta_{SZY-j}(\cos\tau_1\tan\theta_{SZY-j}\pm\sin\tau_1\tan^2\theta_{SZY-j})\end{aligned}$$

将三角函数恒等式 $\cos^2\theta_{SZY-j}=\dfrac{1}{1+\tan^2\theta_{SZY-j}}$ 代入上式，得

$$L_{SZY-j}=\frac{2R}{1+\tan^2\theta_{SZY-j}}(\cos\tau_1\tan\theta_{SZY-j}\pm\sin\tau_1\tan^2\theta_{SZY-j})$$

化简，得

$$L_{SZY-j}+L_{SZY-j}\tan^2\theta_{SZY-j}=2R\cos\tau_1\tan\theta_{SZY-j}\pm2R\sin\tau_1\tan^2\theta_{SZY-j}$$

$$(\pm2R\sin\tau_1-L_{SZY-j})\tan^2\theta_{SZY-j}+2R\cos\tau_1\tan\theta_{SZY-j}-L_{SZY-j}=0 \tag{2-151}$$

式(2-151)为一元二次方程，其中的"±"号，对凸形竖曲线取"＋"号；为凹形竖曲线取"－"号。设方程式的系数为

$$\left.\begin{aligned}a&=\pm2R\sin\tau_1-L_{SZY-j}\\b&=2R\cos\tau_1\\c&=-L_{SZY-j}\end{aligned}\right\} \tag{2-152}$$

则方程式(2-151)的两个解为

$$\tan\theta_{SZY-j}=\frac{-b\pm\sqrt{b^2-4ac}}{2a} \tag{2-153}$$

应取满足条件

$$0<\theta_{SZY-j}\leqslant\frac{|\Delta|}{2} \tag{2-154}$$

的解为方程式(2-151)的解。

(4) 竖曲线直线坡道加桩设计高程的计算

当加桩位于 SYZ 前，纵坡为 i_2 的直线坡道时，其设计高程为

$$H_j = H_{SYZ} + (Z_j - Z_{SYZ})i_2 \quad (2-155)$$

2）竖曲线设计数据的输入

QH2－7T 程序的数据库子程序要求将竖曲线的变坡点数输入到字母变量 S，从 Z[34]开始输入竖曲线"起点设计桩号＋高程 i"复数，详细参见表 2－21。

表 2－21　竖曲线设计数据的输入位置

单　元	数据内容	数据类型
Z[34]	起点设计桩号＋高程 i	复数
Z[35]	SJD_1 设计桩号＋高程 i	复数
Z[36]	SJD_1 半径 R_1	实数
Z[37]	SJD_2 设计桩号＋高程 i	复数
⋮	⋮	⋮
Z[35＋2S]	终点设计桩号＋高程 i	复数

2.10　路基超高横坡与边桩设计高程计算

《公路路线设计规范》规定，圆曲线半径小于表 2－22 规定的不设超高的最小半径时，应在曲线上设置超高。路线由直线段的双向路拱横断面逐渐过渡到圆曲线段的全超高单向横断面，其间必须设置超高过渡段。

表 2－22　不设超高的圆曲线最小半径

设计速度/(km/h)		120	100	80	60	40	30	30
不设超高圆曲线最小半径/m	路拱≤2.0%	5 500	4 000	2 500	1 500	600	350	150
	路拱>2.0%	7 550	5 250	3 350	1 900	850	450	200

二、三、四级公路的圆曲线半径 $R \leqslant 250$ m 时，应设置加宽。圆曲线上的路面加宽应设置在圆曲线的内侧。设置缓和曲线或超高过渡段时，加宽过渡段长度应采用与缓和曲线或超高过渡段长度相同的数值。

四级公路的直线和小于表 2－22 不设超高的圆曲线最小半径径相连接处和半径≤250 m 的圆曲线径相连接处，应设置超高、加宽过渡段。

《公路路线设计规范》将超高过渡方式分为"无中间带公路"与"有中间带公路"两类，图 2－35 为有中间带公路超高过渡的三种方式。

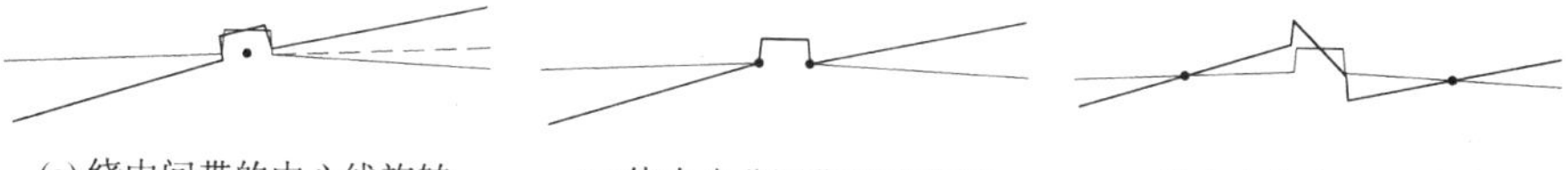

(a) 绕中间带的中心线旋转　(b) 绕中央分隔带边缘旋转　(c) 绕各自行车道中线旋转

图 2－35　有中间带公路的三种超高过渡方式

① 绕中间带的中心线旋转：如图 2－35(a)所示，先将外侧行车道绕中间带的中心线旋

转，待达到与内侧行车道构成单向横坡后(图 2-31(a)虚线所示)，整个断面一同绕中心线旋转，直至超高横坡值。此时，中央分隔带呈倾斜状，中间带宽度≤4.5 m 的公路可采用。

② 绕中央分隔带边缘旋转：如图 2-35(b)所示，将两侧行车道分别绕中央分隔带边缘旋转，使之各自成为独立的单向超高断面，此时，中央分隔带维持原水平状态，各种宽度中间带的公路均可采用。

③ 绕各自行车道中线旋转：如图 2-35(c)所示，将两侧行车道分别绕各自行车道中线旋转，使之各自成为独立的单向超高断面，此时中央分隔带两边缘分别升高与降低而成为倾斜断面，车道数大于 4 条的公路可采用。

绕中央分隔带边缘旋转的超高过渡方式，是高速公路主线使用率最高的一种超高过渡方式，本节只讨论这种超高过渡方式。

在路线设计图纸中，纵、横坡度正负值的定义是相反的。纵坡度>0 时为升坡，纵坡度<0 时为降坡；横坡度>0 为降坡，横坡度<0 为升坡。

1) 路基超高横坡度渐变方式

设 i_s 为路基超高过渡段的起点横坡度，i_e 为路基超高过渡段的终点横坡度，L_C 为路基超高过渡段长，l 为路基超高过渡段内任意点 j 至起点的线长，$k=l/L_C$ 为 0～1 之间的系数。采用线性渐变方式计算 j 点路基超高横坡度的公式为

$$i_j = i_s + (i_e - i_s)k \tag{2-156}$$

采用三次抛物线渐变方式计算 j 点路基超高横坡度的公式为

$$i_j = i_s + (i_e - i_s)(3k^2 - 2k^3) = i_s + (i_e - i_s)k^2(3 - 2k) \tag{2-157}$$

路基超高数据及采用的渐变方式一般在纵断面图最底行的超高行给出，在设计说明文件中也会给出相应的文字说明。图 2-36 为图 2-29 所示 JD_{44} 的纵断面图底部的超高表，它有下面四个超高过渡段：

① K52+850.763～K52+908.514，路基超高过渡段长 57.751 m；

② K52+908.514～K53+015.763，路基超高过渡段长 107.249 m；

③ K53+015.763～K53+440.414，路基超高过渡段长 424.651 m；

④ K53+440.414～K53+570.414，路基超高过渡段长 130 m。

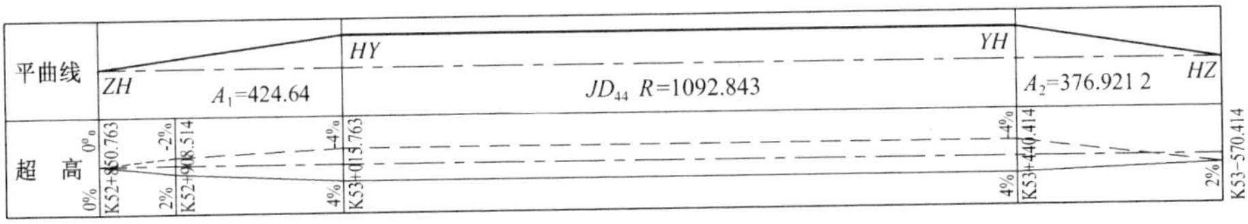

竖曲线及纵坡表

序	桩号	高程/m	R/m	i/%
SJD_{16}	K52+150	285.467		-0.3
SJD_{17}	K53+160	288.493	49 000	0.299 6
SJD_{18}	K54+600	274.733		

超高横坡度表

序	桩号	i_L/%	i_R/%	序	桩号	i_L/%	i_R/%
1	K52+850.763	0	0	4	K53+440.414	-4	4
2	K52+908.514	-2	2	5	K53+570.414	2	2
3	K53+015.763	-4	4	6	K53+763.792	2	2

图 2-36　JD_{44} 竖曲线与超高横坡设计图

因其路基超高线为折线连接，所以，其路基超高横坡度渐变方式为线性渐变。

为比较超高横坡度线性渐变与三次抛物线渐变的差异，分别用式(2－156)与式(2－157)计算超高过渡段 K53＋440.414～K53＋570.414 左幅的超高横坡度，结果见图 2－37 所示。

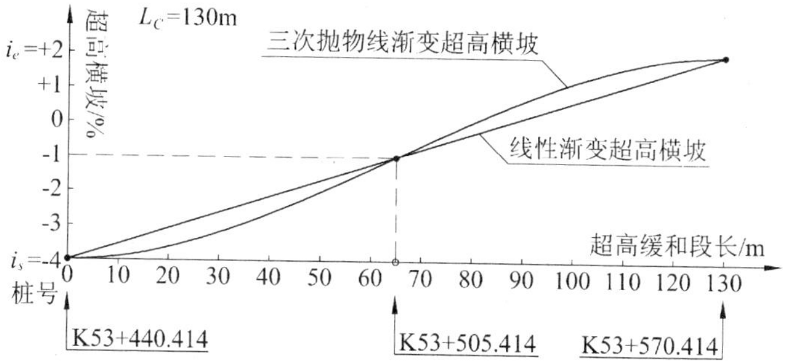

图 2－37　K53＋440.414～K53＋570.414 段左幅两种超高横坡度渐变方式比较

2）边桩设计高程计算原理

加桩边桩设计高程的计算依据是：加桩的中桩设计高程、路基超高横坡度及标准横断面设计数据。

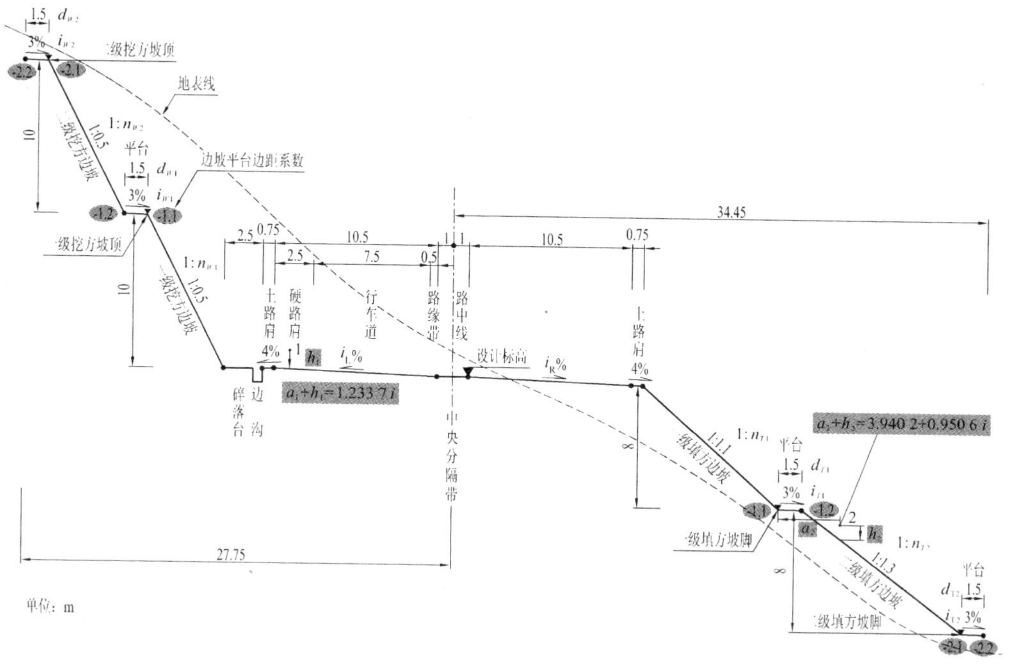

图 2－38　广西河池至都安高速公路 3－1 标段标准横断面设计图

图 2－38 为广西河池至都安高速公路 3－1 标段的路基标准横断面图，图中的“设计标高”即为根据竖曲线算出的设计高程。在标准横断面图上，一般应给出填方边坡与挖方边坡的设计数据，每级边坡的设计数据有四个：边坡坡率 1∶n，坡高 H，平台宽 d，平台横坡度 i。

在图 2-38 所示的路基标准横断面图中，挖方边坡数据绘制于路线左幅，填方边坡数据绘制于路线右幅，但这并不代表加桩左幅一定是挖方边坡，右幅一定是填方边坡，应根据实际地形情况选择挖填边坡。

图 2-38 的土路肩横坡度为 4%，当路基超高横坡度小于 4%时，土路肩横坡度取为 4%；当路基超高横坡度大于 4%时，土路肩横坡度应取路基超高横坡度，以满足路面排水的需要。

挖方“边沟＋碎落台”内的设计高程均取土路肩外缘的设计高程。

3）路基标准横断面设计数据的输入

QH2－7T 程序要求将路基标准横断面设计数据输入到 Mat A 矩阵。Mat A 矩阵应定义为 3 行×9 列，其中，第 1 行用于输入路中线分别至左、右土路肩的路基标准横断面设计数据，第 2 行用于输入一、二级填方边坡的设计数据，第 3 行用于输入一、二级挖方边坡的设计数据，Mat A[3, 9]单元应输入路基超高横坡渐变方式控制系数，输入 0 为线性渐变，输入≠0 的数为三次抛物线渐变，详细列于表 2-23。

表 2-23　路基标准横断面设计数据矩阵 Mat A(3 行×9 列)单元规划

行，列	车道与路缘数据	行，列	填方数据	行，列	挖方数据
1，1	左土路肩宽度	2，1	一级填方边坡坡率 n_{T1}	3，1	一级挖方边坡坡率 n_{W1}
1，2	左土路肩横坡度	2，2	一级填方边坡高度 H_{T1}	3，2	一级挖方边坡高度 H_{W1}
1，3	左路缘＋车道＋硬路肩宽	2，3	一级填方平台坡度 i_{T1}	3，3	一级挖方平台坡度 i_{W1}
1，4	中央分隔带左宽度	2，4	一级填方平台宽度 d_{T1}	3，4	一级挖方平台宽度 d_{W1}
1，5	中央分隔带右宽度	2，5	二级填方边坡坡率 n_{T2}	3，5	二级挖方边坡坡率 n_{W2}
1，6	右路缘＋车道＋硬路肩宽	2，6	二级填方边坡高度 H_{T2}	3，6	二级挖方边坡高度 H_{W2}
1，7	右土路肩横坡度	2，7	二级填方平台坡度 i_{T2}	3，7	二级挖方平台坡度 i_{W2}
1，8	右土路肩宽度	2，8	二级填方平台宽度 d_{T2}	3，8	二级挖方平台宽度 d_{W2}
1，9	边沟＋碎落台宽度	2，9	0	3，9	0 线性，≠0 三次抛物线

注：①边坡坡率 n，填方应输入正数，挖方应输入负数；②边坡平台横坡度 i 的正负是以路中线为基准，降坡输入正数，升坡输入负数，与路基超高横坡度 i_L，i_R 的定义相同。

4）路基超高横坡设计数据的输入

QH2－7T 程序要求将路基超高横坡设计数据输入到 Mat B 矩阵。Mat B 矩阵应定义为 9 列，每行可以存储 3 个超高横坡设计数据，最多定义为 10 行，可以存储 30 个超高横坡设计数据，Mat B 矩阵各单元存储数据的意义列于表 2-24。

表 2-24　路基超高横坡矩阵 Mat B(最多 10 行×9 列)单元规划

行\列	1	2	3	4	5	6	7	8	9
1	设计桩号 1	i_{L1}	i_{R1}	设计桩号 2	i_{L2}	i_{R2}	设计桩号 3	i_{L3}	i_{R3}
2	设计桩号 4	i_{L4}	i_{R4}	设计桩号 5	i_{L5}	i_{R5}	设计桩号 6	i_{L6}	i_{R6}
⋮	⋮	⋮	⋮	⋮	⋮	⋮	⋮	⋮	⋮
10	设计桩号 28	i_{L28}	i_{R28}	设计桩号 29	i_{L29}	i_{R29}	设计桩号 30	i_{L30}	i_{R30}

注：路基超高横坡度 i_L，i_R，以路中线为基准，降坡输入正数，升坡输入负数。

在数据库子程序中,各超高横坡的断面桩号应输入设计桩号,主程序 QH2－7T 调用数据库子程序后,自动将 Mat B 矩阵 1, 4, 7 列的设计桩号变换为连续桩号,并存回 Mat B 矩阵的原位置。

5）中边桩设计高程计算案例

[例 2－11] 试用 QH2－7T 程序计算图 2－29 所示 JD_{44} 加桩 K52＋920 的中边桩三维坐标,用全站仪实测挖方边坡的两个边桩点三维坐标分别为(682 027.768, 505 193.643, 289.173),(682 007.808, 505 164.297, 278.495),试计算这两点的设计高程与挖填高差。

[解] ① 将图 2－36 两个内表的竖曲线设计数据、路基超高横坡设计数据与路基标准横断面设计数据,分别按表 2－21、表 2－23 与表 2－24 的要求,添加到[**例 2－10**]的数据库子程序 JD44 中,结果如下:

53225.5324→Z:681771.709＋505360.386i→B↲ 　　JD_{44} 的桩号与平面坐标复数

29°59°48.75°→Q↲ 　　转角,右转角输入正角

424.64→E:1092.843→R:376.9212→F↲ 　　第一缓曲参数,圆曲半径,第二缓曲参数

682078.7648＋505145.5161i→U↲ 　　*GQ* 点平面坐标复数

1→D:1→S:6→C↲ 　　断链桩数/竖曲线变坡点数/超高横坡数

35＋2S→DimZ↲ 　　定义额外变量维数

53570.416→List X[5]:53563.478→List Y[5]↲ 　　断链桩数值

52150＋285.467i→Z[34]↲ 　　竖曲线 SJD_{16} 桩号＋高程 i 复数

53160＋288.493i→Z[35]:49000→Z[36]↲

变坡点 SJD_{17} 桩号＋高程 i 复数/竖曲线半径

54600＋274.733i→Z[37]↲ 　　竖曲线 SJD_{18} 桩号＋高程 i 复数

[[0.75,4,10.5,1,1,10.5,4,0.75,2.5][1.1,8,3,1.5,1.3,8,3,1.5,0][-0.5,10,-3,1.5,-0.5,10,-3,1.5,0]]→Mat A↲

路基标准横断面设计数据矩阵,Mat A[3,9]＝0 时超高横坡度为线性渐变

[[52850.763,0,0,52908.514,-2,2,53015.763,-4,4][53440.414,-4,4,53570.414,2,2,53763.792,2,2]]→Mat B↲ 　　路基超高横坡度矩阵赋值

Return

其中灰底色部分为[**例 2－10**]已输入的平曲线与断链桩数据。

② 平竖曲线主点数据计算及坐标正算

将 QH2－7T 主程序第 10 行的数据库子程序修改为 JD44(与图 2－31(a)相同),执行 QH2－7T 程序,计算加桩 K52＋920 的中边桩坐标的屏幕提示及用户操作过程如下:

屏幕提示	按　键	说　　明
BASIC TYPE CURVE QH2－7T		显示程序标题
NEW(0),OLD(≠0) DATA＝?	0 EXE	重新调用数据库子程序/耗时 8.43 s
＋Break Z(m)＝53570.4140＋1.0000i	EXE	显示超高横坡桩号位于长链重桩区

屏幕提示	按　键	说　　明
BACK(0),+Break,FRONT(≠0)=?	0 EXE	输入 0 选择长链后重桩区
DISP YES(1),NO(≠1)=?	0 EXE	输入 0 不显示交点平曲线要素
[MODE][4]⇛Stop!	EXE	继续执行程序/耗时 7.03 s
STA XY,NEW(0),OLD(1),NO(2)=?	2 EXE	输入 2 不计算极坐标放样数据
PEG→XY(1),XY→PEG(2),Pier(4)=?	1 EXE	输入 1 为坐标正算
+PEG(m),π⇛END=?	52920 EXE	输入加桩号
αi=145°46′41.7″	EXE	显示加桩走向方位角/耗时 2.53 s
X+Yi(m)=682021.8625+505184.9605i	EXE	显示中桩坐标复数
H(m)=287.7290	EXE	显示中桩设计高程
ANGLE(0)⇛NO,-L+R(Deg)=?	-90 EXE	输入负数为左偏角
iL(%)=-2.2142	EXE	显示路基左横坡度/耗时 4.40 s
WL(m),0⇛NO=?	6.25 EXE	输入行车道内左边距
XL+YLi(m)=682025.3775+505190.1284i	EXE	显示左边桩坐标复数
HL(m)=287.8452	EXE	显示左边桩设计高程
WL(m),0⇛NO=?	11.5 EXE	输入硬路肩外缘左边距
XL+YLi(m)=682028.3301+505194.4694i	EXE	显示左边桩坐标复数
HL(m)=287.9615	EXE	显示左边桩设计高程
WL(m),0⇛NO=?	12.25 EXE	输入土路肩外缘左边距
XL+YLi(m)=682028.7519+505195.0896i	EXE	显示左边桩坐标复数
HL(m)=287.9315	EXE	显示左边桩设计高程
WL(m),0⇛NO=?	13.8 EXE	输入挖方边沟内点左边距
XL+YLi(m)=682029.6236+505196.3712i	EXE	显示左边桩坐标复数
T(>0),W(<0),NO(0)=?	-1 EXE	输入任意负数为挖方边坡
HL(m)=287.9315	EXE	显示左边桩设计高程
WL(m),0⇛NO=?	17.25 EXE	输入挖方一级边坡点左边距
XL+YLi(m)=682031.5639+505199.2239i	EXE	显示左边桩坐标复数
T(>0),W(<0),NO(0)=?	-2 EXE	输入任意负数为挖方边坡
HL(m)=292.9315	EXE	显示左边桩设计高程
WL(m),0⇛NO=?	20.5 EXE	输入挖方一级平台内点左边距
XL+YLi(m)=682033.3916+505201.9112i	EXE	显示左边桩坐标复数
T(>0),W(<0),NO(0)=?	-3 EXE	输入任意负数为挖方边坡
HL(m)=297.9540	EXE	显示左边桩设计高程
WL(m),0⇛NO=?	23.75 EXE	输入挖方二级边坡点左边距
XL+YLi(m)=682035.2194+505204.5986i	EXE	显示左边桩坐标复数
T(>0),W(<0),NO(0)=?	-4 EXE	输入任意负数为挖方边坡
HL(m)=302.9765	EXE	显示左边桩设计高程
WL(m),0⇛NO=?	27.75 EXE	输入挖方二级平台外缘点左边距
XL+YLi(m)=682037.4690+505207.9060i	EXE	显示左边桩坐标复数
T(>0),W(<0),NO(0)=?	-5 EXE	输入任意负数为挖方边坡

续表

屏幕提示	按　键	说　　明
HL(m)=308.0215	EXE	显示左边桩设计高程
WL(m),0⇒NO=?	28 EXE	输入挖方二级平台外点左边距
XL+YLi(m)=682037.6096+505208.1127i	EXE	显示左边桩坐标复数
T(>0),W(<0),NO(0)=?	-6 EXE	输入任意负数为挖方边坡
WL(m),0⇒NO=?	0 EXE	输入0结束左边桩坐标计算
iR(%)=2.2142	EXE	显示路基右横坡度
WR(m),0⇒NO=?	7.5 EXE	输入行车道内右边距
XR+YRi(m)=682017.6445+505178.7590i	EXE	显示右边桩坐标复数
HR(m)=287.5851	EXE	显示右边桩设计高程
WR(m),0⇒NO=?	11.5 EXE	输入硬路肩外缘右边距
XR+YRi(m)=682015.3949+505175.4515i	EXE	显示右边桩坐标复数
HR(m)=287.4965	EXE	显示右边桩设计高程
WR(m),0⇒NO=?	12.25 EXE	输入土路肩外缘右边距
XR+YRi(m)=682014.9731+505174.8313i	EXE	显示右边桩坐标复数
HR(m)=287.4665	EXE	显示右边桩设计高程
WR(m),0⇒NO=?	16.65 EXE	输入一级填方边坡点右边距
XR+YRi(m)=682012.4986+505171.1931i	EXE	显示右边桩坐标复数
T(>0),W(<0),NO(0)=?	1 EXE	输入任意正数为填方边坡
HR(m)=283.4665	EXE	显示右边桩设计高程
WR(m),0⇒NO=?	21.8 EXE	输入一级填方平台内点右边距
XR+YRi(m)=682009.6022+505166.9348i	EXE	显示右边桩坐标复数
T(>0),W(<0),NO(0)=?	2 EXE	输入任意正数为填方边坡
HR(m)=279.4440	EXE	显示右边桩设计高程
WR(m),0⇒NO=?	27.75 EXE	输入二级填方边坡点右边距
XR+YRi(m)=682006.2560+505162.0149i	EXE	显示右边桩坐标复数
T(>0),W(<0),NO(0)=?	3 EXE	输入任意正数为填方边坡
HR(m)=275.4215	EXE	显示右边桩设计高程
WR(m),0⇒NO=?	34.45 EXE	输入二级填方平台外缘点右边距
XR+YRi(m)=682002.4879+505156.4749i	EXE	显示右边桩坐标复数
T(>0),W(<0),NO(0)=?	4 EXE	输入任意正数为填方边坡
HR(m)=271.3765	EXE	显示右边桩设计高程
WR(m),0⇒NO=?	35 EXE	输入二级填方平台外点右边距
XR+YRi(m)=682002.1786+505156.0201i	EXE	显示右边桩坐标复数
T(>0),W(<0),NO(0)=?	5 EXE	输入任意正数为填方边坡
WR(m),0⇒NO=?	0 EXE	输入0结束右边桩坐标计算
+PEG(m),π⇒END=?	SHIFT π EXE	输入π结束程序
QH2−7T⇒END		程序结束显示

程序结束后，按 MODE 4 键进入REG模式，可以察看平竖曲线主点数据计算结果。如图2-39所示，平曲线4个主点数据存储在统计串列的1～4行，第5行存储一个断链桩数据，

List X 与 List Y 的 6～9 行分别存储竖曲线起点 *SJD*16，变坡点 *SJD*17 的两个主点 *SZY*17，*SYZ*17 与终点 *SJD*18 的连续桩号与高程；List Freq[6]存储起点的走向纵坡(%)，List Freq[7]存储 *SJD*17 的竖曲线半径，List Freq[8]与 List Freq[9]均为存储 *SYZ*17 的走向纵坡。

(a) (b)

图 2-39　竖曲线主点数据计算结果

如图 2-39 所示，本例二级填方平台外缘边距为 34.45 m，当输入的填方边坡边距大于该值时，程序只显示边桩的平面坐标，不显示设计高程；二级挖方平台外缘的边距为 27.75 m，当输入的挖方边距大于该值时，程序只显示边桩的平面坐标，不显示设计高程。

③ 矩阵数据说明

(a) Mat A 矩阵

QH2－7T 程序调用数据库子程序 JD44 后，其路基标准横断面数据存入 Mat A 矩阵，结果如下：

$$\underset{3\times 9}{\text{MatA}} = \begin{pmatrix} 0.75 & 4 & 10.5 & 1 & 1 & 10.5 & 4 & 0.75 & 2.5 \\ 1.1 & 8 & 3 & 1.5 & 1.3 & 8 & 3 & 1.5 & 0 \\ -0.5 & 10 & -3 & 1.5 & -0.5 & 10 & -3 & 1.5 & 0 \end{pmatrix}$$

Mat A 矩阵各数据的意义参见表 2-23，第 1 行的 9 个数据为路基标准横断面设计数据，第 2 行的 8 个数据为一、二级填方边坡设计数据，第 3 行的 8 个数据为一、二级挖方边坡设计数据，Mat A[3,9]单元的数值为超高横坡度渐变方式控制系数，输入 0 为线性渐变，输入≠0 数值为三次抛物线渐变。

执行 QH2－7T 程序，屏幕提示“**NEW(0),OLD(≠0) DATA=?**”，只有输入 0 重新计算平竖曲线主点数据时，主程序才从数据库子程序 JD44 中调入 Mat A 矩阵的数据；输入≠0 数值响应，程序不会从数据库子程序 JD44 中调入 Mat A 矩阵的数据。因此，用户可以根据施工的需要，随时修改标准横断面矩阵 Mat A 的设计数据。方法是：按 [MODE] [1] 键进入 **COMP** 模式，按 [FUNCTION] [8] [1] [EXE] 键进入 Mat A 矩阵编辑界面。完成编辑操作后，按 [MODE] [5] 键进入 **PROG** 模式执行 QH2－7T 程序。

(b) Mat B 矩阵

QH2－7T 程序调用数据库子程序 JD44 后，其路基超高横坡数据存入 Mat B 矩阵，结果如下：

$$\underset{2\times 9}{\text{MatB}} = \begin{pmatrix} 52\,850.763 & 0 & 0 & 52\,908.514 & -2 & 2 & 53\,015.763 & -4 & 4 \\ 53\,440.414 & -4 & 4 & 53\,570.414 & 2 & 2 & 53\,770.73 & 2 & 2 \end{pmatrix}$$

存储 1 个路基超高横坡断面数据需要占用 3 列，每行定义 9 列，共可以存储 3 个路基超高横坡断面数据，2 行可以存储 6 个路基超高横坡断面数据。Mat B 矩阵最多定义 10 行×9 列，可以存储 30 个路基超高横坡断面数据。

主程序 QH2－7T 将 Mat B 矩阵 1，4，7 列的超高横坡设计桩号全部变换为连续桩号后，返存入 1，4，7 列的相应单元。也即，执行 QH2－7T 程序，完成平竖曲线主点数据计算后，Mat B 矩阵 1，4，7 列单元的超高横坡桩号为连续桩号。

(c) Mat C 矩阵

Mat C 矩阵用于存储加桩路基与挖填边坡主点数据，各单元数据的意义列于表 2－25。

表 2－25　　程序计算路基与边坡横断面主点数据存储矩阵 Mat C(4 行×8 列)单元规划

行\列	1	2	3	4	5	6	7	8
1	d_{L1}	H_{L1}	d_{L2}	H_{L2}	d_{L3}	H_{L3}	0	0
2	d_{R1}	H_{R1}	d_{R2}	H_{R2}	d_{R3}	H_{R3}	0	0
3	d_{T1}	h_{T1}	d_{T2}	h_{T2}	d_{T3}	h_{T3}	d_{T4}	h_{T4}
4	d_{W1}	h_{W1}	d_{W2}	h_{W2}	d_{W3}	h_{W3}	d_{W4}	h_{W4}

第 1 行 1～6 列的数据为左幅路基主点数据，它们分别是左幅中分带外缘边距 d_{L1} 及其设计高程 H_{L1}、硬路肩外缘边距 d_{L2} 及其设计高程 H_{L2}、土路肩外缘边距 d_{L3} 及其设计高程 H_{L3}。

第 2 行 1～6 列的数据为右幅路基主点数据，它们分别是右幅中分带外缘边距 d_{R1} 及其设计高程 H_{R1}、硬路肩外缘点边距 d_{R2} 及其设计高程 H_{R2}、土路肩外缘点边距 d_{R3} 及其设计高程 H_{R3}。

第 3 行 1～8 列的数据为填方边坡平台主点数据，它们分别是一级填方边坡平台内缘点(边距系数为-1.1)相对于土路肩外缘点的边距 d_{T1} 及其高差 h_{T1}，一级填方边坡平台外缘相对于土路肩外缘点(边距系数为-1.2)的边距 d_{T2} 及其高差 h_{T2}；二级填方边坡平台内缘点(边距系数为-2.1)相对于土路肩外缘的边距 d_{T3} 及其高差 h_{T3}，二级填方边坡平台外缘相对于土路肩外缘点(边距系数为-2.2)的边距 d_{T4} 及其高差 d_{T4}。

第 4 行 1～8 列的数据为挖方边坡平台主点数据，它们分别是一级挖方边坡平台内缘点(边距系数为-1.1)相对于“边沟＋碎落台”外缘点的边距 d_{W1} 及其高差 h_{W1}，一级挖方边坡平台外缘点相对于“边沟＋碎落台”外缘点(边距系数为-1.2)的边距 d_{W2} 及其高差 h_{W2}；二级挖方边坡平台内缘点(边距系数为-2.1)相对于“边沟＋碎落台”外缘点的边距 d_{W3} 及其高差 h_{W3}，二级挖方边坡平台外缘点相对于“边沟＋碎落台”外缘点(边距系数为-2.2)的边距 d_{W4} 及其高差 h_{W4}。

Mat C 矩阵的路基与边坡断面主点数据为最近一次坐标正算、用户输入加桩路基与边坡断面的主点数据，或最近一次坐标反算、垂点路基与边坡断面的主点数据。本例坐标正算 K52＋920 加桩的主点数据如下：

$$\underset{4\times 8}{\mathrm{MatC}}=\begin{pmatrix} 1 & 287.729 & 11.5 & 287.9615 & 12.25 & 287.9315 & 0 & 0 \\ 1 & 287.729 & 11.5 & 287.4965 & 12.25 & 287.4665 & 0 & 0 \\ 8.8 & -8 & 10.3 & -8.045 & 20.7 & -16.045 & 22.2 & -16.09 \\ 5 & 10 & 6.5 & 10.045 & 11.5 & 20.045 & 13 & 20.09 \end{pmatrix}$$

(d) 挖填边坡平台边距系数的作用

如图 2-38 所示，椭圆形灰底色区数值为挖填边坡主点边距系数。QH2-7T 程序将一级挖填边坡平台两个主点的边距系数分别定义为-1.1 与-1.2，二级挖填边坡平台两个主点的边距系数分别定义为-2.1 与-2.2，称-1.1，-1.2，-2.1，-2.2 为一、二级挖填边坡平台主点的边距系数。

执行 QH2-7T 程序的坐标正算功能计算边桩坐标，屏幕提示“**WL(m),0⇒NO=?**”，要求输入左边距时，或屏幕提示“**WR(m),0⇒NO=?**”，要求输入右边距时，直接输入边坡平台主点的边距系数，程序自动从 Mat C 矩阵的 3～4 行提取平台主点的边距及相对高差，再加上 Mat C 矩阵 1～2 行 5～6 列的左、右幅土路肩外缘主点数据及 Mat A[1, 9]单元的挖方边坡“边沟+碎落台”宽度，计算边坡平台主点的三维设计坐标，以便于用户直接计算并放样边坡的开口位置。

④ 挖填边坡平台主点三维设计坐标的计算

重复执行 QH2-7T 程序，计算加桩 K52+920 一、二级边坡平台主点三维设计坐标的操作过程如下：

屏幕提示	按 键	说 明
BASIC TYPE CURVE QH2-7T		显示程序标题
NEW(0),OLD(≠0) DATA=?	**5** EXE	用最近调用的数据库子程序计算
STA XY,NEW(0),OLD(1),NO(2)=?	**2** EXE	输入 2 不计算极坐标放样数据
PEG→XY(1),XY→PEG(2),Pier(4)=?	**1** EXE	输入 1 为坐标正算
+PEG(m),π⇒END=?	**52920** EXE	输入加桩号
αi=145°46′41.7″	EXE	显示加桩走向方位角/耗时 2.50 s
X+Yi(m)=682021.8625+505184.9605i	EXE	显示中桩坐标复数
H(m)=287.7290	EXE	显示中桩设计高程
ANGLE(0)⇒NO,-L+R(Deg)=?-90.0000	EXE	使用偏角原值
iL(%)=-2.2142	EXE	显示路基左横坡度/耗时 4.40 s
WL(m),0⇒NO=?	**-1.1** EXE	输入一级边坡平台主点边距系数
T(>0),W(<0),NO(0)=?	**-1** EXE	输入任意负数为挖方边坡
XL+YLi(m)=682032.9698+505201.2911i	EXE	显示左边桩坐标复数
HL(m)=297.9315	EXE	显示左边桩设计高程
WL(m),0⇒NO=?	**-1.2** EXE	输入一级边坡平台主点边距系数
T(>0),W(<0),NO(0)=?	**-2** EXE	输入任意负数为挖方边坡
XL+YLi(m)=682033.8134+505202.5314i	EXE	显示左边桩坐标复数
HL(m)=297.9765	EXE	显示左边桩设计高程
WL(m),0⇒NO=?	**-2.1** EXE	输入二级边坡平台主点边距系数
T(>0),W(<0),NO(0)=?	**-3** EXE	输入任意负数为挖方边坡
XL+YLi(m)=682036.6254+505206.6657i	EXE	显示左边桩坐标复数
HL(m)=307.9765	EXE	显示左边桩设计高程
WL(m),0⇒NO=?	**-2.2** EXE	输入二级边坡平台主点边距系数

续表

屏幕提示	按　键	说　　明
T(>0),W(<0),NO(0)=?	-4 EXE	输入任意负数为挖方边坡
XL+YLi(m)=682037.4690+505207.9060i	EXE	显示左边桩坐标复数
HL(m)=308.0215	EXE	显示左边桩设计高程
WL(m),0⇛NO=?	0 EXE	输入 0 结束左边桩坐标计算
iR(%)=2.2142	EXE	显示路基右横坡度
WR(m),0⇛NO=?	-1.1 EXE	输入一级边坡平台主点边距系数
T(>0),W(<0),NO(0)=?	1 EXE	输入任意正数为填方边坡
XR+YRi(m)=682010.0240+505167.5549i	EXE	显示右边桩坐标复数
HR(m)=279.4665	EXE	显示右边桩设计高程
WR(m),0⇛NO=?	-1.2 EXE	输入一级边坡平台主点边距系数
T(>0),W(<0),NO(0)=?	2 EXE	输入任意正数为填方边坡
XR+YRi(m)=682009.1804+505166.3146i	EXE	显示右边桩坐标复数
HR(m)=279.4215	EXE	显示右边桩设计高程
WR(m),0⇛NO=?	-2.1 EXE	输入二级边坡平台主点边距系数
T(>0),W(<0),NO(0)=?	3 EXE	输入任意正数为填方边坡
XR+YRi(m)=682003.3315+505157.7152i	EXE	显示右边桩坐标复数
HR(m)=271.4215	EXE	显示右边桩设计高程
WR(m),0⇛NO=?	-2.2 EXE	输入二级边坡平台主点边距系数
T(>0),W(<0),NO(0)=?	4 EXE	输入任意正数为填方边坡
XR+YRi(m)=682002.4879+505156.4749i	EXE	显示右边桩坐标复数
HR(m)=271.3765	EXE	显示右边桩设计高程
WR(m),0⇛NO=?	0 EXE	输入 0 结束右边桩坐标计算
+PEG(m),π⇛END=?	SHIFT π EXE	输入 π 结束程序
QH2−7T⇛END		程序结束显示

⑤ 三维坐标反算

重复执行 QH2−7T 程序,进行三维坐标反算的屏幕显示与操作过程如下:

屏幕提示	按　键	说　　明
BASIC TYPE CURVE QH2−7T		显示程序标题
NEW(0),OLD(≠0) DATA=?	5 EXE	用最近调用的数据库子程序计算
STA XY,NEW(0),OLD(1),NO(2)=?	2 EXE	输入 2 不计算极坐标放样数据
PEG→XY(1),XY→PEG(2),Pier(4)=?	2 EXE	输入 2 为坐标反算
XJ(m),π⇛END=?	682027.768 EXE	输入 1 号边桩点坐标
YJ(m)+ni=?	505193.643 EXE	
HJ(m),0⇛NO=?	289.173 EXE	输入 1 号边桩点高程
p PEG(m)+ni=52920.0000+1.0000i	EXE	显示垂点桩号/耗时 6.37 s
αp=145°46′41.69″	EXE	显示走向方位角
Xp+Ypi(m)=682021.8625+505184.9604i	EXE	显示中桩坐标复数

续表

屏幕提示	按　键	说　明
p→J HD -L,+R(m)=-10.5005	EXE	显示负数为左边距
H(m)=287.7290	EXE	显示垂点设计高程
HL(m)=287.9393	EXE	显示边桩点设计高程
a+hi(m)=1.2337i	EXE	显示“挖填高差 i”复数
XJ(m),π⇒END=?	682007.808 EXE	输入 2 号边桩点坐标
YJ(m)+ni=?	505164.297 EXE	
HJ(m),0⇒NO=?	278.495 EXE	输入 2 号边桩点高程
p PEG(m)+ni=52920.0001+1.0000i	EXE	显示垂点桩号/耗时 6.37 s
αp=145°46′41.71″	EXE	显示走向方位角
Xp+Ypi(m)=682021.8624+505184.9605i	EXE	显示中桩坐标复数
p→J HD -L,+R(m)=24.9902	EXE	显示正数为右边距
H(m)=287.7290	EXE	显示垂点设计高程
T(>0),W(<0),NO(0)=?	4 EXE	输入任意正数为填方边坡
HR(m)=277.5444	EXE	显示边桩点设计高程
a+hi(m)=3.9402+0.9506i	EXE	显示“坡口平距+挖填高差 i”复数
XJ(m),π⇒END=?	SHIFT π EXE	输入 π 结束程序
QH2−7T⇒END		程序结束显示

程序显示的边桩点挖填高差 h 为实测高程减设计高程,正数为挖方高差,负数为填方高差;坡口平距 a 为边桩点边距减最近一个挖方坡顶或填方坡脚的边距,负数表示远离路中线方向移动,正数表示靠近路中线方向移动。上述 1 号,2 号边桩点的“坡口平距+挖填高差 i”复数的几何意义见图 2-38 矩形灰底色区数值所示。

由于 1 号边桩点位于左幅硬路肩,程序只显示“挖填高差 i”复数,2 号边桩点位于填方边坡,所以,程序显示“坡口平距+挖填高差 i”复数。

2.11　桥墩桩基坐标计算

《公路工程技术标准》对公路桥梁的分类规定列于表 2-26。

表 2-26　　桥梁分类

分类	多孔跨径总长 L/m	单孔跨径 L_K/m
特大桥	$L>1\,000$	$L_K>150$
大桥	$100\leqslant L\leqslant 1\,000$	$40\leqslant L_K\leqslant 150$
中桥	$30\leqslant L\leqslant 100$	$20\leqslant L_K<40$
小桥	$8\leqslant L\leqslant 30$	$5\leqslant L_K<20$

桥梁施工图应给出每个桥墩的墩台中心设计桩号、法向偏距、走向偏角和每个桩基的测量坐标,施工前,应验算每个桩基的设计坐标,只有与设计坐标相符后才能放样桥墩桩基。

1）桥墩桩基坐标计算原理

桥墩桩基坐标计算的基准是墩台中心桩号，墩台中心的走向方位角及其中桩坐标可由墩台中心桩号算出。

如图 2-40 所示，设图纸给出的 $j\#$ 桥墩墩台中心设计桩号为 $Z_{j\#}$，法向偏距为 d_X，走向偏角为 δ，桩基、承台、盖梁尺寸从墩台大样图获取。

设使用 QH2－7T 程序的坐标正算功能，由墩台中心设计桩号 $Z_{j\#}$ 算出的 $j\#$ 墩台中心的走向方位角为 $\alpha_{j\#}$，中桩坐标复数为 $z_{j\#}$；设 1 号桩基在图 2-40 所示的墩台中心坐标系 $XO_{j\#}Y$ 中的坐标复数为 $Z_1 = Y_1 + X_1\mathrm{i}$，则 $O_{j\#} \to 1$ 号桩基的测量方位角为

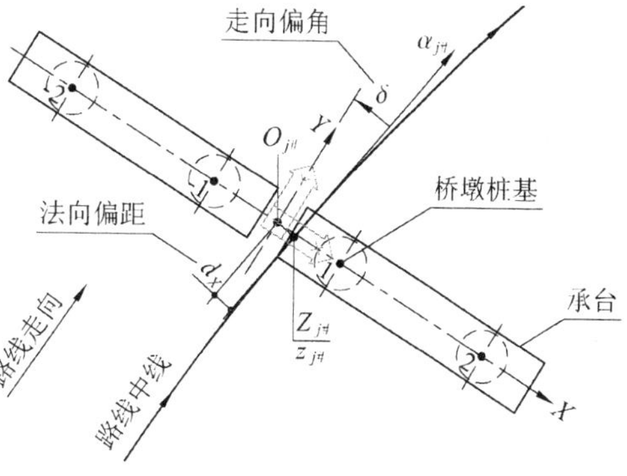

图 2-40　桥墩桩基坐标计算原理

$$\alpha_{O_{j\#}1} = \alpha_{j\#} + \delta + \mathrm{Arg}(Z_1) \tag{2-158}$$

式中的走向偏角 δ，当 $+Y$ 轴偏向走向方位角 $\alpha_{j\#}$ 左侧时为负角；$+Y$ 轴偏向走向方位角 $\alpha_{j\#}$ 右侧时为正角。

当 $j\#$ 桥墩有法向偏距 d_X 时，则墩台中心 $O_{j\#}$ 不在路线中线上，其测量坐标复数为

$$z_{O_{j\#}} = z_{j\#} + |d_X| \angle(\alpha_{j\#} \pm 90°) \tag{2-159}$$

式中的法向偏距 d_X，当 $O_{j\#}$ 位于走向方位角 $\alpha_{j\#}$ 左侧时为负数；$O_{j\#}$ 位于走向方位角 $\alpha_{j\#}$ 右侧时为正数。式中的"±"，$d_X>0$ 时取"+"，$d_X<0$ 时取"－"。由此得 1 号桩基的测量坐标复数为

$$z_1 = z_{O_{j\#}} + \mathrm{Abs}(Z_1) \angle \alpha_{O_{j\#}1} \tag{2-160}$$

2）案例

下面以图 2-41 所示的 205 国道江苏淮安西绕城段淮涟三干渠中桥为例，介绍使用 QH2－7T 程序计算桥墩桩基坐标的方法。

(1) 编写桥墩类号

将桥墩桩基完全相同的桥墩合并为同类，并编著墩类号。如图 2-41 所示，三干渠中桥共有 4 个桥墩，墩类号编为 1，2，3，其中 0＃墩为 1 类墩；1＃，2＃墩为 2 类墩；3＃墩为 3 类墩。

(2) 桩基墩台中心坐标的采集与输入

使用 AutoCAD，以 m 为单位，按 1∶1 的比例分别绘制 1 类，2 类，3 类墩的桩基大样图，执行 AutoCAD 的 UCS/新建(N)命令，用鼠标对象捕捉图 2-41(a)中的 O_1 点，建立图示的 XO_1Y 用户坐标系(简称墩台中心坐标系)。由于这三类墩的桩基都是关于 Y 轴对称的图形，

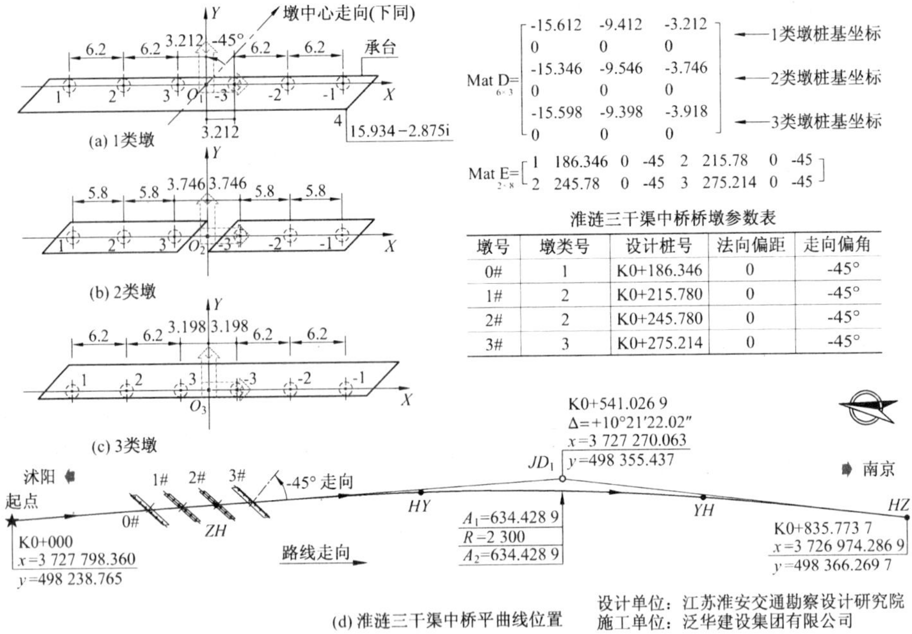

图 2-41　205 国道江苏淮安西绕城段淮涟三干渠中桥平曲线位置及桥墩桩基大样图

故只需为左幅(也可以是右幅)的三个桩基编写桩基号 1，2，3，右幅对称桩基号分别为-1，-2，-3；在 AutoCAD 中执行 id 命令，分别对象捕捉 1 号，2 号，3 号桩基点，将命令行显示的墩台中心坐标输入到 Mat D 矩阵的 1～2 行。重复上述操作，分别采集 2 类与 3 类墩台 1 号，2 号，3 号桩基的墩台中心坐标，并输入到 Mat D 矩阵的 3～6 行。

Mat D 矩阵的数据规划列于表 2-27，最多可定义为 10 行×10 列，可以输入 5 类墩台、每类墩台最多可以输入 1～10 号桩基的墩台中心坐标。

表 2-27　桥墩桩基墩台中心坐标矩阵 Mat D(最多 10 行×10 列)规划

行\列	墩类	1	2	3	4	5	6	7	8	9	10
1	1 类墩	X_1	X_2	X_3	X_4	X_5	X_6	X_7	X_8	X_9	X_{10}
2		Y_1	Y_2	Y_3	Y_4	Y_5	Y_6	Y_7	Y_8	Y_9	Y_{10}
3	2 类墩	X_1	X_2	X_3	X_4	X_5	X_6	X_7	X_8	X_9	X_{10}
4		Y_1	Y_2	Y_3	Y_4	Y_5	Y_6	Y_7	Y_8	Y_9	Y_{10}
5	3 类墩	X_1	X_2	X_3	X_4	X_5	X_6	X_7	X_8	X_9	X_{10}
6		Y_1	Y_2	Y_3	Y_4	Y_5	Y_6	Y_7	Y_8	Y_9	Y_{10}
7	4 类墩	X_1	X_2	X_3	X_4	X_5	X_6	X_7	X_8	X_9	X_{10}
8		Y_1	Y_2	Y_3	Y_4	Y_5	Y_6	Y_7	Y_8	Y_9	Y_{10}
9	5 类墩	X_1	X_2	X_3	X_4	X_5	X_6	X_7	X_8	X_9	X_{10}
10		Y_1	Y_2	Y_3	Y_4	Y_5	Y_6	Y_7	Y_8	Y_9	Y_{10}

(3) 墩台设计数据的输入

每个桥墩的墩台设计数据有四个:墩类号、墩台中心设计桩号、法向偏距与走向偏角。墩台中心法向偏距是以路线走向为基准,墩台中心偏离路线走向左侧为负数,右侧为正数;走向偏角也是以路线走向为基准,墩台中心坐标系+Y轴偏离路线走向的偏角,左偏为负角,右偏为正角。

墩台设计数据应输入到 Mat E 矩阵,Mat E 矩阵的数据规划列于表 2-28。Mat E 矩阵最多可定义为10行×8列,最多可以输入0#~19#桥墩、共20个墩台的设计数据。

表 2-28　桥墩墩台中心数据矩阵 Mat E 规划

行\列	1	2	3	4	5	6	7	8
1	$n_{0\#}$	$Z_{0\#}$	$d_{0\#}$	$\delta_{0\#}$	$n_{1\#}$	$Z_{1\#}$	$d_{1\#}$	$\delta_{1\#}$
2	$n_{2\#}$	$Z_{2\#}$	$d_{2\#}$	$\delta_{2\#}$	$n_{3\#}$	$Z_{3\#}$	$d_{3\#}$	$\delta_{3\#}$
3	$n_{4\#}$	$Z_{4\#}$	$d_{4\#}$	$\delta_{4\#}$	$n_{5\#}$	$Z_{5\#}$	$d_{5\#}$	$\delta_{5\#}$
4	$n_{6\#}$	$Z_{6\#}$	$d_{6\#}$	$\delta_{6\#}$	$n_{7\#}$	$Z_{7\#}$	$d_{7\#}$	$\delta_{7\#}$
5	$n_{8\#}$	$Z_{8\#}$	$d_{8\#}$	$\delta_{8\#}$	$n_{9\#}$	$Z_{9\#}$	$d_{9\#}$	$\delta_{9\#}$
6	$n_{10\#}$	$Z_{10\#}$	$d_{10\#}$	$\delta_{10\#}$	$n_{11\#}$	$Z_{11\#}$	$d_{11\#}$	$\delta_{11\#}$
7	$n_{12\#}$	$Z_{12\#}$	$d_{12\#}$	$\delta_{12\#}$	$n_{13\#}$	$Z_{13\#}$	$d_{13\#}$	$\delta_{13\#}$
8	$n_{14\#}$	$Z_{14\#}$	$d_{14\#}$	$\delta_{14\#}$	$n_{15\#}$	$Z_{15\#}$	$d_{15\#}$	$\delta_{15\#}$
9	$n_{16\#}$	$Z_{16\#}$	$d_{16\#}$	$\delta_{16\#}$	$n_{17\#}$	$Z_{17\#}$	$d_{17\#}$	$\delta_{17\#}$
10	$n_{18\#}$	$Z_{18\#}$	$d_{18\#}$	$\delta_{18\#}$	$n_{19\#}$	$Z_{19\#}$	$d_{19\#}$	$\delta_{19\#}$

注:表中,$n_{0\#}$为0#桥墩的墩类号,$Z_{0\#}$为0#桥墩墩台中心桩号,$d_{0\#}$为0#桥墩墩台中心法向偏距,$\delta_{0\#}$为0#桥墩墩台中心坐标系+Y相对于路线走向的偏角。

桩基墩台中心坐标与墩台设计数据的输入,有手工输入与数据库子程序输入两种方法。手工输入本例数据到 Mat D 与 Mat E 矩阵的结果见图 2-41 右上图所示。下面是在数据库子程序 JD1 中输入的结果。

数据库子程序 JD1

541.0269→Z:3727270.063+498355.437i→B↵ 　JD_1 桩号/平面坐标复数

10°21′22.02″→Q↵ 　正角为右转角

634.4289→E:2300→R:634.4289→F↵ 　第一缓曲参数/圆曲半径/第二缓曲参数

3727798.36+498238.765i→U↵ 　起点平面坐标复数

2→S↵ 　竖曲线变坡点数

35+2S→DimZ↵ 　定义额外变量维数

14.559i→Z[34]↵ 　竖曲线起点桩号+高程 i 复数

250+15.309i→Z[35]:60000→Z[36]↵ 　SJD_1 起点桩号+高程 i 复数,竖曲线半径

785+14.4i→Z[37]:80000→Z[38]↵ 　SJD_2 起点桩号+高程 i 复数,竖曲线半径

1600+14.497i→Z[39]↵ 　竖曲线终点桩号+高程 i 复数

[[-15.612,-9.412,-3.212][0,0,0][-15.346,-9.546,-3.746][0,0,0]
[-15.598,-9.398,-3.198][0,0,0]]→Mat D↵ 　1~3 类桥墩 1~3 号桩基的墩台中心坐标

[[1,186.346,0,-45,2,215.78,0,-45][2,245.78,0,-45,3,275.214,0,-45]]→Mat E↵

Return　　　　　　　　　　　　　　　　　　　　0＃～3＃桥墩墩台设计数据

将 QH2－7T 主程序第 10 行的数据库子程序修改为 JD1，执行 QH2－7T 程序，计算桥墩桩基坐标的操作过程如下：

屏幕提示	按　键	说　　明
BASIC TYPE CURVE QH2－7T		显示程序标题
NEW(0),OLD(≠0) DATA＝?	0 EXE	重新调用数据库子程序/耗时 5.22 s
DISP YES(1),NO(≠1)＝?	1 EXE	输入 1 显示交点平曲线要素
T1(m)＝295.9744	EXE	显示第一切线长
T2(m)＝295.9744	EXE	显示第二切线长
E(m)＝9.9817	EXE	显示外距
Lh1(m)＝175.0000	EXE	显示第一缓和曲线长
LY(m)＝240.7212	EXE	显示圆曲线长
Lh2(m)＝175.0000	EXE	显示第二缓和曲线长
L(m)＝590.7212	EXE	显示总曲线长
J(m)＝1.2276	EXE	显示切曲差，计算主点数据/耗时 6.87 s
[MODE][4]⇛Stop!	MODE 4	停止程序执行进入 REG 模式
STA XY,NEW(0),OLD(1),NO(2)＝?	2 EXE	输入 2 不计算极坐标放样数据
PEG→XY(1),XY→PEG(2),Pier(4)＝?	4 EXE	输入 4 为桥墩(pier)桩基坐标计算
Pier n(0→19),π⇛END＝?	0 EXE	输入 0＃桥墩
Pier PEG(m)＋ni＝186.3460＋1.0000i	EXE	显示 0＃桥墩桩号＋墩类号复数
αi＝167°32′46.98″	EXE	显示墩台中心走向方位角/耗时 1.34 s
X＋Yi(m)＝3727616.399＋498278.9504i	EXE	显示墩台中心坐标复数
H(m)＝15.0682	EXE	显示墩台中心设计高程
Sn,X＋Yi(m),π⇛Next＝?	1 EXE	输入 1 号桩基(stake)
X＋YSi(m)＝3727629.559＋498287.3493i	EXE	显示 1 号桩基坐标复数
Sn,X＋Yi(m),π⇛Next＝?	2 EXE	输入 2 号桩基(stake)
X＋YSi(m)＝3727624.332＋498284.0138i	EXE	显示 2 号桩基坐标复数
Sn,X＋Yi(m),π⇛Next＝?	3 EXE	输入 3 号桩基(stake)
X＋YSi(m)＝3727619.106＋498280.6784i	EXE	显示 3 号桩基坐标复数
Sn,X＋Yi(m),π⇛Next＝?	-3 EXE	输入-3 号桩基(stake)
X＋YSi(m)＝3727613.691＋498277.2224i	EXE	显示-2 号桩基坐标复数
Sn,X＋Yi(m),π⇛Next＝?	-2 EXE	输入-2 号桩基(stake)
X＋YSi(m)＝3727608.465＋498273.8869i	EXE	显示-2 号桩基坐标复数
Sn,X＋Yi(m),π⇛Next＝?	-1 EXE	输入-1 号桩基(stake)
X＋YSi(m)＝3727603.238＋498270.5514i	EXE	显示-1 号桩基坐标复数
Sn,X＋Yi(m),π⇛Next＝?	15.934 − 2.875 i EXE	输入 4 号点(承台角点) 墩台中心坐标复数
X＋YSi(m)＝3727604.514＋498267.9546i	EXE	显示 4 号点坐标复数
Sn,X＋Yi(m),π⇛Next＝?	SHIFT π EXE	输入 π 结束 0＃桥墩计算
Pier n(0→19),π⇛END＝?	3 EXE	输入 3＃桥墩
Pier PEG(m)＋ni＝275.2140＋3.0000i	EXE	显示 3＃桥墩桩号＋墩类号复数
αi＝167°36′40.08″	EXE	显示墩台中心走向方位角/耗时 1.34 s
X＋Yi(m)＝3727529.619＋498298.1036i	EXE	显示墩台中心坐标复数

续表

屏幕提示	按键	说明
H(m)=15.1545	EXE	显示墩台中心设计高程
Sn,X+Yi(m),π⇒Next=?	1 EXE	输入1号桩基(stake)
X+YSi(m)=3727542.758+498306.5099i	EXE	显示1号桩基坐标复数
Sn,X+Yi(m),π⇒Next=?	2 EXE	输入2号桩基(stake)
X+YSi(m)=3727537.536+498303.1685i	EXE	显示2号桩基坐标复数
Sn,X+Yi(m),π⇒Next=?	3 EXE	输入3号桩基(stake)
X+YSi(m)=3727532.313+498299.8271i	EXE	显示3号桩基坐标复数
Sn,X+Yi(m),π⇒Next=?	-3 EXE	输入-3号桩基(stake)
X+YSi(m)=3727526.925+498296.3801i	EXE	显示-3号桩基坐标复数
Sn,X+Yi(m),π⇒Next=?	-2 EXE	输入-2号桩基(stake)
X+YSi(m)=3727521.703+498293.0387i	EXE	显示-2号桩基坐标复数
Sn,X+Yi(m),π⇒Next=?	-1 EXE	输入-1号桩基(stake)
X+YSi(m)=3727516.480+498289.6973i	EXE	显示-1号桩基坐标复数
Sn,X+Yi(m),π⇒Next=?	SHIFT π EXE	输入π结束3#桥墩计算
Pier n(0→19),π⇒END=?	SHIFT π EXE	输入π结束程序
QH2-7T⇒END		程序结束显示

限于篇幅,上述只计算了部分桥墩桩基坐标。图2-42为设计图纸给出的淮涟三干渠中桥24个桩基的设计坐标,上述计算结果与设计值基本相符。

205国道江苏淮安西绕城段淮涟三干渠中桥桩基坐标

墩号	桩基	x/m	y/m	墩号	桩基	x/m	y/m
0#	1	3 727 629.558 6	498 287.349 1	2#	1	3 727 571.299 1	498 300.023 1
	2	3 727 624.332 3	498 284.013 6		2	3 727 566.409 9	498 296.902 8
	3	3 727 619.105 9	498 280.678 1		3	3 727 561.520 8	498 293.782 5
	4(-3)	3 727 613.6915	498 277.222 5		4(-3)	3 727 555.205 5	498 289.752 0
	5(-2)	3 727 608.4651	498 273.887 1		5(-2)	3 727 550.316 3	498 286.631 7
	6(-1)	3 727 603.238 8	498 270.551 6		6(-1)	3 727 545.427 2	498 283.511 4
1#	1	3 727 600.593 2	498 293.553 6	3#	1	3 727 542.758 1	498 306.509 9
	2	3 727 595.704 1	498 290.433 3		2	3 727 537.535 5	498 303.168 5
	3	3 727 590.814 9	498 287.313 0		3	3 727 532.312 9	498 299.827 1
	4(-3)	3 727 584.499 6	498 283.282 5		4(-3)	3 727 526.925 3	498 296.380 1
	5(-2)	3 727 579.610 5	498 280.162 2		5(-2)	3 727 521.702 7	498 293.038 7
	6(-1)	3 727 574.721 3	498 277.041 9		6(-1)	3 727 516.480 2	498 289.697 3

说明:① 平面坐标系为淮安市独立坐标系。② 本图提供的数据需经施工单位核实无误后方可施工,并需用桩号和纵横向距离相互校核。

图2-42 淮涟三干渠中桥桥墩桩基坐标设计值

图2-41(a)的1类墩台承台角点4号点的墩台中心坐标没有输入到Mat D矩阵,可以直接输入该点的墩台中心坐标复数计算其测量坐标。当用户输入了测站点坐标时,程序将计算并显示墩台桩基的极坐标放样数据,可以直接用全站仪放样桩基的平面位置。

程序使用竖曲线数据算出的墩台中心设计高程一般为该点的桥面设计高程，具体应查阅桥台立面构造图，图 2－43 为 3＃桥墩的立面构造图，图中注记的“设计高程”位置即为 QH2－7T 程序算出的墩台中心设计高程。

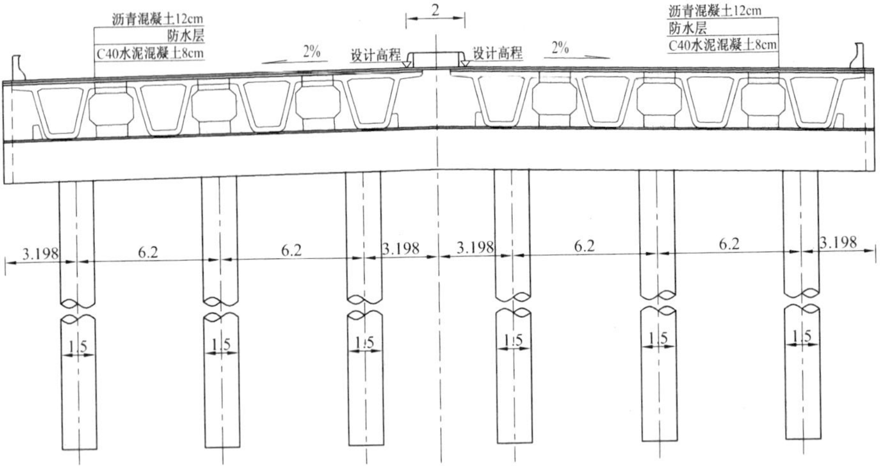

图 2－43　淮涟三干渠中桥 3＃桥墩立面构造图

2.12　隧道超欠挖、开挖轮廓线放样与净空测量计算

将全站仪安置在隧道掌子面附近的导线点上，使用全站仪的免棱镜测距功能，测定掌子面边缘任意点的三维坐标，计算该测点到基准线的径向距离（简称径距），称为隧道超欠挖计算。当测点位于基准线内缘时，径距应为负数，表示欠挖；当测点位于基准线外缘时，径距应为正数，表示超挖。

隧道超欠挖计算的基础为二衬轮廓线。将二衬轮廓线向外偏移距离 δ_1＝“二衬厚度＋预留变形量”可得隧道初期支护轮廓线；将隧道初期支护轮廓线向外偏移距离 δ_2＝“喷射层厚度”，可得隧道开挖轮廓线。

当选择隧道初期支护轮廓线或开挖轮廓线为基准线时，除计算测点径距外，还应计算测点分别至基准线的水平移距 a 与垂直移距 h，以便于测量员用钢卷尺量距的方式快速确定基准线的位置，用于指导隧道施工。

称二衬厚度、预留变形量、喷射层厚度等数据为隧道洞身支护参数。隧道洞身支护参数与围岩级别有关，不同的围岩级别，其隧道洞身支护参数也是不同的。

隧道竣工后，应测量隧道净空尺寸，以检查隧道二衬轮廓线与设计图纸的差异，作为竣工验收的依据。隧道净空测量的基准线为二衬轮廓线。

QH2－7T 程序按“洞身衬砌厚度＝仰拱衬砌厚度”设计。当某些设有仰拱的隧道，其“洞身衬砌厚度≠仰拱衬砌厚度”时，净空测量算出的仰拱部分的测点径距，将存在一个固定偏差，其值为“洞身衬砌厚度”与“仰拱衬砌厚度”之差。

由于净空测量的测点一般位于隧道电缆槽以上，而仰拱位于电缆槽以下，且已变成隐蔽工程，实际上也是测不到的，因此，这种偏差对实际工作并没有影响。

1）隧道数据的输入

隧道数据包括二衬轮廓线主点数据与围岩洞身支护参数，在数据库子程序中，应将前者输入到 Mat D 矩阵，后者输入到 Mat E 矩阵。由于在桥墩桩基坐标计算时，Mat D 矩阵用于存储各类桥墩桩基的墩台中心坐标，Mat E 矩阵用于存储墩台中心设计参数，因此，QH2－7T 程序的桥墩桩基坐标计算与隧道超欠挖功能只能二选一，不能同时使用。

（1）二衬轮廓线主点数据的输入

在数据库子程序中，应将隧道二衬轮廓线元数输入到 L 变量，执行 QH2－7T 程序后，自动将其转存到额外变量存储器 Z[23]，详细参见表 2-34。

隧道二衬轮廓线主点数据数据包括线元圆心隧中坐标 X_{Oj}，Y_{Oj}，线元半径 R_j、线元起点隧中坐标 X_j，Y_j 等 5 个数据，应输入到 Mat D 矩阵。Mat D 矩阵应定义为 6 列，其中 1～5 列用于输入二衬轮廓线线元的上述 5 个数据，第 6 列应输入 0，用于存储程序算出的线元圆心→起点的隧中坐标方位角 $\alpha_{Oj\text{-}j}$。Mat D 矩阵各单元数据的意义列于表 2-29。

表 2-29　隧道二衬轮廓线主点数据矩阵 Mat D(最多 10 行×6 列)单元规划

行\列	1	2	3	4	5	6
1	X_{O1}	Y_{O1}	R_1	X_1	Y_1	$\alpha_{O1\text{-}1}$
2	X_{O2}	Y_{O2}	R_2	X_2	Y_2	$\alpha_{O2\text{-}2}$
⋮	⋮	⋮	⋮	⋮	⋮	⋮
10	X_{O10}	Y_{O10}	R_{10}	X_{10}	Y_{10}	$\alpha_{O10\text{-}10}$

（2）围岩洞身支护参数的输入

围岩洞身支护参数个数应输入到 W 变量，执行 QH2－7T 程序后，自动将其转存到额外变量存储器 Z[24]，详细参见表 2-34。

每个围岩的洞身支护参数数据包括围岩起始设计桩号 Z_j、“二衬厚＋预留变形量”δ_{j1}、喷射层厚 δ_{j2}、隧中偏距 δ_{j3} 等 4 个数据，应输入到 Mat E 矩阵。Mat E 矩阵一般应定义为 8 列，每行可以存储 2 个围岩洞身支护参数，当定义为 10 行时，最多可以存储 20 个围岩洞身支护参数。Mat E 矩阵各单元数据的意义列于表 2-30。

表 2-30　围岩洞身支护参数矩阵 Mat E(最多 10 行×8 列)单元规划

行\列	1	2	3	4	5	6	7	8
1	Z_1	δ_{11}	δ_{12}	δ_{13}	Z_2	δ_{21}	δ_{22}	δ_{23}
2	Z_3	δ_{31}	δ_{32}	δ_{33}	Z_4	δ_{41}	δ_{42}	δ_{43}
⋮	⋮	⋮	⋮	⋮	⋮	⋮	⋮	⋮
10	Z_{19}	δ_{191}	δ_{192}	δ_{193}	Z_{20}	δ_{201}	δ_{202}	δ_{203}

作为特例，当只有 1 个围岩洞身支护参数时，只需要将 Mat E 矩阵定义为 1 行×4 列。

本节通过案例分别介绍三种典型类型的二衬轮廓线的隧道超欠挖计算方法。

2）广(州)珠(海)西线高速公路三期中山沙溪至月环段八亩隧道超欠挖计算案例

如图 2－44 所示，广(州)珠(海)西线高速公路三期中山沙溪至月环段有八亩、斜飞凤与南龙三座隧道，且三座隧道均位于 JD_{16} 的平曲线及后、前夹直线段内。

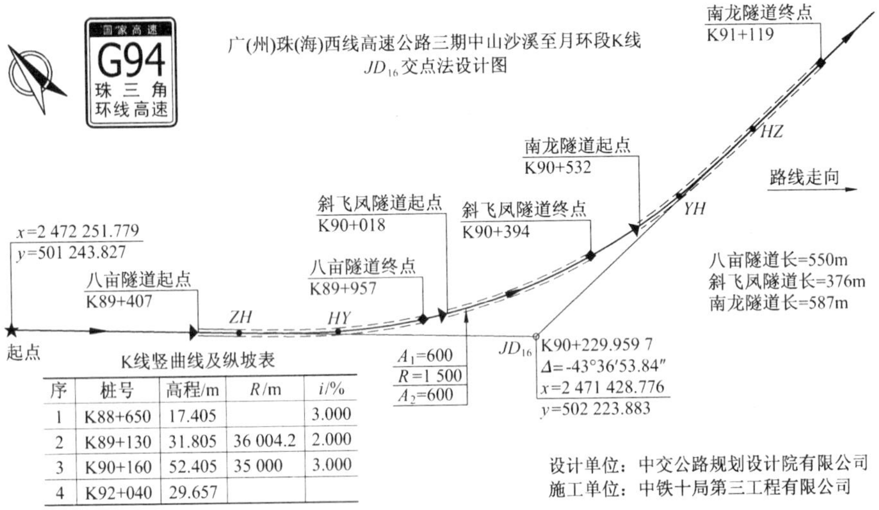

K线竖曲线及纵坡表

序	桩号	高程/m	R/m	i/%
1	K88+650	17.405		3.000
2	K89+130	31.805	36 004.2	2.000
3	K90+160	52.405	35 000	3.000
4	K92+040	29.657		

图 2－44　中山沙溪至月环段 K 线八亩、斜飞凤、南龙隧道平面位置与竖曲线表

(1) 二衬轮廓线主点数据的采集与输入

图 2－45 为三座隧道的二衬轮廓线设计图。以路线设计高程线为 X 轴，隧道中线为 Y 轴，建立隧道中线坐标系 XOY(简称隧中坐标系)，二衬轮廓线线元的圆心隧中坐标、半径、线元起点隧中坐标等数据统称为二衬轮廓线主点数据。

在 AutoCAD 中，按 1：1 的比例，以 m 为单位，绘制二衬轮廓线图形；执行“UCS/新建(N)”命令选项，交点捕捉二衬轮廓线的隧中坐标系原点，建立隧中坐标系 XOY；执行“id”命令，分别测量二衬轮廓线各线元的圆心及线元起点隧中坐标，再将采集的二衬轮廓线主点数据通过数据库子程序输入到 Mat D 矩阵。本例 Mat D 矩阵的数据内容见图 2－45 所示。

隧道二衬轮廓线的每个线元占用 Mat D 矩阵一行，最多允许有 10 个线元的主点数据，其中 1～2 列输入线元的圆心隧中坐标，3 列输入线元半径(直线线元的半径为 0)，4～5 列输入线元起点隧中坐标，6 列应输入 0，用于存储程序算出的线元圆心→线元起点的隧中方位角。

由于二衬轮廓线是关于 Y 轴对称的，因此，当二衬轮廓线有 n 个线元时，只需要输入 1～$n/2+1$ 号线元的主点数据。本例的二衬轮廓线有 6 个线元，只需要输入 1～4 号线元的主点数据，也即，图 2－45 灰底色区的 5～6 号二衬轮廓线线元数据不需要输入到 Mat D 矩阵。

由于 fx-5800P 没有矩阵维数定义语句，只能通过为矩阵赋值的方式定义矩阵维数，所以，Mat D 矩阵 5～6 行的数据应全部输入 0 代替。

(2) 洞身支护参数的输入

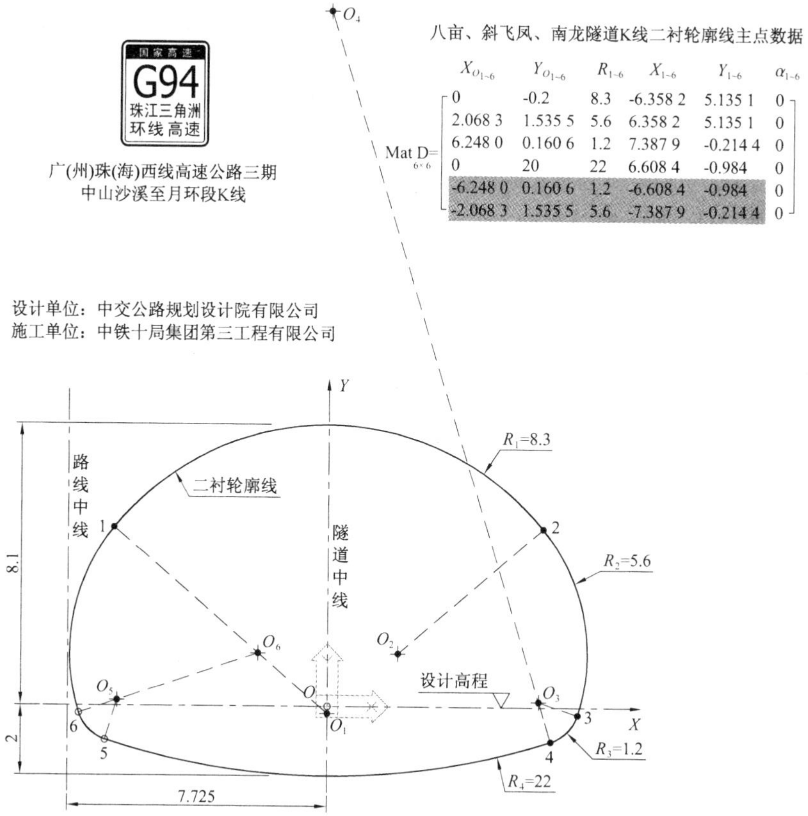

图 2-45　K 线八亩、斜飞凤、南龙隧道二衬轮廓线主点数据

各级围岩的洞身支护参数包括设计桩号、二衬厚度+预留变形量 δ_1、喷射层厚度 δ_2、隧中偏距 δ_3，其中隧中偏距为隧道中线偏离路线中线的水平距离，隧中线偏离路中线左侧的 $\delta_3<0$，右侧的 $\delta_3>0$。表 2-31 为 K 线八亩隧道各级围岩的 13 个洞身支护参数，其中围岩类别为明洞时，不需要进行超欠挖计算。

表 2-31　K 线八亩隧道各级围岩洞身支护参数

Mat E 行号	设计桩号	围岩	二衬厚+预留变形量 δ_1/m	喷射层厚 δ_2/m	隧中偏距 δ_3/m
	K89+407	明洞			
1	K89+412	SⅤq	0.72	0.28	7.725
	K89+456	SⅤ	0.72	0.26	7.725
2	K89+466	SⅣq	0.63	0.26	7.725
	K89+480	SⅣ	0.58	0.24	7.725
3	K89+506	SⅢ	0.51	0.18	7.725
	K89+586	SⅡ	0.45	0.10	7.725

续表

Mat E 行号	设计桩号	围岩	二衬厚+预留变形量 δ_1/m	喷射层厚 δ_2/m	隧中偏距 δ_3/m
4	K89+686	SⅢ	0.51	0.18	7.725
	K89+730	SⅣ	0.58	0.24	7.725
5	K89+770	SⅢ	0.51	0.18	7.725
	K89+842	SⅣ	0.58	0.24	7.725
6	K89+862	SⅣq	0.63	0.26	7.725
	K89+894	SⅤ	0.72	0.26	7.725
7	K89+899	SⅤq	0.72	0.28	7.725
	K89+942	明洞			
	K89+957	终点			

洞身支护参数应通过数据库子程序输入到 Mat E 矩阵，Mat E 矩阵应定义为 8 列，每行可以输入 2 个围岩断面的洞身支护参数，10 行最多可以输入 20 个围岩断面的洞身支护参数。

将表 2-31 八亩隧道的 13 个洞身支护参数输入到 Mat E 矩阵后的结果如下：

$$\underset{7\times 8}{\text{Mat E}}=\begin{pmatrix} 89\,412 & 0.72 & 0.28 & 7.725 & 89\,456 & 0.72 & 0.26 & 7.725 \\ 89\,466 & 0.63 & 0.26 & 7.725 & 89\,480 & 0.58 & 0.24 & 7.725 \\ 89\,506 & 0.51 & 0.18 & 7.725 & 89\,586 & 0.45 & 0.1 & 7.725 \\ 89\,686 & 0.51 & 0.18 & 7.725 & 89\,730 & 0.58 & 0.24 & 7.725 \\ 89\,770 & 0.51 & 0.18 & 7.725 & 89\,842 & 0.58 & 0.24 & 7.725 \\ 89\,862 & 0.63 & 0.26 & 7.725 & 89\,894 & 0.72 & 0.26 & 7.725 \\ 89\,899 & 0.72 & 0.28 & 7.725 & 0 & 0 & 0 & 0 \end{pmatrix}$$

因为本例没有断链，因此，1 列，5 列的设计桩号即为连续桩号。当有断链时，程序将执行数据库子程序输入的 1 列，5 列的设计桩号全部变换为连续桩号并存回原位。

(3) 数据库子程序

数据库子程序名：JD16－7

90229.9597→Z:2471428.776+502223.883i→B↵ JD_{16} 桩号/平面坐标复数

-43°36′53.84″→Q↵ 负数为左转角

600→E:1500→R:600→F↵ 第一缓曲参数/圆曲半径/第二缓曲参数

2472251.779+501243.827i→U↵ 起点平面坐标复数

2→S:6→L:13→W↵ 竖曲线变坡点数/二衬线元数/洞身支护参数个数

35+2S→DimZ↵ 定义额外变量维数

88650+17.405i→Z[34]↵ 竖曲线起点桩号+高程 i 复数

89130+31.805i→Z[35]:36004.2→Z[36]↵ SJD_1 桩号+高程 i 复数/竖曲线半径

90160+52.405i→Z[37]:35000→Z[38]↵ SJD_2 桩号+高程 i 复数/竖曲线半径

92040+29.657i→Z[39]↵ 竖曲线终点桩号+高程 i 复数

[[0,-0.2,8.3,-6.3582,5.1351,0][2.0683,1.5355,5.6,6.3582,5.1351,0][6.248,0.1606,1.2,7.3879,-0.2144,0][0,20,22,6.6084,-0.984,0][0,0,0,0,0,0][0,0,0,0,0,0]]→Mat D↵ 八亩隧道二衬轮廓线 4 个线元主点数据

[[89412,0.72,0.28,7.725,89456,0.72,0.26,7.725][89466,0.63,0.26,7.725,89480,0.58,0.24,7.725][89506,0.51,0.18,7.725,89586,0.45,0.1,7.725][89686,0.51,0.18,7.725,89730,0.58,0.24,7.725][89770,0.51,0.18,7.725,89842,0.58,0.24,7.725][89862,0.63,0.26,7.725,89894,0.72,0.26,7.725][89899,0.72,0.28,7.725,0,0,0,0]]→Mat E↵ 八亩隧道 K 线 13 个洞身支护参数

Return

在数据库子程序中，输入二衬轮廓线主点数据与洞身支护参数时，应遵循以下规则：

① 二衬轮廓线元数应输入到字母变量 L，洞身支护参数个数应输入到字母变量 W。

② 本例二衬轮廓线元数为 6，只需要输入 1～4 号线元的主点数据，占用 Mat D 矩阵的 1～4 行，虽然不需要输入 5～6 号线元的主点数据(图 2－45 灰底色数值)，但应为其输入 0，以实现将 Mat D 矩阵定义为 6 行×6 列的目的。

③ 本例有 13 个洞身支护参数，Mat E 矩阵应定义为 7 行，其中第 7 行的 5～8 列应输入 0，以实现将 Mat E 矩阵定义为 7 行×8 列的目的。

(4) 八亩隧道超欠挖计算案例

① 计算主点数据

将上述数据库子程序以文件名 JD16－7 输入 fx-5800P，编辑 QH2－7T 主程序，将正数第 10 行的数据库子程序名修改为 JD16－7。

执行 QH2－7T 程序，计算主点数据的屏幕提示及用户操作过程如下：

屏幕提示	按　键	说　　明
BASIC TYPE CURVE QH2－7T		显示程序标题
NEW(0),OLD(≠0) DATA=?	**0** EXE	重新调用数据库子程序，耗时 8.28 s
DISP YES(1),NO(≠1)=?	**1** EXE	输入 1 显示交点曲线要素
T1(m)=720.7987	EXE	显示第一切线长
T2(m)=720.7987	EXE	显示第二切线长
E(m)=117.3408	EXE	显示外距
Lh1(m)=240.0000	EXE	显示第一缓曲线长
LY(m)=901.8369	EXE	显示圆曲线长
Lh2(m)=240.0000	EXE	显示第二缓曲线长
L(m)=1381.8369	EXE	显示总曲线长
J(m)=59.7605	EXE	显示切曲差，计算主点数据，耗时 6.91 s
[MODE][4]⇛Stop!	MODE 4	进入 REG 模式

当数据库子程序中的字母变量 L>0，W>0 时，执行 QH2-7T 程序，除计算平曲线主点数据、断链值(D>0 时)、竖曲线主点数据(S>0 时)并存入统计串列外，还自动生成二衬轮廓线

矩阵 Mat D 中 $n/2+1\sim n$ 行对称线元的主点数据，计算 n 个线元圆心→起点的隧中方位角并存入 Mat D 矩阵相应行的第 6 列。

当断链数 D>0 时，QH2－7T 程序还将 Mat E 矩阵 1 列，5 列的洞身支护参数设计桩号全部变换为连续桩号，并存回原位。

② 八亩隧道 K89＋680 断面开挖轮廓线放样

重复执行 QH2－7T 程序的隧道超欠挖功能，选择开挖轮廓线为基准线，拱顶线元计算 3 个测点，其余线元计算 1 个测点的屏幕提示与用户操作过程如下：

屏幕提示	按　键	说　　明
BASIC TYPE CURVE QH2－7T		显示程序标题
NEW(0),OLD(≠0) DATA＝?	**2** EXE	输入≠0 数用最近调用的数据库子程序计算
STA XY,NEW(0),OLD(1),NO(2)＝?	**2** EXE	输入 2 为计算极坐标放样数据
PEG→XY(1),XY→PEG(2),μr(3)＝?	**3** EXE	输入 3 选择隧道超欠挖计算
LINE(1,0,2)＝?	**0** EXE	输入 0 选择隧道开挖轮廓线
XJ(m),π⇒END＝?	**2471783.2159** EXE	输入全站仪实测实测 1 号掌子面测点坐标
YJ(m)＋ni＝?	**501803.4038** EXE	
HJ(m)＝?	**48.6538** EXE	
p PEG(m)＋ni＝89680.0001＋1.0000i	EXE	显示垂点桩号＋平曲线元号复数/耗时 6.22 s
μr(m)＋ni＝0.0533＋1.0000i	EXE	显示超挖径距＋测点线元号复数/耗时 6.91 s
a＋hi(m)＝0.0739＋0.0755i	EXE	显示水平移距＋垂直移距复数
XJ(m),π⇒END＝?	**2471778.1175** EXE	输入全站仪实测 2 号掌子面测点坐标
YJ(m)＋ni＝?	**501799.4634** EXE	
HJ(m)＝?	**51.321** EXE	
p PEG(m)＋ni＝89680.0001＋1.0000i	EXE	显示垂点桩号＋平曲线元号复数/耗时 6.21 s
μr(m)＋ni＝-0.0388＋1.0000i	EXE	显示欠挖径距＋测点线元号复数/耗时 6.91 s
a＋hi(m)＝-0.8273－0.0388i	EXE	显示水平移距＋垂直移距复数
XJ(m),π⇒END＝?	**2471772.7387** EXE	输入全站仪实测 3 号掌子面测点坐标
YJ(m)＋ni＝?	**501795.3063** EXE	
HJ(m)＝?	**48.252** EXE	
p PEG(m)＋ni＝89680.0001＋1.0000i	EXE	显示垂点桩号＋平曲线元号复数/耗时 6.22 s
μr(m)＋ni＝0.0487＋1.0000i	EXE	显示超挖径距＋测点线元号复数/耗时 6.81 s
a＋hi(m)＝0.0639＋0.0758i	EXE	显示水平移距＋垂直移距复数
XJ(m),π⇒END＝?	**2471771.6504** EXE	输入全站仪实测 4 号掌子面测点坐标
YJ(m)＋ni＝?	**501794.4652** EXE	
HJ(m)＝?	**44.2924** EXE	

续表

屏幕提示	按键	说明
p PEG(m)+ni=89680.0001+1.0000i	EXE	显示垂点桩号+平曲线元号复数/耗时6.19 s
μr(m)+ni=-0.0446+2.0000i	EXE	显示欠挖径距+测点线元号复数/耗时6.85 s
a+hi(m)=-0.0446−0.6938i	EXE	显示水平移距+垂直移距复数
XJ(m),π⇟END=?	2471772.5203 EXE	输入全站仪实测5号掌子面测点坐标
YJ(m)+ni=?	501795.1375 EXE	
HJ(m)=?	41.2723 EXE	
p PEG(m)+ni=89680.0001+1.0000i	EXE	显示垂点桩号+平曲线元号复数/耗时6.18 s
μr(m)+ni=0.0489+3.0000i	EXE	显示超挖径距+测点线元号复数/耗时6.88 s
a+hi(m)=0.1128+0.0553i	EXE	显示水平移距+垂直移距复数
XJ(m),π⇟END=?	2471775.1969 EXE	输入全站仪实测6号掌子面测点坐标
YJ(m)+ni=?	501797.2061 EXE	
HJ(m)=?	40.5126 EXE	
p PEG(m)+ni=89680.0000+1.0000i	EXE	显示垂点桩号+平曲线元号复数/耗时6.19 s
μr(m)+ni=-0.0480+4.0000i	EXE	显示欠挖径距+测点线元号复数/耗时6.91 s
a+hi(m)=-0.2822−0.0487i	EXE	显示水平移距+垂直移距复数
XJ(m),π⇟END=?	2471782.7246 EXE	输入全站仪实测7号掌子面测点坐标
YJ(m)+ni=?	501803.024 EXE	
HJ(m)=?	40.8777 EXE	
p PEG(m)+ni=89680.0000+1.0000i	EXE	显示垂点桩号+平曲线元号复数/耗时6.22 s
μr(m)+ni=0.0452+4.0000i	EXE	显示超挖径距+测点线元号复数/耗时6.94 s
a+hi(m)=0.1778+0.0467i	EXE	显示水平移距+垂直移距复数
XJ(m),π⇟END=?	2471784.2298 EXE	输入全站仪实测8号掌子面测点坐标
YJ(m)+ni=?	501804.1874 EXE	
HJ(m)=?	41.9465 EXE	
p PEG(m)+ni=89680.0001+1.0000i	EXE	显示垂点桩号+平曲线元号复数/耗时6.94 s
μr(m)+ni=-0.0079+5.0000i	EXE	显示欠挖径距+测点线元号复数/耗时6.91 s
a+hi(m)=-0.0093−0.0147i	EXE	显示水平移距+垂直移距复数
XJ(m),π⇟END=?	2471784.6711 EXE	输入全站仪实测9号掌子面测点坐标
YJ(m)+ni=?	501804.5285 EXE	
HJ(m)=?	44.459 EXE	
p PEG(m)+ni=89680.0001+1.0000i	EXE	显示垂点桩号+平曲线元号复数/耗时6.25 s

续表

屏幕提示	按　键	说　　明
μr(m)＋ni＝0.0681＋6.0000i	EXE	显示超挖径距＋测点线元号复数/耗时 6.97 s
a＋hi(m)＝0.0682	EXE	只显示水平移距
XJ(m),π⇌END＝?	SHIFT π EXE	输入 π 结束程序
QH2－7T⇌END		程序结束显示

需要说明的是，当选择 QH2－7T 程序的隧道超欠挖功能时，无论是否输入测站点坐标，程序都不计算测点垂点的极坐标放样数据。

上述算出的 3 号，4 号测点的“水平移距＋垂直移距 i”复数的几何意义见图 2－46 所示，说明如下：

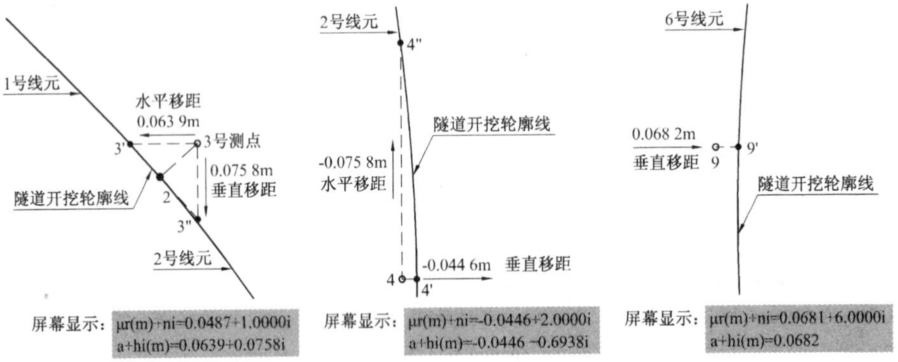

(a) 3号测点(超挖)　　(b) 4号测点(欠挖)　　(c) 9号测点(超挖)

图 2－46　3 号，4 号，6 号测点“水平移距＋垂直移距 i”复数的几何意义

(a) 如图 2－46(a)所示，设过 3 号测点的水平线与开挖轮廓线 1 号线元的交点为 3′，设过 3 号测点的垂直线与开挖轮廓线 1 号线元的交点为 3"，由于 3 号测点的超欠挖值为 0.048 7 m，为超挖，3→3′的水平移距为 0.063 9 m，显示为复数的实部，需要向洞内方向移动；3→3"的垂直移距为 0.075 8 m，显示为复数的虚部，需要向洞内方向移动。

由于 3 号测点位于开挖轮廓线 1 号线元与 2 号线元的连接主点 2 附近，程序只能使用超欠挖计算时搜索到的 1 号线元主点数据计算，而垂直交点 3"实际应位于 2 号线元，程序计算的 3"点位置是过 3 点的水平线与 1 号线元延长线的交点，它与过 3 号测点的垂直线与 2 号线元的交点是存在差异的，但当二衬轮廓线元为径相连接时，这种差异不会很大。例如本例的差异为 0.000 9 m。

可以认为 3′与 3"点均在开挖轮廓线上，这就实现了测量 3 号测点的坐标，可以同时得到 3′与 3"两个开挖轮廓线放样点。

隧道施工时，只需要用红油漆在掌子面标记 3 号测点的位置，并过 3 号测点画一条水平线，用钢卷尺丈量程序算出的水平移距并用红油漆标注于掌子面；过 3 号测点画一条垂直线，用钢卷尺丈量程序算出的垂直移距并用红油漆标注于掌子面，施工人员即可知道3号测点附近真实的开挖轮廓线的准确位置，并用以指导隧道施工。

(b) 图2-46(b)所示的4号测点为欠挖，水平移距与垂直移距均为负数，应向洞外方向移动。由于水平移距交点4′点与垂直移距交点4"均位于2号线元，因此，程序算出的两个移距交点4′,4"都是精确的。对于欠挖测点，当隧道尚未开挖到基准线时，只需要用红油漆在掌子面标注测点的水平移距与垂直移距即可。

(c) 图2-46(c)所示的9号测点为超挖，由于过该测点的垂直线与6号线元无交点，因此，程序只显示水平移距。

③ 八亩隧道K89+680断面初期支护轮廓线放样

重复执行QH2-7T程序的隧道超欠挖功能，选择初期支护轮廓线为基准线，计算上述9个相同测点的屏幕提示与用户操作过程如下：

屏幕提示	按　键	说　明
BASIC TYPE CURVE QH2－7T		显示程序标题
NEW(0),OLD(≠0) DATA＝?	**3** EXE	输入≠0数用最近调用的数据库子程序计算
STA XY NEW(0),OLD(1),NO(2)＝?	**2** EXE	输入2为不计算极坐标放样数据
PEG→XY(1),XY→PEG(2),μr(3)＝?	**3** EXE	输入3隧道超欠挖，1正算/2反算
LINE(1,0,2)＝?	**1** EXE	输入1选择隧道初期支护轮廓线
XJ(m),π⇛END＝?	**2471783.2159** EXE	输入全站仪实测实测1号掌子面测点坐标
YJ(m)＋ni＝?	**501803.4038** EXE	
HJ(m)＝?	**48.6538** EXE	
p PEG(m)＋ni＝89680.0001＋1.0000i	EXE	显示垂点桩号＋平曲线元号复数/耗时6.25 s
μr(m)＋ni＝0.1533＋1.0000i	EXE	显示超挖径距＋测点线元号复数/耗时6.90 s
a＋hi(m)＝0.2136＋0.2244i	EXE	显示水平移距＋垂直移距复数
XJ(m),π⇛END＝?	**2471778.1175** EXE	输入全站仪实测2号掌子面测点坐标
YJ(m)＋ni＝?	**501799.4634** EXE	
HJ(m)＝?	**51.321** EXE	
p PEG(m)＋ni＝89680.0001＋1.0000i	EXE	显示垂点桩号＋平曲线元号复数/耗时6.22 s
μr(m)＋ni＝0.0612＋1.0000i	EXE	显示超挖径距＋测点线元号复数/耗时6.84 s
a＋hi(m)＝0.0612i	EXE	只显示垂直移距复数
XJ(m),π⇛END＝?	**2471772.7387** EXE	输入全站仪实测3号掌子面测点坐标
YJ(m)＋ni＝?	**501795.3063** EXE	
HJ(m)＝?	**48.252** EXE	
p PEG(m)＋ni＝89680.0001＋1.0000i	EXE	显示垂点桩号＋平曲线元号复数/耗时6.25 s

续表

屏幕提示	按　键	说　　明
μr(m)+ni=0.1487+1.0000i	EXE	显示超挖径距+测点线元号复数/耗时 6.84 s
a+hi(m)=0.1958+0.2333i	EXE	显示水平移距+垂直移距复数
XJ(m),π⇒END=?	2471771.6504 EXE	输入全站仪实测 4 号掌子面测点坐标
YJ(m)+ni=?	501794.4652 EXE	
HJ(m)=?	44.2924 EXE	
p PEG(m)+ni=89680.0001+1.0000i	EXE	显示垂点桩号+平曲线元号复数/耗时 6.31 s
μr(m)+ni=0.0554+2.0000i	EXE	显示超挖径距+测点线元号复数/耗时 6.81 s
a+hi(m)=0.0554	EXE	只显示水平移距
XJ(m),π⇒END=?	2471772.5203 EXE	输入全站仪实测 5 号掌子面测点坐标
YJ(m)+ni=?	501795.1375 EXE	
HJ(m)=?	41.2723 EXE	
p PEG(m)+ni=89680.0001+1.0000i	EXE	显示垂点桩号+平曲线元号复数/耗时 6.22 s
μr(m)+ni=0.1489+3.0000i	EXE	显示超挖径距+测点线元号复数/耗时 6.91 s
a+hi(m)=0.4153+0.1697i	EXE	显示水平移距+垂直移距复数
XJ(m),π⇒END=?	2471775.1969 EXE	输入全站仪实测 6 号掌子面测点坐标
YJ(m)+ni=?	501797.2061 EXE	
HJ(m)=?	40.5126 EXE	
p PEG(m)+ni=89680.0000+1.0000i	EXE	显示垂点桩号+平曲线元号复数/耗时 6.19 s
μr(m)+ni=0.0520+4.0000i	EXE	显示超挖径距+测点线元号复数/耗时 6.91 s
a+hi(m)=0.3314+0.0527i	EXE	显示水平移距+垂直移距复数
XJ(m),π⇒END=?	2471782.7246 EXE	输入全站仪实测 7 号掌子面测点坐标
YJ(m)+ni=?	501803.024 EXE	
HJ(m)=?	40.8777 EXE	
p PEG(m)+ni=89680.0000+1.0000i	EXE	显示垂点桩号+平曲线元号复数/耗时 6.22 s
μr(m)+ni=0.1452+4.0000i	EXE	显示超挖径距+测点线元号复数/耗时 6.90 s
a+hi(m)=0.5916+0.1503i	EXE	显示水平移距+垂直移距复数
XJ(m),π⇒END=?	2471784.2298 EXE	输入全站仪实测 8 号掌子面测点坐标
YJ(m)+ni=?	501804.1874 EXE	
HJ(m)=?	41.9465 EXE	
p PEG(m)+ni=89680.0001+1.0000i	EXE	显示垂点桩号+平曲线元号复数/耗时 6.87 s
μr(m)+ni=0.0921+5.0000i	EXE	显示超挖径距+测点线元号复数/耗时 6.90 s

续表

屏幕提示	按　键	说　明
a+hi(m)=0.1099+0.1884i	EXE	显示水平移距+垂直移距复数
XJ(m),π⇒END=?	2471784.6711 EXE	输入全站仪实测 9 号掌子面测点坐标
YJ(m)+ni=?	501804.5285 EXE	
HJ(m)=?	44.459 EXE	
p PEG(m)+ni=89680.0001+1.0000i	EXE	显示垂点桩号+平曲线元号复数/耗时 6.25 s
μr(m)+ni=0.1681+6.0000i	EXE	显示超挖径距+测点线元号复数/耗时 6.97 s
a+hi(m)=0.1682	EXE	只显示水平移距
XJ(m),π⇒END=?	SHIFT π EXE	输入 π 结束程序
QH2-7T⇒END		程序结束显示

④ 八亩隧道 K89+680 断面隧道净空测量计算

重复执行 QH2-7T 程序的隧道超欠挖功能，选择二衬轮廓线为基准线，拱顶线元计算 3 个测点，其余线元计算 1 个测点的屏幕提示与用户操作过程如下：

屏幕提示	按　键	说　明
BASIC TYPE CURVE QH2-7T		显示程序标题
NEW(0),OLD(≠0) DATA=?	4 EXE	输入≠0 数用最近调用的数据库子程序计算
STA XY NEW(0),OLD(1),NO(2)=?	2 EXE	输入 2 为不计算极坐标放样数据
PEG→XY(1),XY→PEG(2),μr(3)=?	3 EXE	输入 3 隧道超欠挖,1 正算/2 反算
LINE(1,0,2)=?	2 EXE	输入 2 选择隧道二衬轮廓线
XJ(m),π⇒END=?	2471782.9382 EXE	输入全站仪实测实测 1 号掌子面测点坐标
YJ(m)+ni=?	501803.1892 EXE	
HJ(m)=?	48.2429 EXE	
p PEG(m)+ni=89680.0001+1.0000i	EXE	显示垂点桩号+平曲线元号复数/耗时 6.28 s
μr(m)+ni=0.0660+1.0000i	EXE	显示超挖径距+测点线元号复数/耗时 6.90 s
XJ(m),π⇒END=?	2471778.1175 EXE	输入全站仪实测 2 号掌子面测点坐标
YJ(m)+ni=?	501799.4634 EXE	
HJ(m)=?	50.8502 EXE	
p PEG(m)+ni=89680.0001+1.0000i	EXE	显示垂点桩号+平曲线元号复数/耗时 6.32 s
μr(m)+ni=0.0404+1.0000i	EXE	显示超挖径距+测点线元号复数/耗时 6.94 s
XJ(m),π⇒END=?	2471773.0801 EXE	输入全站仪实测 3 号掌子面测点坐标
YJ(m)+ni=?	501795.5701 EXE	

续表

屏幕提示	按　键	说　　明
HJ(m)=?	47.9706 EXE	
p PEG(m)+ni=89680.0000+1.0000i	EXE	显示垂点桩号+平曲线元号复数/耗时 6.32 s
μr(m)+ni=0.0878+1.0000i	EXE	显示超挖径距+测点线元号复数/耗时 6.87 s
XJ(m),π⇒END=?	2471772.0009 EXE	输入全站仪实测 4 号掌子面测点坐标
YJ(m)+ni=?	501794.7361 EXE	
HJ(m)=?	43.9297 EXE	
p PEG(m)+ni=89680.0001+1.0000i	EXE	显示垂点桩号+平曲线元号复数/耗时 6.32 s
μr(m)+ni=0.0710+2.0000i	EXE	显示超挖径距+测点线元号复数/耗时 6.91 s
XJ(m),π⇒END=?	2471772.7145 EXE	输入全站仪实测 5 号掌子面测点坐标
YJ(m)+ni=?	501795.2876 EXE	
HJ(m)=?	41.7805 EXE	
p PEG(m)+ni=89680.0001+1.0000i	EXE	显示垂点桩号+平曲线元号复数/耗时 6.32 s
μr(m)+ni=0.0349+3.0000i	EXE	显示超挖径距+测点线元号复数/耗时 6.97 s
XJ(m),π⇒END=?	2471775.2702 EXE	输入全站仪实测 6 号掌子面测点坐标
YJ(m)+ni=?	501797.2628 EXE	
HJ(m)=?	40.9759 EXE	
p PEG(m)+ni=89680.0001+1.0000i	EXE	显示垂点桩号+平曲线元号复数/耗时 6.28 s
μr(m)+ni=0.0298+4.0000i	EXE	显示超挖径距+测点线元号复数/耗时 6.81 s
XJ(m),π⇒END=?	2471782.6922 EXE	输入全站仪实测 7 号掌子面测点坐标
YJ(m)+ni=?	501802.999 EXE	
HJ(m)=?	41.3892 EXE	
p PEG(m)+ni=89680.0000+1.0000i	EXE	显示垂点桩号+平曲线元号复数/耗时 6.32 s
μr(m)+ni=0.0906+4.0000i	EXE	显示超挖径距+测点线元号复数/耗时 6.97 s
XJ(m),π⇒END=?	2471783.9215 EXE	输入全站仪实测 8 号掌子面测点坐标
YJ(m)+ni=?	501803.9492 EXE	
HJ(m)=?	42.2913 EXE	
p PEG(m)+ni=89680.0001+1.0000i	EXE	显示垂点桩号+平曲线元号复数/耗时 6.32 s
μr(m)+ni=0.0320+5.0000i	EXE	显示欠挖径距+测点线元号复数/耗时 6.97 s
XJ(m),π⇒END=?	2471784.2136 EXE	输入全站仪实测 9 号掌子面测点坐标
YJ(m)+ni=?	501804.1749 EXE	

续表

屏幕提示	按　键	说　　明
HJ(m)=?	44.2612 EXE	
p PEG(m)+ni=89680.0001+1.0000i	EXE	显示垂点桩号+平曲线元号复数/耗时 6.25 s
μr(m)+ni=0.0363+6.0000i	EXE	显示超挖径距+测点线元号复数/耗时 6.91 s
XJ(m),π⇒END=?	SHIFT π EXE	输入 π 结束程序
QH2-7T⇒END		程序结束显示

由于隧道净空测量属于隧道竣工后的验收测量,因此,选择二衬轮廓线作为超欠挖计算的基准线时,程序只计算测点的超欠挖值,不计算测点的"水平移距+垂直移距 i"复数。

3) 浙江杭(州)长(兴)高速公路安城段 13 合同段骆驼山隧道右线超欠挖计算案例

如图 2-47 所示,杭(州)长(兴)高速公路安城段 13 合同段骆驼山隧道右线位于 JD_{30} 的圆曲线内。

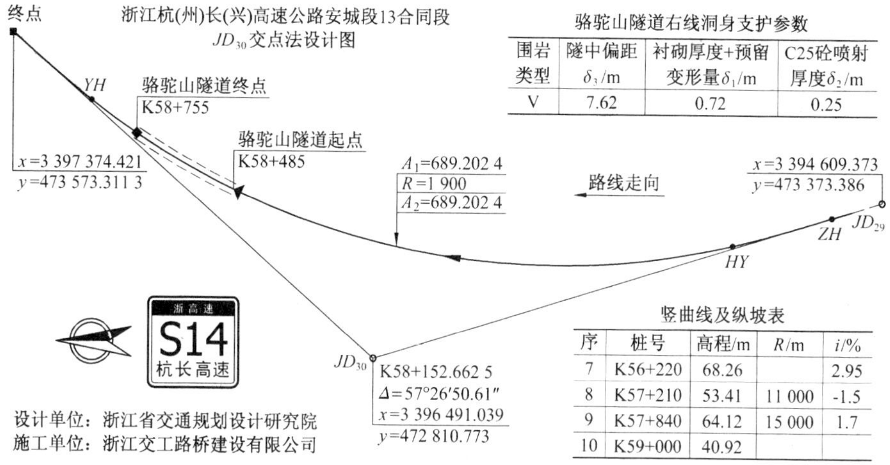

骆驼山隧道右线洞身支护参数

围岩类型	隧中偏距 δ_3/m	衬砌厚度+预留变形量 δ_1/m	C25砼喷射厚度 δ_2/m
V	7.62	0.72	0.25

竖曲线及纵坡表

序	桩号	高程/m	R/m	i/%
7	K56+220	68.26		2.95
8	K57+210	53.41	11 000	-1.5
9	K57+840	64.12	15 000	1.7
10	K59+000	40.92		

图 2-47　浙江杭(州)长(兴)高速公路安城段 13 合同段骆驼山隧道平面位置与竖曲线表

(1) 二衬轮廓线主点数据的采集与输入

图 2-48 为骆驼山隧道的二衬轮廓线设计图,该隧道的二衬轮廓线也有 6 个线元,但与图 2-45 所示的二衬轮廓线不同的是,该隧道二衬轮廓线的 2 号,6 号线元为垂直直线,这也是高速公路另一类比较典型的二衬轮廓线类型。

QH2-7T 程序规定,在二衬轮廓线中,直线线元的半径为 0,直线线元的圆心坐标则应按程序便于用隧中方位角判断测点所在线元号来确定。对于本例,2 号垂直直线线元的圆心坐标应为半径 O_12 与半径 O_44 的交点。6 号垂直直线线元的圆心应以隧道中线为对称轴确定。

二衬轮廓线 1~4 号线元主点数据的采集方法与图 2-45 相同,结果见图 2-48 所示。在数据库子程序中,只需要输入 1～4 号线元的主点数据,不需要输入图 2-48 灰底色所示 5～6 号线元的主点数据。

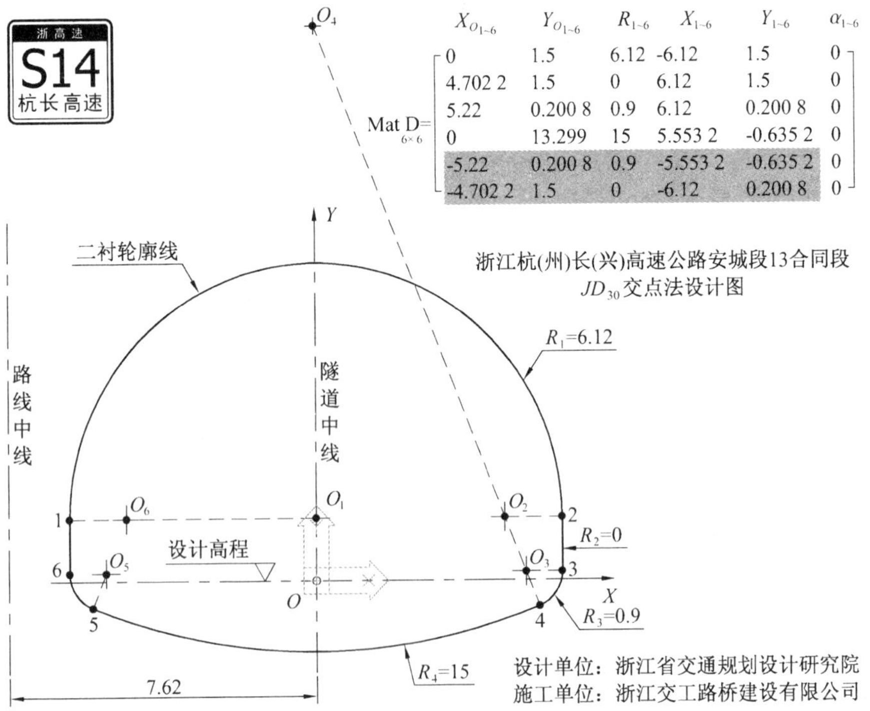

图 2-48 骆驼山隧道二衬轮廓线主点数据

(2) 数据库子程序

数据库子程序名:JD30-7

58152.6625→Z:3396491.039+472810.773i→B↵ 输入 JD_{30} 桩号/平面坐标复数

57°26°50.61°→Q↵ 正数为右转角

689.2024→E:1900→R:689.2024→F↵ 第一缓曲参数/圆曲半径/第二缓曲参数

3394609.373+473373.386i→U↵ JD_{29} 平面坐标复数

2→S:6→L:1→W↵ 竖曲线变坡点数/隧道二衬线元数/洞身支护参数个数

35+2S→DimZ↵ 定义额外变量维数

56220+68.26i→Z[34]↵ 竖曲线起点桩号+高程 i 复数

57210+53.41i→Z[35]:11000→Z[36]↵ SJD_8 桩号+高程 i 复数,竖曲线半径

57840+64.12i→Z[37]:15000→Z[38]↵ SJD_9 桩号+高程 i 复数,竖曲线半径

59000+40.92i→Z[39]↵ 竖曲线终点桩号+高程 i 复数

[[0,1.5,6.12,-6.12,1.5,0][4.7022,1.5,0,6.12,1.5,0][5.22,0.2008,0.9,6.12,0.2008,0][0,13.299,15,5.5532,-0.6352,0][0,0,0,0,0,0][0,0,0,0,0,0]]→Mat D↵

骆驼山隧道二衬轮廓线 4 个线元主点数据

[[58485,0.72,0.25,7.62]]→Mat E↵　　骆驼山隧道右线1个洞身支护参数

Return

由于本例只有一个洞身支护参数，所以，Mat E矩阵只需要定义为1行×4列。

(3) 骆驼山隧道超欠挖计算案例

将上述数据库子程序以文件名JD30－7输入fx-5800P，编辑QH2－7T主程序，将正数第10行的数据库子程序名修改为JD30－7。

执行QH2－7T程序，计算主点数据，选择隧道超欠挖功能及开挖轮廓线为基准线，拱顶线元计算3个测点，其余线元计算1个测点的屏幕提示与用户操作过程如下：

屏幕提示	按　键	说　　明
BASIC TYPE CURVE QH2－7T		显示程序标题
NEW(0),OLD(≠0) DATA=?	0 EXE	输入0为重新计算主点数据
DISP YES(1),NO(≠1)=?	1 EXE	输入1显示交点曲线要素/耗时7.53 s
T1(m)=1166.9741	EXE	显示第一切线长
T2(m)=1166.9741	EXE	显示第二切线长
E(m)=268.1691	EXE	显示外距
Lh1(m)=250.0000	EXE	显示第一缓曲线长
LY(m)=1655.0277	EXE	显示圆曲线长
Lh2(m)=250.0000	EXE	显示第二缓曲线长
L(m)=2155.0276	EXE	显示总曲线长
J(m)=178.9206	EXE	显示切曲差/计算主点数据/耗时6.81 s
Press [MENU][4]⇛Stop!	EXE	继续计算
STA XY NEW(0),OLD(1),NO(2)=?	2 EXE	输入2为不计算极坐标放样数据
PEG→XY(1),XY→PEG(2),μr(3)=?	3 EXE	输入3隧道超欠挖，1正算/2反算
LINE(1,0,2)=?	1 EXE	输入1选择隧道超欠挖测量
XJ(m),π⇛END=?	3396865.3367 EXE	输入全站仪实测实测1号掌子面测点坐标
YJ(m)+ni=?	473222.25 EXE	
HJ(m)=?	54.7907 EXE	
p PEG(m)+ni=58520.0000+2.0000i	EXE	显示垂点桩号+平曲线元号复数/耗时5.31 s
μr(m)+ni=0.0830+1.0000i	EXE	显示超挖径距+测点线元号复数/耗时5.68 s
a+hi(m)=0.0906+0.2143i	EXE	显示水平移距+垂直移距复数
XJ(m),π⇛END=?	3396862.8706 EXE	输入全站仪实测2号掌子面测点坐标
YJ(m)+ni=?	473227.3396 EXE	
HJ(m)=?	58.6553 EXE	
p PEG(m)+ni=58520.0001+2.0000i	EXE	显示垂点桩号+平曲线元号复数/耗时5.44 s
μr(m)+ni=-0.1690+1.0000i	EXE	显示欠挖径距+测点线元号复数/耗时5.66 s

续表

屏幕提示	按　键	说　　明
a+hi(m)=-0.9721−0.1699i	EXE	显示水平移距＋垂直移距复数
XJ(m),π⇒END=?	3396859.9202 EXE	输入全站仪实测 3 号掌子面测点坐标
YJ(m)+ni=?	473233.4287 EXE	
HJ(m)=?	54.8524 EXE	
p PEG(m)+ni=58520.0001+2.0000i	EXE	显示垂点桩号＋平曲线元号复数/耗时 5.42 s
μr(m)+ni=-0.1349+1.0000i	EXE	显示欠挖径距＋测点线元号复数/耗时 5.65 s
a+hi(m)=-0.1485−0.3060i	EXE	显示水平移距＋垂直移距复数
XJ(m),π⇒END=?	3396859.5256 EXE	输入全站仪实测 4 号掌子面测点坐标
YJ(m)+ni=?	473234.243 EXE	
HJ(m)=?	51.2961 EXE	
p PEG(m)+ni=58520.0001+2.0000i	EXE	显示垂点桩号＋平曲线元号复数/耗时 5.35 s
μr(m)+ni=0.1424+2.0000i	EXE	显示超挖径距＋测点线元号复数/耗时 5.72 s
XJ(m),π⇒END=?	3396859.8485 EXE	输入全站仪实测 5 号掌子面测点坐标
YJ(m)+ni=?	473233.5767 EXE	
HJ(m)=?	49.6722 EXE	
p PEG(m)+ni=58520.00001+2.0000i	EXE	显示垂点桩号＋平曲线元号复数/耗时 5.41 s
μr(m)+ni=-0.1558+3.0000i	EXE	显示欠挖径距＋测点线元号复数/耗时 5.63 s
a+hi(m)=-0.2129−0.2084i	EXE	显示水平移距＋垂直移距复数
XJ(m),π⇒END=?	3396861.9379 EXE	输入全站仪实测 6 号掌子面测点坐标
YJ(m)+ni=?	473229.2645 EXE	
HJ(m)=?	47.9866 EXE	
p PEG(m)+ni=58520.0001+2.0000i	EXE	显示垂点桩号＋平曲线元号复数/耗时 5.37 s
μr(m)+ni=0.1787+4.0000i	EXE	显示超挖径距＋测点线元号复数/耗时 5.65 s
a+hi(m)=0.1794i	EXE	显示垂直移距复数
XJ(m),π⇒END=?	3396864.0364 EXE	输入全站仪实测 7 号掌子面测点坐标
YJ(m)+ni=?	473224.9337 EXE	
HJ(m)=?	48.6649 EXE	
p PEG(m)+ni=58520.0001+2.0000i	EXE	显示垂点桩号＋平曲线元号复数/耗时 5.44 s
μr(m)+ni=-0.1974+4.0000i	EXE	显示欠挖径距＋测点线元号复数/耗时 5.68 s
a+hi(m)=-0.8177−0.2021i	EXE	显示水平移距＋垂直移距复数
XJ(m),π⇒END=?	3396865.4712 EXE	输入全站仪实测 8 号掌子面测点坐标

续表

屏幕提示	按　键	说　　明
YJ(m)＋ni＝?	473221.9725 EXE	
HJ(m)＝?	49.6722 EXE	
p PEG(m)＋ni＝58520.0001＋2.0000i	EXE	显示垂点桩号＋平曲线元号复数/耗时 5.42 s
μr(m)＋ni＝0.1554＋5.0000i	EXE	显示超挖径距＋测点线元号复数/耗时 5.72 s
a＋hi(m)＝0.1979＋0.2925i	EXE	显示水平移距＋垂直移距复数
XJ(m),π⇒END＝?	3396865.4892 EXE	输入全站仪实测 9 号掌子面测点坐标
YJ(m)＋ni＝?	473221.9354 EXE	
HJ(m)＝?	51.3578 EXE	
p PEG(m)＋ni＝58520.0001＋2.0000i	EXE	显示垂点桩号＋平曲线元号复数/耗时 5.35 s
μr(m)＋ni＝-0.1461＋6.0000i	EXE	显示欠挖径距＋测点线元号复数/耗时 5.72 s
XJ(m),π⇒END＝?	SHIFT π EXE	输入 π 结束程序
QH2－7T⇒END		程序结束显示

上表灰底色所示的 4 号测点位于 2 号垂直直线线元，9 号测点位于 6 号垂直直线线元。QH2－7T 程序计算测点的超欠挖值时，对位于水平直线线元或垂直直线线元的测点，由于其超欠挖值就等于垂直或水平移距，因此，不显示测点的“水平移距＋垂直移距 i”复数。

4）新建贵阳久长至永温铁路白岩脚隧道超欠挖计算案例

如图 2－49 所示，新建贵阳久长至永温铁路白岩脚隧道位于 JD_7 的 ZH 后夹直线与第一缓和曲线内。

竖曲线及纵坡表

序	桩号	高程/m	R/m	i/%
8	DK6+450	1 363.58		1.149 6
9	DK6+800	1 363.41	10 000	-0.0 486
10	DK7+800	1 355.41	10 000	-0.8
11	DK8+300	1 355.41	10 000	0
12	DK8+700	1 358.41		

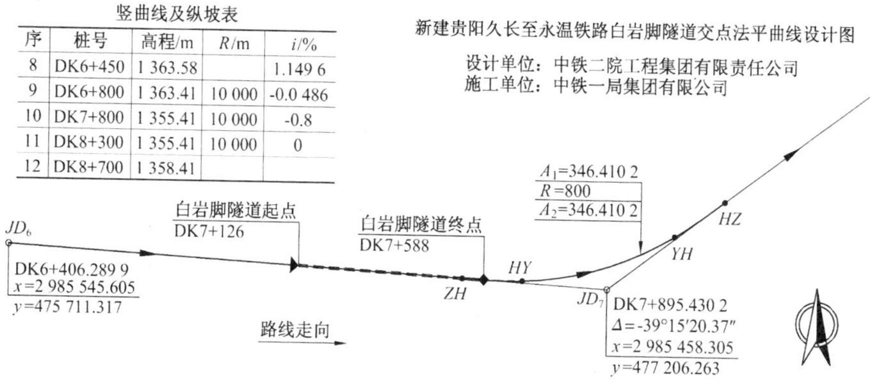

图 2－49　新建贵阳久长至永温铁路白岩脚隧道平面位置与竖曲线表

(1) 二衬轮廓线主点数据的采集与输入

图 2－50 为白岩脚隧道的二衬轮廓线设计图，该隧道的二衬轮廓线有 10 个线元，达到了 Mat D 矩阵能够存储主点数据数的极限值。

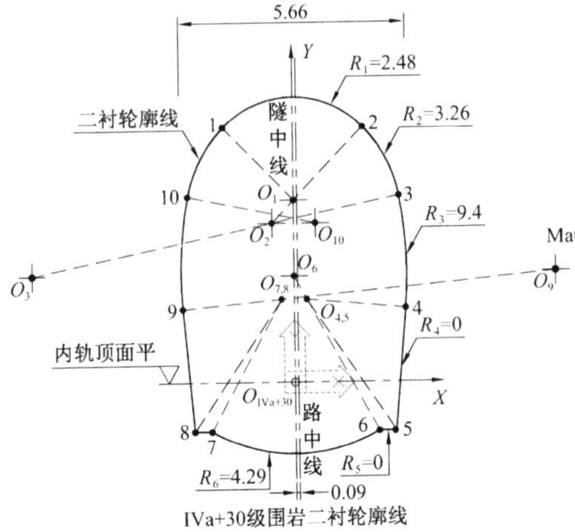

新建贵阳久长至永温铁路白岩脚隧道

$Mat\ D_{10\times 6}$=

$X_{O_{1\sim10}}$	$Y_{O_{1\sim10}}$	$R_{1\sim10}$	$X_{1\sim10}$	$Y_{1\sim10}$	$\alpha_{1\sim6}$
0	4.38	2.48	-1.752 1	6.135 1	0
-0.551 5	3.828 5	3.26	1.752 1	6.135 1	0
-6.57	2.612 8	9.4	2.643 9	4.473 9	0
0.319 3	1.991 8	0	2.792	1.768 9	0
0.319 3	1.991 8	0	2.526 2	-1.18	0
0	2.56	4.29	2.101 5	-1.18	0
-0.319 3	1.991 8	0	-2.101 5	-1.18	0
-0.319 3	1.991 8	0	-2.526 2	-1.18	0
6.57	2.612 8	9.4	-2.792	1.768 9	0
0.551 5	3.828 5	3.26	-2.643 9	4.473 9	0

设计单位：中铁二院工程集团有限责任公司
施工单位：中铁一局集团有限公司

图 2-50　白岩脚隧道Ⅳa+30 级围岩二衬轮廓线主点数据

白岩脚隧道二衬轮廓线的 4 号，8 号线元为倾斜直线，5 号，7 号线元为水平直线，且 4 号倾斜直线线元与 5 号水平直线线元斜交，7 号水平直线线元与 8 号倾斜直线线元斜交；仰拱圆曲线元与 5 号，7 号水平直线线元与斜交。这是我国单线铁路广泛使用的一种典型的二衬轮廓线形，确定其主点数据的难点是 4 号，5 号直线线元与 7 号，8 号直线线元的圆心位置。

QH2－7T 程序规定，4 号，5 号直线线元的圆心重合为一个点，且应为半径 $O_6 6$ 与半径 $O_3 4$ 的交点。同理，7 号，8 号直线线元的圆心重合为一个点，且应为半径 $O_6 7$ 与半径 $O_9 9$ 的交点。二衬轮廓线 1～6 号线元主点数据的采集方法与图 2-45 相同，结果见图 2-50 所示。在数据库子程序中，只需要输入 1～6 号线元的主点数据，不需要输入图 2-50 灰底色所示 6～10 号线元的主点数据。

白岩脚隧道共有Ⅴc+0，Ⅳa+0，Ⅲb+0，Ⅳa+30，Ⅴc+30 五级围岩，各级围岩的 6 个洞身支护参数列于表 2-32，应在数据库子程序中，将这些数据输入到 Mat E 矩阵。

表 2-32　　白岩脚隧道各级围岩洞身支护参数

行号	设计桩号	围岩	二衬轮廓线类号	二衬厚＋预留变形量 δ_1/m	喷射层厚 δ_2/m	隧中偏距 δ_3/m
1	DK7＋126	Ⅴc＋0	4	0.45	0.22	0
2	DK7＋205	Ⅳa＋0	2	0.30	0.10	0
3	DK7＋240	Ⅲb＋0	1	0.30	0.07	0
4	DK7＋485	Ⅳa＋0	2	0.30	0.10	0
5	DK7＋512	Ⅳa＋30	3	0.30	0.10	-0.09
6	DK7＋525 DK7＋588	Ⅴc＋30 终点	5	0.45	0.22	-0.09

图 2-50 仅为Ⅳa＋30 级围岩的二衬轮廓线及其主点数据，只适用于表 2-32 桩号为

DK7＋512 ～DK7＋525 区间的隧道超欠挖计算。其余四级围岩的二衬轮廓线图形见图 2－51 所示，如要计算这些围岩的隧道超欠挖计算，还应在数据库子程序中，更换 Mat D 矩阵的二衬轮廓线主点数据。

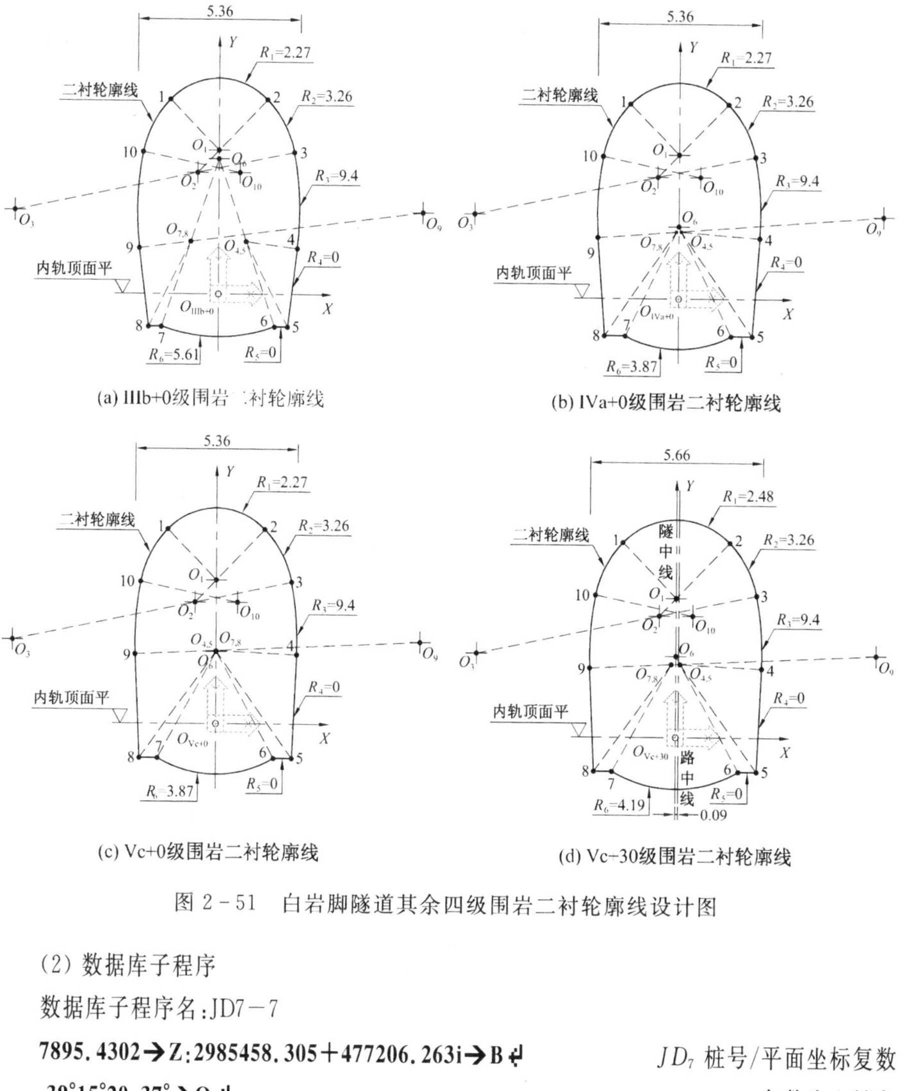

图 2－51　白岩脚隧道其余四级围岩二衬轮廓线设计图

(2) 数据库子程序

数据库子程序名：JD7－7

7895.4302→Z：2985458.305＋477206.263i→B↲　　JD_7 桩号/平面坐标复数

-39°15°20.37°→Q↲　　负数为左转角

346.4102→E：800→R：346.4102→F↲　　第一缓曲参数/圆曲半径/第二缓曲参数

2985545.605＋475711.317i→U↲　　JD_6 平面坐标复数

3→S：10→L：6→W↲　　竖曲线变坡点数/隧道二衬线元数/洞身支护参数个数

35＋2S→DimZ↲　　定义额外变量维数

6450＋1363.58i→Z[34]↲　　竖曲线起点桩号＋高程 i 复数

6800＋1363.41i→Z[35]：10000→Z[36]↲　　SJD_1 桩号＋高程 i 复数/竖曲线半径

7800+1355.41i→Z[37]:10000→Z[38]↵　　SJD_2 桩号+高程 i 复数/竖曲线半径

8300+1355.41i→Z[39]:10000→Z[40]↵　　SJD_3 桩号+高程 i 复数/竖曲线半径

8700+1358.41i→Z[41]↵　　竖曲线终点桩号+高程 i 复数

[[0,4.38,2.48,-1.7521,6.1351,0][-0.5515,3.8285,3.26,1.7521,6.1351,0][-6.57,2.6128,9.4,2.6439,4.4739,0][0.3193,1.9918,0,2.792,1.7689,0][0.3193,1.9918,0,2.5262,-1.18,0][0,2.56,4.29,2.1015,-1.18,0][0,0,0,0,0,0][0,0,0,0,0,0]][0,0,0,0,0,0][0,0,0,0,0,0]]→Mat D↵　白岩脚隧道Ⅳa+30 级围岩二衬轮廓线 10 个线元主点数据

[[7126,0.45,0.22,0,7205,0.3,0.1,0][7240,0.3,0.07,0,7485,0.3,0.1,0][7512,0.3,0.1,-0.09,7525,0.45,0.22,-0.09]]→Mat E↵　　白岩脚隧道 6 个洞身支护参数

Return

本例有 6 个洞身支护参数,需要定义 Mat E 矩阵为 3 行×8 列。

(3) 白岩脚隧道超欠挖计算案例

将上述数据库子程序以文件名 JD7－7 输入 fx-5800P,编辑 QH2－7T 主程序,将正数第 10 行的数据库子程序名修改为 JD7－7。

① 主点数据计算与初期支护轮廓线放样

执行 QH2－7T 程序,计算主点数据,选择隧道超欠挖功能及初期支护轮廓线为基准线,拱顶线元计算 2 个测点,其余线元计算 1 个测点的屏幕提示与用户操作过程如下:

屏幕提示	按　键	说　　明
BASIC TYPE CURVE QH2－7T		显示程序标题
NEW(0),OLD(≠0) DATA=?	0 EXE	重新调用数据库子程序,耗时 10.12 s
DISP YES(1),NO(≠1)=?	1 EXE	输入 1 显示交点曲线要素
T1(m)=360.7009	EXE	显示第一切线长
T2(m)=360.7009	EXE	显示第二切线长
E(m)=50.5959	EXE	显示外距
Lh1(m)=150.0000	EXE	显示第一缓曲线长
LY(m)=398.1124	EXE	显示圆曲线长
Lh2(m)=150.0000	EXE	显示第二缓曲线长
L(m)=698.1124	EXE	显示总曲线长
J(m)=23.2894	EXE	显示切曲差,计算主点数据,耗时 7.44 s
[MODE][4]⇒Stop!	EXE	继续计算
STA XY NEW(0),OLD(1),NO(2)=?	2 EXE	输入 2 为不计算极坐标放样数据
PEG→XY(1),XY→PEG(2),μr(3)=?	3 EXE	输入 3 选择隧道超欠挖计算
LINE(1,0,2)=?	1 EXE	输入 1 选择隧道初期支护轮廓线
XJ(m),π⇒END=?	2985481.0179 EXE	输入全站仪实测 1 号掌子面测点坐标
YJ(m)+ni=?	476836.2776 EXE	
HJ(m)=?	1364.5137 EXE	
p PEG(m)+ni=7524.7499－1.0000i	EXE	显示垂点桩号+平曲线元号复数/耗时 2.97 s

续表

屏幕提示	按键	说明
μr(m)＋ni＝-0.0617＋1.0000i	EXE	显示欠挖径距＋测点线元号复数/耗时 9.56 s
a＋hi(m)＝-0.1552－0.0664i	EXE	显示水平移距＋垂直移距复数
XJ(m),π⇒END＝?	2985478.4225 EXE	输入全站仪实测 1′号掌子面测点坐标
YJ(m)＋ni＝?	476836.1261 EXE	
HJ(m)＝?	1364.3458 EXE	
p PEG(m)＋ni＝7524.7500－1.0000i	EXE	显示垂点桩号＋平曲线元号复数/耗时 2.97 s
μr(m)＋ni＝0.0576＋1.0000i	EXE	显示超挖径距＋测点线元号复数/耗时 9.57 s
a＋hi(m)＝0.1056＋0.0697i	EXE	显示水平移距＋垂直移距复数
XJ(m),π⇒END＝?	2985477.3455 EXE	输入全站仪实测 2 号掌子面测点坐标
YJ(m)＋ni＝?	476836.0632 EXE	
HJ(m)＝?	1362.7725 EXE	
p PEG(m)＋ni＝7524.7500－1.0000i	EXE	显示垂点桩号＋平曲线元号复数/耗时 2.98 s
μr(m)＋ni＝-0.0799＋2.0000i	EXE	显示欠挖径距＋测点线元号复数/耗时 9.57 s
a＋hi(m)＝-0.0863－0.1967i	EXE	只显示垂直移距复数
XJ(m),π⇒END＝?	2985476.8222 EXE	输入全站仪实测 3 号掌子面测点坐标
YJ(m)＋ni＝?	476836.0326 EXE	
HJ(m)＝?	1360.8136 EXE	
p PEG(m)＋ni＝7524.7500－1.0000i	EXE	显示垂点桩号＋平曲线元号复数/耗时 2.92 s
μr(m)＋ni＝0.0755＋3.0000i	EXE	显示超挖径距＋测点线元号复数/耗时 9.57 s
a＋hi(m)＝0.0757	EXE	只显示水平移距
XJ(m),π⇒END＝?	2985477.1046 EXE	输入全站仪实测 4 号掌子面测点坐标
YJ(m)＋ni＝?	476836.0491 EXE	
HJ(m)＝?	1357.9297 EXE	
p PEG(m)＋ni＝7524.2500－1.0000i	EXE	显示垂点桩号＋平曲线元号复数/耗时 2.94 s
μr(m)＋ni＝-0.0573＋4.0000i	EXE	显示欠挖径距＋测点线元号复数/耗时 9.57 s
a＋hi(m)＝-0.0575	EXE	只显示水平移距
XJ(m),π⇒END＝?	2985477.2986 EXE	输入全站仪实测 5 号掌子面测点坐标
YJ(m)＋ni＝?	476836.0604 EXE	
HJ(m)＝?	1356.0353 EXE	
p PEG(m)＋ni＝7524.7499－1.0000i	EXE	显示垂点桩号＋平曲线元号复数/耗时 2.94 s
μr(m)＋ni＝0.0967＋5.0000i	EXE	显示超挖径距＋测点线元号复数/耗时 9.57 s

续表

屏幕提示	按 键	说 明
XJ(m),π⇒END=?	2985479.6461 EXE	输入全站仪实测6号掌子面测点坐标
YJ(m)+ni=?	476836.1975 EXE	
HJ(m)=?	1355.6495 EXE	
p PEG(m)+ni=7524.7500−1.0000i	EXE	显示垂点桩号+平曲线元号复数/耗时2.95 s
μr(m)+ni=-0.0533+6.0000i	EXE	显示欠挖径距+测点线元号复数/耗时9.57 s
a+hi(m)=-0.4252−0.0534i	EXE	显示水平移距+垂直移距复数
XJ(m),π⇒END=?	2985482.5091 EXE	输入全站仪实测7号掌子面测点坐标
YJ(m)+ni=?	476836.3647 EXE	
HJ(m)=?	1356.2091 EXE	
p PEG(m)+ni=7524.7500−1.0000i	EXE	显示垂点桩号+平曲线元号复数/耗时2.98 s
μr(m)+ni=-0.0771+7.0000i	EXE	显示欠挖径距+测点线元号复数/耗时9.65 s
XJ(m),π⇒END=?	2985482.9861 EXE	输入全站仪实测8号掌子面测点坐标
YJ(m)+ni=?	476836.3926 EXE	
HJ(m)=?	1357.39 EXE	
p PEG(m)+ni=7524.7500−1.0000i	EXE	显示垂点桩号+平曲线元号复数/耗时2.96 s
μr(m)+ni=0.0726+8.0000i	EXE	显示超挖径距+测点线元号复数/耗时9.60 s
a+hi(m)=0.0729	EXE	只显示水平移距
XJ(m),π⇒END=?	2985483.0174 EXE	输入全站仪实测9号掌子面测点坐标
YJ(m)+ni=?	476836.3944 EXE	
HJ(m)=?	1360.8698 EXE	
p PEG(m)+ni=7524.7500−1.0000i	EXE	显示垂点桩号+平曲线元号复数/耗时2.98 s
μr(m)+ni=-0.0904+9.0000i	EXE	显示欠挖径距+测点线元号复数/耗时9.69 s
a+hi(m)=-0.0906−0.8249i	EXE	显示水平移距+垂直移距复数
XJ(m),π⇒END=?	2985482.5832 EXE	输入全站仪实测10号掌子面测点坐标
YJ(m)+ni=?	476836.369 EXE	
HJ(m)=?	1363.2411 EXE	
p PEG(m)+ni=7524.7499−1.0000i	EXE	显示垂点桩号+平曲线元号复数/耗时2.98 s
μr(m)+ni=0.0549+10.0000i	EXE	显示超挖径距+测点线元号复数/耗时9.69 s
a+hi(m)=0.0635+0.1129i	EXE	显示水平移距+垂直移距复数
XJ(m),π⇒END=?	SHIFT π EXE	输入π结束程序
QH2−7T⇒END		程序结束显示

上表灰底色所示的 4 号，8 号测点分别位于 4 号，8 号倾斜直线线元，QH2－7T 程序只显示其水平移距，不显示垂直移距。上表灰底色所示的 5 号，7 号测点分别位于 5 号，7 号水平直线线元，其超欠挖值就等于垂直移距，因此，也不显示“水平移距＋垂直移距 i”复数。

② 开挖轮廓线放样

重复执行 QH2－7T 程序，选择隧道超欠挖功能及隧道开挖轮廓线为基准线，计算上述 11 个相同测点的屏幕提示与用户操作过程如下：

屏幕提示	按　键	说　　明
BASIC TYPE CURVE QH2－7T		显示程序标题
NEW(0),OLD(≠0) DATA＝?	2 EXE	输入≠0 数为不计算主点数据
STA XY NEW(0),OLD(1),NO(2)＝?	2 EXE	输入 2 为不计算极坐标放样数据
PEG→XY(1),XY→PEG(2),μr(3)＝?	3 EXE	输入 3 隧道超欠挖，1 正算/2 反算
LINE(1,0,2)＝?	0 EXE	输入 0 选择隧道开挖轮廓线
XJ(m),π⇒END＝?	2985481.0179 EXE	输入全站仪实测 1 号掌子面测点坐标
YJ(m)＋ni＝?	476836.2776 EXE	
HJ(m)＝?	1364.5137 EXE	
p PEG(m)＋ni＝7524.7499－1.0000i	EXE	显示垂点桩号＋平曲线元号复数/耗时 2.98 s
μr(m)＋ni＝-0.1617＋1.0000i	EXE	显示欠挖径距＋测点线元号复数/耗时 9.72 s
a＋hi(m)＝-0.3761－0.1735i	EXE	显示水平移距＋垂直移距复数
XJ(m),π⇒END＝?	2985478.4225 EXE	输入全站仪实测 1′号掌子面测点坐标
YJ(m)＋ni＝?	476836.1261 EXE	
HJ(m)＝?	1364.3458 EXE	
p PEG(m)＋ni＝7524.7500－1.0000i	EXE	显示垂点桩号＋平曲线元号复数/耗时 2.97 s
μr(m)＋ni＝-0.0424＋1.0000i	EXE	显示欠挖径距＋测点线元号复数/耗时 9.63 s
a＋hi(m)＝-0.0748－0.0510i	EXE	显示水平移距＋垂直移距复数
XJ(m),π⇒END＝?	2985477.3455 EXE	输入全站仪实测 2 号掌子面测点坐标
YJ(m)＋ni＝?	476836.0632 EXE	
HJ(m)＝?	1362.7725 EXE	
p PEG(m)＋ni＝7524.7500－1.0000i	EXE	显示垂点桩号＋平曲线元号复数/耗时 2.98 s
μr(m)＋ni＝-0.1799＋2.0000i	EXE	显示欠挖径距＋测点线元号复数/耗时 9.62 s
a＋hi(m)＝-0.1939－0.4170i	EXE	只显示垂直移距复数
XJ(m),π⇒END＝?	2985476.8222 EXE	输入全站仪实测 3 号掌子面测点坐标
YJ(m)＋ni＝?	476836.0326 EXE	
HJ(m)＝?	1360.8136 EXE	
p PEG(m)＋ni＝7524.7500－1.0000i	EXE	显示垂点桩号＋平曲线元号复数/耗时 2.97 s

续表

屏幕提示	按　键	说　明
μr(m)＋ni=-0.0245＋3.0000i	EXE	显示欠挖径距＋测点线元号复数/耗时9.63 s
a＋hi(m)=-0.0245－0.3199i	EXE	只显示水平移距
XJ(m),π⇒END=?	2985477.1046 EXE	输入全站仪实测 4 号掌子面测点坐标
YJ(m)＋ni=?	476836.0491 EXE	
HJ(m)=?	1357.9297 EXE	
p PEG(m)＋ni=7524.2500－1.0000i	EXE	显示垂点桩号＋平曲线元号复数/耗时2.97 s
μr(m)＋ni=-0.1573＋4.0000i	EXE	显示欠挖径距＋测点线元号复数/耗时9.62 s
a＋hi(m)=-0.1579	EXE	只显示水平移距
XJ(m),π⇒END=?	2985477.2986 EXE	输入全站仪实测 5 号掌子面测点坐标
YJ(m)＋ni=?	476836.0604 EXE	
HJ(m)=?	1356.0353 EXE	
p PEG(m)＋ni=7524.7499－1.0000i	EXE	显示垂点桩号＋平曲线元号复数/耗时2.98 s
μr(m)＋ni=-0.0033＋5.0000i	EXE	显示欠挖径距＋测点线元号复数/耗时9.63 s
XJ(m),π⇒END=?	2985479.6461 EXE	输入全站仪实测 6 号掌子面测点坐标
YJ(m)＋ni=?	476836.1975 EXE	
HJ(m)=?	1355.6495 EXE	
p PEG(m)＋ni=7524.7500－1.0000i	EXE	显示垂点桩号＋平曲线元号复数/耗时2.98 s
μr(m)＋ni=-0.1533＋6.0000i	EXE	显示欠挖径距＋测点线元号复数/耗时9.64 s
a＋hi(m)=-0.8831－0.1537i	EXE	显示水平移距＋垂直移距复数
XJ(m),π⇒END=?	2985482.5091 EXE	输入全站仪实测 7 号掌子面测点坐标
YJ(m)＋ni=?	476836.3647 EXE	
HJ(m)=?	1356.2091 EXE	
p PEG(m)＋ni=7524.7500－1.0000i	EXE	显示垂点桩号＋平曲线元号复数/耗时2.98 s
μr(m)＋ni=-0.1771＋7.0000i	EXE	显示欠挖径距＋测点线元号复数/耗时9.64 s
XJ(m),π⇒END=?	2985482.9861 EXE	输入全站仪实测 8 号掌子面测点坐标
YJ(m)＋ni=?	476836.3926 EXE	
HJ(m)=?	1357.39 EXE	
p PEG(m)＋ni=7524.7500－1.0000i	EXE	显示垂点桩号＋平曲线元号复数/耗时2.98 s
μr(m)＋ni=-0.0274＋8.0000i	EXE	显示欠挖径距＋测点线元号复数/耗时9.66 s
a＋hi(m)=-0.0275	EXE	只显示水平移距

续表

屏幕提示	按　键	说　　明
XJ(m),π⇒END=?	2985483.0174 EXE	输入全站仪实测 9 号掌子面测点坐标
YJ(m)+ni=?	476836.3944 EXE	
HJ(m)=?	1360.8698 EXE	
p PEG(m)+ni=7524.7500−1.0000i	EXE	显示垂点桩号+平曲线元号复数/耗时 2.98 s
μr(m)+ni=-0.1904+9.0000i	EXE	显示欠挖径距+测点线元号复数/耗时 9.65 s
a+hi(m)=-0.1908−1.3825i	EXE	显示水平移距+垂直移距复数
XJ(m),π⇒END=?	2985482.5832 EXE	输入全站仪实测 10 号掌子面测点坐标
YJ(m)+ni=?	476836.369 EXE	
HJ(m)=?	1363.2411 EXE	
p PEG(m)+ni=7524.7499−1.0000i	EXE	显示垂点桩号+平曲线元号复数/耗时 2.98 s
μr(m)+ni=-0.0451+10.0000i	EXE	显示超挖径距+测点线元号复数/耗时 9.69 s
a+hi(m)=-0.0519−0.0889i	EXE	显示水平移距+垂直移距复数
XJ(m),π⇒END=?	SHIFT π EXE	输入 π 结束程序
QH2−7T⇒END		程序结束显示

③ 隧道净空测量

重复执行 QH2−7T 程序的隧道超欠挖功能，选择二衬轮廓线为基准线，拱顶线元计算 2 个测点，其余线元计算 1 个测点的屏幕提示与用户操作过程如下：

屏幕提示	按　键	说　　明
BASIC TYPE CURVE QH2−7T		显示程序标题
NEW(0),OLD(≠0) DATA=?	3 EXE	输入≠0 数为不计算主点数据
STA XY NEW(0),OLD(1),NO(2)=?	2 EXE	输入 2 为不计算极坐标放样数据
PEG→XY(1),XY→PEG(2),μr(3)=?	3 EXE	输入 3 隧道超欠挖，1 正算/2 反算
LINE(1,0,2)=?	2 EXE	输入 2 选择隧道二衬轮廓线
XJ(m),π⇒END=?	2985481.5693 EXE	输入全站仪实测 1 号掌子面点坐标
YJ(m)+ni=?	476836.3098 EXE	
HJ(m)=?	1364.0022 EXE	
p PEG(m)=7524.7499−1.0000i	EXE	显示垂点桩号+平曲线元号复数/耗时 2.98 s
μr(m)+ni=0.0691+1.0000i	EXE	显示超挖径距+测点线元号复数/耗时 9.62 s
XJ(m),π⇒END=?	2985479.8452 EXE	输入全站仪实测 1′号掌子面点坐标
YJ(m)+ni=?	476836.2091 EXE	
HJ(m)=?	1364.5103 EXE	

续表

屏幕提示	按　键	说　　明
p PEG(m)＋ni＝7524.7499－1.0000i	EXE	显示垂点桩号＋平曲线元号复数/耗时 2.97 s
μr(m)＋ni＝0.0434＋1.0000i	EXE	显示超挖径距＋测点线元号复数/耗时 9.62 s
XJ(m),π⇛END＝?	2985477.3805 EXE	输入全站仪实测 2 号掌子面点坐标
YJ(m)＋ni＝?	476836.0652 EXE	
HJ(m)＝?	1362.374 EXE	
p PEG(m)＋ni＝7524.7500－1.0000i	EXE	显示垂点桩号＋平曲线元号复数/耗时 2.98 s
μr(m)＋ni＝0.0542＋2.0000i	EXE	显示超挖径距＋测点线元号复数/耗时 9.63 s
XJ(m),π⇛END＝?	2985477.1707 EXE	输入全站仪实测 3 号掌子面点坐标
YJ(m)＋ni＝?	476836.053 EXE	
HJ(m)＝?	1360.6574 EXE	
p PEG(m)＋ni＝7524.7500－1.0000i	EXE	显示垂点桩号＋平曲线元号复数/耗时 2.96 s
μr(m)＋ni＝0.0186＋3.0000i	EXE	显示超挖径距＋测点线元号复数/耗时 9.63 s
XJ(m),π⇛END＝?	2985477.3284 EXE	输入全站仪实测 4 号掌子面点坐标
YJ(m)＋ni＝?	476836.0622 EXE	
HJ(m)＝?	1357.7174 EXE	
p PEG(m)＋ni＝7524.7500－1.0000i	EXE	显示垂点桩号＋平曲线元号复数/耗时 2.98 s
μr(m)＋ni＝0.0385＋4.0000i	EXE	显示超挖径距＋测点线元号复数/耗时 9.62 s
XJ(m),π⇛END＝?	2985477.5676 EXE	输入全站仪实测 5 号掌子面点坐标
YJ(m)＋ni＝?	476836.0761 EXE	
HJ(m)＝?	1356.3932 EXE	
p PEG(m)＋ni＝7524.7499－1.0000i	EXE	显示垂点桩号＋平曲线元号复数/耗时 2.98 s
μr(m)＋ni＝0.0388＋5.0000i	EXE	显示超挖径距＋测点线元号复数/耗时 9.62 s
XJ(m),π⇛END＝?	2985480.3388 EXE	输入全站仪实测 6 号掌子面点坐标
YJ(m)＋ni＝?	476836.238 EXE	
HJ(m)＝?	1355.8513 EXE	
p PEG(m)＋ni＝7524.7500－1.0000i	EXE	显示垂点桩号＋平曲线元号复数/耗时 2.97 s
μr(m)＋ni＝0.0437＋6.0000i	EXE	显示超挖径距＋测点线元号复数/耗时 9.62 s
XJ(m),π⇛END＝?	2985482.4644 EXE	输入全站仪实测 7 号掌子面点坐标
YJ(m)＋ni＝?	476836.3621 EXE	
HJ(m)＝?	1356.3948 EXE	

续表

屏幕提示	按　键	说　　明
p PEG(m)+ni=7524.7500−1.0000i	[EXE]	显示垂点桩号+平曲线元号复数/耗时 2.98 s
μr(m)+ni=0.0372+7.0000i	[EXE]	显示超挖径距+测点线元号复数/耗时 9.62 s
XJ(m),π⇒END=?	2985482.6645 [EXE]	输入全站仪实测 8 号掌子面点坐标
YJ(m)+ni=?	476836.3738 [EXE]	
HJ(m)=?	1357.3345 [EXE]	
p PEG(m)+ni=7524.7500−1.0000i	[EXE]	显示垂点桩号+平曲线元号复数/耗时 2.98 s
μr(m)+ni=0.0567+8.0000i	[EXE]	显示超挖径距+测点线元号复数/耗时 9.66 s
XJ(m),π⇒END=?	2985482.8467 [EXE]	输入全站仪实测 9 号掌子面点坐标
YJ(m)+ni=?	476836.3844 [EXE]	
HJ(m)=?	1360.8589 [EXE]	
p PEG(m)+ni=7524.7499−1.0000i	[EXE]	显示垂点桩号+平曲线元号复数/耗时 2.98 s
μr(m)+ni=0.0383+9.0000i	[EXE]	显示超挖径距+测点线元号复数/耗时 9.62 s
XJ(m),π⇒END=?	2985482.3238 [EXE]	输入全站仪实测 10 号掌子面点坐标
YJ(m)+ni=?	476836.3539 [EXE]	
HJ(m)=?	1363.1091 [EXE]	
p PEG(m)+ni=7524.7500−1.0000i	[EXE]	显示垂点桩号+平曲线元号复数/耗时 2.97 s
μr(m)+ni=0.0639+10.0000i	[EXE]	显示超挖径距+测点线元号复数/耗时 9.66 s
XJ(m),π⇒END=?	[SHIFT] [π] [EXE]	输入 π 结束程序
QH2−7T⇒END		程序结束显示

2.13 平面坐标为负数的坐标正、反算案例

公路与铁路路线测量所采用的平面坐标系一般为高斯平面直角坐标系，其 x，y 坐标的值通常均为正数，但在某些城市道路设计图纸中，有时也会出现平面坐标为负数的情况，案例见图 2－52 所示。

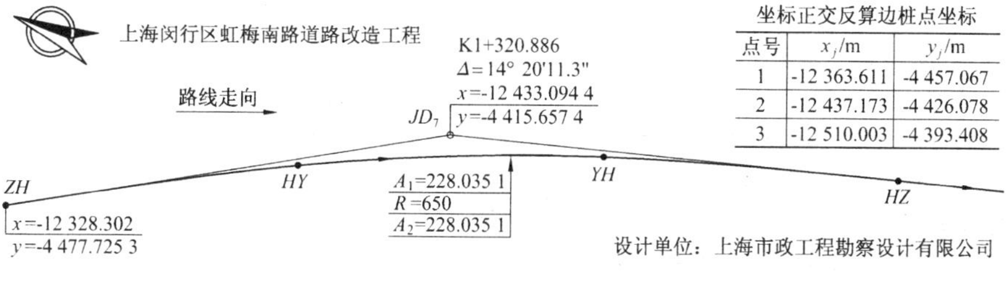

图 2－52　平面坐标为负数的交点曲线设计图纸

实际上，第 1 版的程序 QH2－7 与 QH2－8 都能计算坐标为负数的交点曲线，但由于在坐标反算时，QH2－7 与 QH2－8 程序都是通过输入任意负数结束程序，因此，当平面坐标为负数时，这就无法进行坐标反算。为了解决该问题，本书的 QH2－7T 与 QH2－8T 程序在执行坐标反算功能时，都是通过输入 π 结束程序，这就解决了负数坐标不能进行坐标反算的问题。

1）数据库子程序名：JD3

1320.886→Z:-12433.0944－4415.6574i→B↲	JD_3 桩号/平面坐标复数
14°20′11.3°→Q↲	正数为右转角
228.0351→E:650→R:228.0351→F↲	第一缓曲参数/圆曲半径/第二缓曲参数
-12328.302－4477.7253i→U↲	ZH 点平面坐标复数
35＋2S→DimZ↲	定义额外变量维数
Return	

将上述数据库子程序以文件名 JD3 输入 fx-5800P，编辑 QH2－7T 主程序，将正数第 10 行的调数据库子程序名修改为 JD3。

2）坐标正算案例

执行 QH2－7T 程序，调用数据库子程序 JD3 计算 JD_3 平曲线曲线要素、主点数据及坐标正算的屏幕提示与用户操作过程如下：

屏幕提示	按　键	说　　明
BASIC TYPE CURVE QH2－7T		显示程序标题
NEW(0),OLD(≠0) DATA＝?	0 EXE	重新调用数据库子程序/耗时 4.32 s
DISP YES(1),NO(≠1)＝?	1 EXE	输入 1 显示交点曲线要素
T1(m)＝121.7946	EXE	显示第一切线长
T2(m)＝121.7946	EXE	显示第二切线长
E(m)＝5.5338	EXE	显示外距
Lh1(m)＝80.0000	EXE	显示第一缓和曲线长
LY(m)＝82.6421	EXE	显示圆曲线长
Lh2(m)＝80.0000	EXE	显示第二缓和曲线长
L(m)＝242.6421	EXE	显示总曲线长
J(m)＝0.9470	EXE	显示切曲差，计算主点数据/耗时 4.93 s
[MODE][4]⇛Stop!	EXE	继续执行程序
STA XY,NEW(0),OLD(1),NO(2)＝?	2 EXE	输入 2 不计算极坐标放样数据
PEG→XY(1),XY→PEG(2),Pier(4)＝?	1 EXE	输入 1 为坐标正算
＋PEG(m),π⇛END＝?	1260 EXE	输入加桩号(位于第一缓和曲线)
αi＝151°24′21.01″	EXE	显示加桩走向方位角/耗时 2.28 s
X＋Yi(m)＝-12381.0702－4447.3127i	EXE	显示中桩坐标复数
ANGLE(0)⇛NO,-L ＋R(Deg)＝?	90 EXE	输入正数为右偏角
WL(m),0⇛NO＝?	11 EXE	输入左边距值
XL＋YLi(m)＝-12375.8056－4437.6543i	EXE	显示左边桩坐标复数
WL(m),0⇛NO＝?	0 EXE	输入 0 结束左边桩坐标计算

续表

屏幕提示	按键	说明
WR(m),0⇛NO=?	10 EXE	输入右边距值
XR+YRi(m)=-12385.8562-4456.0930i	EXE	显示右边桩坐标复数
WR(m),0⇛NO=?	0 EXE	输入0结束右边桩坐标计算
+PEG(m),π⇛END=?	1330 EXE	输入加桩号(位于圆曲线)
αi=157°22′31.25″	EXE	显示加桩走向方位角/耗时1.60 s
X+Yi(m)=-12444.1205-4416.9801i	EXE	显示中桩坐标复数
ANGLE(0)⇛NO,-L +R(Deg)=?	0 EXE	输入0不计算边桩坐标
+PEG(m),π⇛END=?	1430 EXE	输入加桩号(位于第二缓和曲线)
αi=163°37′21.44″	EXE	显示加桩走向方位角/耗时1.78 s
X+Yi(m)=-12538.7322-4384.7691i	EXE	显示中桩坐标复数
ANGLE(0)⇛NO,-L +R(Deg)=?0	EXE	使用偏角原值
+PEG(m),π⇛END=?	SHIFT π EXE	输入π结束程序
QH2-7T⇛END		程序结束显示

3)坐标反算案例

重复执行QH2-7T程序,计算图2-52内表所示3个边桩点坐标反算的屏幕提示与用户操作过程如下:

屏幕提示	按键	说明
BASIC TYPE CURVE QH2-7T		显示程序标题
NEW(0),OLD(≠0) DATA=?	2 EXE	使用最近调用的数据库子程序计算
STÁ XY,NEW(0),OLD(1),NO(2)=?	2 EXE	输入2不计算极坐标放样数据
PEG→XY(1),XY→PEG(2),Pier(4)=?	2 EXE	输入2为坐标反算
XJ(m),π⇛END=?	-12363.611 EXE	输入图2-52内表1号边桩点坐标
YJ(m)+ni=?	-4457.067 EXE	
p PEG(m)=1240.0004+1.0000i	EXE	显示垂点桩号+线元号复数/耗时6.94 s
αp=150°17′2.36″	EXE	显示垂点走向方位角
Xp+Ypi(m)=-12363.6110-4457.0670i	EXE	显示垂点中桩坐标复数
HDp→J -L,+R(m)=0.0000	EXE	显示0边距
XJ(m),π⇛END=?	-12437.173 EXE	输入图2-52内表2号边桩点坐标
YJ(m)+ni=?	-4426.078 EXE	
p PEG(m)=1319.9999+2.0000i	EXE	显示垂点桩号+线元号复数/耗时5.56 s
αp=156°29′37.93″	EXE	显示垂点走向方位角
Xp+Ypi(m)=-12434.9199-4420.8979i	EXE	显示垂点中桩坐标复数
HDp→J -L,+R(m)=5.6489	EXE	显示正数为右边距
XJ(m),π⇛END=?	-12510.003 EXE	输入图2-52内表3号边桩点坐标
YJ(m)+ni=?	-4393.408 EXE	
p PEG(m)=1400.0007+3.0000i	EXE	显示垂点桩号+线元号复数/耗时6.97 s
αp=162°44′20.29″	EXE	显示垂点走向方位角

续表

屏幕提示	按　键	说　　明
Xp+Ypi(m)=-12510.0039−4393.4080i	EXE	显示垂点中桩坐标复数
HDp→J -L,+R(m)=-0.0009	EXE	显示负数为左边距
XJ(m),π⇒END=?	SHIFT π EXE	输入 π 结束程序
QH2−7T⇒END		程序结束显示

2.14　含大偏角缓和曲线的交点平曲线坐标正、反算案例

1）案例 1

(1) 第二缓和曲线计算偏角分析

如图 2-53 所示，AJD_2 的第二缓和曲线为非完整缓和曲线，其缓曲参数 $A_2=100$，起点半径 $R_{YH}=300$ m，终点半径 $R_{GQ}=55$ m，因 $R_{YH}>R_{GQ}$，因此，第二缓和曲线的切线支距坐标系的原点位于 YH 点端，其最大计算偏角位于终点 GQ 点，下面计算 GQ 点的计算偏角 β_{GQ}。

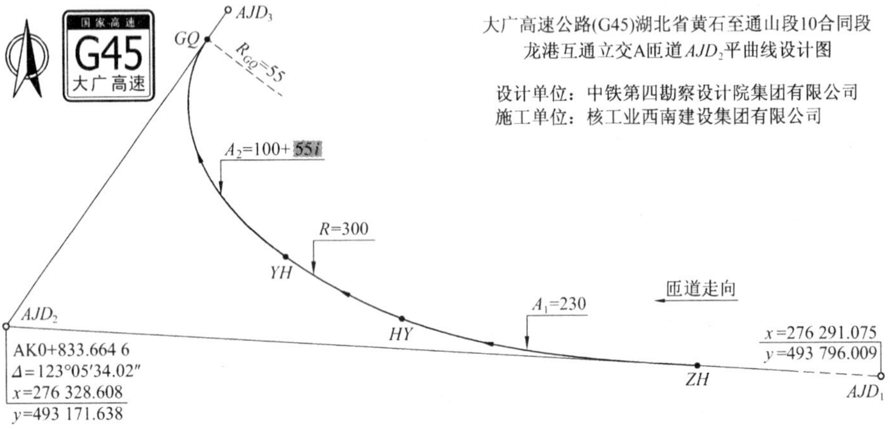

图 2-53　第二缓和曲线为大偏角非完整缓和曲线交点法设计图纸

由式(2-2)，得 GQ 点的原点线长为

$$l_{GQ}=\frac{A_2^2}{R_{GQ}} \tag{2-161}$$

由式(2-5)，得 GQ 点的计算偏角为

$$\beta_{GQ}=\frac{l_{GQ}^2}{2A_2^2}=\frac{1}{2A_2^2}\times\frac{A_2^4}{R_{GQ}^2}=\frac{A_2^2}{2R_{GQ}^2} \tag{2-162}$$

将 $A_2=100$，$R_{GQ}=55$ m 代入式(2-162)，求得 $\beta_{GQ}=94°42'13.56''>65°$。将式(2-162)的 R_{GQ} 换成 $R_{YH}=300$ m，求得 $\beta_{YH}=3°10'59.16''$。

由此可知，如果加桩或边桩垂点位于第二缓和曲线段，靠近 GQ 端的计算偏角比较大，需

要使用积分公式(2-12)计算其切线支距坐标,靠近 *YH* 端的计算偏角较小,可以使用级数公式(2-14)计算其切线支距坐标。由于计算 *GQ* 点主点数据时,需要使用积分公式(2-12)计算其切线支距坐标,因此,使用 QH2-7T 程序计算该案例的主点数据时间会较长。

(2) 数据库子程序

编写文件名为 AJD2 的数据库子程序如下:

833.6646→Z:276328.608+493171.638i→B ↵	AJD_2 桩号/平面坐标复数
123°5°34.02°→Q ↵	正数为右转角
230→E:300→R:100 +55i→F ↵	第一缓曲参数/圆曲半径/第二缓曲参数
276291.075+493796.009i→U ↵	AJD_1 平面坐标复数
35+2S→DimZ ↵	定义额外变量维数
Return	

将上述数据库子程序输入 fx-5800P,编辑 QH2-7T 主程序,将正数第 10 行的调用数据库子程序名修改为 AJD2。

(3) 平曲线主点数据计算及坐标正算

执行 QH2-7T 程序,计算平曲线主点数据与计算第二缓和曲线段 4 个加桩坐标正算的屏幕提示及用户操作过程如下:

屏幕提示	按 键	说 明
BASIC TYPE CURVE QH2-7T		显示程序标题
NEW(0),OLD(≠0) DATA=?	0 EXE	重新调用数据库子程序/耗时 7.81 s
DISP YES(1),NO(≠1)=?	1 EXE	输入 1 显示交点曲线要素
T1(m)=409.2983	EXE	显示第一切线长
T2(m)=203.2911	EXE	显示第二切线长
E(m)=142.5945	EXE	显示外距
Lh1(m)=176.3333	EXE	显示第一缓曲线长
LY(m)=77.1445	EXE	显示圆曲线长
Lh2(m)=148.4848	EXE	显示第二缓曲线长
L(m)=401.9627	EXE	显示总曲线长
J(m)=210.6268	EXE	显示切曲差,计算主点数据/耗时 5.28 s
[MODE][4]⇒Stop!	EXE	继续执行程序
STA XY,NEW(0),OLD(1),NO(2)=?	2 EXE	输入 2 为不计算极坐标放样数据
PEG→XY(1),XY→PEG(2),Pier(4)=?	1 EXE	输入 1 为坐标正算
+PEG(m),π⇒END=?	700 EXE	输入加桩号(计算偏角 $\beta=8°49'15.03''$)
αi=310°38′59.82″	EXE	显示加桩走向方位角/耗时 1.85 s
X+Yi(m)=276380.8831+493321.0308i	EXE	显示中桩坐标复数
ANGLE(0)⇒NO,-L +R(Deg)=?0	EXE	使用偏角原值为不计算边桩坐标
+PEG(m),π⇒END=?	750 EXE	输入加桩号(计算偏角 $\beta=31°52'45.51''$)
αi=333°42′30.28″	EXE	显示加桩走向方位角/耗时 2.25 s
X+Yi(m)=276419.4674+493289.7661i	EXE	显示中桩坐标复数

续表

屏幕提示	按　键	说　　明
ANGLE(0)⇒NO,-L +R(Deg)=?0	EXE	使用偏角原值
+PEG(m),π⇒END=?	810 EXE	输入加桩号(计算偏角 β=78°27′25.48″)
αi=20°17′10.21″	EXE	显示加桩走向方位角/耗时 4.38 s
X+Yi(m)=276477.6240+493284.9430i	EXE	显示中桩坐标复数
ANGLE(0)⇒NO,-L +R(Deg)=?0	EXE	使用偏角原值
+PEG(m),π⇒END=?	825 EXE	输入加桩号(计算偏角 β=93°19′27.86″)
αi=35°9′12.59″	EXE	显示加桩走向方位角/耗时 4.47 s
X+Yi(m)=276490.8783+493291.8758i	EXE	显示中桩坐标复数
ANGLE(0)⇒NO,-L +R(Deg)=?0	EXE	使用偏角原值
+PEG(m),π⇒END=?	SHIFT π EXE	输入 π 结束程序
QH2-7T⇒END		程序结束显示

结束程序后，按 MODE 4 键进入 REG 模式，可以察看到 *YH* 点的桩号为 AK0+677.844 1，*GQ* 点的桩号为 AK0+826.329，因此，上表的 4 个加桩点 AK0+700，AK0+750，AK0+810，AK0+825 均位于第二缓和曲线段内。由于这 4 个加桩计算偏角的变化幅度比较大，因此，前两个小计算偏角的加桩，其坐标正算时间就比较短，后两个大计算偏角的加桩，其坐标正算时间就比较长。计算时间的差异，主要是由子程序 SUB2-72 根据计算偏角的不同，选用不同的切线支距坐标公式计算引起。

(4) 坐标反算

重复执行 QH2-7T 程序，计算上述 4 个中桩坐标反算的屏幕提示及用户操作过程如下：

屏幕提示	按　键	说　　明
BASIC TYPE CURVE QH2-7T		显示程序标题
NEW(0),OLD(≠0) DATA=?	3 EXE	用最近调用的数据库子程序计算
STA XY,NEW(0),OLD(1),NO(2)=?	2 EXE	输入 2 为不计算极坐标放样数据
PEG→XY(1),XY→PEG(2),Pier(4)=?	2 EXE	输入 2 为坐标反算
XJ(m), π⇒END=?	276380.8831 EXE	输入第 1 个中桩点坐标
YJ(m)+ni=?	493321.0308 EXE	
p PEG(m)+ni=700.0000+3.0000i	EXE	显示垂点桩号+线元号复数/耗时 7.96 s
αp=310°38′59.79″	EXE	显示走向方位角
Xp+Ypi(m)=276380.8831+493321.0308i	EXE	显示中桩坐标复数
HDp→J -L,+R(m)=0.0000	EXE	显示 0 边距为中桩坐标
XJ(m), π⇒END=?	276419.4674 EXE	输入第 2 个中桩点坐标
YJ(m)+ni=?	493289.7661 EXE	
p PEG(m)+ni=750.0000+3.0000i	EXE	显示垂点桩号+线元号复数/耗时 8.57 s
αp=333°42′30.38″	EXE	显示走向方位角

续表

屏幕提示	按 键	说 明
Xp+Ypi(m)=276419.4674+493289.7661i	EXE	显示中桩坐标复数
HDp→J -L,+R(m)=0.0000	EXE	显示0边距为中桩坐标
XJ(m),π⇒END=?	**276477.624** EXE	输入第3个中桩点坐标
YJ(m)+ni=?	**493284.943** EXE	
p PEG(m)+ni=810.0000+3.0000i	EXE	显示垂点桩号+线元号复数/耗时12.87 s
αp=20°17′10.32″	EXE	显示走向方位角
Xp+Ypi(m)=276477.6240+493284.9430i	EXE	显示中桩坐标复数
HDp→J -L,+R(m)=0.0000	EXE	显示0边距为中桩坐标
XJ(m),π⇒END=?	**276490.8783** EXE	输入第4个中桩点坐标
YJ(m)+ni=?	**493291.8758** EXE	
p PEG(m)+ni=825.0000+3.0000i	EXE	显示垂点桩号+线元号复数/耗时12.88 s
αp=35°9′12.66″	EXE	显示走向方位角
Xp+Ypi(m)=276490.8783+493291.8758i	EXE	显示中桩坐标复数
HDp→J -L,+R(m)=0.0000	EXE	显示0边距为中桩坐标
XJ(m),π⇒END=?	SHIFT π EXE	输入π结束程序
QH2-7T⇒END		程序结束显示

计算上述4个中桩点坐标反算结果的时间差异，也是由子程序SUB2-72根据计算偏角的不同，选用不同的切线支距坐标公式计算引起。

2）案例2

(1) 第二缓和曲线计算偏角分析

如图2-54所示，JD_{17}的第二缓和曲线为非完整缓和曲线，其缓曲参数A_2=1 779.189 5，起点半径R_{YH}=621.25 m，终点半径R_{GQ}=632.440 5 m，因$R_{YH}<R_{GQ}$，因此，第二缓和曲线的切线支距坐标系的原点位于GQ点端，其最大计算偏角位于终点YH点，下面计算YH点的计算偏角β_{YH}。

将式(2-162)的R_{GQ}换成R_{YH}，将上述A_2与R_{YH}的值代入式(2-162)，求得β_{YH}=234°57′56.09″>65°。将R_{GQ}=632.440 5 m代入式(2-162)，求得β_{GQ}=226°43′26.79″。

由式(2-162)可知，本例的计算偏角较大，是由于缓曲参数A_2比较大，而起讫点半径R_{YH}与R_{GQ}比较小的缘故，称这种非完整缓和曲线为大参数小半径缓和曲线。

(2) 数据库子程序

编写文件名为JD17的数据库子程序如下：

11485.969→Z:2626953.156+50246.397i→B↵ JD_{17}桩号/平面坐标复数

-24°46°35.2°→Q↵ 负数为左转角

621.25→R:1779.1895+632.4405i→F↵ 圆曲半径/第二缓曲参数

2626841.618+50392.315i→U↵ JD_{16}平面坐标复数

35＋2S→DimZ ↵　　　　　　　　　　　　定义额外变量维数

Return

将上述数据库子程序输入 fx-5800P，编辑 QH2－7T 主程序，将正数第 10 行的调用数据库子程序名修改为 JD17。

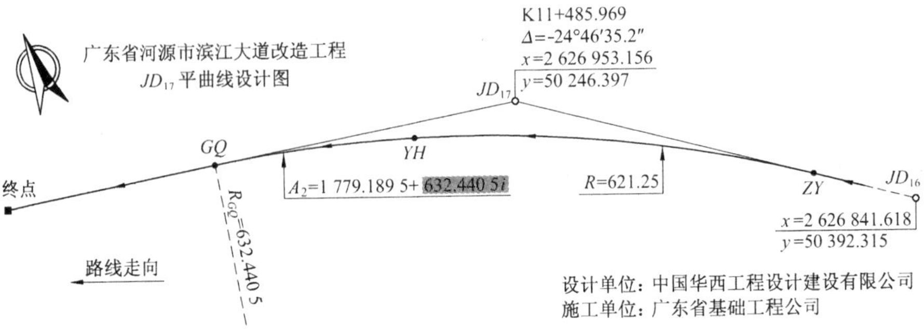

图 2－54　第二缓和曲线为大参数大偏角非完整缓和曲线交点法设计图纸

(3) 平曲线主点数据计算及坐标正算

执行 QH2－7T 程序，计算平曲线主点数据与第二缓和曲线 1 个加桩坐标正算的屏幕提示及用户操作过程如下：

屏幕提示	按　键	说　　明
BASIC TYPE CURVE QH2－7T		显示程序标题
NEW(0),OLD(≠0) DATA=?	0 EXE	重新调用数据库子程序/耗时 9.32 s
DISP YES(1),NO(≠1)=?	1 EXE	输入 1 显示交点曲线要素
T1(m)=136.5476	EXE	显示第一切线长
T2(m)=137.1707	EXE	显示第二切线长
E(m)=14.8292	EXE	显示外距
Lh1(m)=0.0000	EXE	显示第一缓和曲线长
LY(m)=179.2864	EXE	显示圆曲线长
Lh2(m)=90.1587	EXE	显示第二缓和曲线长
L(m)=269.4451	EXE	显示总曲线长
J(m)=4.2731	EXE	显示切曲差，计算主点数据/耗时 3.31 s
[MODE][4]⇒Stop!	EXE	继续执行程序
STA XY,NEW(0),OLD(1),NO(2)=?	2 EXE	输入 2 为不计算极坐标放样数据
PEG→XY(1),XY→PEG(2),Pier(4)=?	1 EXE	输入 1 为坐标正算
+PEG(m),π⇒END=?	11550 EXE	输入加桩号(计算偏角 β=233°0′21.53″)
αi=288°53′57.46″	EXE	显示加桩走向方位角/耗时 4.32 s
X+Yi(m)=2626964.434+50178.7863i	EXE	显示中桩坐标复数
ANGLE(0)⇒NO,-L +R(Deg)=?0	EXE	使用偏角原值为不计算边桩坐标
+PEG(m),π⇒END=?	SHIFT π EXE	输入 π 结束程序
QH2－7T⇒END		程序结束显示

(4) 坐标反算

重复执行 QH2－7T 程序,计算上述 1 个中桩坐标反算的屏幕提示及用户操作过程如下:

屏幕提示	按　键	说　　明
BASIC TYPE CURVE QH2－7T		显示程序标题
NEW(0),OLD(≠0) DATA=?	**3** [EXE]	用最近调用的数据库子程序计算
STA XY,NEW(0),OLD(1),NO(2)=?	**2** [EXE]	输入 2 为不计算极坐标放样数据
PEG→XY(1),XY→PEG(2),Pier(4)=?	**2** [EXE]	输入 2 为坐标反算
XJ(m), π⇒END=?	**2626964.434** [EXE]	输入 1 个中桩点坐标
YJ(m)+ni=?	**50178.7863** [EXE]	
p PEG(m)+ni=11549.9999+3.0000i	[EXE]	显示垂点桩号+线元号复数/耗时 12.15 s
αp=288°53′57.48″	[EXE]	显示走向方位角
Xp+Ypi(m)=2626964.434+50178.7864i	[EXE]	显示中桩坐标复数
HDp→J -L,+R(m)=-0.0004	[EXE]	显示负数为左边距
XJ(m), π⇒END=?	[SHIFT] [π] [EXE]	输入 π 结束程序
QH2－7T⇒END		程序结束显示

2.15 含断链的交点法任意路线或匝道曲线三维坐标计算源程序(QH2－7T)

QH2－7T 程序包含文件名为 QH2－7T 的主程序,文件名为 SUB2－71～SUB2－79 的 9 个子程序,文件名为 SUB2－7A～SUB2－7G 的 7 个子程序,共有 16 个子程序,子程序的输入方法与主程序相同,主程序与子程序都是以文件方式存储于机器内存。

完成主程序及 16 个子程序输入后,源程序需要占用 12 392 字节内存,输入程序前,请您按 [MODE] [5] 键进入 **PROG** 模式,察看您机器的剩余内存容量是否大于 12 392 字节。

1) 源程序的输入方法

(1) 主程序 QH2－7T 的输入方法

按 [MODE] [5] 键进入图 2－55(a)所示的 **PROG** 模式主菜单,按 [1] 键选择新建程序,进入图 2－55(b)所示的文件名界面,字符输入模式自动锁定为字母输入模式,状态栏显示 **A**,输入文件名 QH2－7T 按 [EXE] 键,进入图 2－55(c)所示的选择文件模式界面。

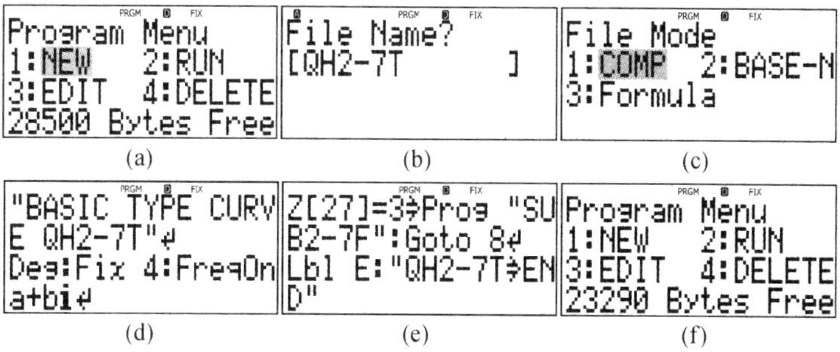

图 2－55　新建主程序 QH2－7T 并输入程序语句的操作过程

因为是输入程序，所以应按1键选择 COMP 模式（按3键选择 Formula 模式为输入用户公式，按2键选择 BASE-N 模式为基数计算），进入图 2-55(d)所示的界面，即可开始输入程序语句。

完成 QH2－7T 主程序最后一条语句输入后的界面见图 2-55(e)所示，按EXIT键返回图 2-55(f)所示的 **PROG** 模式主菜单。当用户机器为新机器，或在输入程序前，清除了全部内存数据时，屏幕底部显示的机器剩余内存数应为 23 290 字节，由此算出 QH2－7T 主程序所占用的内存为 28 500－23 290＝5 210 字节。

(2) 子程序的输入方法

下面介绍 SUB2－71 子程序的输入方法，其余子程序的输入方法类同。

按MODE 5键进入图 2-56(a)所示的 **PROG** 模式主菜单，按1键选择新建程序，进入图 2-56(b)所示的文件名界面，字符输入模式自动锁定为字母输入模式，状态栏显示A，输入文件名 SUB2－71 按EXE键，进入图 2-56(c)所示的选择文件模式界面；按1键选择 COMP 模式，进入图 2-56(d)所示的界面，即可开始输入程序语句。

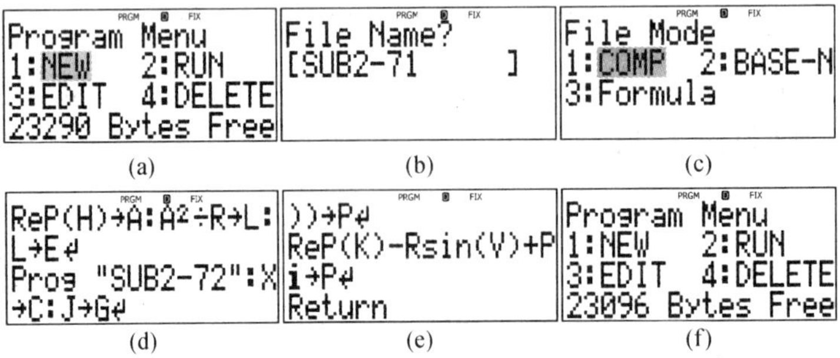

图 2-56　新建子程序 SUB2-71 并输入程序语句的操作过程

完成 SUB2－71 子程序最后一条语句输入后的界面见图 2-56(e)所示，按EXIT键返回图 2-56(f)所示的 **PROG** 模式主菜单。屏幕底部显示的机器剩余内存数应为 23 096 字节，由此算出 SUB2－71 子程序所占用的内存为 23 290－23 096＝194 字节。

(3) 主程序与子程序的相互关系

完成主程序 QH2－7T 与 16 个子程序 SUB2－71～SUB2－79，SUB2－7A～SUB2－7G 的输入后，按MODE 5键，进入图 1-40(a)所示的 **PROG** 模式主菜单界面，屏幕底部显示的机器剩余内存数应为 16 108 字节，由此算出主程序与全部 16 个子程序所占用的内存为 28 500－16 108＝12 392 字节。按3键进入图 2-57(b)所示的程序编辑模式列表界面，按▼键移动光标察看。

图 2-57 清楚地表明了主程序与子程序的关系，它们都是以文件方式存储于机器内存。第 1 版相当一部分用户，错误地认为子程序是输入在主程序内的，致使程序执行时出错。

2) 源程序

输入下列程序时，fx-5800P 程序语句的输入按键方法参见表 1-3，设置语句的输入按键方法参见表 1-4，复数函数的输入按键方法参见表 1-5。

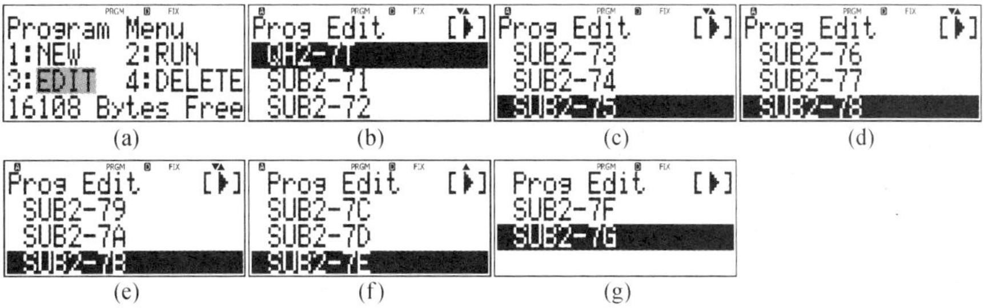

图 2-57　完成主程序 QH2－7T 与 16 个子程序输入后的程序编辑模式列表界面

(1) 主程序 QH2－7T，占用内存 5 210 字节，包括 16 个子程序共占用 12 392 字节。

"BASIC TYPE CURVE QH2－7T"↲	显示程序标题
Deg:Fix 4:FreqOn:a＋bi↲	设置角度单位，数值显示格式，打开频率串列
"NEW(0),OLD(≠0) DATA＝"?→O↲	是否跳过交点设计数据的输入
O≠0⇒Goto 5:ClrStat:ClrMemory↲	清除统计存储器及字母变量存储器
For 1→I To 4:0→List X[I]:Next↲	定义统计串列为 4 行
Prog "JD63"↲	请用户根据实际情况修改数据库子程序名
D→Z[20]:S→Z[21]:C→Z[22]↲	存断链桩数/竖曲线变坡点数/超高横坡数
L→Z[23]:W→Z[24]↲	二衬轮廓线元数/洞身支护参数个数
U→Z[19]↲	存后视起点坐标复数
Arg(B－U)→J↲	$JD_{n-1}\to JD_n$ 辐角
J＜0⇒J＋360→J:J→Z[1]↲	ZH 走向方位角
J＋Q→J:J＜0⇒J＋360→J↲	
J≧360⇒J－360→J:J→Z[4]↲	HZ 走向方位角
1→Z[5]:Q＜0⇒-1→Z[5]↲	交点偏转系数
0→Z[25]↲	设置显示长链重桩区桩号标记赋 0 值
If D＞0:Then For 5→I To 4＋D↲	有断链桩时
List X[I]－List Y[I]→List Freq[I]:Next:IfEnd↲	计算断链值
D＞0⇒Prog "SUB2－7A"↲	交点设计桩号→连续桩号
Z＋Abs(Q)i→Z[26]↲	存交点连续桩号＋转角绝对值复数
E→Z[6]:F→Z[7]↲	转存第一/第二缓曲参数复数
ReP(E)＞0 And ImP(E)＝0⇒E＋1×₁₀30i→Z[6]↲	第一缓曲线起点半径 $R_{ZH}=\infty$
ReP(F)＞0 And ImP(F)＝0⇒F＋1×₁₀30i→Z[7]↲	第二缓曲线终点半径 $R_{HZ}=\infty$
If Z[22]＞0:Then [[0,0,0,0,0,0,0,0][0,0,0,0,0,0,0,0][0,0,0,0,0,0,0,0][0,0,0,0,0,0,0,0]]→Mat C:IfEnd↲	定义路基加桩横断面主点矩阵 Mat C 为 4 行×8 列
If Z[20]＞0 And Z[22]＞0↲	有断链桩及超高横坡时
Then For 1→I To Z[22]↲	超高横坡度设计桩号→连续桩号

```
Int(I÷3+2⌟3)→E:3I−9E+7→F↵                                   超高横坡桩号所在行号 E/列号 F
Mat B[E,F]→Z:Prog "SUB2−7A"↵                                 超高横坡设计桩号→连续桩号
Z→Mat B[E,F]:Next:IfEnd↵                                     连续桩号存回 Mat B 矩阵原位置
If Z[20]>0 And Z[24]>0↵                                      变换洞身支护参数矩阵 Mat E 设计桩号
Then For 1→I To Z[24]↵                                       在洞身支护参数个数循环
Int(I÷2+0.5)→K:4I−8K+5→L↵                                    Mat E 矩阵的行号 K/列号 L
Mat E[K,L]→Z:Prog "SUB2−7A"↵                                 Mat E 矩阵第 1 列设计桩号→连续桩号
Z→Mat E[K,L]:Next:IfEnd↵                                     连续桩号存回 Mat E 矩阵原位置
If Z[23]>0:Then 0→Q↵                                         计数变量赋 0
Z[23]÷2+2→P↵                                                 隧道二衬轮廓线对称主点起始行号 P
For P→I To Z[23]↵
Q+1→Q:I−2Q+1→K↵                                              源隧道二衬轮廓线主点起始行号 K
-Mat D[K−1,1]→Mat D[I,1]:Mat D[K−1,2]→Mat D[I,2]↵           线元圆心坐标赋值
Mat D[K−1,3]→Mat D[I,3]↵                                     半径赋值
-Mat D[K,4]→Mat D[I,4]:Mat D[K,5]→Mat D[I,5]↵               线元起点坐标赋值
Next↵
For 1→I To Z[23]↵                                            按隧道二衬轮廓线线元数循环
Mat D[I,5]+Mat D[I,4]i−Mat D[I,2]−Mat D[I,1]i→J↵
                                                             二衬轮廓线元圆心→起点复数差
Arg(J)→J:J<0⇒J+360→J↵                                        二衬轮廓线元圆心→起点断面方位角
I=Z[23] And Mat D[I,4]=Mat D[1,4]⇒270→J↵                     最末线元为垂直直线时
J→Mat D[I,6]:Next:IfEnd↵                                     圆心→起点断面方位角存入 Mat D 第 6 列
1→Z[25]↵                                                     恢复不显示长链重桩区桩号及断链号
If ReP(Z[6])=0:Then 0→M↵                                     无第一缓曲内移值+切线增量复数赋 0
Z[1]→Z[2]:Goto 1:IfEnd↵                                      HY 走向方位角+偏角差复数
Z[6]→H:Prog "SUB2−71"↵                                       第一缓曲切线增量+内移值复数
E→List X[2]:X→Z[8]↵                                          第一缓曲线长/ZH 切线支距坐标复数
L+Ji→Z[9]↵                                                   "ZH 原点线长+ZH 偏角 i"复数
P→M↵                                                         转存第一缓曲切线增量+内移值复数
Z[1]+Z[5]V+Vi→Z[2]↵                                          HY 走向方位角+偏角差复数
Lbl 1:If ReP(Z[7])=0:Then 0→N:0→V↵                           无第二缓曲切线增量+内移值复数赋 0
Else Z[7]→H:Prog "SUB2−71"↵                                  第二缓曲切线增量+内移值复数
E→List X[4]:C→Z[10]↵                                         第二缓曲线长/YH 切线支距坐标复数
L+Gi→Z[11]↵                                                  "HZ 原点线长+YH 偏角 i"复数
P→N:IfEnd↵                                                   转存第二缓曲切线增量+内移值复数
ImP(Z[26])→D↵                                                提取交点转角绝对值
```

```
Lbl 2:ImP(Z[26])→D↵                                     提取交点转角绝对值
πR(D−ImP(Z[2])−V)÷180→List X[3]↵                         圆曲线长
ReP(Z[2])→Z[2]:List X[3]i→Z[13]↵                         存圆曲线长到虚部
List X[2]+List X[3]+List X[4]→L↵                         总曲线长
Z[2]+Z[5](List X[3]÷R)ʳ→Z[3]↵                            YH 走向方位角
(R+ImP(N))÷sin(D)−(R+ImP(M))÷tan(D)+ReP(M)→List Y[2]↵    第一切线长
(R+ImP(M))÷sin(D)−(R+ImP(N))÷tan(D)+ReP(N)→List Y[3]↵    第二切线长
√((R+ImP(M))²+(List Y[2]−ReP(M))²)−R→I↵                  外距 I
Abs(List Y[2])+Abs(List Y[3])−L→J↵                       切曲差 J
"DISP YES(1),NO(≠1)="?→P↵                                输入是否显示交点平曲线要素控制系数
P≠1⇒Goto 3↵                                              不显示交点平曲线要素值
"T1(m)=":List Y[2]◢                                      显示第一切线长
"T2(m)=":List Y[3]◢                                      显示第二切线长
"E(m)=":I◢                                               显示外距 I
"Lh1(m)=":List X[2]◢                                     显示第一缓曲线长 Z[1]
"LY(m)=":List X[3]◢                                      显示圆曲线长 Z[11]
"Lh2(m)=":List X[4]◢                                     显示第二缓曲线长 Z[2]
"L(m)=":L◢                                               显示总曲线长 Z[12]
"J(m)=":J◢                                               显示切曲差 J
Lbl 3:ReP(Z[26])−List Y[2]→List X[1]↵                    ZH 点连续桩号
1→P:List Y[2]<0⇒-1→P↵                                    提取第一切线长符号系数±1
B−PAbs(List Y[2])∠Z[1]→Y↵                                ZH 点中桩坐标复数
List X[1]−Abs(Y−U)→Z[33]↵                                交点后视起点连续桩号
ReP(Y)→List Y[1]:ImP(Y)→List Freq[1]↵                    存 ZH 点中桩坐标到串列
List X[1]+List X[2]→List X[2]↵                           HY 点连续桩号
List X[2]+List X[3]→List X[3]↵                           YH 点连续桩号
List X[1]+L→List X[4]↵                                   HZ 点连续桩号
B+PAbs(List Y[3])∠Z[4]→Y↵                                HZ 点中桩坐标
ReP(Y)→List Y[4]:ImP(Y)→List Freq[4]↵                    存 HZ 点中桩坐标到统计串列
If ReP(Z[6])>0:Then List X[2]→Z:Prog "SUB2−73"↵          HY 点中桩坐标
ReP(U)→List Y[2]:ImP(U)→List Freq[2]↵                    存 HY 点中桩坐标到统计串列
Else List Y[1]→List Y[2]:List Freq[1]→List Freq[2]:IfEnd↵   ZH 与 HY 重合
List X[3]→Z:Prog "SUB2−74"↵                              YH 中桩坐标
ReP(U)→List Y[3]:ImP(U)→List Freq[3]↵                    存 YH 中桩坐标到统计串列
T→Z[3]↵                                                  存 YH 走向方位角到统计串列
R→P:List Y[2]+List Freq[2]i→I↵                           圆曲线元半径与起点坐标复数
```

```
List Y[3]+List Freq[3]i→J↵                              圆曲线元终点坐标复数
List X[3]-List X[2]→L↵                                  圆曲线长
Prog "SUB2-78":O→Z[12]:ReP(C)+Li→Z[13]↵                 圆曲线元圆心坐标复数/弦长
If ReP(Z[6])>0:Then 2÷(R⁻¹+ImP(Z[6])⁻¹)→P↵              第一缓曲线元拟合圆弧半径
List Y[1]+List Freq[1]i→I↵                              拟合圆弧起点坐标复数
List Y[2]+List Freq[2]i→J↵                              拟合圆弧终点坐标复数
List X[2]-List X[1]→L↵                                  第一缓曲线长
Prog "SUB2-78":O→Z[14]↵                                 拟合圆弧圆心坐标复数
C→Z[15]:IfEnd↵                                          弦长+拟合圆弧半径复数
If ReP(Z[7])>0:Then 2÷(R⁻¹+ImP(Z[7])⁻¹)→P↵              第二缓曲线元拟合圆弧半径
List Y[3]+List Freq[3]i→I↵                              拟合圆弧起点坐标复数
List Y[4]+List Freq[4]i→J↵                              拟合圆弧终点坐标复数
List X[4]-List X[3]→L↵                                  第二缓曲线长
Prog "SUB2-78":O→Z[16]↵                                 拟合圆弧圆心坐标复数
C→Z[17]:IfEnd↵                                          弦长+拟合圆弧半径复数
Z[33]→Z[26]:0→N↵                                        转存后视起点连续桩号
Z[21]=0⇒Goto 4↵                                         竖曲线变坡点数为0时
ReP(Z[34])→Z:Z[20]>0⇒Prog "SUB2-7A"↵                    起点设计桩号→连续桩号
5+Z[20]→J:Z→List X[J]:ImP(Z[34])→List Y[J]↵             起点桩号与高程存入统计串列
ReP(Z[35])→Z:Z[20]>0⇒Prog "SUB2-7A"↵                    SJD1 设计桩号→连续桩号
100(ImP(Z[35])-List Y[J])÷(Z-List X[J])→List Freq[J]↵
                                                        起点走向坡度存入统计串列
tan⁻¹(0.01List Freq[J])→S↵                              起点走向坡道角τ1
Z+ImP(Z[35])i→Z↵                                        "SJD1 连续桩号+高程i"复数
For 1→I To Z[21]↵                                       计算变坡点竖曲线主点数据
Z→A:ReP(Z[35+2I])→Z↵                                    提取下个变坡点或终点桩号
Z[20]>0⇒Prog "SUB2-7A"↵                                 下个变坡点设计桩号→连续桩号
Z+ImP(Z[35+2I])i→Z:Z-A→X↵                               "SJDi 连续桩号+高程i"复数
100(ImP(X)÷ReP(X))→Q:tan⁻¹(0.01Q)→K↵                    变坡点走向坡度in,坡道角τn
S-K→D↵                                                  坡道转角Δ
4+Z[20]+2I→J↵                                           存储变坡点主点数据到统计串列行号
1→P:D<0⇒-1→P↵                                           竖曲线凸凹系数P
Z[34+2I]→V:PV→List Freq[J]↵                             存储变坡点竖曲线半径R代数值
Q→List Freq[J+1]↵                                       存储变坡点走向坡度
V+Di→Z[34+2I]↵                                          坡道转角Δ存入竖曲线半径复数虚部
Vtan(Abs(D)÷2)→T↵                                       竖曲线切线长
```

```
ReP(A)－Tcos(S)→List X[J]↵                          竖曲线 SZY 连续桩号
ImP(A)－Tsin(S)→List Y[J]↵                          竖曲线 SZY 设计高程
ReP(A)＋Tcos(K)→List X[J＋1]↵                       竖曲线 SYZ 连续桩号
ImP(A)＋Tsin(K)→List Y[J＋1]↵                       竖曲线 SYZ 设计高程
K→S:Next↵
6＋Z[20]＋2Z[21]→J↵                                 存储终点数据的统计串列行号
ReP(Z)→List X[J]:ImP(Z)→List Y[J]↵                  存储终点连续桩号及高程到统计串列
List Freq[J－1]→List Freq[J]↵                       重复存储最后一个坡度 τn
Lbl 4:"[MODE][4]⇒Stop!"◢                            按 MODE 4 键入 REG 模式或按 EXE 键继续
Lbl 5:Do↵
"STA XY NEW(0),OLD(1),NO(2)="?→G↵                  选择是否输入测站点坐标 Z[30]
LpWhile G≠0 And G≠1 And G≠2↵                        输入数值不规范时循环
If G=2:Then π→Z[18]:Goto 6:IfEnd↵                   不输入测站点坐标时
G=1⇒Goto 6↵                                         使用最近一次输入的测站点坐标
"STA X(m),Mat F TRA n="?→S↵                        输入测站点 x 坐标或 Mat F 矩阵导线点号
If Frac(S)=0 And S≦10↵                              S 应为 Mat F 矩阵 1～10 行导线点号
Then Mat F[S,1]＋Mat F[S,2]i→Z[18]↵                 赋导线点坐标复数到测站点坐标复数 Z[30]
"Xt＋Yti(m)=":Z[18]◢                                显示所选导线点(trave)平面坐标复数
Else "STA Y(m)="?→U:S＋Ui→Z[18]:IfEnd↵              输入测站点 y 坐标并生成复数
Lbl 6:If Z[23]=0↵                                   无隧道二衬轮廓线数据时
Then Do:"PEG→XY(1),XY→PEG(2),Pier(4)="?→G↵
                                                    输入正/反算/桥墩桩基控制系数
LpWhile G≠1 And G≠2 And G≠4↵                        输入数值非法时循环
Else Do:"PEG→XY(1),XY→PEG(2),μr(3)="?→G↵
                                                    输入正/反算/桥墩桩基控制系数
LpWhile G≠1 And G≠2 And G≠3:IfEnd↵                  输入数值非法时循环
G→Z[27]↵                                            存正算/反算/隧道/桥墩控制系数
If G=3:Then Do:"LINE(1,0,2)="?→B↵                  选择隧道超欠挖计算轮廓线类型
LpWhile B≠1 And B≠0 And B≠2:B→Z[30]:IfEnd↵
          2 隧道二衬净空轮廓线/1 二衬＋衬砌厚＋预留变形量/0 轮廓线＋喷射层厚
G=2 Or G=3⇒Goto 8↵                                  转移到反算程序段
Do:If Z[27]=4↵                                      坐标正算程序段
Then "Pier n(0→19),π⇒END="?→Q↵                     输入桥墩号(最多 0～19 号墩)
Q=π⇒Break:Q＋1→Q↵                                   桥墩号为 π 时结束程序
Int(Q÷2＋0.5)→I:4Q－8I＋5→J↵                        Mat E 矩阵的行号 I/列号 J
Mat E[I,J]→Z[28]:Mat E[I,J＋1]→Z↵                   提取墩台类号/墩台中心设计桩号
```

Mat E[I,J+2]+Mat E[I,J+3]i→Z[29]↵	生成墩台中心“法向偏距+走向偏角 i”复数
"Pier PEG(m)+ni=":Z+Z[28]i◢	显示墩台中心“设计桩号+墩类号 i”复数
Else "+PEG(m),π⇒END="?→Z↵	坐标正算时输入加桩设计桩号
Z=π⇒Break:IfEnd↵	加桩号为 π 时结束程序
Z[20]>0⇒Prog "SUB2-7A"↵	加桩设计桩号→连续桩号
Z=2π⇒Goto 7↵	加桩位于短链空桩区时重复输入加桩
If Z<List X[1]:Then List X[1]-Z→K↵	加桩位于曲线外 *ZH* 后的夹直线段
List Y[1]+List Freq[1]i-K∠Z[1]→U↵	加桩中桩坐标复数
Z[1]→T:Goto D:IfEnd↵	赋走向方位角/显示正算结果
If Z>List X[4]:Then Z-List X[4]→K↵	加桩位于曲线外 *HZ* 前的夹直线段
List Y[4]+List Freq[4]i+K∠Z[4]→U↵	加桩中桩坐标复数
Z[4]→T:Goto D:IfEnd↵	赋走向方位角/显示正算结果
If Z≥List X[1] And Z≤List X[2]↵	加桩位于第一缓和曲线
Then Prog "SUB2-73":Goto D:IfEnd↵	
If Z>List X[2] And Z≤List X[3]↵	加桩位于圆曲线
Then Prog "SUB2-74":Goto D:IfEnd↵	
If Z>List X[3] And Z≤List X[4]↵	加桩位于第二缓和曲线
Then Prog "SUB2-73":IfEnd↵	
Lbl D:Prog "SUB2-75"↵	计算与显示边桩坐标
Lbl 7:LpWhile Z≠π:Goto E↵	
Lbl 8:"XJ(m),π⇒END="?→X↵	坐标反算程序段输入边桩坐标
X=π⇒Goto E:"YJ(m)+ni="?→Y↵	边桩 *y* 坐标+垂点线元号 i 复数
0→I:ImP(Y)≥-1 And ImP(Y)≤4⇒ImP(Y)→I↵	指定边桩线元号计算
X+ReP(Y)i→Y↵	生成边桩坐标复数
Z[22]>0⇒"HJ(m),0⇒NO="?→Z[33]↵	坐标反算输入边桩实测高程
Z[27]=3⇒"HJ(m)="?→Z[33]↵	隧道超欠挖输入隧道测点高程
I≠0⇒Goto L:10000→B↵	边距初始值
For 0→J To 3↵	搜索边桩点所在线元号
If J=0:Then Z[19]→P↵	
Else List Y[J]+List Freq[J]i→P:IfEnd↵	
List Y[J+1]+List Freq[J+1]i→Q↵	
Abs((P+Q)÷2-Y)→D↵	
If D<B:Then D→B:J→I:IfEnd:Next↵	
0→P:0→Q↵	线元起讫点数据清零
If I=0 Or I=1:Then -1→I↵	搜索到的线元号减 1
Else I-1→I:IfEnd↵	

```
Lbl L:I=2⇒Goto C↵                                        按用户输入线元号反算
I=1 Or I=3⇒Goto S↵                                       按用户输入线元号反算
If I=-1:Then Z[19]→Q:Z[1]→T↵                             ZH后直线起点坐标复数/走向方位角
Z[26]→P↵                                                 后视起点连续桩号
Else List Y[4]+List Freq[4]i→Q↵                          HZ前直线起点坐标复数
Z[4]→T:List X[4]→P:IfEnd↵                                HZ走向方位角/连续桩号
tan(T)→V↵
(ReP(Y)+V²ReP(Q)-VImP(Q-Y))÷(V²+1)→U↵
U+(ImP(Y)-(U-ReP(Y))÷V)i→U↵                              垂点坐标复数
Arg(Y-Q)→F:F<0⇒F+360→F↵                                  后视起点/HZ→边桩方位角
F-T→F:F<0⇒F+360→F↵                                       归零后方位角
If F>90 And F<270↵                                       不在夹直线线元
Then If I=-1:Then 1→I:Goto S↵                            继续计算第一缓曲线元
Else -1→I:Goto L:IfEnd:IfEnd↵                            重新搜索
P+Abs(U-Q)→Z↵                                            垂点连续桩号
If I=-1 And Z>List X[1]↵                                 垂点不在ZH后的夹直线
Then 1→I:Goto S:IfEnd↵                                   继续计算第一缓曲线元
Goto Z↵                                                  显示垂足点数据
Lbl C:List Y[2]+List Freq[2]i→Q↵                         圆曲线起点坐标复数
Arg(Y-Z[12])→F↵                                          圆心→边桩辐角
Z[12]+R∠F→U↵                                             垂点坐标复数
Abs(U-Q)→D↵                                              起点→垂点弦长
If D>ReP(Z[13]) And ImP(Z[13])≦πR↵
Then 3→I:Goto S:IfEnd↵                                   圆曲线长小于半圆弧长
sin⁻¹(D÷2÷R)→E↵                                          起点→垂点弦切角
List X[2]+πER÷90→Z↵                                      垂点连续桩号
Arg(Z[12]-Q)→S:S<0⇒S+360→S↵                              线元起点→圆心方位角
Arg(U-Z[12])→J:J<0⇒J+360→J↵                              圆心→垂点方位角
J-S→J:J<0⇒J+360→J↵                                       圆心→垂点方位角归零
If J<180 And Z[5]=1 Or J>180 And Z[5]=-1↵                圆曲线长超过半圆弧长
Then (90-E)Rπ÷45+Z→Z↵                                    增量改正后的垂点桩号
Z[2]+(360-2E)Z[5]→T↵                                     垂点走向方位角T
Else Z[2]+2EZ[5]→T:IfEnd↵
Z≦List X[3]⇒Goto Z:3→I↵                                  显示垂足点数据/赋第二缓和曲线号
Lbl S:If ReP(Z[6])=0 And I=1↵                            无第一缓和曲线时
Then 2→I:Goto C:IfEnd↵                                   转至搜索圆曲线元
```

If ReP(Z[7])=0 And I=3 ↵	无第二缓和曲线时
Then 4→I:Goto L:IfEnd ↵	转至搜索 *HZ* 前夹直线线元
If I=1 And ReP(Z[6])>0 ↵	第一缓和曲线
Then Z[14]→X:Z[15]→C:IfEnd ↵	圆心坐标复数与“弦长+半径 i”复数
If I=3 And ReP(Z[7])>0 ↵	第二缓和曲线
Then Z[16]→X:Z[17]→C:IfEnd ↵	圆心坐标复数与“弦长+半径 i”复数
Arg(Y−X)→F ↵	圆心→边桩辐角
ImP(C)→P:X+P∠F→J ↵	拟合圆弧半径/拟合圆弧垂点坐标复数
Abs(J−List Y[I]−List Freq[I]i)→D ↵	线元起点→垂点弦长
If D >ReP(C)+3:Then If I=1 ↵	垂点不在第一缓和曲线
Then 2→I:Goto C ↵	
Else 4→I:Goto L:IfEnd:IfEnd ↵	垂点不在第二缓和曲线
sin^{-1} (D÷P÷2)→S:πSP÷90→J ↵	拟合圆弧弦切角/垂点弧长
List X[I]+J→Z ↵	缓曲垂点初始连续桩号
Z>List X[I+1]⇒List X[I+1]−0.005→Z ↵	主点附近边桩点拟合圆弧长>缓曲线长
Prog "SUB2−73"↵	缓曲垂点中桩坐标复数
Arg(Y−U)→J:J <0⇒J+360→J ↵	缓曲垂点→边桩点方位角
J−T→J:J <0⇒J+360→J ↵	归零到垂点走向方位角的水平角
If J <3 Or J >357 Or J >177 And J <183 ↵	判断边桩是否位于中线附近
Then Z+cos(J)Abs(Y−U)→Z ↵	
Prog "SUB2−73"↵	缓曲垂点中桩坐标复数
Abs(Y−U)<0.003⇒Goto Z:IfEnd ↵	边桩位于中线
Do ↵	
Y−U→J:Abs(J)→S ↵	缓曲垂点→边桩点复数及边距
Arg(J)→J:J <0⇒J+360→J ↵	缓曲垂点至边桩点复数及辐角
J−T→J:J <0⇒J+360→J ↵	归算垂点方位角至边点方位角
If J >220:Then J−270→J:1→F ↵	左边桩偏角改正数
Else 90−J→J:-1→F:IfEnd ↵	右边桩偏角改正数
πJ÷180÷(FZ[5]L÷A^2 +S^{-1})→O ↵	缓曲垂点桩号改正数
Z+O→Z ↵	改正后的垂点连续桩号
Prog "SUB2−73"↵	改正后的缓曲垂点中桩坐标
tan(T)ImP(U−Y)+ReP(U−Y)→Q ↵	缓曲垂线方程残差 $f(l_p)$
LpWhile Abs(Q)>0.005 ↵	$f(l_p)>0.001$ m 时继续循环
If Z >List X[I+1]:Then If I=1 ↵	
Then 2→I:Goto C ↵	转至圆曲线元计算
Else 4→I:Goto L:IfEnd:IfEnd ↵	转至 *HZ* 前夹直线线元计算

```
Lbl Z:Prog "SUB2-75"↵                                    显示坐标反算结果
Z[27]=3⇒Prog "SUB2-7F":Goto 8↵                           计算及显示隧道超欠挖结果
Lbl E:"QH2-7T⇒END"
```

(2) 16 个子程序

① SUB2－71,占用内存 194 字节

功能 计算圆曲线内移值 p 与切线增量 q。

入口变量 "缓曲参数＋半径 i"复数 H,圆曲线半径 R。

中间变量 缓曲参数 A,切线支距坐标复数 C,计算偏角 G,非完整缓曲线长 Z[2],缓曲偏角差 V; HY/YH 切线支距坐标 C、计算偏角 G, ZH/HZ 至原点线长 L,计算偏角 J,切线支距坐标复数 X。

出口变量 缓曲线长 E, HY/YH 切线支距坐标复数 C, ZH/HZ 原点线长 L,缓曲偏角差 V, ZH/HZ 切线支距坐标复数 X, ZH/HZ 计算偏角 J, HY/YH 计算偏角 G,切线增量＋内移值复数 P。

```
ReP(H)→A:A²÷R→L:L→E↵                      HY/YH 点缓曲原点线长
Prog "SUB2-72":X→C:J→G↵                   HY/YH 点切线支距坐标复数 C 偏角 G
A²÷ImP(H)→L↵                              缓曲起点 ZH/HZ 原点线长 L
Prog "SUB2-72"↵                           ZH/HZ 点切线支距坐标复数 X 与偏角 J
If ImP(H)>R:Then G-J→V↵                   R_ZH/HZ>R 时偏角差与切线支距坐标差复数
(C-X)÷1∠J→K↵                              z'_HY/z''_YH 切线支距坐标复数
Else J-G→V↵                               R_ZH/HZ<R 时偏角差与切线支距坐标差复数
(Abs(X-C))∠(J-Arg(X-C))→K:IfEnd↵          z'_HY/z''_YH 切线支距坐标复数
Abs(E-L)→E↵                               缓曲线长绝对值
ImP(K)-R(1-cos(V))→P↵                     内移值
ReP(K)-Rsin(V)+Pi→P↵                      切线增量＋内移值复数
Return
```

② SUB2－72,占用内存 436 字节

功能 计算缓和曲线加桩 j 的切线支距坐标。

入口变量 加桩 j 的原点线长 L,缓和曲线参数 A。

中间变量 Y。

出口变量 计算偏角 J,切线支距坐标复数 X。

```
If L<1×10-5:Then 0→X:0→J:Return:IfEnd↵
(L²÷(2A²))ʳ→J↵                                          十进制度偏角
L^(3)÷6÷A²-L^(7)÷336÷A^(6)→D↵                           级数公式前 2 项支距坐标
J≦14⇒Goto X↵
If J>14 And J≦37↵
Then D+L^(11)÷42240÷A^(10)→D:Goto X:IfEnd↵              前 3 项支距坐标
```

```
If J >37 And J≦65 ↵
Then D+L^(11)÷42240÷A^(10)-L^(15)÷9676800÷A^(14)→D ↵
                                                      前 4 项支距坐标
Goto X:IfEnd ↵
Rad:∫(sin(X²÷(2A²)),0,L)→D ↵                          积分公式计算支距坐标
∫(cos(X²÷(2A²)),0,L)+Di→X ↵                           积分公式计算切线坐标
Deg:Return ↵
Lbl X:L-L^(5)÷40÷A^(4)→X ↵                            级数公式前 2 项切线坐标
If J≦7:Then X+Di→X:Return:IfEnd ↵
If J >7 And J≦25 ↵
Then X+L^(9)÷3456÷A^(8)+Di→X:Return:IfEnd ↵            前 3 项切线坐标
If J >25 And J≦50 ↵
Then X+L^(9)÷3456÷A^(8)-L^(13)÷599040÷A^(12)+Di→X ↵
                                                      前 4 项切线坐标
Return:IfEnd ↵
Rad:∫(cos(X²÷(2A²)),0,L)+Di→X ↵                       积分公式计算切线坐标
Deg:Return                                            生成切线支距坐标复数
```

③ SUB2-73,占用内存 450 字节

功能 计算缓曲加桩 j 的中桩坐标与走向方位角。

入口变量 加桩 j 连续桩号 Z, ZH 数据 Z[9]$=l_{ZH}+\beta_{ZH}$i,第一缓曲数据 Z[6]$=A_1+R_{ZH}$i,圆曲线半径 R, ZH 点切线支距坐标复数 Z[8], ZH 点走向方位角 Z[1];第二缓曲数据 Z[7]$=A_2+R_{HZ}$, YH 点切线支距坐标复数 Z[10], YH 点走向方位角 Z[3],“ZH 原点线长+ZH 偏角 i”复数 Z[9],“HZ 原点线长+YH 偏角 i”复数 Z[11],统计串列 1~4 行主点数据。

中间变量 L, A, C, Q。

出口变量 j 点中桩坐标复数 U,走向方位角 T。

```
If Z≦List X[2]:Then ReP(Z[6])→A ↵                     提取第一缓曲参数
ReP(Z[9])+Z-List X[1]→L ↵                             R_ZH >R 时 j 原点线长
ImP(Z[6])<R⇒List X[2]-Z+A²÷R→L ↵                      R_ZH <R 时 j 原点线长
Prog "SUB2-72"↵                                       j 点切线支距坐标复数 X/偏角 J
Abs(X-Z[8])→C ↵                                       ZH→j 弦长
Arg(X-Z[8])-ImP(Z[9])→Q ↵                             R_ZH >R 时 ZH→j 弦切角
ImP(Z[6])<R⇒ImP(Z[9])-Arg(Z[8]-X)→Q ↵                 R_ZH <R 时 ZH→j 弦切角
Z[1]+Z[5]Q→F ↵                                        ZH→j 弦长方位角
List Y[1]+List Freq[1]i+C∠F→U ↵                       j 点中桩坐标复数
Z[1]+Z[5]Abs((J-ImP(Z[9])))→T:IfEnd ↵                 j 点走向方位角
If Z≧List X[3]:Then ReP(Z[7])→A ↵                     提取第二缓曲参数
```

```
ReP(Z[11])+List X[4]-Z→L↵                      RHZ>R时j原点线长
ImP(Z[7])<R⇒Z-List X[3]+A²÷R→L↵                RHZ<R时j原点线长
Prog "SUB2-72"↵                                j点切线支距坐标复数X与偏角J
Abs(Z[10]-X)→C↵                                j→YH弦长
ImP(Z[11])-Arg(Z[10]-X)→Q↵                     RHZ>R时YH→j弦切角
ImP(Z[7])<R⇒Arg(X-Z[10])-ImP(Z[11])→Q↵         RHZ<R时YH→j弦切角
Z[3]+Z[5]Q→F↵                                  YH→j弦长方位角
List Y[3]+List Freq[3]i+C∠F→U↵                 j点中桩坐标复数
Z[3]+Z[5](Abs(ImP(Z[11])-J))→T↵                j点走向方位角
IfEnd:Return
```

④ SUB2-74,占用内存122字节

功能　计算圆曲线段加桩点 j 中桩坐标与走向方位角。

入口变量　加桩 j 连续桩号 Z,圆曲线半径 R,HY 点走向方位角 ReP(Z[2])。

中间变量　L, Q, C, F。

出口变量　j 点中桩坐标复数 U,走向方位角 T。

```
Z-List X[2]→L↵                                 HY→j圆曲线长
(L÷(2R))ʳ→Q:2Rsin(Q)→C↵                        HY→j弦切角与弦长
ReP(Z[2])+Z[5]Q→F↵                             HY→j弦长方位角
List Y[2]+List Freq[2]i+C∠F→U↵                 j点中桩坐标复数
ReP(Z[2])+2Z[5]Q→T↵                            j点走向方位角
Return
```

⑤ SUB2-75,占用内存740字节

功能　显示加桩或垂点走向方位角、中桩坐标复数与设计高程,调子程序SUB2-76计算并显示边桩坐标。

入口变量　加桩或垂点连续桩号 Z,加桩中桩或垂点中桩坐标复数 U,走向方位角 T,程序正、反算控制系数Z[27],用户输入的实测边桩平面坐标复数Z[1],实测边桩高程Z[2],断链桩数Z[20],竖曲线变坡点数Z[21],超高横坡数Z[22]。

中间变量　S, M, W, Z[3],Z[12]。

出口变量　坐标反算边距Z[38],坡口开口偏距+填(+)挖(-)高差复数Z[4]。

```
T<0⇒T+360→T:T>360⇒T-360→T↵                     规则化j点走向方位角
If Z[27]=1 Or Z[27]=4:Then "αi=":T▶DMS◢        坐标正算j点走向方位角
"X+Yi(m)=":U◢                                  显示j点中桩坐标复数
IfEnd↵
If Z[27]=2 Or Z[27]=3↵                         反算或隧道超欠挖计算
Then Abs(Y-U)→D↵                               垂点→边桩边距
If D≠0:Then Arg(Y-U)→K↵                        垂点→边桩辐角
```

```
K<0⇒K+360→K↲                                   垂点→边桩方位角
K-T→K:K<0⇒K+360→K:IfEnd↲                        变为p点走向为零方向的方位角
0→M:0→W↲                                        左右边距变量清零
If K>180:Then D→M:-M→D↲                         边桩位于中线左侧的边距为负
Else D→W:IfEnd↲                                 边桩位于中线右侧的边距为正
Z[33]+Di→Z[28]:Z→B↲                             "测点高程+边距i"复数/垂点连续桩号
Z[20]>0⇒Prog "SUB2-79"↲                         垂点连续桩号→设计桩号
"p PEG(m)+ni=":Z+Ii◢                            显示垂点"设计桩号+线元号i"复数
If Z[27]=2:Then"αp=":T▸DMS◢                     反算显示垂点走向方位角
"Xp+Ypi(m)=":U◢                                 显示垂点中桩坐标复数
"HDp→J -L,+R(m)=":D◢                            显示边距(左负右正)
IfEnd:B→Z:IfEnd↲                                恢复垂点连续桩号
0→H:Z[21]>0⇒Prog "SUB2-7B"↲                     中桩或垂点设计高程
Z[27]=3⇒Z[28]-H→Z[28]↲                          生成测点隧中坐标复数
If H>0 And Z[27]≠3:Then "H(m)=":H◢               显示中桩或垂点设计高程
IfEnd:U→O↲                                      存中桩或垂点坐标复数
Z[27]=3⇒Return↲                                 隧道超欠挖时返回主程序
ReP(Z[18])≠π⇒Prog "SUB2-77"↲                    显示中桩或垂点极坐标放样参数
Z[27]=4⇒Prog "SUB2-7E"↲                         桥墩桩基坐标计算
Z[27]=4⇒Return↲
Z[27]=1⇒Prog "SUB2-76"↲                         正算时计算边桩坐标
Z[27]=1⇒Return↲                                 正算时返回主程序
Z[27]=2 And Z[22]=0⇒Return↲                     反算时无超高横坡矩阵数据返回主程序
ImP(Z[28])→M:0→Z[32]↲                           反算赋边桩边距/无超高横坡标记赋0值
Z[22]>0⇒Prog "SUB2-7C"↲                         计算左右横坡度与路基横断面主点数据
Z[32]=1⇒Prog "SUB2-7D"↲                         计算边桩设计高程及坡口开口偏距
Z[33]≠0 And H≠0⇒Z[31]+(Z[33]-H)i→Z[31]↲         已输入边桩实测高程时
If ImP(Z[28])<0 And H≠0↲
Then "HL(m)=":H◢                                显示左边桩设计高程
IfEnd:If ImP(Z[28])≥0 And H≠0↲
Then "HR(m)=":H◢                                显示右边桩设计高程
IfEnd:Abs(Z[31])=0⇒Return↲
"a+hi(m)=":Z[31]◢                               显示坡口开口偏距+填(+)挖(-)高差复数
Return
```

⑥ SUB2-76,占用内存828字节

功能 计算与显示加桩边桩坐标。

入口变量　j 点连续桩号 Z,加桩或垂点中桩坐标复数 U,走向方位角为 T,断链桩数 Z[20],竖曲线变坡点数 Z[21],超高横坡数 Z[22],路基与边坡横断面主点数据矩阵 Mat C。

中间变量　N, Z[25], Z[12], M, W, L。

出口变量　路基超高左右横坡度复数 G,左/右边桩坐标复数 Z[27],设计高程 H。

```
"ANGLE(0)⇒NO,-L +R(Deg)="?N↵                           输入边桩偏角(左负右正)
N=0⇒Return↵
T+N→V:N>0⇒V+180→V↵                                    中桩→左边桩方位角
0→Z[32]↵                                              设置搜索超高横坡度标记
Z[22]>0 And (N=-90 Or N=90)⇒Prog "SUB2-7C"↵
                                                      加桩左右横坡度与路基横断面主点数据
If Z[32]=1:Then "iL(%)=":ReP(G)◢                       显示加桩路基左横坡度
IfEnd↵
Do:"WL(m),0⇒NO="?→M↵                                   输入左边距
0→H:M=0 Or M<-2.2⇒Break↵                               M=0 或边距系数非法时结束左边桩坐标计算
If M<0:Then "T(>0),W(<0),NO(0)="?→W↵                   正数填方/负数挖方/0 不计算
W=0⇒Break↵                                            跳出 Do 循环
-M→M:4Int(M)+20Frac(M)-5→L↵                            变换负数边距系数为列号 1/3/5/7
If W>0:Then Mat C[1,5]+Mat C[3,L]→M↵                   生成填方边距系数的左边距值
Mat C[1,6]+Mat C[3,L+1]→H↵                             生成填方边距系数点的设计高程
Else Mat C[1,5]+Mat A[1,9]+Mat C[4,L]→M↵               生成挖方边距系数的左边距值
Mat C[1,6]+Mat C[4,L+1]→H↵                             生成挖方边距系数的设计高程
IfEnd:IfEnd↵
U+M∠V→O↵                                              左边桩坐标复数
"XL+YLi(m)=":O◢                                        显示左边桩坐标复数
-M→M↵                                                 设置左边距为负数
Z[22]>0 And Z[32]=1 And H=0⇒Prog "SUB2-7D"↵            左边桩设计高程
If H≠0:Then "HL(m)=":H◢                                显示左边桩设计高程
IfEnd:ReP(Z[18])≠π⇒Prog "SUB2-77"↵                     显示左边桩极坐标放样参数
LpWhile M≠0↵
If Z[32]=1:Then "iR(%)=":ImP(G)◢                       显示加桩路基右横坡度
IfEnd↵
Do:"WR(m),0⇒NO="?→M↵                                   输入右边距
0→H:M=0 Or M<-2.2⇒Break↵                               M=0 或边距系数非法时结束右边桩坐标计算
If M<0:Then "T(>0),W(<0),NO(0)="?→W↵                   正数填方/负数挖方/0 不计算
W=0⇒Break↵                                            跳出 Do 循环
-M→M:4Int(M)+20Frac(M)-5→L↵                            变换边距系数为列号 1/3/5/7
```

If W>0:Then Mat C[2,5]+Mat C[3,L]→M↵	生成填方边距系数的右边距值
Mat C[2,6]+Mat C[3,L+1]→H↵	生成填方边距系数的设计高程
Else Mat C[2,5]+Mat A[1,9]+Mat C[4,L]→M↵	生成挖方边距系数的右边距值
Mat C[2,6]+Mat C[4,L+1]→H↵	生成挖方边距系数的设计高程
IfEnd:IfEnd↵	
U+M∠(V+180)→O↵	右边桩坐标复数
"XR+YRi(m)=":O◢	显示右边桩坐标复数
Z[22]>0 And Z[32]=1 And H=0⇒Prog "SUB2-7D"↵	右边桩设计高程
If H≠0:Then "HR(m)=":H◢	显示右边桩设计高程
IfEnd:ReP(Z[18])≠π⇒Prog "SUB2-77"↵	显示右边桩极坐标放样参数
LpWhile M≠0↵	
Return	

⑦ SUB2-77,占用内存86字节

功能 计算与显示放样点的极坐标放样参数。

入口变量 测站点坐标复数Z[18],放样点坐标复数O。

中间变量 测站点→放样点复数差 *I*。

出口变量 测站点→放样点方位角 *J* 及平距。

O-Z[18]→I:Arg(I)→J↵	测站→放样点辐角
J<0⇒J+360→J↵	测站→放样点方位角
"α=":J▸DMS◢	显示测站→放样点方位角
"HD(m)=":Abs(I)◢	显示测站→放样点平距
Return	

⑧ SUB2-78,占用内存110字节

功能 计算圆曲线元或缓曲线元拟合圆弧圆心坐标。

入口变量 线元半径 *P*,起点坐标复数 *I*,线元终点坐标复数 *J*,交点偏转系数Z[5]。

中间变量 *Y*, *C*, *S*, *T*。

出口变量 圆曲或缓曲拟合圆弧圆心坐标复数O,"起终点弦长C+半径i"复数。

Abs(J-I)→C:Arg(J-I)→S↵	曲线元起终点弦长与辐角
√(P²-C²÷4)→T↵	弦长中点→圆心平距
S+90Z[5]→S↵	弦长中点→圆心方位角
L>πR⇒S+180→S↵	大于半圆的圆曲线
(I+J)÷2+T∠S→O↵	圆心坐标复数(按SHIFT ∠键输入∠)
C+Pi→C:Return	"起终点弦长+半径i"复数

⑨ SUB2-79,占用内存74字节

功能 连续桩号→设计桩号。

入口变量 连续桩号 *Z*,断链桩数Z[20],统计串列5~5+Z[20]行的断链桩数据。

中间变量　K。

出口变量　设计桩号 Z。

```
For 1→K To Z[20]↵                                     在断链数据中后→前搜索
Z>List X[4+K]⇒Z-List Freq[4+K]→Z↵                    连续桩号→设计桩号
Next:Return
```

⑩ SUB2－7A，占用内存 292 字节

功能　设计桩号→连续桩号。

入口变量　设计桩号 Z，断链桩数 Z[20]，统计串列 5～5＋Z[20]行的断链桩数据。

中间变量　K，P，O。

出口变量　连续桩号 Z。

```
For Z[20]→K To 1 Step -1↵                             在断链数据中由前→后搜索
4+K→P:If List Freq[P]>0↵                              长链
Then If Z≧List Y[P] And Z≦List X[P]↵                  加桩位于长链重桩区
Then If Z[25]=0:Then "+Break Z(m)=":Z+Ki◢             显示长链重桩区桩号+长链号复数
IfEnd:"BACK(0),+Break,FRONT(≠0)="?→O↵                 输 0 为长链桩后,≠0 为长链前
O≠0⇒Z+List Freq[P]→Z:Goto R:IfEnd↵                    加桩在长链桩前时加长链值
If Z>List X[P]:Then Z+List Freq[P]→Z:Goto R:IfEnd↵
Else If Z>List X[P] And Z<List Y[P]↵                  加桩位于短链空桩区
Then "in -Break PEG n=":K◢                            显示加桩位于短链空桩区及断链号
2π→Z:Return:IfEnd↵                                    加桩号赋 2π 值返回
Z≧List Y[P]⇒Z+List Freq[P]→Z:IfEnd↵                   设计桩号→连续桩号
Lbl R:Next↵
Return
```

⑪ SUB2－7B，占用内存 388 字节

功能　计算中桩设计高程。

入口变量　加桩连续桩号 Z，断链桩数 Z[40]，竖曲线变坡点数 Z[41]，统计串列 5＋Z[40]～6＋Z[40]＋2Z[41]行的竖曲线主点数据。

中间变量　I，J，L，V，Q，O，A，B，C，G，M，W，K。

出口变量　加桩设计高程 H。

```
6+Z[20]+2Z[21]→I:0→H↵                                 竖曲线终点在统计串列的行号及 H 赋 0 值
Z<List X[5+Z[20]] Or Z>List X[I]⇒Return↵              加桩位于计算区间外时返回
For 1→I To Z[21]+1↵                                   搜索加桩号所在竖曲线主点区间
3+Z[20]+2I→J↵                                         竖曲线起点统计串列行号
If Z≧List X[J] And Z≦List X[J+1]↵                     加桩位于直线坡道
Then Z-List X[J]→L↵                                   直线坡道起点→加桩平距 L
List Y[J]+0.01LList Freq[J]→H↵                        直线坡道加桩设计高程 H
```

```
Break:IfEnd ↵
If Z > List X[J+1] And Z ≤ List X[J+2] ↵                    加桩位于竖曲线坡道
Then Z−List X[J+1] → L:List Freq[J+1] → V ↵                 加桩线长 L,竖曲线半径 V
1 → Q:V < 0 ⇒ -1 → Q:Abs(V) → V ↵                           生成竖曲线凸凹系数±1
tan⁻¹(0.01List Freq[J]) → O ↵                               竖曲线坡道角 τ1
2QVsin(O)−L → A:2Vcos(O) → B:-L → C ↵                       一元二次方程系数 a,b,c
√(B²−4AC) → G ↵                                             方程中间数据 G
tan⁻¹((-B+G)÷(2A)) → M ↵                                    方程的两个解
tan⁻¹((-B−G)÷(2A)) → W ↵
M → K:W > 0 And W ≤ 0.5Abs(ImP(Z[34+2I])) ⇒ W → K ↵         选择最终解
List Y[J+1]+Ltan(O−QK) → H ↵                                竖曲线段加桩设计高程 H
Break:IfEnd:Next ↵
Return
```

⑫ SUB2－7C,占用内存 956 字节

功能 计算加桩路基左右横坡度复数 G=i_L+i_Ri,路基横断面主点边距与设计高程,一二级边坡平台主点边距及相对于土路肩外缘的设计高差。

入口变量 加桩连续桩号 Z,中桩设计高程 H,路基与边坡横断面设计参数矩阵 Mat A,超高横坡度矩阵 Mat B。

中间变量 I, K, Z[12], L, P, O。

出口变量 加桩左右横坡度复数 G=i_L+i_Ri,加桩路基与边坡主点数据矩阵 Mat C。

```
For 1 → I To Z[22]−1 ↵                                      在所有超高横坡度连续桩号区搜索
Int(I÷3+2⌟3) → L:3I−9L+7+Li → L ↵                           起超高横坡桩号所在"列+行 i"复数 L
Int((I+1)÷3+2⌟3) → P:3(I+1)−9P+7+Pi → P ↵
                                                            始超高横坡桩号所在"列+行 i"复数 P
If Z ≥ Mat B[ImP(L),ReP(L)] And Z ≤ Mat B[ImP(P),ReP(P)] ↵  比较连续桩号
Then (Z−Mat B[ImP(L),ReP(L)])÷(Mat B[ImP(P),ReP(P)]−
Mat B[ImP(L),ReP(L)]) → K ↵                                 超高线性渐变系数 K
Mat A[3,9]≠0 ⇒ K²(3−2K) → K ↵                               超高三次抛物线渐变系数 K
Mat B[ImP(L),ReP(L)+2]+(Mat B[ImP(P),ReP(P)+2]−
Mat B[ImP(L),ReP(L)+2])K → G ↵                              加桩右幅路基超高横坡度
Gi+Mat B[ImP(L),ReP(L)+1]+(Mat B[ImP(P),ReP(P)+1]−
Mat B[ImP(L),ReP(L)+1])K → G ↵                              加桩左/右幅路基超高横坡度复数
1 → Z[32]:Break:IfEnd:Next ↵                                搜索到路基超高横坡度标记
Z[32]=0 ⇒ Return ↵                                          无超高横坡时返回
Mat A[1,4] → Mat C[1,1]:H → Mat C[1,2] ↵                    左幅中分带外缘边距与设计高程
Mat A[1,4]+Mat A[1,3] → Mat C[1,3] ↵                        左幅硬路肩外缘边距
```

H−0.01ReP(G)Mat A[1,3]→Mat C[1,4]↲　　左幅硬路肩外缘设计高程

Mat C[1,3]+Mat A[1,1]→Mat C[1,5]↲　　左幅土路肩外缘边距

Mat A[1,2]→L:ReP(G)>L⇒ReP(G)→L↲　　选择土路肩横坡度

Mat C[1,4]−0.01LMat A[1,1]→Mat C[1,6]↲　　左幅土路肩外缘设计高程

Mat A[1,5]→Mat C[2,1]:H→Mat C[2,2]↲　　右幅中分带外缘边距与设计高程

Mat A[1,5]+Mat A[1,6]→Mat C[2,3]↲　　右幅硬路肩外缘边距

H−0.01ImP(G)Mat A[1,6]→Mat C[2,4]↲　　右幅硬路肩外缘设计高程

Mat C[2,3]+Mat A[1,8]→Mat C[2,5]↲　　右幅土路肩外缘边距

Mat A[1,7]→L:ImP(G)>L⇒ImP(G)→L↲　　选择土路肩横坡度

Mat C[2,4]−0.01LMat A[1,8]→Mat C[2,6]↲　　右幅土路肩外缘设计高程

For 2→I To 3:1→P:I=3⇒-1→P↲　　填(1)挖(−1)方控制系数

For 1→K To 7 Step 2↲　　在一、二级边坡内循环

If K=1:Then 0→O↲

Else Mat C[I+1,K−2]+Mat C[I+1,K−1]i→O:IfEnd↲　　确定基准主点

If K=1 Or K=5↲　　计算边坡平台主点边距及设计高差

Then ReP(O)+Abs(Mat A[I,K]Mat A[I,K+1])→Mat C[I+1,K]↲

边坡平台主点边距

ImP(O)−PMat A[I,K+1]→Mat C[I+1,K+1]:IfEnd↲　　边坡平台主点设计高差

If K=3 Or K=7↲　　计算平台主点

Then ReP(O)+Mat A[I,K+1]→Mat C[I+1,K]↲　　平台主点边距

ImP(O)−0.01Mat A[I,K]Mat A[I,K+1]→Mat C[I+1,K+1]:IfEnd↲

平台主点设计高差

Next:Next:Return

⑬ SUB2−7D,占用内存544字节

功能　计算左/右边桩设计高程 H。

入口变量　加桩左/右边距 M,路基左右横坡度复数 $G=i_L+i_R\mathrm{i}$,路基与边坡主点数据矩阵 Mat C。

中间变量　I, K, W, D, J, S, O, P。

出口变量　边桩设计高程 H,坡口开口边距+挖填高差复数 Z[32]。

0→Z[31]:2→I:ImP(G)→K↲　　左/右边桩控制系数,左/右横坡度 K

If M<0:Then Abs(M)→M:1→I:ReP(G)→K:IfEnd↲

If M≦Mat C[I,1]↲　　边桩位于左/右中分带内

Then Mat C[I,2]→H:Return:IfEnd↲　　左/右边桩设计高程

If M≦Mat C[I,3]↲　　边桩位于左/右车道及硬路肩内

Then Mat C[I,2]−0.01K(M−Mat C[I,1])→H:Return:IfEnd↲　　左/右边桩设计高程

If M≦Mat C[I,5]↲　　边桩位于左/右土路肩内

Then Mat C[I,4]+(Mat C[I,6]−Mat C[I,4])(M−Mat C[I,3])÷(Mat C[I,5]−Mat C[I,3])→H:Return:IfEnd↲　左/右边桩设计高程

"T(>0),W(<0),NO(0)="?→W↲　输入正数为填方/负数为挖方/0不计算

W=0⇒Return↲　不计算边桩设计高程时返回

If W>0:Then 0→D:3→J↲　填方边沟宽赋0值及 Mat C 主点行号

Else Mat A[1,9]→D:4→J:IfEnd↲　挖方边沟宽 D 及 Mat C 主点行号 J

M−Mat C[I,5]−D→S↲　边桩相对与填/挖方土路肩外缘边距差

If S≦0:Then Mat C[I,6]→H:Return:IfEnd↲　挖方"边沟+碎落台"设计高程

For 1→K To 7 Step 2↲　在一、二级边坡内搜索

If K=1:Then 0→O↲　确定起点边距及其设计高程复数

Else Mat C[J,K−2]+Mat C[J,K−1]i→O:IfEnd↲

If S≦Mat C[J,K]↲

Then (S−ReP(O))÷(Mat C[J,K]−ReP(O))→Q↲　内插设计高程边距比例系数

Mat C[I,6]+ImP(O)+Q(Mat C[J,K+1]−ImP(O))→H↲　内插边桩设计高程

Break:IfEnd:Next↲

S−Mat C[J,1]→Z[31]:S−Mat C[J,5]→P↲　计算两个坡口开口偏距

Abs(P)<Abs(Z[31])⇒P→Z[31]↲　提取最小坡口开口偏距代数值 Z[4]

Return

⑭ SUB2−7E,占用内存 314 字节

功能　根据墩台中心走向方位角,中桩坐标复数,计算桥墩桩基测量坐标及其极坐标放样参数。

入口变量　用户输入的桥墩号 S(0～19),墩台中心走向方位角 Z[24],墩台中心中桩坐标复数 Z[27],墩台法向偏距 Z[7](左负右正),走向偏角 Z[8](左负右正),桥墩桩基墩台中心坐标数据矩阵 Mat D。

中间变量　字母变量 Q, L, K。

出口变量　桥墩桩基测量坐标复数 X。

2Z[28]−1→L↲　生成墩类 Mat D 矩阵起始行号

Do:"Sn,X+Yi(m),π⇒Next="?→S↲　输入桥墩桩基(stake)点号或墩台中心坐标复数

ReP(S)=π⇒Break↲　输入 π 结束程序

If Frac(S)=0 And ImP(S)=0↲　输入数据为桥墩桩基点号时

Then Mat D[L,Abs(S)]i+Mat D[L+1,Abs(S)]→X↲　生成桥墩桩基坐标复数

S<0⇒Conjg(X)→X↲　负数桩基号生成共轭复数

X×1∠ImP(Z[29])→Y↲　生成桥墩桩基走向坐标复数(顾及偏角)

Else (ImP(S)+ReP(S)i)×1∠ImP(Z[29])→Y:IfEnd↲

　生成直接输入桥墩桩基坐标复数

T+Arg(Y)→J↲　墩台中心→桩基测量方位角

```
If ReP(Z[29])<0:Then U+Abs(ReP(Z[29]))∠(T−90)→K↵        法向偏距为负数时
Else U+ReP(Z[29])∠(T+90)→K:IfEnd↵                      法向偏距为正数时
K+Abs(Y)∠J→O↵                                          桥墩基桩测量坐标复数
"X+YSi(m)=":O◢                                         显示桥墩桩基(stake)点测量坐标复数
ReP(Z[18])≠π⇒Prog "SUB2−77"↵                           显示桩基极坐标放样参数
LpWhile S≠π:Return
```

⑮ SUB2−7F,占用内存 1 100 字节

功能 计算隧道超欠挖值。

入口变量 隧道测点垂点连续桩号 Z,测点“断面高差+边距 i”复数 Z[28]

中间变量 A, I, K, L, P, Q, D, S, G, J, B, M, E, C。

出口变量 隧道“超欠挖值(P)+轮廓线元号(V)i”复数。

```
Z[30]=2⇒0→Z[29]↵                                       净空测量外偏距为 0
0→A:For 1→I To Z[24]−1↵                                在 Mat E 矩阵按行搜索垂点连续桩号位置
Int(I÷2+0.5)→K:4I−8K+5→L↵                              Mat E 矩阵起点行号 K/列号 L
Int((I+1)÷2+0.5)→P:4(I+1)−8P+5→Q↵                      Mat E 矩阵终点行号 P/列号 Q
Mat E[P,Q]→Q:Mat E[K,L]→P↵
If Z≧P And Z≦Q↵
Then Z[30]=1⇒Mat E[K,L+1]→Z[29]↵                       外偏距=“二衬厚+预留变形量”
Z[30]=0⇒Mat E[K,L+1]+Mat E[K,L+2]→Z[29]↵
                                                       外偏距=“二衬厚+预留变形量+一衬厚”
Z[29]+Mat E[K,L+3]i→Z[29]↵                             “外偏距+隧中偏距 i”复数
1→A:Break:IfEnd:Next↵
If A=0:Then Int(Z[24]÷2+0.5)→K↵                        Mat E 矩阵末点行号 K
4Z[24]−8K+5→L↵                                         Mat E 矩阵末点列号 L
Z[30]=1⇒Mat E[K,L+1]→Z[29]↵                            外偏距=“二衬厚+预留变形量”
Z[30]=0⇒Mat E[K,L+1]+Mat E[K,L+2]→Z[29]↵
                                                       外偏距=“二衬厚+预留变形量+一衬厚”
Z[29]+Mat E[K,L+3]i→Z[29]↵                             “外偏距+隧中偏距 i”复数
IfEnd↵
Z[28]−ImP(Z[29])i→Z[28]↵                               用隧中偏距改正测点隧中坐标
ImP(Z[28])→X:ReP(Z[28])→Y↵                             转存测点隧中坐标
100→P:For 1→I To Z[23]↵                                全部轮廓线元搜索最短超欠挖值
I+1→T:I=Z[23]⇒1→T↵                                     提取轮廓线元终点号
Mat D[I,3]→E↵                                          轮廓线元半径
If E=0:Then Mat D[T,5]−Mat D[I,5]→C↵                   轮廓线元为直线的起讫坐标差
Mat D[T,4]−Mat D[I,4]→D:IfEnd↵
```

```
If E=0 And C=0↵                                       轮廓线元为水平直线
Then Mat D[I,5]-Y→G↵                                  轮廓线元为水平直线的超欠挖值G
Mat D[T,4]→K:Mat D[I,4]→L↵
If X≧K And X≦L And Abs(G)<Abs(P)↵
Then G→P:I→V:IfEnd:IfEnd↵                             存测点“超欠挖值+线元号i”复数
If E=0 And D=0↵                                       轮廓线元为垂直线
Then X-Mat D[I,4]→G↵                                  轮廓线元为垂直线的超欠挖值G
Mat D[T,5]→K:Mat D[I,5]→L↵
If Y≧K And Y≦L Or Y≧L And Y≦K↵
Then C>0⇒-G→G↵                                        +Y轴方向线元变换超欠挖值符号
If Abs(G)<Abs(P):Then G→P:I→V↵                        存测点“超欠挖值+线元号i”复数
IfEnd:IfEnd:IfEnd↵
If E=0 And C≠0 And D≠0↵                               轮廓线元为倾斜直线
Then D÷C→K:Mat D[I,4]-KMat D[I,5]→B↵
Abs(KY-X+B)÷√(K²+1)→G↵                                倾斜直线超欠挖绝对值
Arg(C+Di)→L:L<0⇒L+360→L↵                              倾斜直线起讫点隧中断面方位角
Arg(Z[28]-Mat D[I,5]-Mat D[I,4]i)→M↵                  线元起点→测点辐角
M<0⇒M+360→M↵                                          线元起点→测点隧中断面方位角
M-L→Q:Q<0⇒Q+360→Q↵                                    归零后的线元起点→测点隧中断面方位角
Q<180⇒-G→G:IfEnd↵
Z[28]-Mat D[I,2]-Mat D[I,1]i→S↵                       轮廓线元圆心→测点坐标差复数
Arg(S)→J:J<0⇒J+360→J↵                                 线元圆心→边桩点隧中方位角
E>0⇒Abs(S)-Mat D[I,3]→G↵                              测点圆曲线元超欠挖值
Mat D[I,6]→Q:Mat D[T,6]→K↵                            转存矩阵线元隧中方位角
If I=1 And (J≧Q Or J≦K) And Abs(G)<Abs(P)↵
Then G→P:I→V:IfEnd↵                                   1号拱顶线元“超欠挖值+线元号i”复数
If I>1 And J≧Q And J≦K And Abs(G)<Abs(P)↵
Then G→P:I→V:IfEnd:Next↵
P-ReP(Z[29])→P↵                                       超欠挖值减二衬轮廓线外偏距
"μr(m)+ni=":P+Vi◢                                     显示“超欠挖值+轮廓线元号i”复数
Z[30]≠2⇒Prog "SUB2-7G"↵                               隧道二衬轮廓线净空测量
Return
```

⑯ SUB2－7G，占用内存548字节

功能 计算隧道断面测点至计算轮廓线边缘的水平移距与垂直移距。

入口变量 隧道测点垂点连续桩号 Z，测点“断面高差＋边距 i”复数 Z[28]，测点线元号 V。

中间变量　*A*, *I*, *K*, *L*, *P*, *Q*, *D*, *S*, *J*, *B*, *M*, *E*。

出口变量　隧道“水平移距＋垂直移距 i”复数 Y。

```
If Mat D[V,3]>0:Then Mat D[V,3]+ReP(Z[29])→E↵          圆弧线元半径+外偏距
Z[28]−Mat D[V,2]−Mat D[V,1]i→Q↵                        线元圆心→测点隧中坐标差复数
If E>Abs(ReP(Q)):Then √(E²−ReP(Q)²)→D↵                 测点水平线交点Y坐标绝对值
ImP(Z[28])−Mat D[V,1]−D→Y↵                             测点位于+X轴的水平移距
ImP(Z[28])<Mat D[V,1]⇒Mat D[V,1]−D−ImP(Z[28])→Y↵
                                                       测点位于−X轴的水平移距
If V=(Z[23]+2)÷2↵                      单线铁路隧道测点X>仰拱主点X时水平移距赋0
Then Mat D[V−1,3]=0 And ReP(Z[28])>Mat D[V,5]−ReP(Z[29])⇒0→Y:IfEnd↵
Else 0→Y:IfEnd↵                                        水平移距赋0
If E>Abs(ImP(Q)):Then √(E²−ImP(Q)²)→D↵                 测点垂直线交点X坐标绝对值
ReP(Z[28])−Mat D[V,2]−D→T↵
ReP(Z[28])<Mat D[V,2]⇒Mat D[V,2]−D−ReP(Z[28])→T↵       测点垂直移距
Else 0→T:IfEnd↵                                        垂直移距赋0
Y+Ti→Y↵                                                “水平移距+垂直移距i”复数
Else If V=Z[23]↵
Then Mat D[1,5]+Mat D[1,4]i→T↵                         直线线元终点隧中坐标复数
Else Mat D[V+1,5]+Mat D[V+1,4]i→T:IfEnd↵
T−Mat D[V,5]−Mat D[V,4]i→Q↵                            直线线元起讫点隧中坐标复数差
ReP(Q)=0 Or ImP(Q)=0⇒0→Y↵                              线元为水平或垂直直线时不显示
If ReP(Q)≠0 And ImP(Q)≠0↵
Then Arg(Q)→K:ReP(P)÷Abs(cos(K))→Y:IfEnd:IfEnd↵
If Abs(Y)>0:Then "a+hi(m)=":Y◢                         显示“水平移距+垂直移距i”复数
IfEnd:Return
```

3）数据库子程序

(1) 数据库子程序的命名规则

fx-5800P 的程序文件名最多允许输入 12 位数字或字符，凡是按键可以输入的字符都可以用作程序名，数据库子程序也属于程序文件，其文件名也应符合该规则。

建议用户以文件名 JD1，JD2，…等命名数据库子程序文件名，这样做的好处是有助于用户辨认这是属于哪个交点的数据库子程序。

(2) 数据库子程序的输入方法

数据库子程序的输入方法与主程序 QH2－7T 的输入方法完全相同，按 MODE 5 键进入图 2－55(a)所示的 **PROG** 模式主菜单，按 1 键新建程序，进入图 2－55(b)所示的文件名输入界面，输入完数据库子程序名后按 EXE 键，进入图 2－55(c)所示的文件模式选择界面，应按 1 键选择 COMP 模式，即可开始输入数据库子程序的内容。

4）程序计算的统计串列平曲曲线主点数据与断链桩数据说明

执行 QH2－7T 程序，屏幕提示“**NEW(0),OLD(≠0) DATA="?"**”，输入 0 响应时，程序自动调用数据库子程序计算平竖曲线的主点数据及断链桩数据，并将结果存入统计串列。存储在统计串列数据的意义列于表 2-33。

表 2-33　QH2－7T 程序平竖曲线主点数据及断链桩数据统计串列规划

行号	List *X*	List *Y*	List Freq	说　明
1	*ZH* 连续桩号	x_{ZH}	y_{ZH}	*ZH* 点连续桩号/中桩坐标
2	*HY* 连续桩号	x_{HY}	y_{HY}	*HY* 点连续桩号/中桩坐标
3	*YH* 连续桩号	x_{YH}	y_{YH}	*YH* 点连续桩号/中桩坐标
4	*HZ* 连续桩号	x_{HZ}	y_{HZ}	*HZ* 点连续桩号/中桩坐标
5	断链 1 后桩号	断链 1 前桩号	断链值 1	断链桩数值
6	断链 2 后桩号	断链 2 前桩号	断链值 2	断链桩数值
⋮	⋮	⋮	⋮	⋮
4+*D*	断链 *D* 后桩号	断链 *D* 前桩号	断链值 *D*	断链桩数值
5+*D*	起点连续桩号	起点高程	i_s	竖曲线起点数据
6+*D*	SZY_1 连续桩号	SZY_1 高程	$\pm R_1$	竖曲线 SZY_1 点数据
7+*D*	SYZ_1 连续桩号	SYZ_1 高程	I_1	竖曲线 SYZ_1 点数据
8+*D*	SZY_2 连续桩号	SZY_2 高程	$\pm R_2$	竖曲线 SZY_2 点数据
9+*D*	SYZ_2 连续桩号	SYZ_2 高程	i_2	竖曲线 SYZ_2 点数据
⋮	⋮	⋮	⋮	⋮
6+*D*+2*S*	终点连续桩号	终点高程		竖曲线起点数据

注：*D* 为断链桩数，*S* 为竖曲线变坡点数。

统计串列 1～4 行存储交点平曲线的 *ZH*，*HY*，*YH*，*HZ* 等 4 个主点的连续桩号及其中桩坐标，其中 List X[1]～List X[4]依次存储 4 个主点的连续桩号，List Y[1]～List Y[4]依次存储 4 个主点中桩的 *x* 坐标，List Freq[1]～List Freq[4]依次存储 4 个主点中桩的 *y* 坐标。

与卡西欧二代图形编程器 fx-9750GⅡ/fx-9860GⅡ/fx-CG20 不同的是，fx-5800P 的统计串列单元只能存储实数，不能存储复数。

从第 5 行开始的统计串列，用于存储断链桩数据，其中 List X[5]存储第一个断链桩的后桩号，List Y[5]存储第一个断链桩的前桩号（以路线走向为前进方向），List Freq[5]存储第一个断链桩的断链值，List Freq[5]单元的数值由程序将 List X[5]－List Y[5]的计算结果赋值得到，不需要在数据数据库子程序中赋值。List Freq[5]>0 时为长链，List Freq[5]<0 时为短链。

如果还有第 2 个断链桩，应将断链桩数据赋值到统计串列的第 6 行，其余断链桩数据的存储位置依次类推。程序对交点曲线的断链桩个数没有限制，但要求平曲线、竖曲线、路基超高横坡度的断链桩必须对应相同。

设交点曲线的断链桩数为 D,则最后一个断链桩数据在统计串列的行号为 $4+D$,主程序将算出的竖曲线主点数据从 $5+D$ 行开始存入统计串列。

竖曲线的每个变坡点有两个主点——SZY 与 SYZ,加上起点与终点,当有 S 个变坡点时,应有 $2+2S$ 个主点,每个主点数据占用统计串列一行,$2+2S$ 个主点数据存储在 $5+D$ 行~$6+D+2S$ 行统计串列中,其中 List X 存储主点连续桩号,List Y 存储主点设计高程,List Freq 存储的数据是:起点、终点、SYZ 点存储该点的走向坡度,SZY 点存储竖曲线半径代数值,凸形竖曲线的半径为正数,凹形竖曲线的半径为负数。

5)额外变量存储器数据说明

QH2－7T 程序使用的额外变量存储器是在数据库子程序中、通过语句 **35+2S→DimZ** 定义的,其中额外变量存储器 Z[1]~Z[33]单元用于存储程序计算的中间结果,Z[34]~Z[35+2S]单元用于在数据库子程序中输入竖曲线起点、变坡点与终点数据,详细参见表 2-34。

表 2-34　　QH2-7T 程序额外变量存储器单元数据意义

变量名	数据项	意　　义
Z[1]	α_{ZH}	ZH 走向方位角
Z[2]	$\alpha_{HY}+\Delta\beta_{HY}\mathrm{i}$	HY 走向方位角+偏角差 i 复数
Z[3]	α_{YH}	YH 走向方位角
Z[4]	α_{HZ}	HZ 走向方位角
Z[5]	±1	交点偏转系数
Z[6]	$A_1+R_{ZH}\mathrm{i}$	第一缓曲参数+起点半径 i 复数
Z[7]	$A_2+R_{HZ}\mathrm{i}$	第二缓曲参数+终点半径 i 复数
Z[8]	$X'_{ZH}+Y'_{ZH}\mathrm{i}$	ZH 切线支距坐标复数
Z[9]	$l_{ZH}+\beta_{ZH}\mathrm{i}$	ZH 原点线长与计算偏角
Z[10]	$X''_{YH}+Y''_{YH}\mathrm{i}$	YH 切线支距坐标复数
Z[11]	$l_{HZ}+\beta_{YH}\mathrm{i}$	HZ 原点线长+YH 计算偏角 i 复数
Z[12]	$x_{O_c}+y_{O_c}\mathrm{i}$	圆曲线圆心坐标复数
Z[13]	$c_{HY\text{-}YH}+L_y$	圆曲线弦长+圆曲线长 i 复数
Z[14]	$x_{O1}+y_{O1}\mathrm{i}$	第一拟合圆弧圆心坐标 i 复数
Z[15]	$c_{ZH\text{-}HY}+R'$	第一拟合圆弧弦长+半径 i 复数
Z[16]	$x_{O2}+y_{O2}\mathrm{i}$	第二拟合圆弧圆心坐标 i 复数
Z[17]	$c_{YH\text{-}HZ}+R''$	第二拟合圆弧弦长+半径 i 复数
Z[18]	$x_s+y_s\mathrm{i}$	测站点坐标复数
Z[19]	$x_b+y_b\mathrm{i}$	交点后视起点坐标复数
Z[20]	D	断链桩数
Z[21]	S	竖曲线变坡点数
Z[22]	C	超高横坡数

续表

变量名	数据项	意义
Z[23]	L	隧道二衬轮廓线元数
Z[24]	W	隧道洞身支护参数数
Z[25]	0/1	显示长链重桩区控制系数
Z[26]	$Z_{JD}+\Delta i/Z_b$	交点桩号＋转角复数/交点后视起点连续桩号
Z[27]	1/2/3/4	正算 1/反算 2/隧道 3/桥墩 4 系数
Z[28]		隧道测点"断面高差＋边距"复数/墩台"设计桩号＋墩类号"复数
Z[29]		二衬轮廓线"外偏距＋隧中偏距"复数/墩台"法向偏距＋走向偏角"复数
Z[30]	0/1/2	隧道超欠挖轮廓线类型
Z[31]		坡口"偏距＋挖填高差"复数
Z[32]	0/1	搜索到超高横坡度标记
Z[33]		边桩实测高程
Z[34]		起点设计桩号＋高程 i 复数
Z[35]		SJD_1 设计桩号＋高程 i 复数
Z[36]		SJD_1 竖曲线半径
Z[37]		SJD_2 设计桩号＋高程 i 复数
Z[38]		SJD_2 竖曲线半径
⋮	⋮	⋮
Z[33＋2S]		SJD_S 设计桩号＋高程 i 复数
Z[34＋2S]		SJD_S 竖曲线半径
Z[35＋2S]		终点设计桩号＋高程 i 复数

注：表中灰底色的额外变量存储器单元为需要在数据库子程序中输入竖曲线数据的单元。

3 含断链的线元法任意路线或匝道曲线三维坐标计算程序

3.1 线元法任意路线或匝道曲线数据库子程序的输入方法

1）平曲线线元类型

路线或匝道平曲线是由直线、圆曲线、缓和曲线三种线元，根据设计需要径相连接组合而成，可以将这三种线元的设计数据统一为三个：起点（start）半径 R_s、终点（end）半径 R_e、含偏转系数的线长 $\pm L$。三种线元起点与终点半径的特点如下：

① 缓曲线元：正向完整缓和曲线的 $R_s=\infty$，$R_e<\infty$；反向完整缓和曲线的 $R_s<\infty$，$R_e=\infty$；正向非完整缓和曲线 $R_s>R_e<\infty$，反向非完整缓和曲线 $R_s<R_e<\infty$；线元左偏时，线长 $L<0$；右偏时，线长 $L>0$。

② 圆曲线元：$R_s=R_e<\infty$，线元左偏时，线长 $L<0$；右偏时，线长 $L>0$。

③ 直线线元：$R_s=R_e=\infty$，直线线元没有偏转方向，线长 $L>0$；当直线线元为直转点直线时，应将直线起点的转角 $\Delta_{直}$ 输入到复数线长的虚部，左转角应输入负数，右转角应输入正数。

称 R_s 或 R_e 有一个为∞的缓和曲线为完整缓和曲线，两个均不为∞的缓和曲线为非完整缓和曲线。与交点法程序 QH2－7T 不同，线元法程序 QH2－8T 不需要输入缓曲线元参数 A，A 是由程序根据缓曲线元数据 R_s，R_e，L 依据式(2-87)反算求出。为保证缓曲参数 A 的反算精度，在可能的情况下，缓曲线元的 R_s，R_e，L 应尽可能取位到 0.000 1 m。

2）平曲线线元数据及其主点数据的存储

每个平曲线线元有 R_s，R_e，$\pm L$ 三个设计数据，与本书第一版的 QH2－8/QH2－8N 程序不同，QH2－8T 程序是将 R_s，R_e 作为复数 $R_s+R_e i$ 输入到一个额外变量存储器（R_s 或 R_e 为∞时输入 0），将线元含偏转系数的线长 $\pm L$ 输入到一个额外变量存储器，也即，线元的三个设计数据只需要以复数形式输入到 2 个额外变量单元中。

当直线线元为直转点直线时，其转角应输入到线长复数的虚部，即为 $L\pm\Delta_{直}\,i$，直线线元的线长 L 恒为正数。

QH2－8T 程序为每个线元定义 5 个额外变量单元存储设计数据及程序计算的中间结果，因此，当平曲线线元总数为 N 时，存储第 N 个线元数据的 5 个额外变量名分别为 Z[5N－4]，Z[5N－3]，Z[5N－2]，Z[5N－1]，Z[5N]，其中 Z[5N－4]与 Z[5N－3]单元为在数据库子程序中输入的 2 个复数形式的线元设计数据 $R_s+R_e i$ 与 $\pm L$（直转直线为 $L\pm\Delta_{直}\,i$），而 Z[5N－2]，Z[5N－1]，Z[5N]则用于存储程序计算的中间结果，详细参见表 3-1 所示。

表 3-1　　**N 个平曲线元数据额外变量存储器单元规划**

线元号	R_s+R_ei/m	$\pm L\pm\Delta_{直}$ i/m	α_s+Ai/(°′″)	$x_{O'}+y_{O'}$i/m	$c_{se}+R'$i/m
1	Z[1]	Z[2]	Z[3]	Z[4]	Z[5]
2	Z[6]	Z[7]	Z[8]	Z[9]	Z[10]
3	Z[11]	Z[12]	Z[13]	Z[14]	Z[15]
4	Z[16]	Z[17]	Z[18]	Z[19]	Z[20]
⋮	⋮	⋮	⋮	⋮	⋮
I	Z[5I−4]	Z[5I−3]	Z[5I−2]	Z[5I−1]	Z[5I]
⋮	⋮	⋮	⋮	⋮	⋮
N	Z[5N−4]	Z[5N−3]	Z[5N−2]	Z[5N−1]	Z[5N]

注：表中灰底色的额外变量存储器单元为需要在数据库子程序中输入平曲线数据的单元。

执行 QH2－8T 程序后，程序自动将半径为 0 的额外变量 Z[5N－4]的实部或虚部值修改为 1×10^{30}，在 fx-5800P 中显示为 1×₁₀30。

(1) 平曲线数据库子程序案例

图 3-1 为图 2-13 所示 JD_{63} 平曲线的线元法设计图，其中第 4 个直线线元为 JD_{63} 与 JD_{64} 间的夹直线，使用 QH2－8T 程序计算该平曲线的数据库子程序如下：

数据库子程序名：JD63－8

4→N↵　　平曲线线元数

5N+2S+16→DimZ↵　　定义额外变量维数

59601.7381→List X[1]:3523928.8359→List Y[1]:533965.6776→List Freq[1]↵

平曲线起点桩号/中桩坐标

1400+700i→Z[1]:-250.021→Z[2]:218°19°40.42°→Z[3]↵

1 号缓曲线元数据/起点走向方位角

700+700i→Z[6]:-519.4328→Z[7]↵　　2 号圆曲线元数据/左偏

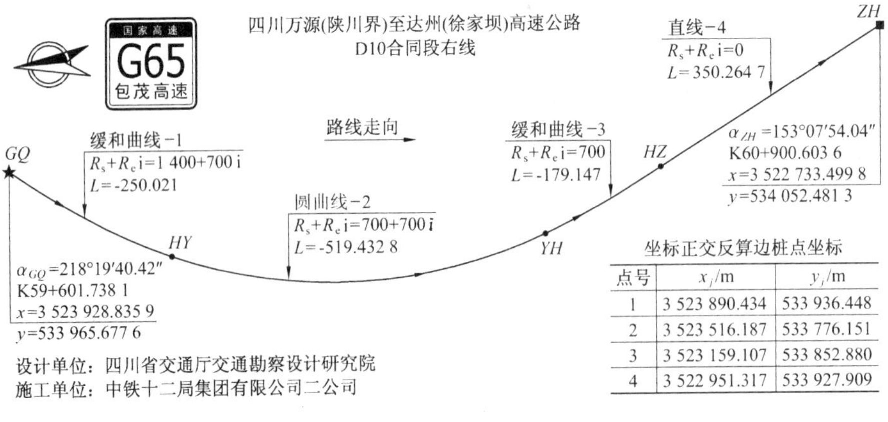

点号	x_j/m	y_j/m
1	3 523 890.434	533 936.448
2	3 523 516.187	533 776.151
3	3 523 159.107	533 852.880
4	3 522 951.317	533 927.909

图 3-1　线元法平曲线设计图纸案例

700→Z[11]:-179.147→Z[12]↵ 3号缓曲线元数据/左偏

0→Z[16]:350.2647→Z[17]↵ 4号直线线元数据

Return

数据库子程序文件命名为JD63－8，其最后字符“－8”表示这是QH2－8T的数据库子程序，以区别QH2－7T的数据库子程序文件JD63。

数据库子程序设计数据输入位置说明如下：

① 平曲线的线元总数应输入到字母变量 N；

② 平曲线起点桩号应输入到List X[1]，中桩坐标应分别输入到List Y[1]与List Freq[1]；

③ 与QH2－7T的数据库子程序相同，断链桩数应输入到字母变量D，竖曲线变坡点数应输入到字母变量 S，超高横坡数应输入到字母变量 C，隧道二衬轮廓线元数应输入到字母变量 L，隧道各级围岩洞身支护参数个数应输入到字母变量 W。

由于主程序在调用数据库子程序之前，自动执行了 **ClrMemory** 语句，清除了所有字母变量存储器，所以，当上述字母 D，S，C，L，W 为0时，可以不必在数据库子程序中为这些变量赋0值。

(2) 主点数据的计算

将上述数据库子程序以文件名JD63－8输入到fx-5800P，将主程序QH2－8T第9行的数据库子程序名修改为JD63－8，结果见图3-2(a)所示。

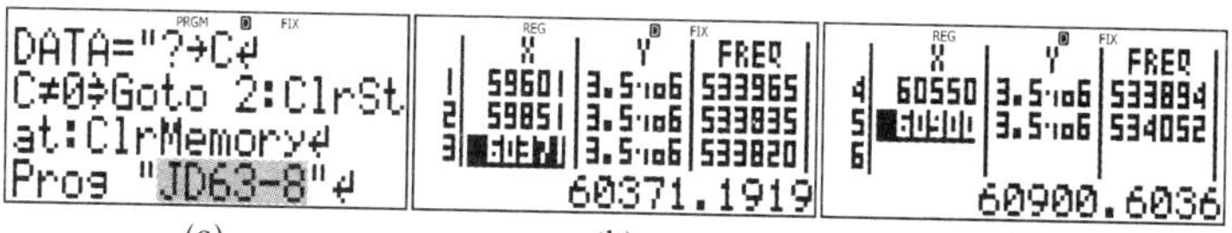

(a) (b) (c)

图3-2 将主程序QH2－8T中的数据库子程序名修改为JD63－8及程序计算的串列结果

执行QH2－8T程序，计算平曲线主点数据的屏幕提示及用户操作过程如下：

屏幕提示	按 键	说 明
ROUTE OR RAMP QH2－8T		显示程序标题
NEW(0),OLD(≠0) DATA＝?	0 EXE	重新调用数据库子程序计算
PEG ZD(m)＝60900.6036	EXE	显示平曲线终点设计桩号/耗时9.84 s
αZD＝153°7′54.04″	EXE	显示终点走向方位角
X＋YiZD(m)＝3522733.500＋534052.4813i	EXE	显示终点中桩坐标复数
[MODE][4]⇒Stop!	MODE 4	停止程序并进入REG模式

当屏幕显示“[MODE][4]⇒Stop!”时，按 MODE 4 键停止程序并进入 **REG** 模式，以便于用户察看程序算出的平曲线主点桩号及其中桩坐标。本例4个线元，统计串列存储有5行主点数据，结果见图3-2(b)，(c)所示。

完成主点数据计算后，程序自动将存储 4 个平曲线元起讫点半径复数的额外变量存储器 Z[1]，Z[6]，Z[11]，Z[16]的实部或虚部为 0 的数值修改为 1×10 30。例如，按 MODE 1 键进入 **COMP** 模式，再按 ALPHA Z ALPHA [1 1 ALPHA] EXE 键调出 3 号缓曲线元的起讫点半径复数，结果见图 3-3(a)所示，图 3-3(b)为 4 号直线线元的起讫点半径复数。

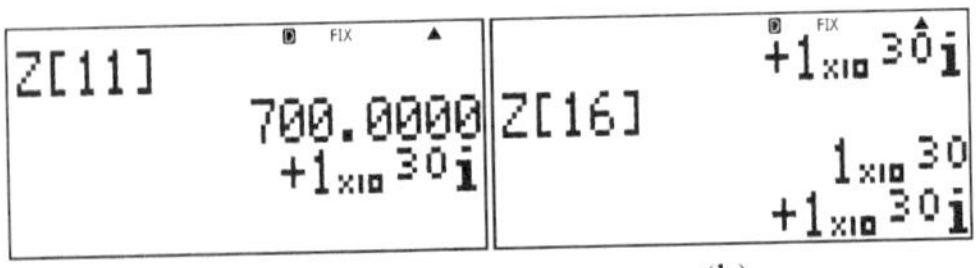

(a) (b)

图 3-3 执行 QH2—8T 程序后线元半径的修改结果

程序只将平曲线的主点桩号及其中桩坐标存入统计串列，其余数据存入额外变量存储器，详细参见表 3-1。

例如 Z[5]为存储 1 号缓曲线元“起讫点弦长＋拟合圆弧半径 i”复数，结果见图 3-4(a)所示，其中缓曲线元拟合圆弧半径是使用式(2-101)计算的。

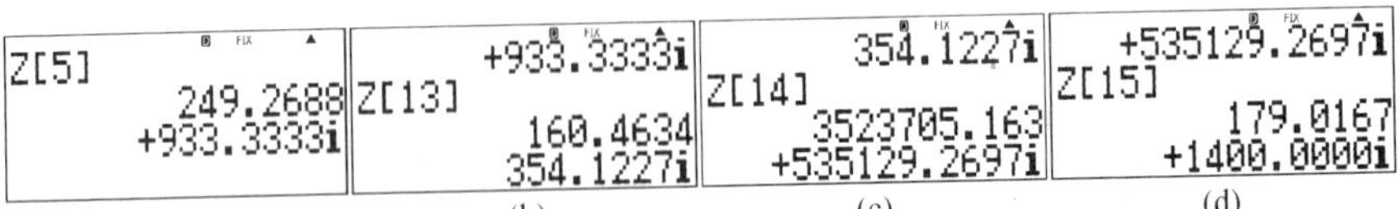

(a) (b) (c) (d)

图 3-4 存储在额外变量存储器单元的部分主点数据

由表 3-1 可知，Z[13]存储的是 3 号缓曲线元“起点走向方位角＋缓曲参数 i”复数(图 3-4(b))，Z[14]存储的是 3 号缓曲线元拟合圆弧圆心坐标复数(图 3-4(c))，Z[15]存储的是 3 号缓曲线元“起讫弦长＋拟合圆弧半径 i”复数(图 3-4(d))。

本书将缓曲线元拟合圆弧与圆曲线的圆心坐标复数、半径、起讫弦长称为坐标反算主点数据，因为执行程序 QH2—8T 的坐标反算功能时，需要频繁使用这些数据。在计算平曲线主点坐标数据时，保存这些数据可以减少坐标反算时的重复计算，从而加快坐标反算的计算速度。

(3) 平曲线坐标正、反算案例

① 坐标正算

重复执行 QH2—8T 程序进行坐标正算的屏幕提示与用户操作过程如下：

屏幕提示	按 键	说 明
ROUTE OR RAMP QH2—8T		显示程序标题
NEW(0),OLD(≠0) DATA=?	**2** EXE	用最近调用的数据库子程序计算
STA XY,NEW(0),OLD(1),NO(2)=?	**2** EXE	输入 2 不计算极坐标放样数据
PEG→XY(1),XY→PEG(2),Pier(4)=?	**1** EXE	输入 1 为坐标正算
+PEG(m),<QD⇒END=?	**59800** EXE	输入加桩号(位于 1 号缓曲线元)

续表

屏幕提示	按　键	说　　明
αi=206°59′48.48″	EXE	显示加桩走向方位角/耗时 2.69 s
X+Yi(m)=3523763.207+533857.2976i	EXE	显示中桩坐标复数
ANGLE(0)⇒NO,-L +R(Deg)=?	0 EXE	输入 0 不计算边桩坐标
+PEG(m),<QD⇒END=?	60060 EXE	输入加桩号(位于 2 号圆曲线元)
αi=185°56′5.18″	EXE	显示加桩走向方位角/耗时 1.97 s
X+Yi(m)=3523515.412+533783.6104i	EXE	显示中桩坐标复数
ANGLE(0)⇒NO,-L +R(Deg)=?	0 EXE	输入 0 不计算边桩坐标
+PEG(m),<QD⇒END=?	60430 EXE	输入加桩号(位于 3 号缓曲线元)
αi=156°26′23.71″	EXE	显示加桩走向方位角/耗时 4.00 s
X+Yi(m)=3523154.311+533841.8797i	EXE	显示中桩坐标复数
ANGLE(0)⇒NO,-L +R(Deg)=?	0 EXE	输入 0 不计算边桩坐标
+PEG(m),<QD⇒END=?	60650 EXE	输入加桩号(位于 4 号直线线元)
αi=153°7′54.04″	EXE	显示加桩走向方位角/耗时 3.13 s
X+Yi(m)=3522957.050+533939.2231i	EXE	显示中桩坐标复数
ANGLE(0)⇒NO,-L +R(Deg)=?	0 EXE	输入 0 不计算边桩坐标
+PEG(m),<QD⇒END=?	2 EXE	输入小于起点的任意桩号结束程序
QH2-8T⇒END		程序结束显示

② 坐标反算

重复执行 QH2-8T 程序进行坐标反算的屏幕提示与用户操作过程如下：

屏幕提示	按　键	说　　明
ROUTE OR RAMP QH2-8T		显示程序标题
NEW(0),OLD(≠0) DATA=?	3 EXE	用最近调用的数据库子程序计算
STA XY,NEW(0),OLD(1),NO(2)=?	2 EXE	输入 2 为不计算极坐标放样数据
PEG→XY(1),XY→PEG(2),Pier(4)=?	2 EXE	输入 2 为坐标反算
XJ(m),π⇒END=?	3523890.434 EXE	输入图 3-1 内表 1 号边桩点坐标
YJ(m)+ni=?	533936.448 EXE	
p PEG(m)+ni=59650.0014+1.0000i	EXE	显示垂点桩号+线元号复数/耗时 7.28 s
αp=216°9′43.37″	EXE	显示垂点走向方位角
Xp+Ypi(m)=3523890.434+533936.4479i	EXE	显示垂点中桩坐标复数
HDp→J -L,+R(m)=-0.0002	EXE	显示负数为左边距
XJ(m),π⇒END=?	3523516.187 EXE	输入图 3-1 内表 2 号边桩点坐标
YJ(m)+ni=?	533776.151 EXE	
p PEG(m)+ni=60060.0005+2.0000i	EXE	显示垂点桩号+线元号复数/耗时 5.12 s
αp=185°56′5.03″	EXE	显示垂点走向方位角
Xp+Ypi(m)=3523515.412+533783.6104i	EXE	显示垂点中桩坐标复数

续表

屏幕提示	按　键	说　　明
HDp→J -L，+R(m)=7.4996	EXE	显示正数为右边距
XJ(m)，π⇛END=?	3523159.107 EXE	输入图 3-1 内表 3 号边桩点坐标
YJ(m)+ni=?	533852.88 EXE	
p PEG(m)+ni=60430.0010+3.0000i	EXE	显示垂点桩号+线元号复数/耗时 8.00 s
αp=156°26′23.51″	EXE	显示垂点走向方位角
Xp+Ypi(m)=3523154.310+533841.8801i	EXE	显示垂点中桩坐标复数
HDp→J -L，+R(m)=-12.0003	EXE	显示负数为左边距
XJ(m)，π⇛END=?	3522951.317 EXE	输入图 3-1 内表 3 号边桩点坐标
YJ(m)+ni=?	533927.909 EXE	
p PEG(m)+ni=60650.0009+4.0000i	EXE	显示垂点桩号+线元号复数/耗时 4.53 s
αp=153°7′54.04″	EXE	显示垂点走向方位角
Xp+Ypi(m)=3522957.049+533939.2235i	EXE	显示垂点中桩坐标复数
HDp→J -L，+R(m)=12.6837	EXE	显示正数为右边距
XJ(m)，π⇛END=?	SHIFT π EXE	输入 π 结束程序
QH2-8T⇛END		程序结束显示

3）断链、竖曲线、路基超高横坡与隧道数据的输入及其存储

QH2-8T 程序可以单独计算平曲线，只要机器内存允许，平曲线允许含任意个断链，但不能单独计算竖曲线。只有当数据库子程序含有平曲线数据时，才能输入竖曲线数据或桥墩桩基数据；必须有竖曲线数据时，才能输入路基超高横坡数据或隧道数据。

由于 N 个平曲线线元数据占据了 $5N$ 个额外变量存储器单元，所以，断链、竖曲线、路基超高横坡与隧道数据只能从额外变量存储器的 Z[5N+1]单元开始存储，详细列于表 3-2，表中灰底色单元为在数据库子程序中输入竖曲线数据的位置。

表 3-2　　额外变量存储器 Z[5N+1]开始的单元规划

数据意义	单元	数据意义	单元
断链桩数 D	Z[5N+1]	竖曲线变坡点数 S	Z[5N+2]
路基超高横坡断面数 C	Z[5N+3]	隧道二衬轮廓线线元数 L	Z[5N+4]
洞身支护参数数 W	Z[5N+5]	测站点坐标复数	Z[5N+6]
正算 1/反算 2/隧道 3/桥墩 4 系数	Z[5N+7]	长链桩号显示控制系数	Z[5N+8]
隧道测点“断面高差+边距 i”复数/墩台“设计桩号+墩类号 i”复数	Z[5N+9]	二衬轮廓线“外偏距+隧中偏距 i”复数/墩台“法向偏距+走向偏角 i”复数	Z[5N+10]
隧道超欠挖轮廓线类型 0/1/2	Z[5N+11]	坡口“偏距+挖填高差 i”复数	Z[5N+12]
搜索到超高横坡度标记	Z[5N+13]	边桩实测高程	Z[5N+14]

续表

数据意义	单元	数据意义	单元
起点设计桩号+高程 i 复数	Z[5N+15]		
SJD_1 设计桩号+高程 i 复数	Z[5N+16]	SJD_1 竖曲线半径	Z[5N+17]
SJD_2 设计桩号+高程 i 复数	Z[5N+18]	SJD_2 竖曲线半径	Z[5N+19]
⋮	⋮	⋮	⋮
SJD_S 设计桩号+高程 i 复数	Z[5N+2S+14]	SJD_S 竖曲线半径	Z[5N+2S+15]
终点设计桩号+高程 i 复数	Z[5N+2S+16]		

注:表中灰底色的额外变量存储器单元为需要在数据库子程序中输入竖曲线数据的单元。

(1) 断链桩数据的输入

在数据库子程序中,断链桩数应输入到 D 变量。执行 QH2－8T 程序后,自动将其转存到额外变量存储器 Z[5N+1]单元,但断链桩数据应输入到统计串列。

由于存储 N 个平曲线元主点数据已占用了 $N+1$ 行统计串列,因此,断链桩数据应从统计串列的第 $N+2$ 行开始输入。其中断链桩后桩号应输入到 List X 串列,断链桩前桩号应输入到 List Y 串列(以路线或匝道走向为前进方向),主程序 QH2－8T 调用完数据库子程序后,自动计算各断链桩的断链值并存入 List Freq 串列。

例如,第 1 个断链桩的后桩号应输入到 List X[N+2]串列单元,前桩号应输入到 List Y[N+2]串列单元;第 2 个断链桩的后桩号应输入到 List X[N+3]串列单元,前桩号应输入到 List Y[N+3]串列单元。执行 QH2-8T 程序后,程序算出的第 1 个断链值存入 List Freq[N+2]串列单元,第 2 个断链值存入 List Freq[N+3]串列单元。

由于在主程序 QH2－8T 调用数据库子程序之前,并未算出平曲线主点数据,因此,在数据库子程序中,应在断链桩数据输入语句之前增设下列循环语句,以定义平曲线主点数据存储在统计串列的维数:

For 1→I To N+1:0→List X[I]:Next↵

当没有断链桩时,数据库子程序中不需要上述循环语句,当然,如果输入了上述循环语句,也不会出错,但会增加数据库子程序的字节数。

(2) 竖曲线数据的输入及其主点数据的存储

在数据库子程序中,竖曲线变坡点数应输入到 S 变量,执行 QH2－8T 程序后,自动将其转存到额外变量存储器 Z[5N+2]单元。

如表 3-2 所示,竖曲线设计数据应从额外变量存储器 Z[5N+15]单元开始输入,其中,“起点设计桩号+高程 i”复数应输入到 Z[5N+15]单元,“SJD_1 设计桩号+高程 i”复数应输入到 Z[5N+16]单元,“SJD_1 竖曲线半径”应输入到 Z[5N+17]单元,依次类推。每个变坡点需要占用 2 个额外变量存储器单元,加上竖曲线起点与终点各占用 1 个,共需要占用 $2S+2$ 个额外变量存储器单元。

与 QH2－7T 程序相同,竖曲线主点数据是紧接着断链桩数据后、存储在第 $N+2+D$ 行开始的统计串列中,其中的 D 为断链桩数。

(3) 路基标准横断面设计数据的输入

与 QH2－7T 程序相同,QH2－8T 程序也要求将路基标准横断面设计数据输入到 Mat A 矩阵。Mat A 矩阵应定义为 3 行×9 列,其中,第 1 行用于输入路中线分别至左、右土路肩的路基标准横断面设计数据,第 2 行用于输入一、二级填方边坡设计数据,第 3 行用于输入一、二级挖方边坡设计数据,Mat A[3,9]单元输入路基超高横坡渐变方式控制系数,输入 0 为线性渐变,输入≠0 的数值为三次抛物线渐变。Mat A 矩阵各单元数据的意义列于表 3－3,它与表 2－23 的定义完全相同。

表 3－3　路基标准横断面设计数据矩阵 Mat A(3 行×9 列)单元规划

行,列	车道与路缘数据	行,列	填方数据	行,列	挖方数据
1,1	左土路肩宽度	2,1	一级填方边坡坡率 n_{T1}	3,1	一级挖方边坡坡率 n_{W1}
1,2	左土路肩横坡度	2,2	一级填方边坡高度 H_{T1}	3,2	一级挖方边坡高度 H_{W1}
1,3	左路缘＋车道＋硬路肩宽	2,3	一级填方平台坡度 i_{T1}	3,3	一级挖方平台坡度 i_{W1}
1,4	中央分隔带左宽度	2,4	一级填方平台宽度 d_{T1}	3,4	一级挖方平台宽度 d_{W1}
1,5	中央分隔带右宽度	2,5	二级填方边坡坡率 n_{T2}	3,5	二级挖方边坡坡率 n_{W2}
1,6	右路缘＋车道＋硬路肩宽	2,6	二级填方边坡高度 H_{T2}	3,6	二级挖方边坡高度 H_{W2}
1,7	右土路肩横坡度	2,7	二级填方平台坡度 i_{T2}	3,7	二级挖方平台坡度 i_{W2}
1,8	右土路肩宽度	2,8	二级填方平台宽度 d_{T2}	3,8	二级挖方平台宽度 d_{W2}
1,9	边沟＋碎落台宽度	2,9	0	3,9	0 线性,≠0 三次抛物线

注:①边坡坡率 n,填方应输入正数,挖方应输入负数;②边坡平台横坡度 i 的正负是以路中线为基准,降坡输入正数,升坡输入负数,与路基超高横坡度 i_L,i_R 的定义相同。

(4) 路基超高横坡设计数据的输入

路基超高横坡数应输入到 C 变量,执行 QH2－8T 程序后,自动将其转存到额外变量存储器 Z[5N+3]单元。

与 QH2－7T 程序相同,QH2－8T 程序也要求将路基超高横坡设计数据输入到 Mat B 矩阵。Mat B 矩阵应定义为 9 列,每行可以存储 3 个超高横坡设计数据,最多定义 10 行,可存储 30 个超高横坡设计数据,Mat B 矩阵各单元数据的意义列于表 3－4,它与表 2－24 的定义完全相同。

表 3－4　路基超高横坡矩阵 Mat B(最多 10 行×9 列)单元规划

行\列	1	2	3	4	5	6	7	8	9
1	设计桩号 1	i_{L1}	i_{R1}	设计桩号 2	i_{L2}	i_{R2}	设计桩号 3	i_{L3}	i_{R3}
2	设计桩号 4	i_{L4}	i_{R4}	设计桩号 5	i_{L5}	i_{R5}	设计桩号 6	i_{L6}	i_{R6}
⋮	⋮	⋮	⋮	⋮	⋮	⋮	⋮	⋮	⋮
10	设计桩号 28	i_{L28}	i_{R28}	设计桩号 29	i_{L29}	i_{R29}	设计桩号 30	i_{L30}	i_{R30}

注:路基超高横坡度 i_L,i_R,以路中线为基准,降坡输入正数,升坡输入负数。

(5) 隧道二衬轮廓线主点数据的输入

隧道二衬轮廓线线元数应输入到 L 变量，执行 QH2－8T 程序后，自动将其转存到额外变量存储器 Z[5N＋4]单元。

隧道二衬轮廓线主点数据数据包括线元圆心隧中坐标、半径、起点隧中坐标等 5 个数据，应输入到 Mat D 矩阵。Mat D 矩阵应定义为 6 列，其中 1～5 列用于输入二衬轮廓线线元的上述 5 个数据，第 6 列应输入 0，用于存储程序算出的线元圆心→起点的隧中坐标方位角。Mat D 矩阵各单元数据的意义列于表 3－5，它与表 2－29 的定义完全相同。

表 3－5　隧道二衬轮廓线主点数据矩阵 Mat D(最多 10 行×6 列)单元规划

行\列	1	2	3	4	5	6
1	X_{O1}	Y_{O1}	R_1	X_1	Y_1	α_{O1-1}
2	X_{O2}	Y_{O2}	R_2	X_2	Y_2	α_{O2-2}
⋮	⋮	⋮	⋮	⋮	⋮	⋮
10	X_{O10}	Y_{O10}	R_{10}	X_{10}	Y_{10}	α_{O10-10}

(6) 围岩洞身支护参数的输入

围岩洞身支护参数个数应输入到 W 变量，执行 QH2－8T 程序后，自动将其转存到额外变量存储器 Z[5N＋5]单元。

每个围岩的洞身支护参数包括围岩起始设计桩号 Z_j、"二衬厚＋预留变形量"δ_{j1}、喷射层厚 δ_{j2}、隧中偏距 δ_{j3} 等 4 个数据，应输入到 Mat E 矩阵。Mat E 矩阵一般应定义为 8 列，每行可以存储 2 个围岩洞身支护参数，当定义为 10 行时，最多可以存储 20 个围岩洞身支护参数。Mat E 矩阵各单元数据的意义列于表 3－6，它与表 2－30 的定义完全相同。

表 3－6　围岩洞身支护参数矩阵 Mat E(最多 10 行×8 列)单元规划

行\列	1	2	3	4	5	6	7	8
1	Z_1	δ_{11}	δ_{12}	δ_{13}	Z_2	δ_{21}	δ_{22}	δ_{23}
2	Z_3	δ_{31}	δ_{32}	δ_{33}	Z_4	δ_{41}	δ_{42}	δ_{43}
⋮	⋮	⋮	⋮	⋮	⋮	⋮	⋮	⋮
10	Z_{19}	δ_{191}	δ_{192}	δ_{193}	Z_{20}	δ_{201}	δ_{202}	δ_{203}

作为特例，当只有 1 个围岩洞身支护参数时，只需要将 Mat E 矩阵定义为 1 行×4 列。

(7) 桥墩桩基坐标数据的输入

由于 QH2－7T 程序的隧道超欠挖数据与桥墩桩基坐标数据都是存储在 Mat D 与 Mat E 矩阵，因此，程序的隧道超欠挖与桥墩桩基坐标计算功能只能二选一。具体由数据库子程序中的隧道二衬轮廓线元数变量 L 控制，当 $L=0$ 时，可以在数据库子程序中输入桥墩桩基数据到 Mat D 与 Mat E 矩阵；当 $L>0$ 时，应在数据库子程序中输入隧道超欠挖数据到 Mat D 与 Mat E 矩阵。

与 QH2－7T 程序相同，QH2－8T 程序也要求将桥墩桩基的墩台中心坐标按墩类号顺序输入到 Mat D 矩阵，Mat D 矩阵最多可定义为 10 行×10 列，可以输入 5 类墩台、每类墩台最多可以输入1～10号桩基的墩台中心坐标。Mat D矩阵各单元数据的意义列于表3-7，它与表2-27的定义完全相同。

表3-7　桥墩桩基墩台中心坐标矩阵Mat D(最多10行×10列)单元规划

行\列	墩类	1	2	3	4	5	6	7	8	9	10
1	1类墩	X_1	X_2	X_3	X_4	X_5	X_6	X_7	X_8	X_9	X_{10}
2		Y_1	Y_2	Y_3	Y_4	Y_5	Y_6	Y_7	Y_8	Y_9	Y_{10}
3	2类墩	X_1	X_2	X_3	X_4	X_5	X_6	X_7	X_8	X_9	X_{10}
4		Y_1	Y_2	Y_3	Y_4	Y_5	Y_6	Y_7	Y_8	Y_9	Y_{10}
5	3类墩	X_1	X_2	X_3	X_4	X_5	X_6	X_7	X_8	X_9	X_{10}
6		Y_1	Y_2	Y_3	Y_4	Y_5	Y_6	Y_7	Y_8	Y_9	Y_{10}
7	4类墩	X_1	X_2	X_3	X_4	X_5	X_6	X_7	X_8	X_9	X_{10}
8		Y_1	Y_2	Y_3	Y_4	Y_5	Y_6	Y_7	Y_8	Y_9	Y_{10}
9	5类墩	X_1	X_2	X_3	X_4	X_5	X_6	X_7	X_8	X_9	X_{10}
10		Y_1	Y_2	Y_3	Y_4	Y_5	Y_6	Y_7	Y_8	Y_9	Y_{10}

每个桥墩的4个墩台设计数据应输入到Mat E矩阵，Mat E矩阵最多可定义为10行×8列，最多可以输入0#～19#桥墩共20个墩台的设计数据。Mat E矩阵各单元数据的意义列于表3-8，它与表2-28的定义完全相同。

表3-8　桥墩墩台中心数据矩阵Mat E单元规划

行\列	1	2	3	4	5	6	7	8
1	$n_{0\#}$	$Z_{0\#}$	$d_{0\#}$	$\delta_{0\#}$	$n_{1\#}$	$Z_{1\#}$	$d_{1\#}$	$\delta_{1\#}$
2	$n_{2\#}$	$Z_{2\#}$	$d_{2\#}$	$\delta_{2\#}$	$n_{3\#}$	$Z_{3\#}$	$d_{3\#}$	$\delta_{3\#}$
3	$n_{4\#}$	$Z_{4\#}$	$d_{4\#}$	$\delta_{4\#}$	$n_{5\#}$	$Z_{5\#}$	$d_{5\#}$	$\delta_{5\#}$
4	$n_{6\#}$	$Z_{6\#}$	$d_{6\#}$	$\delta_{6\#}$	$n_{7\#}$	$Z_{7\#}$	$d_{7\#}$	$\delta_{7\#}$
5	$n_{8\#}$	$Z_{8\#}$	$d_{8\#}$	$\delta_{8\#}$	$n_{9\#}$	$Z_{9\#}$	$d_{9\#}$	$\delta_{9\#}$
6	$n_{10\#}$	$Z_{10\#}$	$d_{10\#}$	$\delta_{10\#}$	$n_{11\#}$	$Z_{11\#}$	$d_{11\#}$	$\delta_{11\#}$
7	$n_{12\#}$	$Z_{12\#}$	$d_{12\#}$	$\delta_{12\#}$	$n_{13\#}$	$Z_{13\#}$	$d_{13\#}$	$\delta_{13\#}$
8	$n_{14\#}$	$Z_{14\#}$	$d_{14\#}$	$\delta_{14\#}$	$n_{15\#}$	$Z_{15\#}$	$d_{15\#}$	$\delta_{15\#}$
9	$n_{16\#}$	$Z_{16\#}$	$d_{16\#}$	$\delta_{16\#}$	$n_{17\#}$	$Z_{17\#}$	$d_{17\#}$	$\delta_{17\#}$
10	$n_{18\#}$	$Z_{18\#}$	$d_{18\#}$	$\delta_{18\#}$	$n_{19\#}$	$Z_{19\#}$	$d_{19\#}$	$\delta_{19\#}$

注：表中，$n_{0\#}$为0#桥墩的墩类号，$Z_{0\#}$为0#桥墩墩台中心桩号，$d_{0\#}$为0#桥墩墩台中心法向偏距，$\delta_{0\#}$为0#桥墩墩台中心坐标系+Y相对于路线走向的偏角。

3.2　含断链的三维坐标正、反算案例

1）数据库子程序

图3-5为图2-29所示JD_{44}平曲线的4个线元，其中第4个直线线元为JD_{44}与JD_{45}之

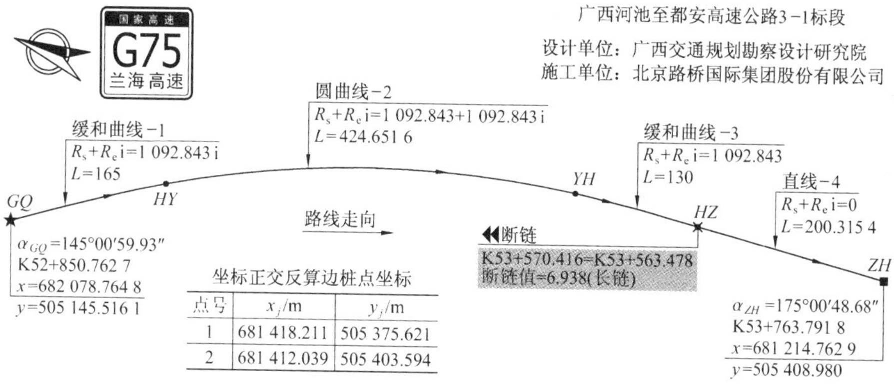

点号	x_j/m	y_j/m
1	681 418.211	505 375.621
2	681 412.039	505 403.594

图 3-5　交点平曲线含长链设计图

间的夹直线，使用 QH2-8T 计算该平曲线的数据库子程序 JD44-8 的内容如下：

数据库子程序名：JD44-8

4→N:1→D:1→S:6→C↵　　平曲线线元数/断链桩数/竖曲线变坡点数/超高横坡数

5N+2S+16→DimZ↵　　定义额外变量维数

For 1→I To N+1:0→List X[I]:Next↵　　定义平曲线主点数据统计串列维数

53570.416→List X[N+2]:53563.478→List Y[N+2]↵　　断链桩数据

52850.7627→List X[1]:682078.7648→List Y[1]:505145.516→List Freq[1]↵

平曲线起点桩号/中桩坐标

1092.843i→Z[1]:165→Z[2]:145°0°59.93°→Z[3]↵

1 号缓曲线元数据/起点走向方位角

1092.843+1092.843i→Z[6]:424.6516→Z[7]↵　　2 号圆曲线元数据/左偏

1092.843→Z[11]:130→Z[12]↵　　3 号缓曲线元数据/左偏

0→Z[16]:200.3154→Z[17]↵　　4 号直线线元数据

52150+285.467i→Z[5N+15]↵　　竖曲线起点桩号+高程 i 复数

53160+288.493i→Z[5N+16]:49000→Z[5N+17]↵

变坡点桩号+高程 i 复数/竖曲线半径

54600+274.733i→Z[5N+18]↵　　终点桩号+高程 i 复数

[[0.75,4,10.5,1,1,10.5,4,0.75,2.5][1.1,8,3,1.5,1.3,8,3,1.5,0][-0.5,10,-3,1.5,-0.5,10,-3,1.5,0]]→Mat A↵

路基标准横断面设计数据矩阵，Mat A[3,9]=0 超高横坡度为线性渐变

[[52850.763,0,0,52908.514,-2,2,53015.763,-4,4][53440.414,-4,4,53570.414,2,2,53763.792,2,2]]→Mat B↵　　路基超高横坡度矩阵赋值

Return

因本例有一个断链，因此，在输入断链桩数据之前，应设置一条循环语句定义平曲线主点数据统计串列的维数。将上述数据库子程序，以文件名 JD44-8 输入到机器内存，并将

QH2－8T 主程序第 9 行的数据库子程序修改为 JD44－8。

2）坐标正算

执行 QH2－8T 程序，计算加桩 K52＋920 中边桩坐标的屏幕提示与用户操作过程如下：

屏幕提示	按 键	说 明
ROUTE OR RAMP QH2－8T		显示程序标题
NEW(0),OLD(≠0) DATA＝?	0 EXE	重新调用数据库子程序计算主点数据
＋Break Z(m)＝53570.4140＋1.0000i	EXE	显示超高横坡桩号位于长链重桩区/耗时 4.25 s
BACK(0),＋Break,FRONT(≠0)＝?	0 EXE	输入 0 选择长链后重桩区
PEG ZD(m)＝53763.7917	EXE	显示平曲线终点设计桩号/耗时 10.84 s
αZD＝175°0′48.67″	EXE	显示终点走向方位角
X＋YiZD(m)＝681214.7630＋505408.9800i	EXE	显示终点中桩坐标复数
[MODE][4]⇛Stop!	EXE	继续执行程序
STA XY,NEW(0),OLD(1),NO(2)＝?	2 EXE	输入 2 不计算极坐标放样数据
PEG→XY(1),XY→PEG(2),Pier(4)＝?	1 EXE	输入 1 为坐标正算
＋PEG(m),<QD⇛END＝?	52920 EXE	输入加桩号
αi＝145°46′41.72″	EXE	显示加桩走向方位角/耗时 2.16 s
X＋Yi(m)＝682021.8625＋505184.9605i	EXE	显示中桩坐标复数
H(m)＝287.7290	EXE	显示中桩设计高程
ANGLE(0)⇛NO,-L ＋R(Deg)＝?	-90 EXE	输入负数为左偏角
iL(%)＝-2.2142	EXE	显示路基左横坡度/耗时 4.65 s
WL(m),0⇛NO＝?	6.25 EXE	输入行车道内左边距
XL＋YLi(m)＝682025.3775＋505190.1284i	EXE	显示左边桩坐标复数
HL(m)＝287.8452	EXE	显示左边桩设计高程
WL(m),0⇛NO＝?	11.5 EXE	输入硬路肩外缘左边距
XL＋YLi(m)＝682028.3301＋505194.4694i	EXE	显示左边桩坐标复数
HL(m)＝287.9615	EXE	显示左边桩设计高程
WL(m),0⇛NO＝?	12.25 EXE	输入土路肩外缘左边距
XL＋YLi(m)＝682028.7519＋505195.0896i	EXE	显示左边桩坐标复数
HL(m)＝287.9315	EXE	显示左边桩设计高程
WL(m),0⇛NO＝?	13.8 EXE	输入挖方边沟内点左边距
XL＋YLi(m)＝682029.6236＋505196.3712i	EXE	显示左边桩坐标复数
T(>0),W(<0),NO(0)＝?	-1 EXE	输入任意负数为挖方边坡
HL(m)＝287.9315	EXE	显示左边桩设计高程
WL(m),0⇛NO＝?	17.25 EXE	输入挖方一级边坡点左边距
XL＋YLi(m)＝682031.5639＋505199.2239i	EXE	显示左边桩坐标复数
T(>0),W(<0),NO(0)＝?	-2 EXE	输入任意负数为挖方边坡
HL(m)＝292.9315	EXE	显示左边桩设计高程
WL(m),0⇛NO＝?	20.5 EXE	输入挖方一级平台内点左边距
XL＋YLi(m)＝682033.3916＋505201.9112i	EXE	显示左边桩坐标复数

续表

屏幕提示	按　键	说　　明
T(>0),W(<0),NO(0)=?	-3 EXE	输入任意负数为挖方边坡
HL(m)=297.9540	EXE	显示左边桩设计高程
WL(m),0⇒NO=?	23.75 EXE	输入挖方二级边坡点左边距
XL+YLi(m)=682035.2194+505204.5986i	EXE	显示左边桩坐标复数
T(>0),W(<0),NO(0)=?	-4 EXE	输入任意负数为挖方边坡
HL(m)=302.9765	EXE	显示左边桩设计高程
WL(m),0⇒NO=?	27.75 EXE	输入挖方二级平台外缘点左边距
XL+YLi(m)=682037.4690+505207.9060i	EXE	显示左边桩坐标复数
T(>0),W(<0),NO(0)=?	-5 EXE	输入任意负数为挖方边坡
HL(m)=308.0215	EXE	显示左边桩设计高程
WL(m),0⇒NO=?	28 EXE	输入挖方二级平台外点左边距
XL+YLi(m)=682037.6096+505208.1127i	EXE	显示左边桩坐标复数
T(>0),W(<0),NO(0)=?	-6 EXE	输入任意负数为挖方边坡
WL(m),0⇒NO=?	0 EXE	输入0结束左边桩坐标计算
iR(%)=2.2142	EXE	显示路基右横坡度
WR(m),0⇒NO=?	7.5 EXE	输入行车道内右边距
XR+YRi(m)=682017.6445+505178.7590i	EXE	显示右边桩坐标复数
HR(m)=287.5851	EXE	显示右边桩设计高程
WR(m),0⇒NO=?	11.5 EXE	输入硬路肩外缘右边距
XR+YRi(m)=682015.3949+505175.4515i	EXE	显示右边桩坐标复数
HR(m)=287.4965	EXE	显示右边桩设计高程
WR(m),0⇒NO=?	12.25 EXE	输入土路肩外缘右边距
XR+YRi(m)=682014.9731+505174.8313i	EXE	显示右边桩坐标复数
HR(m)=287.4665	EXE	显示右边桩设计高程
WR(m),0⇒NO=?	16.65 EXE	输入一级填方边坡点右边距
XR+YRi(m)=682012.4986+505171.1931i	EXE	显示右边桩坐标复数
T(>0),W(<0),NO(0)=?	1 EXE	输入任意正数为填方边坡
HR(m)=283.4665	EXE	显示右边桩设计高程
WR(m),0⇒NO=?	21.8 EXE	输入一级填方平台内点右边距
XR+YRi(m)=682009.6022+505166.9347i	EXE	显示右边桩坐标复数
T(>0),W(<0),NO(0)=?	2 EXE	输入任意正数为填方边坡
HR(m)=279.4440	EXE	显示右边桩设计高程
WR(m),0⇒NO=?	27.75 EXE	输入二级填方边坡点右边距
XR+YRi(m)=682006.2560+505162.0149i	EXE	显示右边桩坐标复数
T(>0),W(<0),NO(0)=?	3 EXE	输入任意正数为填方边坡
HR(m)=275.4215	EXE	显示右边桩设计高程
WR(m),0⇒NO=?	34.45 EXE	输入二级填方平台外缘点右边距
XR+YRi(m)=682002.4879+505156.4749i	EXE	显示右边桩坐标复数
T(>0),W(<0),NO(0)=?	4 EXE	输入任意正数为填方边坡

续表

屏幕提示	按　键	说　　明
HR(m)=271.3765	EXE	显示右边桩设计高程
WR(m),0⇏NO=?	35 EXE	输入二级填方平台外点右边距
XR+YRi(m)=682002.1786+505156.0201i	EXE	显示右边桩坐标复数
T(>0),W(<0),NO(0)=?	5 EXE	输入任意正数为填方边坡
WR(m),0⇏NO=?	0 EXE	输入 0 结束右边桩坐标计算
+PEG(m),<QD⇏END=?	1 EXE	输入小于起点的任意桩号结束程序
QH2−8T⇏END		程序结束显示

因本例第 4 个超高横坡度桩号 K53+570.414 位于长链重桩区 K53+570.416～K53+563.478 内，程序在将其变换为连续桩号时，提示用户选择其在长链重桩区的后(BACK)或前(FRONT)位置。

完成主点数据计算后，按 MODE 4 键进入 **REG** 模式，结果见图 3－6 所示。

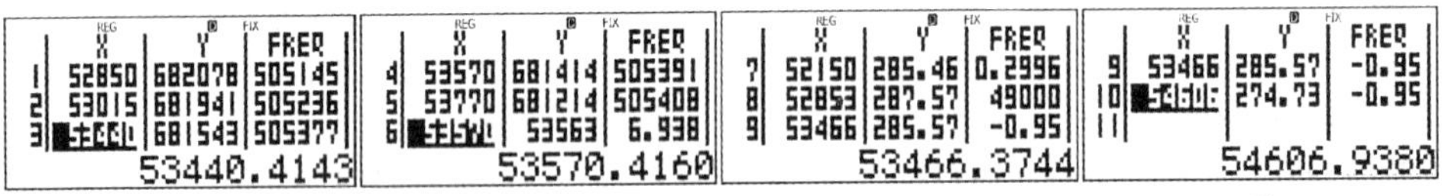

(a)　(b)　(c)　(d)

图 3－6　存储在统计串列中的平曲线、断链桩与竖曲线主点数据

因本例有 4 个平曲线线元，故有 5 个平曲线主点数据，存储在统计串列的 1～5 行(图 3－6(a)，(b))；一个断链桩数据存储在第 6 行(图 3－6(b))。只有 1 个变坡点，应有 4 行竖曲线主点数据，存储在统计串列的 7～10 行(图 3－6(c)，(d))。

与 QH2－7T 程序的路基超高计算完全相同，Mat C 矩阵也是用于存储加桩路基与挖填边坡主点数据，Mat C 矩阵各单元数据的意义列于表 2－25。

重复执行 QH2－8T 程序，选择坐标正算功能，输入平台主点边距系数计算加桩 K52+920 一、二级边坡平台主点三维设计坐标的操作过程如下：

屏幕提示	按　键	说　　明
ROUTE OR RAMP QH2−8T		显示程序标题
NEW(0),OLD(≠0) DATA=?	3 EXE	用最近调用的数据库子程序计算
STA XY,NEW(0),OLD(1),NO(2)=?	2 EXE	输入 2 不计算极坐标放样数据
PEG→XY(1),XY→PEG(2),Pier(4)=?	1 EXE	输入 1 为坐标正算
+PEG(m),<QD⇏END=?	52920 EXE	输入加桩号
αi=145°46′41.72″	EXE	显示加桩走向方位角/耗时 2.25 s
X+Yi(m)=682021.8625+505184.9605i	EXE	显示中桩坐标复数
H(m)=287.7290	EXE	显示中桩设计高程
ANGLE(0)⇏NO,-L +R(Deg)=?	90 EXE	输入正数为右偏角

续表

屏幕提示	按　键	说　　明
iL(%)=-2.2142	EXE	显示路基左横坡度/耗时 4.65 s
WL(m),0⇒NO=?	-1.1 EXE	输入一级边坡平台主点边距系数
T(>0),W(<0),NO(0)=?	-1 EXE	输入任意负数为挖方边坡
XL+YLi(m)=682032.9698+505201.2911i	EXE	显示左边桩坐标复数
HL(m)=297.9315	EXE	显示左边桩设计高程
WL(m),0⇒NO=?	-1.2 EXE	输入一级边坡平台主点边距系数
T(>0),W(<0),NO(0)=?	-2 EXE	输入任意负数为挖方边坡
XL+YLi(m)=682033.8134+505202.5314i	EXE	显示左边桩坐标复数
HL(m)=297.9765	EXE	显示左边桩设计高程
WL(m),0⇒NO=?	-2.1 EXE	输入二级边坡平台主点边距系数
T(>0),W(<0),NO(0)=?	-3 EXE	输入任意负数为挖方边坡
XL+YLi(m)=682036.6254+505206.6657i	EXE	显示左边桩坐标复数
HL(m)=307.9765	EXE	显示左边桩设计高程
WL(m),0⇒NO=?	-2.2 EXE	输入二级边坡平台主点边距系数
T(>0),W(<0),NO(0)=?	-4 EXE	输入任意负数为挖方边坡
XL+YLi(m)=682037.4690+505207.9060i	EXE	显示左边桩坐标复数
HL(m)=308.0215	EXE	显示左边桩设计高程
WL(m),0⇒NO=?	0 EXE	输入 0 结束左边桩坐标计算
iR(%)=2.2142	EXE	显示路基右横坡度
WR(m),0⇒NO=?	-1.1 EXE	输入一级边坡平台主点边距系数
T(>0),W(<0),NO(0)=?	1 EXE	输入任意正数为填方边坡
XR+YRi(m)=682010.0240+505167.5549i	EXE	显示右边桩坐标复数
HR(m)=279.4665	EXE	显示右边桩设计高程
WR(m),0⇒NO=?	-1.2 EXE	输入一级边坡平台主点边距系数
T(>0),W(<0),NO(0)=?	2 EXE	输入任意正数为填方边坡
XR+YRi(m)=682009.1804+505166.3146i	EXE	显示右边桩坐标复数
HR(m)=279.4215	EXE	显示右边桩设计高程
WR(m),0⇒NO=?	-2.1 EXE	输入二级边坡平台主点边距系数
T(>0),W(<0),NO(0)=?	3 EXE	输入任意正数为填方边坡
XR+YRi(m)=682003.3315+505157.7152i	EXE	显示右边桩坐标复数
HR(m)=271.4215	EXE	显示右边桩设计高程
WR(m),0⇒NO=?	-2.2 EXE	输入二级边坡平台主点边距系数
T(>0),W(<0),NO(0)=?	4 EXE	输入任意正数为填方边坡
XR+YRi(m)=682002.4879+505156.4749i	EXE	显示右边桩坐标复数
HR(m)=271.3765	EXE	显示右边桩设计高程
WR(m),0⇒NO=?	0 EXE	输入 0 结束右边桩坐标计算
+PEG(m),<QD⇒END=?	2 EXE	输入小于起点的任意桩号结束程序
QH2-8T⇒END		程序结束显示

3）三维坐标反算

重复执行 QH2－8T 程序，进行三维坐标反算的屏幕提示与用户操作过程如下：

屏幕提示	按　键	说　　明
ROUTE OR RAMP QH2－8T		显示程序标题
NEW(0),OLD(≠0) DATA＝?	4 EXE	用最近调用的数据库子程序计算
STA XY,NEW(0),OLD(1),NO(2)＝?	2 EXE	输入 2 不计算极坐标放样数据
PEG→XY(1),XY→PEG(2),Pier(4)＝?	2 EXE	输入 2 为坐标反算
XJ(m),π⇛END＝?	682027.768 EXE	输入 1 号边桩点坐标
YJ(m)＋ni＝?	505193.643 EXE	
HJ(m),0⇛NO＝?	289.173 EXE	输入 1 号边桩点高程
p PEG(m)＋ni＝52920.0000＋1.0000i	EXE	显示垂点桩号＋线元号复数/耗时 5.47 s
αp＝145°46′41.72″	EXE	显示走向方位角
Xp＋Ypi(m)＝682021.8625＋505184.9604i	EXE	显示中桩坐标复数
HDp→J -L,＋R(m)＝-10.5005	EXE	显示负数为左边距
H(m)＝287.7290	EXE	显示垂点设计高程
HL(m)＝287.9393	EXE	显示边桩点设计高程/耗时 5.44 s
a＋hi(m)＝1.2337i	EXE	显示“挖填高差 i”复数
XJ(m),π⇛END＝?	682007.808 EXE	输入 2 号边桩点坐标
YJ(m)＋ni＝?	505164.297 EXE	
HJ(m),0⇛NO＝?	278.495 EXE	输入 2 号边桩点高程
p PEG(m)＋ni＝52920.0001＋1.0000i	EXE	显示垂点桩号＋线元号复数/耗时 5.50 s
αp＝145°46′41.73″	EXE	显示走向方位角
Xp＋Ypi(m)＝682021.8624＋505184.9605i	EXE	显示中桩坐标复数
HDp→J -L,＋R(m)＝24.9901	EXE	显示正数为右边距
H(m)＝287.7290	EXE	显示垂点设计高程
T(>0),W(<0),NO(0)＝?	4 EXE	输入任意正数为填方边坡
HR(m)＝277.5445	EXE	显示边桩点设计高程
a＋hi(m)＝3.9401＋0.9505i	EXE	显示“坡口平距＋挖填高差 i”复数
XJ(m),π⇛END＝?	SHIFT π EXE	输入 π 结束程序
QH2－8T⇛END		程序结束显示

3.3 回头曲线坐标正、反算案例

1）回头曲线案例 1

图 3－7 所示的回头曲线线元法数据取自图 2－12 的交点法设计图纸。

(1) 数据库子程序

数据库子程序文件名：WN－8

4→N↵ 平曲线元数

5N＋2S＋16→DimZ↵ 定义额外变量维数

0→List X[1]:55482.939→List Y[1]:57945.25→List Freq[1]↵

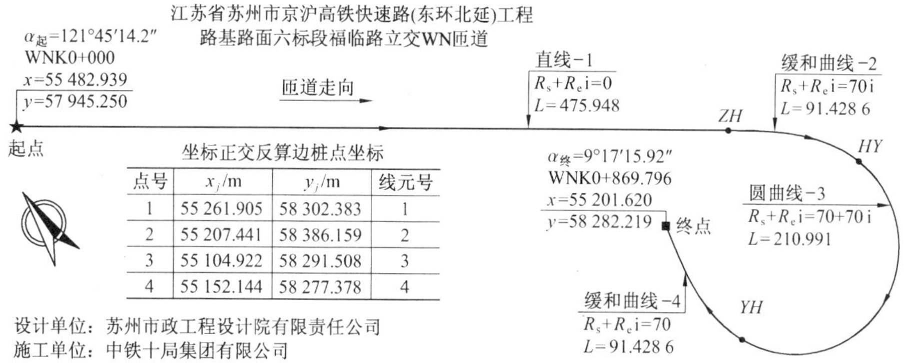

图 3-7　回头曲线匝道线元法设计图纸

平曲线起点桩号/中桩坐标

0→Z[1]:475.948→Z[2]:121°45°14.2°→Z[3]↲　1 号直线线元数据/起点走向方位角

70i→Z[6]:91.4286→Z[7]↲　2 号缓曲线元数据/右偏

70+70i→Z[11]:210.991→Z[12]↲　3 号圆曲线元数据/右偏

70→Z[16]:91.4286→Z[17]↲　4 号缓曲线元数据/右偏

Return

将上述数据库子程序，以文件名 WN-8 输入到机器内存，并将 QH2-8T 主程序第 9 行的数据库子程序修改为 WN-8。

(2) 坐标正算

执行 QH2-8T 程序，为每个线元计算一个加桩中桩坐标的屏幕提示与用户操作过程如下：

屏幕提示	按　键	说　　明
ROUTE OR RAMP QH2-8T		显示程序标题
NEW(0),OLD(≠0) DATA=?	0 EXE	重新调用数据库子程序计算主点数据
PEG ZD(m)=869.7962	EXE	显示平曲线终点设计桩号/耗时 12.50 s
αZD=9°17′15.92″	EXE	显示终点走向方位角
X+YiZD(m)=55201.6209+58282.2192i	EXE	显示终点中桩坐标复数
[MODE][4]⇛Stop!	EXE	继续执行程序
STA XY,NEW(0),OLD(1),NO(2)=?	2 EXE	输入 2 不计算极坐标放样数据
PEG→XY(1),XY→PEG(2),Pier(4)=?	1 EXE	输入 1 为坐标正算
+PEG(m),<QD⇛END=?	420 EXE	输入加桩号(1 号直线线元)
αi=121°45′14.2″	EXE	显示加桩走向方位角/耗时 1.03 s
X+Yi(m)=55261.9046+58302.3827i	EXE	显示中桩坐标复数
ANGLE(0)⇛NO,-L +R(Deg)=?	0 EXE	输入 0 不计算边桩坐标
+PEG(m),<QD⇛END=?	520 EXE	输入加桩号(2 号缓曲线元)
αi=130°26′25.53″	EXE	显示加桩走向方位角/耗时 2.87 s

续表

屏幕提示	按　键	说　　明
X+Yi(m)=55207.4407+58386.1586i	EXE	显示中桩坐标复数
ANGLE(0)⇒NO,-L +R(Deg)=?	**0** EXE	输入 0 不计算边桩坐标
+PEG(m),<QD⇒END=?	**770** EXE	输入加桩号(3 号圆曲线元)
αi=325°1′16.02″	EXE	显示加桩走向方位角/耗时 2.75 s
X+Yi(m)=55104.9221+58291.5081i	EXE	显示中桩坐标复数
ANGLE(0)⇒NO,-L +R(Deg)=?	**0** EXE	输入 0 不计算边桩坐标
+PEG(m),<QD⇒END=?	**820** EXE	输入加桩号(4 号缓曲线元)
αi=358°11′17.58″	EXE	显示加桩走向方位角/耗时 6.50 s
X+Yi(m)=55152.1441+58277.3775i	EXE	显示中桩坐标复数
ANGLE(0)⇒NO,-L +R(Deg)=?	**0** EXE	输入 0 不计算边桩坐标
+PEG(m),<QD⇒END=?	**-1** EXE	输入小于起点的任意桩号结束程序
QH2-8T⇒END		程序结束显示

(3) 坐标反算

重复执行 QH2-8T 程序，计算图 3-7 内表所示 4 个边桩点坐标反算的屏幕提示与用户操作过程如下：

屏幕提示	按　键	说　　明
ROUTE OR RAMP QH2-8T		显示程序标题
NEW(0),OLD(≠0) DATA=?	**2** EXE	用最近调用的数据库子程序计算
STA XY,NEW(0),OLD(1),NO(2)=?	**2** EXE	输入 2 为不计算极坐标放样数据
PEG→XY(1),XY→PEG(2),Pier(4)=?	**2** EXE	输入 2 为坐标反算
XJ(m),π⇒END=?	**55261.905** EXE	输入 1 号中桩点坐标
YJ(m)+ni=?	**58302.383** EXE	在复数虚部输入线元号
p PEG(m)+ni=420.0000+1.0000i	EXE	显示垂点桩号+线元号复数/耗时 3.44 s
αp=121°45′14.2″	EXE	显示垂点走向方位角
Xp+Ypi(m)=55261.9046+58302.3827i	EXE	显示垂点中桩坐标复数
HDp→J -L,+R(m)=-0.0005	EXE	显示负数为左边距
XJ(m),π⇒END=?	**55207.441** EXE	输入 2 号中桩点坐标
YJ(m)+ni=?	**58386.159** EXE	
p PEG(m)+ni=520.0001+2.0000i	EXE	显示垂点桩号+线元号复数/耗时 7.72 s
αp=130°26′25.61″	EXE	显示垂点走向方位角
Xp+Ypi(m)=55207.4406+58386.1587i	EXE	显示垂点中桩坐标复数
HDp→J -L,+R(m)=-0.0005	EXE	显示负数为左边距
XJ(m),π⇒END=?	**55104.922** EXE	输入 3 号中桩点坐标
YJ(m)+ni=?	**58291.508** EXE	
p PEG(m)+ni=770.0000+3.0000i	EXE	显示垂点桩号+线元号复数/耗时 3.65 s
αp=325°1′16″	EXE	显示垂点走向方位角
Xp+Ypi(m)=55104.9221+58291.5081i	EXE	显示垂点中桩坐标复数

续表

屏幕提示	按　键	说　　明
HDp→J -L,＋R(m)＝-0.0002	EXE	显示负数为左边距
XJ(m),π⇒END＝?	55152.144 EXE	输入 4 号中桩点坐标
YJ(m)＋ni＝?	58277.378 EXE	
p PEG(m)＋ni＝819.9999＋4.0000i	EXE	显示垂点桩号＋线元号复数/耗时 12.90 s
αp＝358°11′17.46″	EXE	显示垂点走向方位角
Xp＋Ypi(m)＝55152.1440＋58277.3775i	EXE	显示垂点中桩坐标复数
HDp→J -L,＋R(m)＝0.0005	EXE	显示正数为右边距
XJ(m),π⇒END＝?	SHIFT π EXE	输入 π 结束程序
QH2－8T⇒END		程序结束显示

2）回头曲线案例 2

图 3－8 所示的回头曲线线元法数据来自图 2－27 的交点法设计图纸。

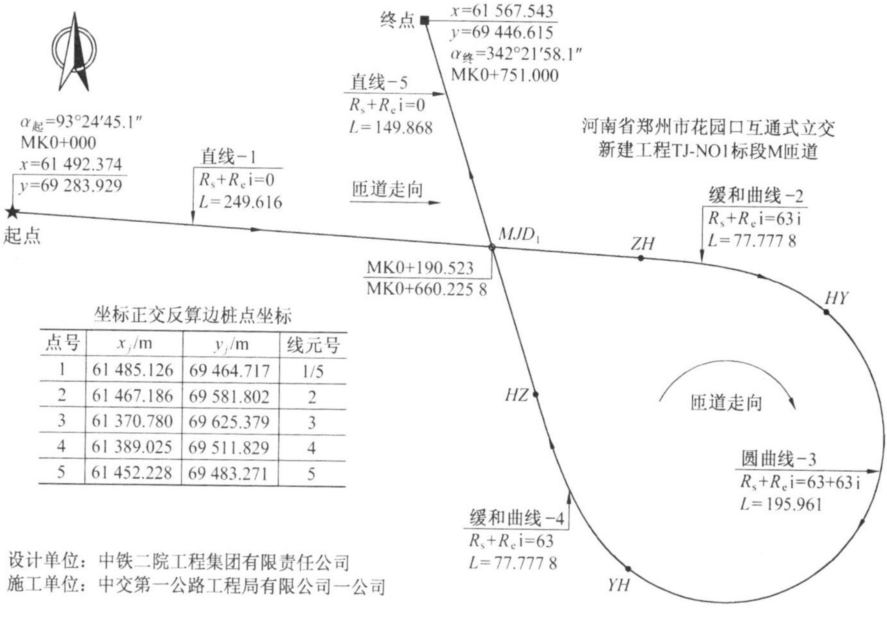

图 3－8　回头曲线匝道线元法设计图纸

(1) 数据库子程序

数据库子程序文件名:M－8

5→N↵　　平曲线元数

5N＋2S＋16→DimZ↵　　定义额外变量维数

0→List X[1]:61492.374→List Y[1]:69283.929→List Freq[1]↵

平曲线起点桩号/中桩坐标

0→Z[1]:249.616→Z[2]:93°24°45.1°→Z[3]↵ 1号直线线元数据/起点走向方位角
63i→Z[6]:77.7778→Z[7]↵ 2号缓曲线元数据/右偏
63+63i→Z[11]:195.961→Z[12]↵ 3号圆曲线元数据/右偏
63→Z[16]:77.7778→Z[17]↵ 4号缓曲线元数据/右偏
0→Z[21]:149.868→Z[22]↵ 5号直线线元数据
Return

将上述数据库子程序,以文件名 M-8 输入到机器内存,并将 QH2－8T 主程序第 9 行的数据库子程序修改为 M－8。

(2) 主点数据计算与坐标正算

MJD_1 为 1 号线元直线与 5 号线元直线的立体交叉点,其在 1 号线元的桩号 MK0+190.523 为其交点桩号,其在 5 号线元的桩号 MK0+660.225 8,使用 QH2－8T 程序的坐标正算功能分别计算这两个加桩的中桩坐标,其结果应该相等,当走向方位角不相同。

执行 QH2－8T 程序,计算平曲线主点数据并输入图 3－8 交点 MJD_1 分别在 1 号线元及 5 号线元两个加桩的坐标正算屏幕提示与用户操作过程如下:

屏幕提示	按　键	说　　明
ROUTE OR RAMP QH2－8T		显示程序标题
NEW(0),OLD(≠0) DATA=?	0 EXE	重新调用数据库子程序计算主点数据
PEG ZD(m)=751.0006	EXE	显示平曲线终点设计桩号/耗时 13.03 s
αZD=342°21′58.12″	EXE	显示终点走向方位角
X+YiZD(m)=61567.5430+69449.6156i	EXE	显示终点中桩坐标复数
[MODE][4]⇛Stop!	EXE	继续执行程序
STA XY,NEW(0),OLD(1),NO(2)=?	2 EXE	输入 2 不计算极坐标放样数据
PEG→XY(1),XY→PEG(2),Pier(4)=?	1 EXE	输入 1 为坐标正算
+PEG(m),<QD⇛END=?	190.523 EXE	输入 MJD1 位于 1 号线元的桩号
αi=93°24′45.1″	EXE	显示加桩走向方位角/耗时 1.03 s
X+Yi(m)=61481.0332+69474.1142i	EXE	显示中桩坐标复数
ANGLE(0)⇛NO,-L +R(Deg)=?	0 EXE	输入 0 不计算边桩坐标
+PEG(m),<QD⇛END=?	660.2258 EXE	输入 MJD1 位于 5 号线元的桩号
αi=342°21′58.12″	EXE	显示加桩走向方位角/耗时 3.78 s
X+Yi(m)=61481.0336+69474.1143i	EXE	显示中桩坐标复数
ANGLE(0)⇛NO,-L +R(Deg)=?	0 EXE	输入 0 不计算边桩坐标
+PEG(m),<QD⇛END=?	-1 EXE	输入小于起点的任意桩号结束程序
QH2－8T⇛END		程序结束显示

(3) 坐标反算

重复执行 QH2－8T 程序,计算图 3－8 内表 1 号边桩点与 MJD_1(坐标见图 2－27 所示)坐标反算的屏幕提示及用户操作过程如下:

屏幕提示	按　键	说　　明
ROUTE OR RAMP QH2－8T		显示程序标题
NEW(0),OLD(≠0) DATA=?	1 EXE	用最近调用的数据库子程序计算
STA XY,NEW(0),OLD(1),NO(2)=?	2 EXE	输入 2 不计算极坐标放样数据
PEG→XY(1),XY→PEG(2),Pier(4)=?	2 EXE	输入 2 为坐标反算
XJ(m),π⇒END=?	61485.126 EXE	输入图 3－8 内表 1 号边桩点坐标
YJ(m)+ni=?	69464.717 EXE	
p PEG(m)=676.9727+5.0000i	EXE	显示垂点桩号＋线元号复数/耗时 5.13 s
αp=342°21′58.12″	EXE	显示垂点走向方位角
Xp+Ypi(m)=61487.4634+69472.0704i	EXE	显示垂点中桩坐标复数
HDp J -L,+R(m)=-7.7160	EXE	显示负数为左边距
XJ(m),π⇒END=?	61485.126 EXE	输入图 3－8 内表 1 号边桩点坐标
YJ(m)+ni=?	69464.717 + i EXE	复数虚部输入垂点线元号(1)
p PEG(m)=180.8989+1.0000i	EXE	显示垂点桩号＋线元号复数/耗时 3.19 s
αp=93°24′45.1″	EXE	显示垂点走向方位角
Xp+Ypi(m)=61481.6061+69464.5071i	EXE	显示垂点中桩坐标复数
HDp J -L,+R(m)=-3.5262	EXE	显示负数为左边距
XJ(m),π⇒END=?	61481.033 EXE	输入 MJD1 坐标(图 2－27)
YJ(m)+ni=?	69474.114 EXE	复数虚部输入垂点线元号
p PEG(m)=660.2253+5.0000i	EXE	显示垂点桩号＋线元号复数/耗时 5.13 s
αp=342°21′58.12″	EXE	显示垂点走向方位角
Xp+Ypi(m)=61481.0331+69474.1144i	EXE	显示垂点中桩坐标复数
HDp J -L,+R(m)=-0.0004	EXE	显示负数为左边距
XJ(m),π⇒END=?	61481.033 EXE	输入 MJD1 坐标(图 2－27)
YJ(m)+ni=?	69474.114 + i EXE	
p PEG(m)=190.5228+1.0000i	EXE	显示垂点桩号＋线元号复数/耗时 3.16 s
αp=93°24′45.1″	EXE	显示垂点走向方位角
Xp+Ypi(m)=61481.0332+69474.1140i	EXE	显示垂点中桩坐标复数
HDp J -L,+R(m)=0.0002	EXE	显示正数为右边距
XJ(m),π⇒END=?	SHIFT π EXE	输入 π 结束程序
QH2－8T⇒END		程序结束显示

由图 3－8 可知，计算 1 号边桩点的坐标反算时，程序自动搜索的垂点线元号为 5，如要计算其在 1 号线元的垂点坐标，应在边桩点 y 坐标复数的虚部输入垂点线元号。

同理，MJD_1 是 1 号直线线元与 5 号直线线元的交点，程序自动搜索的垂点线元号为 5，如要计算其在 1 号线元的垂点坐标，应在边桩点 y 坐标复数的虚部输入垂点线元号。

重复执行 QH2－8T 程序，计算图 3－8 内表 2～5 号边桩坐标反算的屏幕提示及用户操作过程如下：

屏幕提示	按　键	说　　明
BASIC TYPE CURVE QH2－8T		显示程序标题
NEW(0),OLD(≠0) DATA＝?	2 EXE	使用最近调用的数据库子程序计算
STA XY,NEW(0),OLD(1),NO(2)＝?	2 EXE	输入 2 不计算极坐标放样数据
PEG→XY(1),XY→PEG(2),Pier(4)＝?	2 EXE	输入 2 为坐标反算
XJ(m),π⇛END＝?	61467.186 EXE	输入图 3－8 内表 2 号边桩点坐标
YJ(m)＋ni＝?	69581.802 EXE	
p PEG(m)＝299.9980＋2.0000i	EXE	显示垂点桩号＋线元号复数/耗时 7.72 s
αp＝108°15′10.64″	EXE	显示垂点走向方位角
Xp＋Ypi(m)＝61470.2154＋69582.8010i	EXE	显示垂点中桩坐标复数
HDp J -L,＋R(m)＝3.1898	EXE	显示正数为右边距
XJ(m),π⇛END＝?	61370.78 EXE	输入图 3－8 内表 3 号边桩点坐标
YJ(m)＋ni＝?	69625.379 EXE	
p PEG(m)＝419.9996＋3.0000i	EXE	显示垂点桩号＋线元号复数/耗时 5.25 s
αp＝213°0′4.57″	EXE	显示垂点走向方位角
Xp＋Ypi(m)＝61374.0883＋69620.2849i	EXE	显示垂点中桩坐标复数
HDp J -L,＋R(m)＝-6.0740	EXE	显示负数为左边距
XJ(m),π⇛END＝?	61389.025 EXE	输入图 3－8 内表 4 号边桩点坐标
YJ(m)＋ni＝?	69511.829 EXE	
p PEG(m)＝559.9984＋4.0000i	EXE	显示垂点桩号＋线元号复数/耗时 11.94 s
αp＝332°28′25.49″	EXE	显示垂点走向方位角
Xp＋Ypi(m)＝61386.3480＋69506.6907i	EXE	显示垂点中桩坐标复数
HDp J -L,＋R(m)＝5.7938	EXE	显示正数为右边距
XJ(m),π⇛END＝?	61452.228 EXE	输入图 3－8 内表 5 号边桩点坐标
YJ(m)＋ni＝?	69483.271 EXE	复数虚部输入垂点线元号
p PEG(m)＝629.9999＋5.0000i	EXE	显示垂点桩号＋线元号复数/耗时 5.12 s
αp＝342°21′58.12″	EXE	显示垂点走向方位角
Xp＋Ypi(m)＝61452.2279＋69483.2707i	EXE	显示垂点中桩坐标复数
HDp J -L,＋R(m)＝0.0003	EXE	显示正数为右边距
XJ(m),π⇛END＝?	SHIFT π EXE	输入 π 结束程序
QH2－8T⇛END		程序结束显示

3.4　单向匝道三维坐标正、反算案例

匝道曲线分单向匝道与双向匝道，双向匝道的路基横断面与高速公路主线的路基横断面类似，本节介绍单向匝道路基横断面设计数据的获取方法。图 3－9 为浙江嘉兴至绍兴跨江公路通道南岸接线第 5 合同沽渚枢纽 F 匝道路基标准横断面设计图，该匝道为单向双车道。

由图 3－9 可知，F 匝道的平曲线设计中线位于路基左侧，行车道位于设计中线右侧，其左右幅中分带宽均为 0。由于左幅路基无行车道，因此，“左路缘＋车道＋硬路肩”宽为 0；“右路缘＋车道＋硬路肩”宽等于 9 m。本例只有一级边坡填方路基，无二级填方边坡，也无挖方

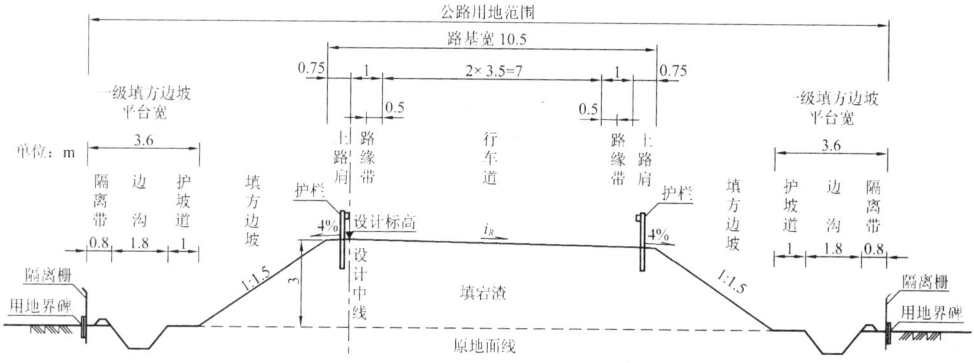

图 3－9 单向双车道 F 匝道路基标准横断面设计图

路基，所以，Mat A 矩阵第 3 行的挖方路基数据应输入 8 个 0；应将“隔离带＋边沟＋护坡道”宽作为一级填方边坡的平台宽，平台横坡度为 0。

图 3－10 为 F 匝道的平曲线设计图纸，其中，内表 1 为竖曲线及纵坡表，内表 2 为超高横坡度表，本例的超高横坡渐变方式为线性渐变，因此，应为 Mat A[3,9]矩阵单元输入数值 0。

1）数据库子程序

数据库子程序文件名：F－8

12→N:5→S:11→C↵ 平曲线元数/竖曲线变坡点数/超高横坡数

5N＋2S＋16→DimZ↵ 定义额外变量维数

0→List X[1]:3327913.672→List Y[1]:477887.89→List Freq[1]↵ 起点桩号/中桩坐标

0→Z[1]:424.8975→Z[2]:95°43°32.93°→Z[3]↵ 1 号直线线元数据/起点走向方位角

180i→Z[6]:-86.8056→Z[7]↵ 2 号缓曲线元数据/左偏

180＋180i→Z[11]:-97.9493→Z[12]↵ 3 号圆曲线元数据/左偏

180＋900i→Z[16]:-75.1111→Z[17]↵ 4 号缓曲线元数据/左偏

900＋900i→Z[21]:-315.6803→Z[22]↵ 5 号圆曲线元数据/左偏

900＋280i→Z[26]:-62.9841→Z[27]↵ 6 号缓曲线元数据/左偏

280＋280i→Z[31]:-90.6372→Z[32]↵ 7 号圆曲线元数据/左偏

280→Z[36]:-109.375→Z[37]↵ 8 号缓曲线元数据/左偏

800i→Z[41]:87.7812→Z[42]↵ 9 号缓曲线元数据/右偏

800＋800i→Z[46]:93.3075→Z[47]↵ 10 号圆曲线元数据/右偏

800＋2199.985i→Z[51]:81.4542→Z[52]↵ 11 号缓曲线元数据/右偏

2199.985＋2199.985i→Z[56]:514.3675→Z[57]↵ 12 号圆曲线元数据/右偏

247.988＋7.309i→Z[5N＋15]↵ 竖曲线起点桩号＋高程 i 复数

324＋7.616i→Z[5N＋16]:2500→Z[5N＋17]↵ SJD_1 桩号＋高程 i 复数/竖曲线半径

680＋21.144i→Z[5N＋18]:2800→Z[5N＋19]↵ SJD_2 桩号＋高程 i 复数/竖曲线半径

1037＋7.221i→Z[5N＋20]:2500→Z[5N＋21]↵ SJD_3 桩号＋高程 i 复数/竖曲线半径

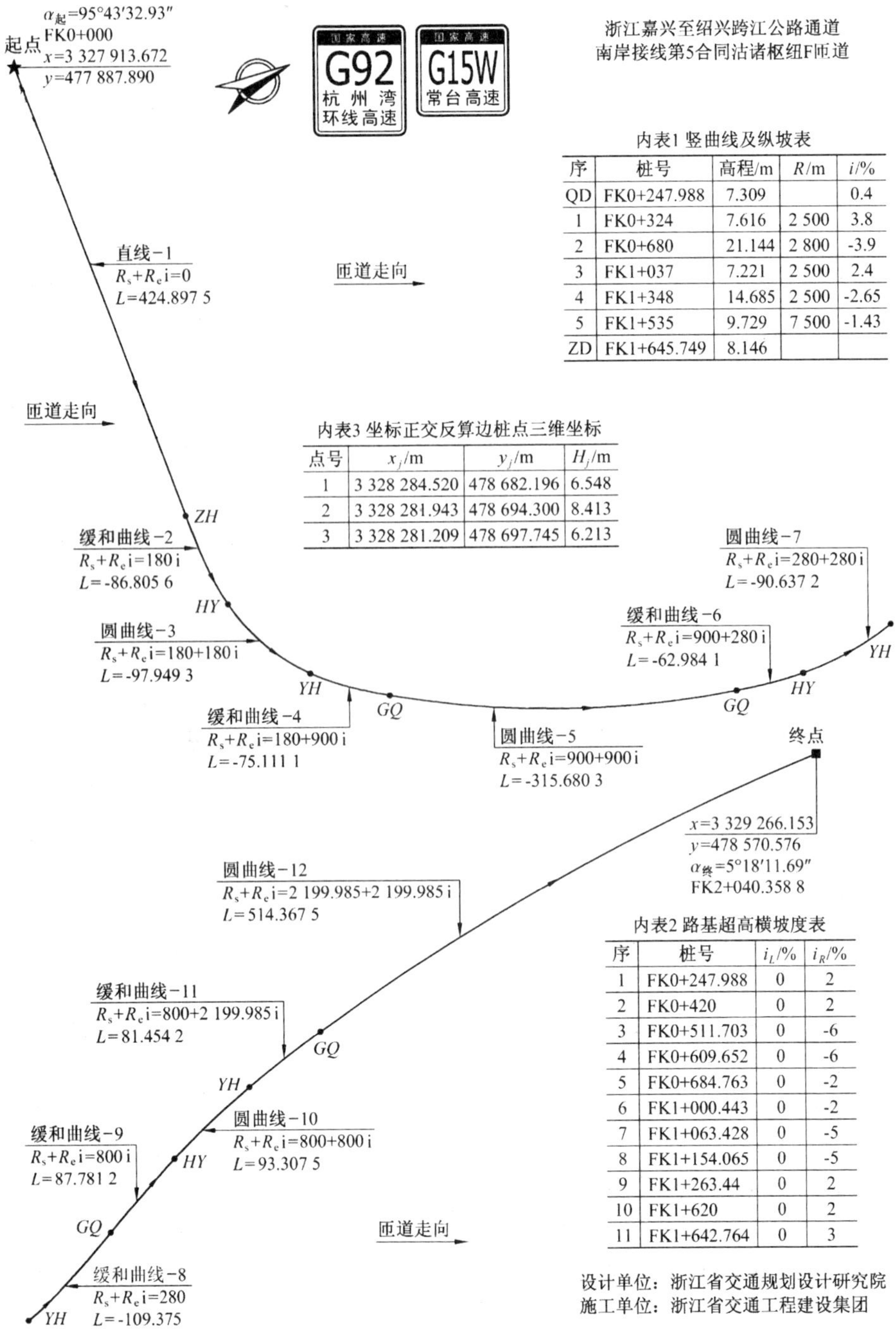

内表1 竖曲线及纵坡表

序	桩号	高程/m	R/m	i/%
QD	FK0+247.988	7.309		0.4
1	FK0+324	7.616	2 500	3.8
2	FK0+680	21.144	2 800	-3.9
3	FK1+037	7.221	2 500	2.4
4	FK1+348	14.685	2 500	-2.65
5	FK1+535	9.729	7 500	-1.43
ZD	FK1+645.749	8.146		

内表3 坐标正交反算边桩点三维坐标

点号	x_j/m	y_j/m	H_j/m
1	3 328 284.520	478 682.196	6.548
2	3 328 281.943	478 694.300	8.413
3	3 328 281.209	478 697.745	6.213

内表2 路基超高横坡度表

序	桩号	i_L/%	i_R/%
1	FK0+247.988	0	2
2	FK0+420	0	2
3	FK0+511.703	0	-6
4	FK0+609.652	0	-6
5	FK0+684.763	0	-2
6	FK1+000.443	0	-2
7	FK1+063.428	0	-5
8	FK1+154.065	0	-5
9	FK1+263.44	0	2
10	FK1+620	0	2
11	FK1+642.764	0	3

图 3-10　含非完整缓和曲线的匝道曲线线元法设计图

1348+14.685i→Z[5N+22]:2500→Z[5N+23]↵ SJD_4 桩号+高程 i 复数/竖曲线半径

1535+9.729i→Z[5N+24]:7500→Z[5N+25]↵ SJD_5 桩号+高程 i 复数/竖曲线半径

1645.749+8.146i→Z[5N+26]↵ 终点桩号+高程 i 复数

[[0.75,4,0,0,0,9,4,0.75,0][1.5,3,0,3.6,0,0,0,0,0][0,0,0,0,0,0,0,0,0]]→Mat A↵ 路基标准横断面设计数据矩阵,Mat A[3,9]=0 超高横坡度为线性渐变

[[247.988,0,2,420,0,2,511.703,0,-6][609.652,0,-6,684.763,0,-2,1000.443,0,-2][1063.428,0,-5,1154.065,0,-5,1263.44,0,2][1620,0,2,1642.764,0,3,0,0,0]]→Mat B↵ 路基超高横坡度矩阵赋值

Return

将上述数据库子程序以文件名 F-8 输入到 fx-5800P,将主程序 QH2-8T 第 9 行的数据库子程序名修改为 F-8。

2) 计算平竖曲线主点数据及三维坐标正算

执行 QH2-8T 程序,计算平竖曲线主点数据与坐标正算的屏幕提示及用户操作过程如下:

屏幕提示	按键	说明
ROUTE OR RAMP QH2-8T		显示程序标题
NEW(0),OLD(≠0) DATA=?	**0** EXE	重新调用数据库子程序计算主点数据
PEG ZD(m)=2404.3505	EXE	显示平曲线终点设计桩号/耗时 33.31 s
αZD=5°18′11.74″	EXE	显示终点走向方位角
X+YiZD(m)=3329266.145+478570.5765i	EXE	显示终点中桩坐标复数
[MODE][4]⇒Stop!	EXE	继续执行程序
STA XY,NEW(0),OLD(1),NO(2)=?	**2** EXE	输入 2 不计算极坐标放样数据
PEG→XY(1),XY→PEG(2),Pier(4)=?	**1** EXE	输入 1 为坐标正算
+PEG(m),<QD⇒END=?	**460** EXE	输入加桩号
αi=93°27′59.93″	EXE	显示加桩走向方位角/耗时 2.66 s
X+Yi(m)=3327868.238+478345.6355i	EXE	显示中桩坐标复数
H(m)=12.7840	EXE	显示中桩设计高程
ANGLE(0)⇒NO,-L +R(Deg)=?	**-90** EXE	输入负数为左偏角
iL(%)=0.0000	EXE	显示路基左横坡度/耗时 4.65 s
WL(m),0⇒NO=?	**0.75** EXE	输入土路肩外缘边距
XL+YL(m)=3327868.987+478345.6809i	EXE	显示左边桩坐标复数
HL(m)=12.7540	EXE	显示左边桩设计高程
WL(m),0⇒NO=?	**4.5** EXE	输入填方边坡边距
XL+YL(m)=3327872.730+478345.9076i	EXE	显示左边桩坐标复数
T(>0),W(<0),NO(0)=?	**1** EXE	输入任意正数为填方边坡
HL(m)=10.2540	EXE	显示左边桩设计高程
WL(m),0⇒NO=?	**0** EXE	输入 0 结束左边桩坐标计算
iR(%)=-1.4895	EXE	显示路基右横坡度

续表

屏幕提示	按　键	说　　明
WR(m),0⇒NO=?	**4.5** EXE	输入车道中点边距
XR+YR(m)=3327863.746+478345.3634i	EXE	显示右边桩坐标复数
HR(m)=12.8510	EXE	显示右边桩设计高程
WR(m),0⇒NO=?	**9.75** EXE	输入土路肩外缘边距
XR+YR(m)=3327858.506+478345.0460i	EXE	显示右边桩坐标复数
HR(m)=12.8881	EXE	显示右边桩设计高程
WR(m),0⇒NO=?	**13.5** EXE	输入填方边坡边距
XR+YR(m)=3327854.763+478344.8192i	EXE	显示右边桩坐标复数
T(>0),W(<0),NO(0)=?	**2** EXE	输入任意正数为填方边坡
HR(m)=10.3881	EXE	显示右边桩设计高程
WR(m),0⇒NO=?	**0** EXE	输入0结束右边桩坐标计算
+PEG(m),<QD⇒END=?	**-2** EXE	输入小于起点的任意桩号结束程序
QH2-8T⇒END		程序结束显示

3）三维坐标反算

重复执行QH2-8T程序，进行三维坐标反算的屏幕提示与用户操作过程如下：

屏幕提示	按　键	说　　明
ROUTE OR RAMP QH2-8T		显示程序标题
NEW(0),OLD(≠0) DATA=?	**4** EXE	用最近调用的数据库子程序计算
STA XY,NEW(0),OLD(1),NO(2)=?	**2** EXE	输入2不计算极坐标放样数据
PEG→XY(1),XY→PEG(2),Pier(4)=?	**2** EXE	输入2为坐标反算
XJ(m),π⇒END=?	**3328284.52** EXE	输入1号边桩点坐标
YJ(m)+ni=?	**478682.196** EXE	
HJ(m),0⇒NO=?	**6.548** EXE	输入1号边桩点高程
p PEG(m)+ni=1039.9998+6.0000i	EXE	显示垂点桩号+线元号复数/耗时8.84 s
αp=12°1′15.1″	EXE	显示走向方位角
Xp+Ypi(m)=3328283.895+478685.1302i	EXE	显示中桩坐标复数
HDp→J -L,+R(m)=-3.0000	EXE	显示负数为左边距
H(m)=8.4402	EXE	显示垂点设计高程/耗时1.78 s
T(>0),W(<0),NO(0)=?	**3** EXE	输入任意正数为填方边坡/耗时6.19 s
HL(m)=6.9102	EXE	显示边桩点设计高程
a+hi(m)=-2.2500-0.3622i	EXE	显示“坡口平距+挖填高差i”复数
XJ(m),π⇒END=?	**3328281.943** EXE	输入2号边桩点坐标
YJ(m)+ni=?	**478694.3** EXE	
HJ(m),0⇒NO=?	**8.413** EXE	输入2号边桩点高程
p PEG(m)+ni=1040.0002+6.0000i	EXE	显示垂点桩号+线元号复数/耗时8.78 s

续表

屏幕提示	按　键	说　　明
αp=12°1′14.9″	EXE	显示走向方位角
Xp+Ypi(m)=3328283.896+478685.1303i	EXE	显示中桩坐标复数
HDp→J -L,+R(m)=9.3753	EXE	显示正数为右边距
H(m)=8.4402	EXE	显示垂点设计高程/耗时 1.78 s
HR(m)=8.7748	EXE	显示边桩点设计高程/耗时 6.56 s
a+hi(m)=-0.3618i	EXE	显示“挖填高差 i”复数
XJ(m),π⇒END=?	3328281.209 EXE	输入 2 号边桩点坐标
YJ(m)+ni=?	478697.745 EXE	
HJ(m),0⇒NO=?	6.213 EXE	输入 2 号边桩点高程
p PEG(m)+ni=1039.9998+6.0000i	EXE	显示垂点桩号+线元号复数/耗时 8.75 s
αp=12°1′15.12″	EXE	显示走向方位角
Xp+Ypi(m)=3328283.895+478685.1302i	EXE	显示中桩坐标复数
HDp→J -L,+R(m)=12.8976	EXE	显示正数为右边距
H(m)=8.4402	EXE	显示垂点设计高程/耗时 1.75 s
T(>0),W(<0),NO(0)=?	4 EXE	输入任意正数为填方边坡/耗时 6.22 s
HR(m)=6.6614	EXE	显示边桩点设计高程
a+hi(m)=-1.3524-0.4484i	EXE	显示“坡口平距+挖填高差 i”复数
XJ(m),π⇒END=?	SHIFT π EXE	输入 π 结束程序
QH2-8T⇒END		程序结束显示

3.5　高速铁路路线三维坐标正、反算案例

高速铁路平曲线的特点是:①缓和曲线一般是完整缓和曲线,*HY* 或 *YH* 点的计算偏角比较小;②缓曲线长与圆曲半径习惯于取整数,此时的缓曲参数一般为非整数;③圆曲线线元半径一般较大,交点曲线之间的夹直线一般比较长。

线元法三个设计数据为起点半径 R_s、终点半径 R_e、含偏转系数的线长 $\pm L$,对于缓和曲线,其缓曲参数 A 是 QH2-8T 程序将缓曲线元的三个设计数据代入式(2-87)反算出来的。由于设计图纸给出的 R_s 与 R_e 的值一般是比较准确的,所以,决定缓曲参数 A 计算精度的主要就是缓曲线长 L_h。在公路平曲线设计图纸中,当 L_h 为非整数时,一般只给到 0.001 m 位,这就容易使程序反算出的缓曲参数 A 存在误差;而高速铁路的 L_h 普遍为整数时,就不存在这个问题。

与交点法平曲线计算不同,线元法平曲线计算容易产生误差累积,误差累积主要来源于起点走向方位角与各线元的线长,因此起点走向方位角应取位到 0.01″,线长应尽可能取位到 0.000 1 m。

由于高速铁路的缓曲线长一般为整数,因此线长误差主要来源于夹直线长与圆曲线长。

1）数据库子程序

数据库子程序文件名:ZH3-8

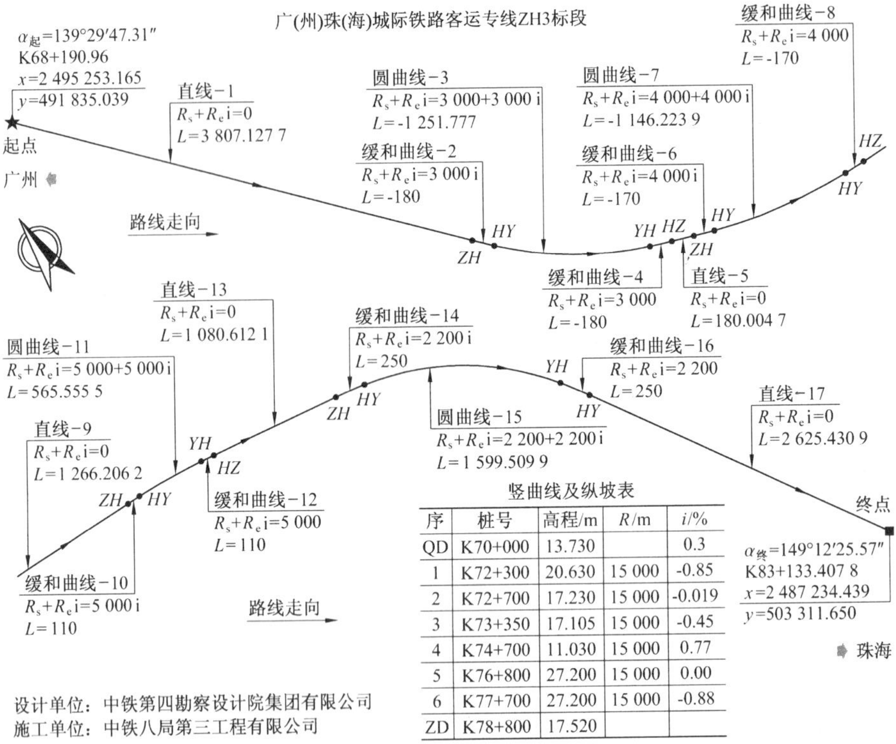

竖曲线及纵坡表

序	桩号	高程/m	R/m	i/%
QD	K70+000	13.730		0.3
1	K72+300	20.630	15 000	-0.85
2	K72+700	17.230	15 000	-0.019
3	K73+350	17.105	15 000	-0.45
4	K74+700	11.030	15 000	0.77
5	K76+800	27.200	15 000	0.00
6	K77+700	27.200	15 000	-0.88
ZD	K78+800	17.520		

图 3-11　高速铁路平曲线线元法及竖曲线设计图纸

17→N:6→S↵　平曲线元数/竖曲线变坡点数

5N+2S+16→DimZ↵　定义额外变量维数

68190.96→List X[1]:2495253.165→List Y[1]:491835.039→List Freq[1]↵　起点桩号/中桩坐标

0→Z[1]:3807.1277→Z[2]:139°29°47.31°→Z[3]↵　1 号直线线元数据/起点走向方位角

3000i→Z[6]:-180→Z[7]↵　2 号缓曲线元数据/左偏

3000+3000i→Z[11]:-1251.777→Z[12]↵　3 号圆曲线元数据/左偏

3000→Z[16]:-180→Z[17]↵　4 号缓曲线元数据/左偏

0→Z[21]:180.0047→Z[22]↵　5 号直线线元数据

4000i→Z[26]:-170→Z[27]↵　6 号缓曲线元数据/左偏

4000+4000i→Z[31]:-1146.2239→Z[32]↵　7 号圆曲线元数据/左偏

4000→Z[36]:-170→Z[37]↵　8 号缓曲线元数据/左偏

0→Z[41]:1266.2062→Z[42]↵　9 号直线线元数据

5000i→Z[46]:110→Z[47]↵　10 号缓曲线元数据/右偏

5000+5000i→Z[51]:565.5555→Z[52]↵　11 号圆曲线元数据/右偏

5000→Z[56]:110→Z[57]↵ 12 号缓曲线元数据/右偏

0→Z[61]:1080.6121→Z[62]↵ 13 号直线线元数据

2200i→Z[66]:250→Z[67]↵ 14 号缓曲线元数据/右偏

2200+2200i→Z[71]:1599.5099→Z[72]↵ 15 号圆曲线元数据/右偏

2200→Z[76]:250→Z[77]↵ 16 号缓曲线元数据/右偏

0→Z[81]:2625.4309→Z[82]↵ 17 号直线线元数据

70000+13.73i→Z[5N+15]↵ 竖曲线起点桩号+高程 i 复数

72300+20.63i→Z[5N+16]:15000→Z[5N+17]↵

SJD_1 桩号+高程 i 复数/竖曲线半径

72700+17.23i→Z[5N+18]:15000→Z[5N+19]↵

SJD_2 桩号+高程 i 复数/竖曲线半径

73350+17.105i→Z[5N+20]:15000→Z[5N+21]↵

SJD_3 桩号+高程 i 复数/竖曲线半径

74700+11.03i→Z[5N+22]:15000→Z[5N+23]↵

SJD_4 桩号+高程 i 复数/竖曲线半径

76800+27.2i→Z[5N+24]:15000→Z[5N+25]↵ SJD_5 桩号+高程 i 复数/竖曲线半径

77700+27.2i→Z[5N+26]:15000→Z[5N+27]↵ SJD_6 桩号+高程 i 复数/竖曲线半径

78800+17.52i→Z[5N+28]↵ 终点桩号+高程 i 复数

Retrun

将上述数据库子程序以文件名 ZH3－8 输入到 fx-5800P，将主程序 QH2－8T 第 9 行的数据库子程序名修改为 ZH3－8。

2）计算平竖曲线主点数据及三维坐标正算

执行 QH2－8T 程序，计算平竖曲线主点数据与坐标正算的屏幕提示及用户操作过程如下：

屏幕提示	按 键	说 明
ROUTE OR RAMP QH2－8T		显示程序标题
NEW(0),OLD(≠0) DATA=?	0 EXE	重新调用数据库子程序计算主点数据
PEG ZD(m)=83133.4079	EXE	显示平曲线终点设计桩号/耗时 37.88 s
αZD=149°12′25.57″	EXE	显示终点走向方位角
X+YiZD(m)=2487234.439+503311.6500i	EXE	显示终点中桩坐标复数
[MODE][4]⇒Stop!	EXE	继续执行程序
STA XY,NEW(0),OLD(1),NO(2)=?	2 EXE	输入 2 不计算极坐标放样数据
PEG→XY(1),XY→PEG(2),Pier(4)=?	1 EXE	输入 1 为坐标正算
+PEG(m),<QD⇒END=?	78560 EXE	输入加桩号
αi=102°14′7.3″	EXE	显示加桩走向方位角/耗时 11.03 s
X+Yi(m)=2490624.582+500460.0785i	EXE	显示中桩坐标复数
H(m)=19.6320	EXE	显示中桩设计高程

续表

屏幕提示	按　键	说　　明
ANGLE(0)⇒NO,-L +R(Deg)=?	-90 EXE	输入负数为左偏角
WL(m),0⇒NO=?	6.1 EXE	输入左边距
XL+YL(m)=2490630.543+500461.3713i	EXE	显示左边桩坐标复数
WL(m),0⇒NO=?	0 EXE	输入 0 结束左边桩坐标计算
WR(m),0⇒NO=?	6.1 EXE	输入右边距
XR+YR(m)=2490618.620+500458.7857i	EXE	显示右边桩坐标复数
WR(m),0⇒NO=?	0 EXE	输入 0 结束右边桩坐标计算
+PEG(m),<QD⇒END=?	79200 EXE	输入加桩号
αi=118°23′53.52″	EXE	显示加桩走向方位角/耗时 11.19 s
X+Yi(m)=2490405.506+501059.0556i	EXE	显示中桩坐标复数
ANGLE(0)⇒NO,-L +R(Deg)=?	0 EXE	输入 0 不计算边桩坐标
+PEG(m),<QD⇒END=?	71100 EXE	输入加桩号
αi=139°29′47.31″	EXE	显示加桩走向方位角/耗时 1.12 s
X+Yi(m)=2493041.230+493724.4454i	EXE	显示中桩坐标复数
H(m)=17.0300	EXE	显示中桩设计高程
ANGLE(0)⇒NO,-L +R(Deg)=?	0 EXE	输入 0 不计算边桩坐标
+PEG(m),<QD⇒END=?	-2 EXE	输入小于起点的任意桩号结束程序
QH2-8T⇒END		程序结束显示

本例竖曲线数据的起始桩号为 K70+000～K78+800，而平曲线的起始桩号为 K68+190.96～K83+133.407 8，也即，竖曲线的桩号区间宽小于平曲线的桩号区间宽。由于 K79+200 加桩位于竖曲线起始桩号外，因此，程序不显示该加桩的中桩设计高程。

3）三维坐标反算

重复执行 QH2－8T 程序，计算上述三个加桩中桩点的坐标反算的屏幕提示及用户操作过程如下：

屏幕提示	按　键	说　　明
ROUTE OR RAMP QH2-8T		显示程序标题
NEW(0),OLD(≠0) DATA=?	4 EXE	用最近调用的数据库子程序计算
STA XY,NEW(0),OLD(1),NO(2)=?	2 EXE	输入 2 不计算极坐标放样数据
PEG→XY(1),XY→PEG(2),Pier(4)=?	2 EXE	输入 2 为坐标反算
XJ(m),π⇒END=?	2490624.582 EXE	输入边桩点坐标
YJ(m)+ni=?	500460.0785 EXE	
p PEG(m)+ni=78560.0000+14.0000i	EXE	显示垂点桩号＋线元号复数/耗时 8.69 s
αp=102°14′7.3″	EXE	显示走向方位角
Xp+Ypi(m)=2490624.582+500460.0785i	EXE	显示中桩坐标复数
HDp→J -L,+R(m)=-0.0001	EXE	显示负数为左边距

续表

屏幕提示	按键	说明
H(m)=19.6230	EXE	显示垂点设计高程
XJ(m),π⇒END=?	2490405.506 EXE	输入边桩点坐标
YJ(m)+ni=?	501059.0556 EXE	
p PEG(m)+ni=79199.9998+15.0000i	EXE	显示垂点桩号+线元号复数/耗时6.16 s
αp=118°23′53.5″	EXE	显示走向方位角
Xp+Ypi(m)=2490405.506+501059.0554i	EXE	显示中桩坐标复数
HDp→J -L,+R(m)=-0.0004	EXE	显示负数为左边距
XJ(m),π⇒END=?	2493041.23 EXE	输入边桩点坐标
YJ(m)+ni=?	493724.4454 EXE	
p PEG(m)+ni=71099.9999+1.0000i	EXE	显示垂点桩号+线元号复数/耗时6.16 s
αp=139°29′47.31″	EXE	显示走向方位角
Xp+Ypi(m)=2493041.230+493724.4454i	EXE	显示中桩坐标复数
HDp→J -L,+R(m)=-0.0001	EXE	显示负数为左边距
H(m)=17.0300	EXE	显示垂点设计高程
XJ(m),π⇒END=?	SHIFT π EXE	输入π结束程序

3.6 含多个断链的改建铁路路线三维坐标正、反算案例

本例为在既有石门至长沙铁路的基础上增建第二线。由于要考虑与既有铁路的关系，所以，设计完成后经常需要修改路线，因此改建铁路的断链桩数比新建铁路要多。本例一标总长 54.4 km，共含 23 个断链桩，为节省篇幅，图 3-12 只选择了起点开始的前四个交点曲线。只要用户机器内存允许，在数据库子程序中，程序 QH2－8T 对断链桩的个数没有限制。

本例竖曲线及纵坡设计数据列于表 3-9。

表 3-9　改建铁路石门至长沙铁路增建第二线一标竖曲线及纵坡表

序	设计桩号	高程/m	R/m	i/%	序	设计桩号	高程/m	R/m	i/%
QD	K104+170	41.02		0.25	7	K109+700	47.239	15 000	-0.4
1	K105+100	43.345	15 000	0.1	8	K110+230	45.119	15 000	0.13
2	K105+500	43.745	15 000	0.15	9	K111+260	46.458	15 000	0.02
3	K106+910	45.86	15 000	0.57	10	K111+850	46.576	15 000	0.47
4	K107+850	51.218	15 000	-0.25	11	K112+520	49.725	15 000	-0.02
5	K108+250	50.218	15 000	-0.57	12	K113+070	49.615	15 000	-0.47
6	K109+110	45.469	15 000	0.3	ZD	K113+710	46.607		

1）数据库子程序

数据库子程序文件名:SC1－8

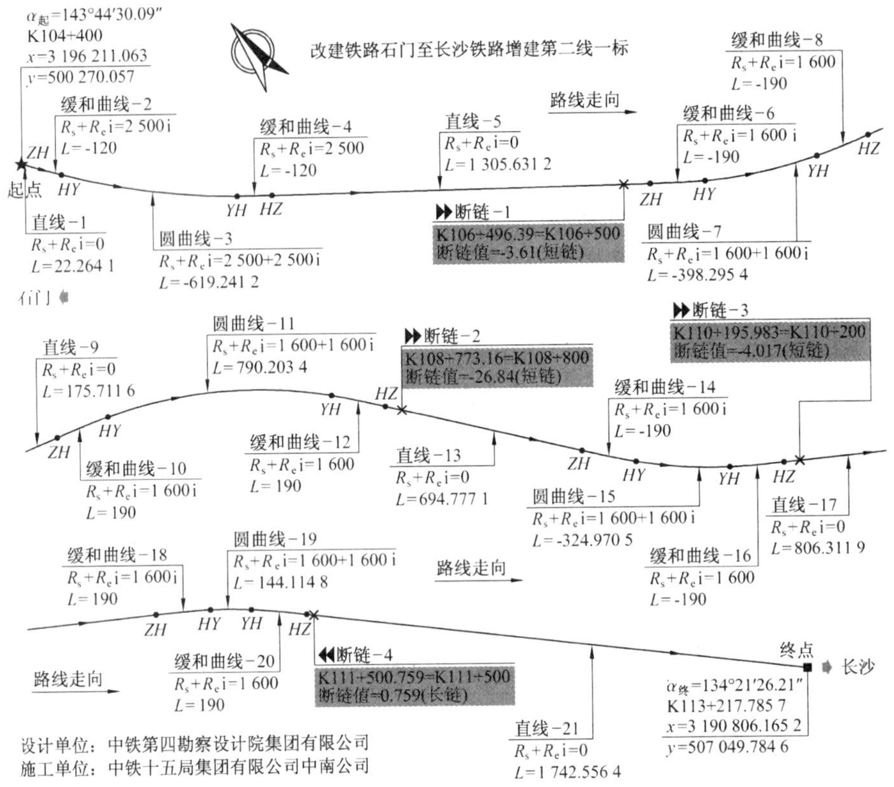

图 3-12　含 4 个断链的改建铁路平曲线线元法设计图纸

21→N:4→D:12→S↵	平曲线元数/断链桩数/竖曲线变坡点数
5N+2S+16→DimZ↵	定义额外变量维数
For 1→I To N+1:0→List X[I]:Next↵	定义平曲线主点数据统计串列维数
106496.39→List X[N+2]:106500→List Y[N+2]↵	第 1 个断链桩数据
108773.16→List X[N+3]:108800→List Y[N+3]↵	第 2 个断链桩数据
110195.983→List X[N+4]:110200→List Y[N+4]↵	第 3 个断链桩数据
111500.759→List X[N+5]:111500→List Y[N+5]↵	第 4 个断链桩数据
104400→List X[1]:3196211.063→List Y[1]:500270.057→List Freq[1]↵	起点桩号/中桩坐标
0→Z[1]:22.2641→Z[2]:143°44°30.09°→Z[3]↵	1 号直线线元数据/起点走向方位角
2500i→Z[6]:-120→Z[7]↵	2 号缓曲线元数据/左偏
2500+2500i→Z[11]:-619.2412→Z[12]↵	3 号圆曲线元数据/右偏
2500→Z[16]:-120→Z[17]↵	4 号缓曲线元数据/右偏
0→Z[21]:1305.6312→Z[22]↵	5 号直线线元数据
1600i→Z[26]:-190→Z[27]↵	6 号缓曲线元数据/左偏
1600+1600i→Z[31]:-398.2954→Z[32]↵	7 号圆曲线元数据/左偏

1600→Z[36]:-190→Z[37]↲ 8 号缓曲线元数据/左偏

0→Z[41]:175.7116→Z[42]↲ 9 号直线线元数据

1600i→Z[46]:190→Z[47]↲ 10 号缓曲线元数据/右偏

1600+1600i→Z[51]:790.2034→Z[52]↲ 11 号圆曲线元数据/右偏

1600→Z[56]:190→Z[57]↲ 12 号缓曲线元数据/右偏

0→Z[61]:694.7771→Z[62]↲ 13 号直线线元数据

1600i→Z[66]:-190→Z[67]↲ 14 号缓曲线元数据/左偏

1600+1600i→Z[71]:-324.9705→Z[72]↲ 15 号圆曲线元数据/左偏

1600→Z[76]:-190→Z[77]↲ 16 号缓曲线元数据/左偏

0→Z[81]:806.3119→Z[82]↲ 17 号直线线元数据

1600i→Z[86]:190→Z[87]↲ 18 号缓曲线元数据/右偏

1600+1600i→Z[91]:144.1148→Z[92]↲ 19 号圆曲线元数据/右偏

1600→Z[96]:190→Z[97]↲ 20 号缓曲线元数据/右偏

0→Z[101]:1742.5564→Z[102]↲ 21 号直线线元数据

104170+41.02i→Z[5N+15]↲ 竖曲线起点桩号+高程 i 复数

105100+43.345i→Z[5N+16]:15000→Z[5N+17]↲

SJD_1 桩号+高程 i 复数/竖曲线半径

105500+43.745i→Z[5N+18]:15000→Z[5N+19]↲

SJD_2 桩号+高程 i 复数/竖曲线半径

106910+45.86i→Z[5N+20]:15000→Z[5N+21]↲

SJD_3 桩号+高程 i 复数/竖曲线半径

107850+51.218i→Z[5N+22]:15000→Z[5N+23]↲

SJD_4 桩号+高程 i 复数/竖曲线半径

108250+50.218i→Z[5N+24]:15000→Z[5N+25]↲

SJD_5 桩号+高程 i 复数/竖曲线半径

109110+45.469i→Z[5N+26]:15000→Z[5N+27]↲

SJD_6 桩号+高程 i 复数/竖曲线半径

109700+47.239i→Z[5N+28]:15000→Z[5N+29]↲

SJD_7 桩号+高程 i 复数/竖曲线半径

110230+45.119i→Z[5N+30]:15000→Z[5N+31]↲

SJD_8 桩号+高程 i 复数/竖曲线半径

111260+46.458i→Z[5N+32]:15000→Z[5N+33]↲

SJD_9 桩号+高程 i 复数/竖曲线半径

111850+46.576i→Z[5N+34]:15000→Z[5N+35]↲

SJD_{10} 桩号+高程 i 复数/竖曲线半径

112520+49.725i→Z[5N+36]:15000→Z[5N+37]↲

SJD_{11} 桩号+高程 i 复数/竖曲线半径

113070+49.615i→Z[5N+38]:15000→Z[5N+39]↲

SJD_{12}桩号+高程i复数/竖曲线半径

113710+46.607i→Z[5N+40]↲ 终点桩号+高程i复数

Retrun

将上述数据库子程序以文件名SC1－8输入到fx-5800P,将主程序QH2－8T第9行的数据库子程序名修改为SC1－8。

2）计算平竖曲线主点数据及三维坐标正算

执行QH2－8T程序,计算平竖曲线主点数据与断链桩附近加桩坐标正算的屏幕提示及用户操作过程如下:

屏幕提示	按 键	说 明
ROUTE OR RAMP QH2－8T		显示程序标题
NEW(0),OLD(≠0) DATA=?	0 EXE	重新调用数据库子程序计算主点数据
PEG ZD(m)=113217.7856	EXE	显示平曲线终点设计桩号/耗时1 m 3.32 s
αZD=134°21′26.23″	EXE	显示终点走向方位角
X+YiZD(m)=3190806.165+507049.7841i	EXE	显示终点中桩坐标复数
[MODE][4]⇒Stop!	EXE	继续执行程序
STA XY,NEW(0),OLD(1),NO(2)=?	2 EXE	输入2不计算极坐标放样数据
PEG→XY(1),XY→PEG(2),Pier(4)=?	1 EXE	输入1为坐标正算
+PEG(m),<QD⇒END=?	106498 EXE	输入1号短链空桩区加桩号
in -Break PEG n=1.0000	EXE	显示加桩位于1号短链空桩区
+PEG(m),<QD⇒END=?	108780 EXE	输入2号短链空桩区加桩号
in -Break PEG n=2.0000	EXE	显示加桩位于2号短链空桩区
+PEG(m),<QD⇒END=?	110198 EXE	输入3号短链空桩区加桩号
in -Break PEG n=3.0000	EXE	显示加桩位于3号短链空桩区
+PEG(m),<QD⇒END=?	111500.5 EXE	输入4号长链重桩区加桩号
BACK(0),+Break,FRONT(≠0)=?	0 EXE	输入0选择长链后重桩区
αi=134°21′26.23″	EXE	显示加桩走向方位角/耗时15.79 s
X+Yi(m)=3192007.302+505821.3924i	EXE	显示中桩坐标复数
H(m)=46.5060	EXE	显示中桩设计高程
ANGLE(0)⇒NO,-L +R(Deg)=?	0 EXE	输入0不计算边桩坐标
+PEG(m),<QD⇒END=?	111500.5 EXE	输入4号长链重桩区加桩号
BACK(0),+Break,FRONT(≠0)=?	2 EXE	输入≠0的数选择长链前重桩区
αi=134°21′26.23″	EXE	显示加桩走向方位角/耗时15.75 s
X+Yi(m)=3192006.772+505821.9351i	EXE	显示中桩坐标复数
H(m)=46.5062	EXE	显示中桩设计高程
+PEG(m),<QD⇒END=?	-2 EXE	输入小于起点的任意桩号结束程序
QH2－8T⇒END		程序结束显示

3）三维坐标反算

重复执行 QH2－8T 程序，计算上述两个长链重桩区加桩中桩点的坐标反算的屏幕提示及用户操作过程如下：

屏幕提示	按　键	说　　明
ROUTE OR RAMP QH2－8T		显示程序标题
NEW(0),OLD(≠0) DATA＝?	4 EXE	用最近调用的数据库子程序计算
STA XY,NEW(0),OLD(1),NO(2)＝?	2 EXE	输入 2 不计算极坐标放样数据
PEG→XY(1),XY→PEG(2),Pier(4)＝?	2 EXE	输入 2 为坐标反算
XJ(m),π⇒END＝?	3192007.302 EXE	输入边桩点坐标
YJ(m)＋ni＝?	505821.3924 EXE	
p PEG(m)＋ni＝111500.5001＋21.0000i	EXE	显示垂点桩号＋线元号复数/耗时 7.63 s
αp＝134°21′26.23″	EXE	显示走向方位角
Xp＋Ypi(m)＝3192007.302＋505821.3925i	EXE	显示中桩坐标复数
HDp→J -L,＋R(m)＝0.0001	EXE	显示正数为右边距
H(m)＝46.5060	EXE	显示垂点设计高程
XJ(m),π⇒END＝?	3192006.772 EXE	输入边桩点坐标
YJ(m)＋ni＝?	505821.9351 EXE	
p PEG(m)＋ni＝111500.4997＋21.0000i	EXE	显示垂点桩号＋线元号复数/耗时 6.63 s
αp＝134°21′26.23″	EXE	显示走向方位角
Xp＋Ypi(m)＝3192006.772＋505821.9349i	EXE	显示中桩坐标复数
HDp→J -L,＋R(m)＝-0.0003	EXE	显示负数为左边距
H(m)＝46.5062	EXE	显示垂点设计高程
XJ(m),π⇒END＝?	SHIFT π EXE	输入 π 结束程序
QH2－8T⇒END		程序结束显示

当一个标段内的平曲线线元数比较多时，建议将其拆分为若干段分别编写数据库子程序进行计算，这样可以提高坐标正、反算的速度。

3.7　含直转点的城市道路改造路线坐标正、反算案例

在直线线元起点，当直线线元与后一个线元（路线走向为前）径相连接时，该直线线元的线长不需要输入虚部值（等价于偏转角为 0）；当直线线元与后一个线元以偏转角连接时，该直线线元的偏转角应输入到直线线长的虚部，左偏角输入负数，右偏角输入正数。详细参见表 3－1。

在图 3－13 所示的平曲线线元法设计图纸中，6 号，9 号，18 号直线线元的起点均为直转点。

在公路与铁路平曲线中，不允许有直转点，但在城市道路改造中，为了减小拆迁成本，有时会出现直转点。

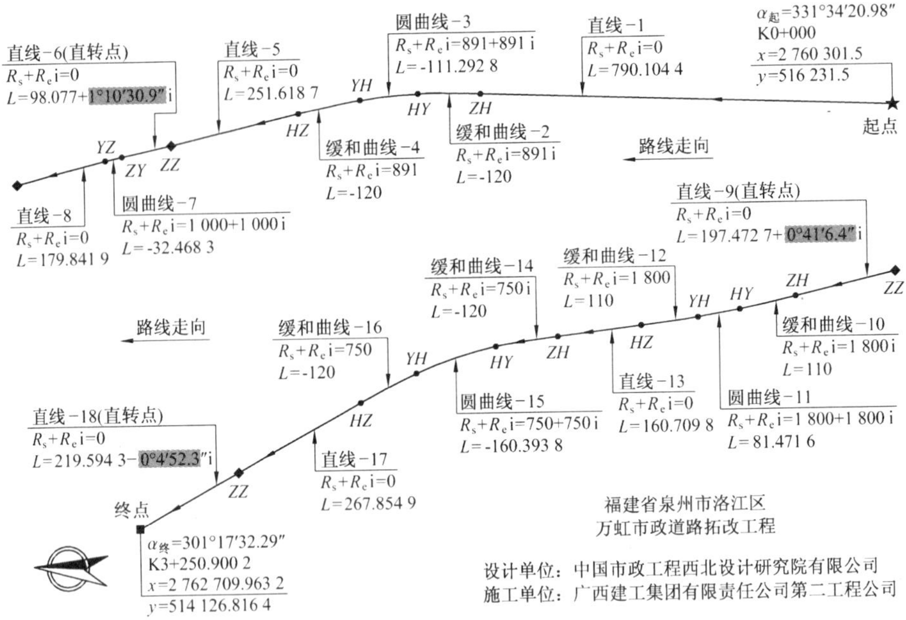

图 3-13　含 3 个直转点的城市道路改造工程平曲线线元法设计图纸

1）数据库子程序

数据库子程序文件名：WH－8

```
18→N↲                                                   平曲线元数
5N+2S+16→DimZ↲                                          定义额外变量维数
0→List X[1]:2760301.5→List Y[1]:516231.5→List Freq[1]↲  起点桩号/中桩坐标
0→Z[1]:790.1044→Z[2]:331°34°20.98°→Z[3]↲                1 号直线线元数据/起点走向方位角
891i→Z[6]:-120→Z[7]↲                                    2 号缓曲线元数据/左偏
891+891i→Z[11]:-111.2928→Z[12]↲                         3 号圆曲线元数据/左偏
891→Z[16]:-120→Z[17]↲                                   4 号缓曲线元数据/左偏
0→Z[21]:251.6187→Z[22]↲                                 5 号直线线元数据
0→Z[26]:98.077 +1°10°30.9°i→Z[27]↲                      6 号直线线元数据(右转直转点)
1000+1000i→Z[31]:-32.4683→Z[32]↲                        7 号圆曲线元数据/左偏
0→Z[36]:179.8419→Z[37]↲                                 8 号直线线元数据
0→Z[41]:197.4727 +0°41°6.4°i→Z[42]↲                     9 号直线线元数据(右转直转点)
1800i→Z[46]:110→Z[47]↲                                  10 号缓曲线元数据/右偏
1800+1800i→Z[51]:81.4716→Z[52]↲                         11 号圆曲线元数据/右偏
1800→Z[56]:110→Z[57]↲                                   12 号缓曲线元数据/右偏
0→Z[61]:160.7098→Z[62]↲                                 13 号直线线元数据
750i→Z[66]:-120→Z[67]↲                                  14 号缓曲线元数据/左偏
```

750+750i→Z[71]:-160.3938→Z[72]↵ 15 号圆曲线元数据/左偏

750→Z[76]:-120→Z[77]↵ 16 号缓曲线元数据/左偏

0→Z[81]:267.8549→Z[82]↵ 17 号直线线元数据

0→Z[86]:219.5943 −0°4°52.3°i→Z[87]↵ 18 号直线线元数据(左转直转点)

Return

将上述数据库子程序以文件名 WH−8 输入到 fx-5800P，将主程序 QH2−8T 第 9 行的数据库子程序名修改为 WH−8。

2）计算平曲线主点数据及坐标正算

执行 QH2−8T 程序，计算平竖曲线主点数据与直转点附近后前点加桩坐标正算的屏幕提示及用户操作过程如下：

屏幕提示	按 键	说 明
ROUTE OR RAMP QH2−8T		显示程序标题
NEW(0),OLD(≠0) DATA=?	0 EXE	重新调用数据库子程序计算主点数据
PEG ZD(m)=3250.9002	EXE	显示平曲线终点设计桩号/耗时 30.31 s
αZD=301°17′32.27″	EXE	显示终点走向方位角
X+YiZD(m)=2762709.963+514126.8163i	EXE	显示终点中桩坐标复数
[MODE][4]⇛Stop!	EXE	继续执行程序
STA XY,NEW(0),OLD(1),NO(2)=?	2 EXE	输入 2 不计算极坐标放样数据
PEG→XY(1),XY→PEG(2),Pier(4)=?	1 EXE	输入 1 为坐标正算
+PEG(m),<QD⇛END=?	1393.01 EXE	输入加桩号(6 号线元起点后)
αi=316°41′57.14″	EXE	显示加桩走向方位角/耗时 3.75 s
X+Yi(m)=2761462.922+515477.8800i	EXE	显示中桩坐标复数
ANGLE(0)⇛NO,-L +R(Deg)=?	0 EXE	输入 0 不计算边桩坐标
+PEG(m),<QD⇛END=?	1393.02 EXE	输入加桩号(6 号线元起点前)
αi=317°52′28.04″	EXE	显示加桩走向方位角/耗时 4.50 s
X+Yi(m)=2761462.929+515477.8732i	EXE	显示中桩坐标复数
ANGLE(0)⇛NO,-L +R(Deg)=?	0 EXE	输入 0 不计算边桩坐标
+PEG(m),<QD⇛END=?	1703.4 EXE	输入加桩号(9 号线元起点后)
αi=316°0′50.97″	EXE	显示加桩走向方位角/耗时 5.91 s
X+Yi(m)=2761688.787+515265.0301i	EXE	显示中桩坐标复数
ANGLE(0)⇛NO,-L +R(Deg)=?	0 EXE	输入 0 不计算边桩坐标
+PEG(m),<QD⇛END=?	1703.5 EXE	输入加桩号(9 号线元起点前)
αi=316°41′57.37″	EXE	显示加桩走向方位角/耗时 6.62 s
X+Yi(m)=2761688.859+515264.9615i	EXE	显示中桩坐标复数
ANGLE(0)⇛NO,-L +R(Deg)=?	0 EXE	输入 0 不计算边桩坐标
+PEG(m),<QD⇛END=?	3031.3 EXE	输入加桩号(18 号线元起点后)
αi=301°22′24.57″	EXE	显示加桩走向方位角/耗时 12.28 s
X+Yi(m)=2762595.902+514314.4710i	EXE	显示中桩坐标复数
ANGLE(0)⇛NO,-L +R(Deg)=?	0 EXE	输入 0 不计算边桩坐标

续表

屏幕提示	按　键	说　　明
+PEG(m),<QD⇒END=?	3031.4 EXE	输入加桩号(18 号线元起点前)
αi=301°17′32.27″	EXE	显示加桩走向方位角/耗时 13.00 s
X+Yi(m)=2762595.954+514314.3855i	EXE	显示中桩坐标复数
ANGLE(0)⇒NO,-L +R(Deg)=?	0 EXE	输入 0 不计算边桩坐标
+PEG(m),<QD⇒END=?	-2 EXE	输入小于起点的任意桩号结束程序
QH2−8T⇒END		程序结束显示

3）三维坐标反算

重复执行 QH2−8T 程序，计算上述 18 号线元起点后与前两个加桩中桩点坐标反算的屏幕提示及用户操作过程如下：

屏幕提示	按　键	说　　明
ROUTE OR RAMP QH2−8T		显示程序标题
NEW(0),OLD(≠0) DATA=?	4 EXE	用最近调用的数据库子程序计算
STA XY,NEW(0),OLD(1),NO(2)=?	2 EXE	输入 2 不计算极坐标放样数据
PEG→XY(1),XY→PEG(2),Pier(4)=?	2 EXE	输入 2 为坐标反算
XJ(m),π⇒END=?	2762595.902 EXE	输入边桩点坐标
YJ(m)+ni=?	514314.471 EXE	
p PEG(m)+ni=3031.3001+17.0000i	EXE	显示垂点桩号+线元号复数/耗时 4.00 s
αp=301°22′24.57″	EXE	显示走向方位角
Xp+Ypi(m)=2762595.902+514314.4709i	EXE	显示中桩坐标复数
HDp→J -L,+R(m)=0.0002	EXE	显示正数为右边距
XJ(m),π⇒END=?	2762595.954 EXE	输入边桩点坐标
YJ(m)+ni=?	514314.3855 EXE	
p PEG(m)+ni=3031.4002+18.0000i	EXE	显示垂点桩号+线元号复数/耗时 5.40 s
αp=301°17′32.27″	EXE	显示走向方位角
Xp+Ypi(m)=2762595.954+514314.3854i	EXE	显示中桩坐标复数
HDp→J -L,+R(m)=0.0002	EXE	显示正数为右边距
XJ(m),π⇒END=?	SHIFT π EXE	输入 π 结束程序
QH2−8T⇒END		程序结束显示

3.8　桥墩桩基坐标计算案例

QH2−8T 程序的桥墩桩基坐标计算原理与 QH2−7T 程序完全相同，要求在数据库子程序中，将各类桥墩桩基的墩台中心坐标数据输入到矩阵 Mat D，每个桥墩的 4 个墩台设计数据：墩类号、墩台中心设计桩号、法向偏距、走向偏角输入到 Mat E 矩阵。

将图 2－41 所示的 205 国道江苏淮安西绕城段淮涟三干渠中桥的交点法平曲线设计图纸变换为线元法平曲线设计图纸，结果见图 3－14 所示。Mat D 与 Mat E 矩阵的数据与图 2－41 完全相同。

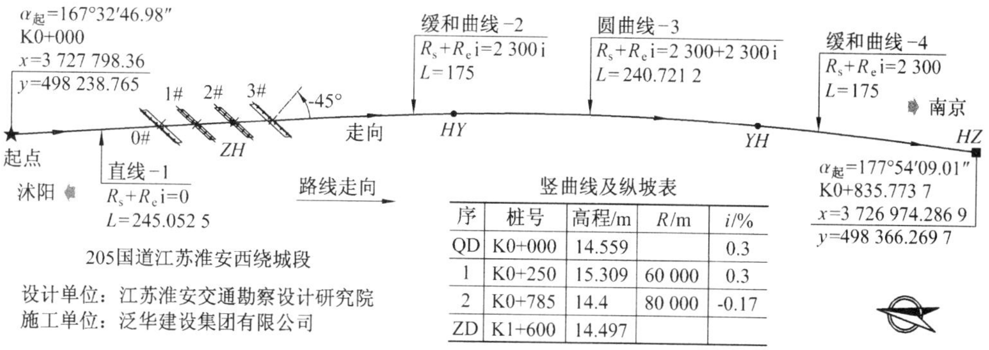

竖曲线及纵坡表

序	桩号	高程/m	R/m	i/%
QD	K0+000	14.559		0.3
1	K0+250	15.309	60 000	0.3
2	K0+785	14.4	80 000	-0.17
ZD	K1+600	14.497		

图 3－14　淮涟三干渠中桥平竖曲线设计图纸

数据库子程序名 JD1－8

4→N:2→S↵　　平曲线元数/竖曲线变坡点数

5N＋2S＋16→DimZ↵　　定义额外变量维数

0→List X[1]:3727798.36→List Y[1]:498238.765→List Freq[1]↵

起点桩号/中桩坐标

0→Z[1]:245.0525→Z[2]:167°32°46.98°→Z[3]↵　　1 号直线线元数据/起点走向方位角

2300i→Z[6]:175→Z[7]↵　　2 号缓曲线元数据/右偏

2300＋2300i→Z[11]:240.7212→Z[12]↵　　3 号圆曲线元数据/右偏

2300→Z[16]:175→Z[17]↵　　4 号缓曲线元数据/右偏

14.559i→Z[5N＋15]↵　　竖曲线起点桩号＋高程 i 复数

250＋15.309i→Z[5N＋16]:60000→Z[5N＋17]↵

SJD_1 起点桩号＋高程 i 复数，竖曲线半径

785＋14.4i→Z[5N＋18]:80000→Z[5N＋19]↵

SJD_2 起点桩号＋高程 i 复数，竖曲线半径

1600＋14.497i→Z[5N＋20]↵　　竖曲线终点桩号＋高程 i 复数

[[-15.612,-9.412,-3.212][0,0,0][-15.346,-9.546,-3.746][0,0,0][-15.598,-9.398,-3.198][0,0,0]]→Mat D↵　　1～3 类桥墩 1～3 号桩基的墩台中心坐标

[[1,186.346,0,-45,2,215.78,0,-45][2,245.78,0,-45,3,275.214,0,-45]]→Mat E↵

Return　　0#～3#桥墩墩台设计数据

将上述数据库子程序以文件名 JD1－8 输入到 fx-5800P，将 QH2－8T 主程序第 9 行的数据库子程序名修改为 JD1－8，执行 QH2－8T 程序，计算平竖曲线主点数据及桥墩桩基坐标的屏幕提示与用户操作过程如下：

屏幕提示	按　键	说　　明
ROUTE OR RAMP QH2－8T		显示程序标题
NEW(0),OLD(≠0) DATA=?	0 EXE	重新调用数据库子程序计算主点数据
PEG ZD(m)=835.7737	EXE	显示平曲线终点设计桩号/耗时 11.40 s
αZD=177°54′9″	EXE	显示终点走向方位角
X+YiZD(m)=3726974.287+498366.2697i	EXE	显示终点中桩坐标复数
[MODE][4]⇒Stop!	EXE	继续执行程序
STA XY,NEW(0),OLD(1),NO(2)=?	2 EXE	输入 2 不计算极坐标放样数据
PEG→XY(1),XY→PEG(2),Pier(4)=?	1 EXE	输入 1 为坐标正算
PEG→XY(1),XY→PEG(2),Pier(4)=?	4 EXE	输入 4 为桥墩(pier)桩基坐标计算
Pier n(0→19),π⇒END=?	0 EXE	输入 0＃桥墩
Pier PEG(m)+ni=186.3460+1.0000i	EXE	显示 0＃桥墩桩号＋墩类号复数
αi=167°32′46.98″	EXE	显示墩台中心走向方位角/耗时 1.00 s
X+Yi(m)=3727616.399+498278.9504i	EXE	显示墩台中心坐标复数
H(m)=15.0682	EXE	显示墩台中心设计高程
Sn,X+Yi(m),π⇒Next=?	1 EXE	输入 1 号桩基(stake)
X+YSi(m)=3727629.559+498287.3493i	EXE	显示 1 号桩基坐标复数
Sn,X+Yi(m),π⇒Next=?	2 EXE	输入 2 号桩基(stake)
X+YSi(m)=3727624.332+498284.0138i	EXE	显示 2 号桩基坐标复数
Sn,X+Yi(m),π⇒Next=?	3 EXE	输入 3 号桩基(stake)
X+YSi(m)=3727619.106+498280.6784i	EXE	显示 3 号桩基坐标复数
Sn,X+Yi(m),π⇒Next=?	-3 EXE	输入-3 号桩基(stake)
X+YSi(m)=3727613.691+498277.2224i	EXE	显示-2 号桩基坐标复数
Sn,X+Yi(m),π⇒Next=?	-2 EXE	输入-2 号桩基(stake)
X+YSi(m)=3727608.465+498273.8869i	EXE	显示-2 号桩基坐标复数
Sn,X+Yi(m),π⇒Next=?	-1 EXE	输入-1 号桩基(stake)
X+YSi(m)=3727603.238+498270.5514i	EXE	显示-1 号桩基坐标复数
Sn,X+Yi(m),π⇒Next=?	15.934 − 2.875 i EXE	输入 4 号点(承台角点)墩台中心坐标复数
X+YSi(m)=3727604.514+498267.9547i	EXE	显示 4 号点坐标复数
Sn,X+Yi(m),π⇒Next=?	SHIFT π EXE	输入 π 结束 0＃桥墩计算
Pier n(0→19),π⇒END=?	3 EXE	输入 3＃桥墩
Pier PEG(m)+ni=275.2140+3.0000i	EXE	显示 3＃桥墩桩号＋墩类号复数
αi=167°36′40.08″	EXE	显示墩台中心走向方位角/耗时 2.62 s
X+Yi(m)=3727529.619+498298.1036i	EXE	显示墩台中心坐标复数
H(m)=15.1545	EXE	显示墩台中心设计高程
Sn,X+Yi(m),π⇒Next=?	1 EXE	输入 1 号桩基(stake)
X+YSi(m)=3727542.758+498306.5099i	EXE	显示 1 号桩基坐标复数
Sn,X+Yi(m),π⇒Next=?	2 EXE	输入 2 号桩基(stake)
X+YSi(m)=3727537.535+498303.1685i	EXE	显示 2 号桩基坐标复数
Sn,X+Yi(m),π⇒Next=?	3 EXE	输入 3 号桩基(stake)

续表

屏幕提示	按　键	说　明
X+YSi(m)=3727532.313+498299.8271i	EXE	显示 3 号桩基坐标复数
Sn,X+Yi(m),π⇛Next=?	**-3** EXE	输入-3 号桩基(stake)
X+YSi(m)=3727526.925+498296.3801i	EXE	显示-3 号桩基坐标复数
Sn,X+Yi(m),π⇛Next=?	**-2** EXE	输入-2 号桩基(stake)
X+YSi(m)=3727521.703+498293.0387i	EXE	显示-2 号桩基坐标复数
Sn,X+Yi(m),π⇛Next=?	**-1** EXE	输入-1 号桩基(stake)
X+YSi(m)=3727516.480+498289.6973i	EXE	显示-1 号桩基坐标复数
Sn,X+Yi(m),π⇛Next=?	SHIFT π EXE	输入 π 结束 3# 桥墩计算
Pier n(0→19),π⇛END=?	SHIFT π EXE	输入 π 结束程序
QH2−8T⇛END		程序结束显示

将上述部分桥墩桩基坐标计算结果与图 2-42 的设计图纸比较可知，计算结果与设计值基本相符。

由图 3-14 可知，淮涟三干渠中桥的平面位置位于 1 号直线线元与 2 号缓曲线元，如果仅仅是为了放样桥墩桩基，只需要输入 1 号，2 号平曲线元的设计数据即可，这样可以减少数据库子程序的输入工作量，也可以加快计算速度。程序算出的墩台中心设计高程的位置参见图 2-43 所示。

3.9　隧道超欠挖、开挖轮廓线放样与净空测量计算

QH2-8T 程序的隧道超欠挖功能与 QH2−7T 程序的隧道超欠挖功能完全相同，要求在数据库子程序中，将一个二衬轮廓线主点数据输入到 Mat D 矩阵，详细参见表 2-29 所示；洞身支护参数输入到 Mat E 矩阵，详细参见表 2-30 所示。

本节分别以 2.12 节的八亩隧道、骆驼山隧道、白岩脚隧道为例，介绍 QH2−8T 程序隧道超欠挖功能的使用方法。

1）广(州)珠(海)西线高速公路三期中山沙溪至月环段八亩隧道超欠挖计算案例

将图 2-44 所示 JD_{16} 的交点法平曲线设计图纸变换为线元法设计图纸，结果见图 3-15 所示。

(1) 数据库子程序：JD16−8

5→N:2→S:6→L:13→W↵

平曲线元数/竖曲线变坡点数/二衬轮廓线元数/洞身支护参数个数

5N+2S+16→DimZ↵　　定义额外变量维数

88950.177→List X[1]:2472251.779→List Y[1]:501243.827→List Freq[1]↵

起点桩号/中桩坐标

0→Z[1]:558.9839→Z[2]:130°1°18.82°→Z[3]↵　　1 号直线线元数据

1500i→Z[6]:-240→Z[7]↵　　2 号缓曲线元数据/左偏

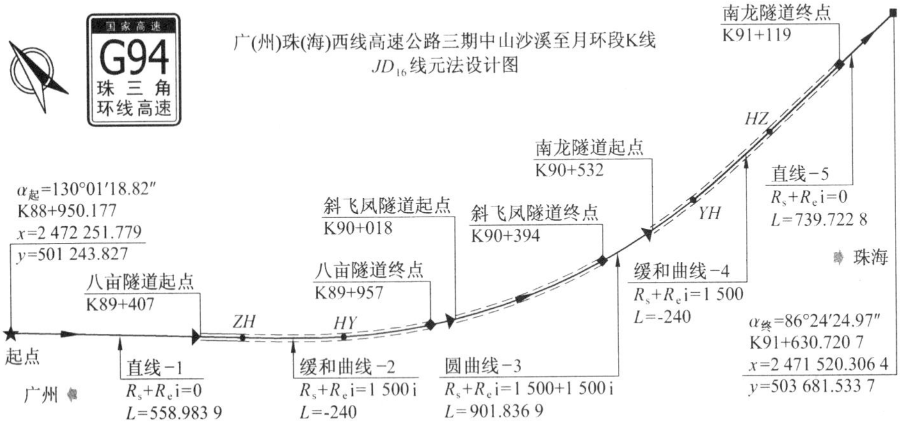

K线竖曲线及纵坡表

序	桩号	高程/m	R/m	i/%
QD	K88+650	17.405		3
1	K89+130	31.805	36 004.2	2
2	K90+160	52.405	35 000	3
ZD	K92+040	29.657		

路线走向→

八亩隧道长=550m
斜飞凤隧道长=376m
南龙隧道长=587m

设计单位：中交公路规划设计院有限公司
施工单位：中铁十局第三工程有限公司

图 3-15　中山沙溪至月环段 K 线八亩、斜飞凤、南龙隧道平面位置与竖曲线表

1500+1500i→Z[11]:-901.8369→Z[12]↲ 3 号圆曲线元数据/左偏

1500→Z[16]:-240→Z[17]↲ 4 号缓曲线元数据/左偏

0→Z[21]:739.7228→Z[22]↲ 5 号直线线元数据

88650+17.405i→Z[5N+15]↲ 竖曲线起点桩号+高程 i 复数

89130+31.805i→Z[5N+16]:36004.2→Z[5N+17]↲

SJD_1 起点桩号+高程 i 复数/竖曲线半径

90160+52.405i→Z[5N+18]:35000→Z[5N+19]↲

SJD_2 起点桩号+高程 i 复数/竖曲线半径

92040+29.657i→Z[5N+20]↲ 竖曲线终点桩号+高程 i 复数

[[0,-0.2,8.3,-6.3582,5.1351,0][2.0683,1.5355,5.6,6.3582,5.1351,0][6.248,0.1606,1.2,7.3879,-0.2144,0][0,20,22,6.6084,-0.984,0][0,0,0,0,0,0][0,0,0,0,0,0]]→Mat D↲ 八亩隧道二衬轮廓线 6 个线元主点数据

[[89412,0.72,0.28,7.725,89456,0.72,0.26,7.725][89466,0.63,0.26,7.725,89480,0.58,0.24,7.725][89506,0.51,0.18,7.725,89586,0.45,0.1,7.725][89686,0.51,0.18,7.725,89730,0.58,0.24,7.725][89770,0.51,0.18,7.725,89842,0.58,0.24,7.725][89862,0.63,0.26,7.725,89894,0.72,0.26,7.725][89899,0.72,0.28,7.725,0,0,0,0]]→Mat E↲ 八亩隧道 K 线 13 个洞身支护参数

Return

本例的二衬轮廓线主点数据取自图 2-45,洞身支护参数取自表 2-31。

(2) 八亩隧道超欠挖计算案例

① 计算主点数据

将上述数据库子程序以文件名 JD16－8 输入 fx-5800P，编辑 QH2－8T 主程序，将正数第 9 行的数据库子程序名修改为 JD16－8。

执行 QH2－8T 程序，计算主点数据的屏幕提示及用户操作过程如下：

屏幕提示	按　键	说　　明
ROUTE OR RAMP QH2－8T		显示程序标题
NEW(0),OLD(≠0) DATA＝?	**0** EXE	重新调用数据库子程序计算主点数据
PEG ZD(m)＝91630.7206	EXE	显示平曲线终点设计桩号/耗时 15.29 s
αZD＝86°24′24.98″	EXE	显示终点走向方位角
X＋YiZD(m)＝2471520.306＋503681.5336i	EXE	显示终点中桩坐标复数
[MODE][4]⇛Stop!	MODE 4	进入 REG 模式

与 QH2－7T 程序相同，当数据库子程序中的字母变量 $L>0$，$W>0$ 时，执行 QH2－8T 程序计算，除计算平曲线主点数据、断链值($D>0$ 时)、竖曲线主点数据($S>0$ 时)并存入统计串列外，还自动生成二衬轮廓线矩阵 Mat D 中 $n/2+1\sim n$ 行对称线元的主点数据，计算 n 个线元圆心→起点的隧中方位角并存入 Mat D 矩阵相应行的第 6 列。

当断链数 D>0 时，QH2－8T 程序还将 Mat E 矩阵 1 行，5 行的洞身支护参数设计桩号全部变换为连续桩号，并存回原位。

② 八亩隧道 K89＋680 断面开挖轮廓线放样

重复执行 QH2－8T 程序的隧道超欠挖功能，选择开挖轮廓线为基准线，拱顶线元计算 3 个测点，其余线元计算 1 个测点的屏幕提示与用户操作过程如下：

屏幕提示	按　键	说　　明
ROUTE Or RAMP QH2－8T		显示程序标题
NEW(0),OLD(≠0) DATA＝?	**2** EXE	输入≠0 数用最近调用的数据库子程序计算
STA XY,NEW(0),OLD(1),NO(2)＝?	**2** EXE	输入 2 为计算极坐标放样数据
PEG→XY(1),XY→PEG(2),μr(3)＝?	**3** EXE	输入 3 选择隧道超欠挖计算
LINE(1,0,2)＝?	**0** EXE	输入 0 选择隧道开挖轮廓线
XJ(m),π⇛END＝?	**2471783.2159** EXE	输入全站仪实测实测 1 号掌子面测点坐标
YJ(m)＋ni＝?	**501803.4038** EXE	
HJ(m)＝?	**48.6538** EXE	
p PEG(m)＋ni＝89680.0001＋2.0000i	EXE	显示垂点桩号＋平曲线元号复数/耗时 6.84 s
μr(m)＋ni＝0.0533＋1.0000i	EXE	显示超挖径距＋测点线元号复数/耗时 6.96 s
a＋hi(m)＝0.0739＋0.0755i	EXE	显示水平移距＋垂直移距复数

续表

屏幕提示	按　键	说　　明
XJ(m),π⇒END=?	2471778.1175 EXE	输入全站仪实测2号掌子面测点坐标
YJ(m)+ni=?	501799.4634 EXE	
HJ(m)=?	51.321 EXE	
p PEG(m)+ni=89680.0001+2.0000i	EXE	显示垂点桩号+平曲线元号复数/耗时6.82 s
μr(m)+ni=-0.0388+1.0000i	EXE	显示欠挖径距+测点线元号复数/耗时6.98 s
a+hi(m)=-0.8273-0.0388i	EXE	显示水平移距+垂直移距复数
XJ(m),π⇒END=?	2471772.7387 EXE	输入全站仪实测3号掌子面测点坐标
YJ(m)+ni=?	501795.3063 EXE	
HJ(m)=?	48.252 EXE	
p PEG(m)+ni=89680.0001+2.0000i	EXE	显示垂点桩号+平曲线元号复数/耗时6.81 s
μr(m)+ni=0.0487+1.0000i	EXE	显示超挖径距+测点线元号复数/耗时6.97 s
a+hi(m)=0.0639+0.0758i	EXE	显示水平移距+垂直移距复数
XJ(m),π⇒END=?	2471771.6504 EXE	输入全站仪实测4号掌子面测点坐标
YJ(m)+ni=?	501794.4652 EXE	
HJ(m)=?	44.2924 EXE	
p PEG(m)+ni=89680.0001+2.0000i	EXE	显示垂点桩号+平曲线元号复数/耗时6.78 s
μr(m)+ni=-0.0446+2.0000i	EXE	显示欠挖径距+测点线元号复数/耗时6.97 s
a+hi(m)=-0.0446-0.6938i	EXE	显示水平移距+垂直移距复数
XJ(m),π⇒END=?	2471772.5203 EXE	输入全站仪实测5号掌子面测点坐标
YJ(m)+ni=?	501795.1375 EXE	
HJ(m)=?	41.2723 EXE	
p PEG(m)+ni=89680.0001+2.0000i	EXE	显示垂点桩号+平曲线元号复数/耗时6.78 s
μr(m)+ni=0.0489+3.0000i	EXE	显示超挖径距+测点线元号复数/耗时6.94 s
a+hi(m)=0.1128+0.0553i	EXE	显示水平移距+垂直移距复数
XJ(m),π⇒END=?	2471775.1969 EXE	输入全站仪实测6号掌子面测点坐标
YJ(m)+ni=?	501797.2061 EXE	
HJ(m)=?	40.5126 EXE	
p PEG(m)+ni=89680.0000+2.0000i	EXE	显示垂点桩号+平曲线元号复数/耗时6.78 s
μr(m)+ni=-0.0480+4.0000i	EXE	显示欠挖径距+测点线元号复数/耗时7.00 s
a+hi(m)=-0.2822-0.0487i	EXE	显示水平移距+垂直移距复数
XJ(m),π⇒END=?	2471782.7246 EXE	输入全站仪实测7号掌子面测点坐标

续表

屏幕提示	按　键	说　　明
YJ(m)+ni=?	501803.024 EXE	
HJ(m)=?	40.8777 EXE	
p PEG(m)+ni=89680.0000+2.0000i	EXE	显示垂点桩号+平曲线元号复数/耗时 6.78 s
μr(m)+ni=0.0452+4.0000i	EXE	显示超挖径距+测点线元号复数/耗时 7.03 s
a+hi(m)=0.1778+0.0467i	EXE	显示水平移距+垂直移距复数
XJ(m),π⇛END=?	2471784.2298 EXE	输入全站仪实测 8 号掌子面测点坐标
YJ(m)+ni=?	501804.1874 EXE	
HJ(m)=?	41.9465 EXE	
p PEG(m)+ni=89680.0000+2.0000i	EXE	显示垂点桩号+平曲线元号复数/耗时 7.44 s
μr(m)+ni=-0.0078+5.0000i	EXE	显示欠挖径距+测点线元号复数/耗时 7.03 s
a+hi(m)=-0.0092−0.0147i	EXE	显示水平移距+垂直移距复数
XJ(m),π⇛END=?	2471784.6711 EXE	输入全站仪实测 9 号掌子面测点坐标
YJ(m)+ni=?	501804.5285 EXE	
HJ(m)=?	44.459 EXE	
p PEG(m)+ni=89680.0001+2.0000i	EXE	显示垂点桩号+平曲线元号复数/耗时 6.82 s
μr(m)+ni=0.0682+6.0000i	EXE	显示超挖径距+测点线元号复数/耗时 7.07 s
a+hi(m)=0.0682	EXE	只显示水平移距
XJ(m),π⇛END=?	SHIFT π EXE	输入 π 结束程序
QH2−8T⇛END		程序结束显示

③ 八亩隧道 K89+680 断面初期支护轮廓线放样

重复执行 QH2−8T 程序的隧道超欠挖功能，选择初期支护轮廓线为基准线，计算上述 9 个相同测点的屏幕提示与用户操作过程如下：

屏幕提示	按　键	说　　明
ROUTE Or RAMP QH2−8T		显示程序标题
NEW(0),OLD(≠0) DATA=?	3 EXE	输入≠0 数用最近调用的数据库子程序计算
STA XY NEW(0),OLD(1),NO(2)=?	2 EXE	输入 2 为不计算极坐标放样参数
PEG→XY(1),XY→PEG(2),μr(3)=?	3 EXE	输入 3 隧道超欠挖，1 正算/2 反算
LINE(1,0,2)=?	1 EXE	输入 1 选择隧道初期支护轮廓线
XJ(m),π⇛END=?	2471783.2159 EXE	输入全站仪实测实测 1 号掌子面测点坐标
YJ(m)+ni=?	501803.4038 EXE	

续表

屏幕提示	按　键	说　明
HJ(m)=?	48.6538 EXE	
p PEG(m)+ni=89680.0001+2.0000i	EXE	显示垂点桩号+平曲线元号复数/耗时6.81 s
μr(m)+ni=0.1533+1.0000i	EXE	显示超挖径距+测点线元号复数/耗时7.00 s
a+hi(m)=0.2136+0.2244i	EXE	显示水平移距+垂直移距复数
XJ(m),π⇒END=?	2471778.1175 EXE	输入全站仪实测2号掌子面测点坐标
YJ(m)+ni=?	501799.4634 EXE	
HJ(m)=?	51.321 EXE	
p PEG(m)+ni=89680.0001+2.0000i	EXE	显示垂点桩号+平曲线元号复数/耗时6.78 s
μr(m)+ni=0.0612+1.0000i	EXE	显示超挖径距+测点线元号复数/耗时6.94 s
a+hi(m)=0.0612i	EXE	只显示垂直移距复数
XJ(m),π⇒END=?	2471772.7387 EXE	输入全站仪实测3号掌子面测点坐标
YJ(m)+ni=?	501795.3063 EXE	
HJ(m)=?	48.252 EXE	
p PEG(m)+ni=89680.0001+2.0000i	EXE	显示垂点桩号+平曲线元号复数/耗时6.78 s
μr(m)+ni=0.1487+1.0000i	EXE	显示超挖径距+测点线元号复数/耗时6.93 s
a+hi(m)=0.1958+0.2332i	EXE	显示水平移距+垂直移距复数
XJ(m),π⇒END=?	2471771.6504 EXE	输入全站仪实测4号掌子面测点坐标
YJ(m)+ni=?	501794.4652 EXE	
HJ(m)=?	44.2924 EXE	
p PEG(m)+ni=89680.0001+2.0000i	EXE	显示垂点桩号+平曲线元号复数/耗时6.81 s
μr(m)+ni=0.0554+2.0000i	EXE	显示超挖径距+测点线元号复数/耗时6.94 s
a+hi(m)=0.0554	EXE	只显示水平移距
XJ(m),π⇒END=?	2471772.5203 EXE	输入全站仪实测5号掌子面测点坐标
YJ(m)+ni=?	501795.1375 EXE	
HJ(m)=?	41.2723 EXE	
p PEG(m)+ni=89680.0001+2.0000i	EXE	显示垂点桩号+平曲线元号复数/耗时6.75 s
μr(m)+ni=0.1489+3.0000i	EXE	显示超挖径距+测点线元号复数/耗时6.94 s
a+hi(m)=0.4153+0.1697i	EXE	显示水平移距+垂直移距复数
XJ(m),π⇒END=?	2471775.1969 EXE	输入全站仪实测6号掌子面测点坐标
YJ(m)+ni=?	501797.2061 EXE	

续表

屏幕提示	按　键	说　　明
HJ(m)=?	40.5126 EXE	
p PEG(m)+ni=89680.0000+2.0000i	EXE	显示垂点桩号+平曲线元号复数/耗时 6.75 s
μr(m)+ni=0.0520+4.0000i	EXE	显示超挖径距+测点线元号复数/耗时 6.94 s
a+hi(m)=0.3314+0.0527i	EXE	显示水平移距+垂直移距复数
XJ(m),π⇒END=?	2471782.7246 EXE	输入全站仪实测 7 号掌子面测点坐标
YJ(m)+ni=?	501803.024 EXE	
HJ(m)=?	40.8777 EXE	
p PEG(m)+ni=89680.0000+2.0000i	EXE	显示垂点桩号+平曲线元号复数/耗时 6.78 s
μr(m)+ni=0.1452+4.0000i	EXE	显示超挖径距+测点线元号复数/耗时 6.97 s
a+hi(m)=0.5916+0.1503i	EXE	显示水平移距+垂直移距复数
XJ(m),π⇒END=?	2471784.2298 EXE	输入全站仪实测 8 号掌子面测点坐标
YJ(m)+ni=?	501804.1874 EXE	
HJ(m)=?	41.9465 EXE	
p PEG(m)+ni=89680.0000+2.0000i	EXE	显示垂点桩号+平曲线元号复数/耗时 7.43 s
μr(m)+ni=0.0922+5.0000i	EXE	显示超挖径距+测点线元号复数/耗时 6.97 s
a+hi(m)=0.1099+0.1884i	EXE	显示水平移距+垂直移距复数
XJ(m),π⇒END=?	2471784.6711 EXE	输入全站仪实测 9 号掌子面测点坐标
YJ(m)+ni=?	501804.5285 EXE	
HJ(m)=?	44.459 EXE	
p PEG(m)+ni=89680.0001+2.0000i	EXE	显示垂点桩号+平曲线元号复数/耗时 6.82 s
μr(m)+ni=0.1682+6.0000i	EXE	显示超挖径距+测点线元号复数/耗时 6.97 s
a+hi(m)=0.1683	EXE	只显示水平移距
XJ(m),π⇒END=?	SHIFT π EXE	输入 π 结束程序
QH2−8T⇒END		程序结束显示

④ 八亩隧道 K89+680 断面隧道净空测量计算

重复执行 QH2−8T 程序的隧道超欠挖功能，选择二衬轮廓线为基准线，拱顶线元计算 3 个测点，其余线元计算 1 个测点的屏幕提示与用户操作过程如下：

屏幕提示	按　键	说　　明
ROUTE Or RAMP QH2−8T		显示程序标题
NEW(0),OLD(≠0) DATA=?	4 EXE	输入≠0 数用最近调用的数据库子程序计算

续表

屏幕提示	按　键	说　　明
STA XY NEW(0),OLD(1),NO(2)=?	2 EXE	输入2为不计算极坐标放样参数
PEG→XY(1),XY→PEG(2),μr(3)=?	3 EXE	输入3隧道超欠挖,1正算/2反算
LINE(1,0,2)=?	2 EXE	输入2选择隧道二衬轮廓线
XJ(m),π⇛END=?	2471782.9382 EXE	输入全站仪实测实测1号掌子面测点坐标
YJ(m)+ni=?	501803.1892 EXE	
HJ(m)=?	48.2429 EXE	
p PEG(m)+ni=89680.0001+2.0000i	EXE	显示垂点桩号+平曲线元号复数/耗时6.81 s
μr(m)+ni=0.0660+1.0000i	EXE	显示超挖径距+测点线元号复数/耗时7.00 s
XJ(m),π⇛END=?	2471778.1175 EXE	输入全站仪实测2号掌子面测点坐标
YJ(m)+ni=?	501799.4634 EXE	
HJ(m)=?	50.8502 EXE	
p PEG(m)+ni=89680.0001+2.0000i	EXE	显示垂点桩号+平曲线元号复数/耗时6.78 s
μr(m)+ni=0.0404+1.0000i	EXE	显示超挖径距+测点线元号复数/耗时6.94 s
XJ(m),π⇛END=?	2471773.0801 EXE	输入全站仪实测3号掌子面测点坐标
YJ(m)+ni=?	501795.5701 EXE	
HJ(m)=?	47.9706 EXE	
p PEG(m)+ni=89680.0000+2.0000i	EXE	显示垂点桩号+平曲线元号复数/耗时6.85 s
μr(m)+ni=0.0878+1.0000i	EXE	显示超挖径距+测点线元号复数/耗时6.94 s
XJ(m),π⇛END=?	2471772.0009 EXE	输入全站仪实测4号掌子面测点坐标
YJ(m)+ni=?	501794.7361 EXE	
HJ(m)=?	43.9297 EXE	
p PEG(m)+ni=89680.0001+2.0000i	EXE	显示垂点桩号+平曲线元号复数/耗时6.79 s
μr(m)+ni=0.0710+2.0000i	EXE	显示超挖径距+测点线元号复数/耗时6.91 s
XJ(m),π⇛END=?	2471772.7145 EXE	输入全站仪实测5号掌子面测点坐标
YJ(m)+ni=?	501795.2876 EXE	
HJ(m)=?	41.7805 EXE	
p PEG(m)+ni=89680.0001+2.0000i	EXE	显示垂点桩号+平曲线元号复数/耗时6.82 s
μr(m)+ni=0.0349+3.0000i	EXE	显示超挖径距+测点线元号复数/耗时6.93 s
XJ(m),π⇛END=?	2471775.2702 EXE	输入全站仪实测6号掌子面测点坐标
YJ(m)+ni=?	501797.2628 EXE	
HJ(m)=?	40.9759 EXE	

续表

屏幕提示	按 键	说 明
p PEG(m)＋ni＝89680.0001＋2.0000i	EXE	显示垂点桩号＋平曲线元号复数/耗时6.75 s
μr(m)＋ni＝0.0298＋4.0000i	EXE	显示超挖径距＋测点线元号复数/耗时6.94 s
XJ(m),π⇒END＝?	2471782.6922 EXE	输入全站仪实测7号掌子面测点坐标
YJ(m)＋ni＝?	501802.999 EXE	
HJ(m)＝?	41.3892 EXE	
p PEG(m)＋ni＝89680.0000＋2.0000i	EXE	显示垂点桩号＋平曲线元号复数/耗时6.85 s
μr(m)＋ni＝0.0906＋4.0000i	EXE	显示超挖径距＋测点线元号复数/耗时7.00 s
XJ(m),π⇒END＝?	2471783.9215 EXE	输入全站仪实测8号掌子面测点坐标
YJ(m)＋ni＝?	501803.9492 EXE	
HJ(m)＝?	42.2913 EXE	
p PEG(m)＋ni＝89680.0001＋2.0000i	EXE	显示垂点桩号＋平曲线元号复数/耗时6.84 s
μr(m)＋ni＝0.0320＋5.0000i	EXE	显示欠挖径距＋测点线元号复数/耗时7.00 s
XJ(m),π⇒END＝?	2471784.2136 EXE	输入全站仪实测9号掌子面测点坐标
YJ(m)＋ni＝?	501804.1749 EXE	
HJ(m)＝?	44.2612 EXE	
p PEG(m)＋ni＝89680.0001＋2.0000i	EXE	显示垂点桩号＋平曲线元号复数/耗时6.84 s
μr(m)＋ni＝0.0363＋6.0000i	EXE	显示超挖径距＋测点线元号复数/耗时7.00 s
XJ(m),π⇒END＝?	SHIFT π EXE	输入π结束程序
QH2－8T⇒END		程序结束显示

2）浙江杭(州)长(兴)高速公路安城段13合同段骆驼山隧道右线超欠挖计算案例

将图2－47所示JD_{30}的交点法平曲线设计图纸变换为线元法设计图纸，结果见图3－16所示。

(1) 数据库子程序:JD30－8

3→N:2→S:6→L:1→W↵

平曲线元数/竖曲线变坡点数/二衬线元数/洞身支护参数个数

5N＋2S＋16→DimZ↵ 定义额外变量维数

56985.6884→List X[1]:3395372.9724→List Y[1]:473145.0719→List Freq[1]↵

起点桩号及中桩坐标

1900i→Z[1]:250→Z[2]:343°21°12.52°→Z[3]↵ 1号缓曲线元数据/右偏

1900＋1900i→Z[6]:1655.0277→Z[7]↵ 2号圆曲线元数据/右偏

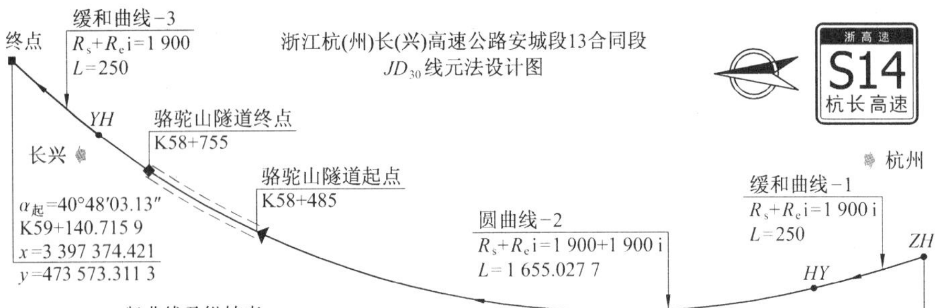

竖曲线及纵坡表

序	桩号	高程/m	R/m	i/%
7	K56+220	68.26		2.95
8	K57+210	53.41	11 000	-1.5
9	K57+840	64.12	15 000	1.7
10	K59+000	40.92		

图 3-16　浙江杭(州)长(兴)高速公路安城段 13 合同段骆驼山隧道平面位置与竖曲线表

1900→Z[11]:250→Z[12]↵　　3 号缓曲线元数据/右偏

56220+68.26i→Z[5N+15]↵　　竖曲线起点桩号+高程 i 复数

57210+53.41i→Z[5N+16]:11000→Z[5N+17]↵

SJD_1 起点桩号+高程 i 复数，竖曲线半径

57840+64.12i→Z[5N+18]:15000→Z[5N+19]↵

SJD_2 起点桩号+高程 i 复数，竖曲线半径

59000+40.92i→Z[5N+20]↵　　竖曲线终点桩号+高程 i 复数

[[0,1.5,6.12,-6.12,1.5,0][4.7022,1.5,0,6.12,1.5,0][5.22,0.2008,0.9,6.12,0.2008,0][0,13.299,15,5.5532,-0.6352,0][0,0,0,0,0,0][0,0,0,0,0,0]]→Mat D↵

骆驼山隧道二衬轮廓线 6 个线元主点数据

[[58485,0.72,0.25,7.62]]→Mat E↵　　骆驼山隧道右线 1 个洞身支护参数

Return

本例的二衬轮廓线主点数据及 1 个洞身支护参数均取自图 2-48。

将上述数据库子程序以文件名 JD30－8 输入 fx-5800P，编辑 QH2－8T 主程序，将正数第 9 行的数据库子程序名修改为 JD30－8。

(2) 骆驼山隧道超欠挖计算案例

执行 QH2－8T 程序，计算主点数据，选择隧道超欠挖功能及开挖轮廓线为基准线，拱顶线元计算 3 个测点，其余线元计算 1 个测点的屏幕提示与用户操作过程如下：

屏幕提示	按　键	说　　明
ROUTE Or RAMP QH2－8T		显示程序标题
NEW(0),OLD(≠0) DATA＝?	0 EXE	重新调用数据库子程序计算主点数据
PEG ZD(m)＝59140.7161	EXE	显示平曲线终点设计桩号/耗时 12.87 s

续表

屏幕提示	按键	说明
αZD=40°48′3.14″	EXE	显示终点走向方位角
X+YiZD(m)=3397374.421+473573.3114i	EXE	显示终点中桩坐标复数
Press [MENU][4]⇛Stop!	EXE	继续计算
STA XY NEW(0),OLD(1),NO(2)=?	2 EXE	输入 2 为不计算极坐标放样参数
PEG→XY(1),XY→PEG(2),μr(3)=?	3 EXE	输入 3 隧道超欠挖,1 正算/2 反算
LINE(1,0,2)=?	1 EXE	输入 1 选择隧道超欠挖测量
XJ(m),π⇛END=?	3396865.3367 EXE	输入全站仪实测实测 1 号掌子面测点坐标
YJ(m)+ni=?	473222.25 EXE	
HJ(m)=?	54.7907 EXE	
p PEG(m)+ni=58520.0001+2.0000i	EXE	显示垂点桩号+平曲线元号复数/耗时 4.81 s
μr(m)+ni=0.0830+1.0000i	EXE	显示超挖径距+测点线元号复数/耗时 5.68 s
a+hi(m)=0.0907+0.2144i	EXE	显示水平移距+垂直移距复数
XJ(m),π⇛END=?	3396862.8706 EXE	输入全站仪实测 2 号掌子面测点坐标
YJ(m)+ni=?	473227.3396 EXE	
HJ(m)=?	58.6553 EXE	
p PEG(m)+ni=58520.0001+2.0000i	EXE	显示垂点桩号+平曲线元号复数/耗时 4.85 s
μr(m)+ni=-0.1690+1.0000i	EXE	显示欠挖径距+测点线元号复数/耗时 5.72 s
a+hi(m)=-0.9721−0.1699i	EXE	显示水平移距+垂直移距复数
XJ(m),π⇛END=?	3396859.9202 EXE	输入全站仪实测 3 号掌子面测点坐标
YJ(m)+ni=?	473233.4287 EXE	
HJ(m)=?	54.8524 EXE	
p PEG(m)+ni=58520.0001+2.0000i	EXE	显示垂点桩号+平曲线元号复数/耗时 4.84 s
μr(m)+ni=-0.1349+1.0000i	EXE	显示欠挖径距+测点线元号复数/耗时 5.72 s
a+hi(m)=-0.1485−0.3061i	EXE	显示水平移距+垂直移距复数
XJ(m),π⇛END=?	3396859.5256 EXE	输入全站仪实测 4 号掌子面测点坐标
YJ(m)+ni=?	473234.243 EXE	
HJ(m)=?	51.2961 EXE	
p PEG(m)+ni=58520.0001+2.0000i	EXE	显示垂点桩号+平曲线元号复数/耗时 4.72 s
μr(m)+ni=0.1423+2.0000i	EXE	显示超挖径距+测点线元号复数/耗时 5.75 s
XJ(m),π⇛END=?	3396859.8485 EXE	输入全站仪实测 5 号掌子面测点坐标
YJ(m)+ni=?	473233.5767 EXE	
HJ(m)=?	49.6722 EXE	

续表

屏幕提示	按键	说明
p PEG(m)+ni=58520.00002+2.0000i	EXE	显示垂点桩号+平曲线元号复数/耗时 4.72 s
μr(m)+ni=-0.1558+3.0000i	EXE	显示欠挖径距+测点线元号复数/耗时 5.71 s
a+hi(m)=-0.2129-0.2084i	EXE	显示水平移距+垂直移距复数
XJ(m),π⇒END=?	3396861.9379 EXE	输入全站仪实测 6 号掌子面测点坐标
YJ(m)+ni=?	473229.2645 EXE	
HJ(m)=?	47.9866 EXE	
p PEG(m)+ni=58520.0001+2.0000i	EXE	显示垂点桩号+平曲线元号复数/耗时 4.81 s
μr(m)+ni=0.1787+4.0000i	EXE	显示超挖径距+测点线元号复数/耗时 5.75 s
a+hi(m)=0.1794i	EXE	显示垂直移距复数
XJ(m),π⇒END=?	3396864.0364 EXE	输入全站仪实测 7 号掌子面测点坐标
YJ(m)+ni=?	473224.9337 EXE	
HJ(m)=?	48.6649 EXE	
p PEG(m)+ni=58520.0001+2.0000i	EXE	显示垂点桩号+平曲线元号复数/耗时 4.75 s
μr(m)+ni=-0.1974+4.0000i	EXE	显示欠挖径距+测点线元号复数/耗时 5.78 s
a+hi(m)=-0.8177-0.2021i	EXE	显示水平移距+垂直移距复数
XJ(m),π⇒END=?	3396865.4712 EXE	输入全站仪实测 8 号掌子面测点坐标
YJ(m)+ni=?	473221.9725 EXE	
HJ(m)=?	49.6722 EXE	
p PEG(m)+ni=58520.0001+2.0000i	EXE	显示垂点桩号+平曲线元号复数/耗时 4.75 s
μr(m)+ni=0.1555+5.0000i	EXE	显示超挖径距+测点线元号复数/耗时 5.75 s
a+hi(m)=0.1979+0.2925i	EXE	显示水平移距+垂直移距复数
XJ(m),π⇒END=?	3396865.4892 EXE	输入全站仪实测 9 号掌子面测点坐标
YJ(m)+ni=?	473221.9354 EXE	
HJ(m)=?	51.3578 EXE	
p PEG(m)+ni=58520.0001+2.0000i	EXE	显示垂点桩号+平曲线元号复数/耗时 4.72 s
μr(m)+ni=-0.1461+6.0000i	EXE	显示欠挖径距+测点线元号复数/耗时 5.84 s
XJ(m),π⇒END=?	SHIFT π EXE	输入 π 结束程序
QH2-8T⇒END		程序结束显示

3）新建贵阳久长至永温铁路白岩脚隧道超欠挖计算案例

将图 2-49 所示 JD_7 的交点法平曲线设计图纸变换为线元法设计图纸，结果见图 3-17 所示。

竖曲线及纵坡表

序	桩号	高程/m	R/m	i/%
8	DK6+450	1 363.58		1.149 6
9	DK6+800	1 363.41	10 000	-0.0 486
10	DK7+800	1 355.41	10 000	-0.8
11	DK8+300	1 355.41	10 000	0
12	DK8+700	1 358.41		

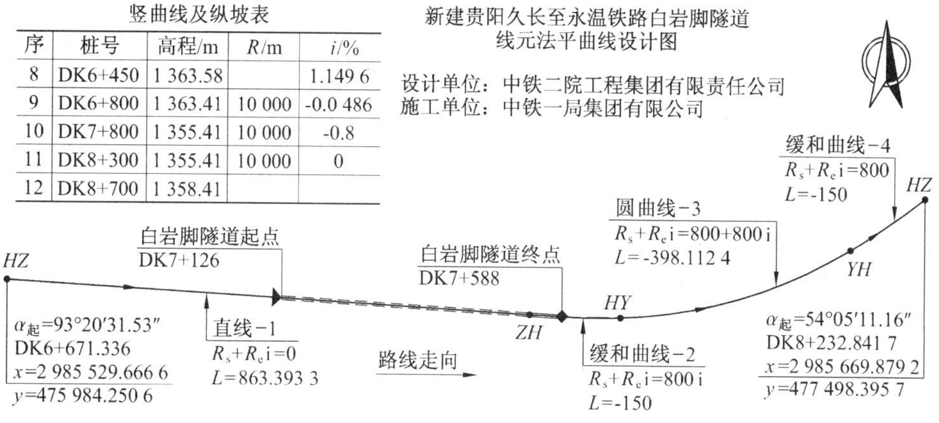

图 3－17　新建贵阳久长至永温铁路白岩脚隧道平面位置与竖曲线表

(1) 数据库子程序:JD7－8

4→N:3→S:10→L:6→W↵

平曲线元数/竖曲线变坡点数/二衬线元数/洞身支护参数个数

5N＋2S＋16→DimZ↵　　定义额外变量维数

6671.336→List X[1]:2985529.6666→List Y[1]:475984.2506→List Freq[1]↵

起点桩号及中桩坐标

0→Z[1]:863.3933→Z[2]:93°20°31.53°→Z[3]↵　　1 号直线线元数据

800i→Z[6]:-150→Z[7]↵　　2 号缓曲线元数据/左偏

800＋800i→Z[11]:-398.1124→Z[12]↵　　3 号圆曲线元数据/左偏

800→Z[16]:-150→Z[17]↵　　4 号缓曲线元数据/左偏

6450＋1363.58i→Z[5N＋15]↵　　竖曲线起点桩号＋高程复数

6800＋1363.41i→Z[5N＋16]:10000→Z[5N＋17]↵

SJD_1 起点桩号＋高程复数/竖曲半径

7800＋1355.41i→Z[5N＋18]:10000→Z[5N＋19]↵

SJD_2 起点桩号＋高程复数/竖曲半径

8300＋1355.41i→Z[5N＋20]:10000→Z[5N＋21]↵

SJD_3 起点桩号＋高程复数/竖曲半径

8700＋1358.41i→Z[5N＋22]↵　　竖曲线终点桩号＋高程复数

[[0,4.38,2.48,-1.7521,6.1351,0][-0.5515,3.8285,3.26,1.7521,6.1351,0][-6.57,2.6128,9.4,2.6439,4.4739,0][0.3193,1.9918,0,2.792,1.7689,0][0.3193,1.9918,0,2.5262,-1.18,0][0,2.56,4.29,2.1015,-1.18,0][0,0,0,0,0,0][0,0,0,0,0,0][0,0,0,0,0,0][0,0,0,0,0,0]]→Mat D↵　　白岩脚隧道二衬轮廓线 10 个线元主点数据

[[7126,0.45,0.22,0,7205,0.3,0.1,0][7240,0.3,0.07,0,7485,0.3,0.1,0][7512,

0.3,0.1,-0.09,7525,0.45,0.22,-0.09]]→Mat E↵ 白岩脚隧道 6 个洞身支护参数

Return

本例的二衬轮廓线主点数据取自图 2-50，6 个洞身支护参数取自表 2-29。

将上述子程序以文件名 JD7－8 输入 fx-5800P，编辑 QH2－8T 主程序，将正数第 9 行的数据库子程序名修改为 JD7－8。

(2) 白岩脚隧道超欠挖计算案例

① 主点数据计算与初期支护轮廓线放样

执行 QH2－8T 程序，计算主点数据，选择隧道超欠挖功能及初期支护轮廓线为基准线，拱顶线元计算 2 个测点，其余线元计算 1 个测点的屏幕提示与用户操作过程如下：

屏幕提示	按　键	说　　明
ROUTE OR RAMP QH2－8T		显示程序标题
NEW(0),OLD(≠0) DATA＝?	**0** EXE	重新调用数据库子程序计算主点数据
PEG ZD(m)＝8232.8417	EXE	显示平曲线终点设计桩号/耗时 16.87 s
αZD＝54°5′11.16″	EXE	显示终点走向方位角
X＋YiZD(m)＝2985669.879＋477498.3956i	EXE	显示终点中桩坐标复数
Press [MENU][4]⇛Stop!	EXE	继续计算
STA XY NEW(0),OLD(1),NO(2)＝?	**2** EXE	输入 2 为不计算极坐标放样参数
PEG→XY(1),XY→PEG(2),μr(3)＝?	**3** EXE	输入 3 选择隧道超欠挖计算
LINE(1,0,2)＝?	**1** EXE	输入 1 选择隧道初期支护轮廓线
XJ(m),π⇛END＝?	**2985481.0179** EXE	输入全站仪实测 1 号掌子面测点坐标
YJ(m)＋ni＝?	**476836.2776** EXE	
HJ(m)＝?	**1364.5137** EXE	
p PEG(m)＋ni＝7524.7500＋1.0000i	EXE	显示垂点桩号＋平曲线元号复数/耗时 3.26 s
μr(m)＋ni＝-0.0617＋1.0000i	EXE	显示欠挖径距＋测点线元号复数/耗时 9.50 s
a＋hi(m)＝-0.1552－0.0664i	EXE	显示水平移距＋垂直移距复数
XJ(m),π⇛END＝?	**2985478.4225** EXE	输入全站仪实测 1′号掌子面测点坐标
YJ(m)＋ni＝?	**476836.1261** EXE	
HJ(m)＝?	**1364.3458** EXE	
p PEG(m)＋ni＝7524.7501＋1.0000i	EXE	显示垂点桩号＋平曲线元号复数/耗时 3.25 s
μr(m)＋ni＝0.0576＋1.0000i	EXE	显示超挖径距＋测点线元号复数/耗时 9.40 s
a＋hi(m)＝0.1056＋0.0698i	EXE	显示水平移距＋垂直移距复数
XJ(m),π⇛END＝?	**2985477.3455** EXE	输入全站仪实测 2 号掌子面测点坐标
YJ(m)＋ni＝?	**476836.0632** EXE	
HJ(m)＝?	**1362.7725** EXE	

续表

屏幕提示	按　键	说　　明
p PEG(m)+ni=7524.7501+1.0000i	EXE	显示垂点桩号+平曲线元号复数/耗时 3.25 s
μr(m)+ni=-0.0799+2.0000i	EXE	显示欠挖径距+测点线元号复数/耗时 9.41 s
a+hi(m)=-0.0863-0.1966i	EXE	只显示垂直移距复数
XJ(m),π⇒END=?	2985476.8222 EXE	输入全站仪实测 3 号掌子面测点坐标
YJ(m)+ni=?	476836.0326 EXE	
HJ(m)=?	1360.8136 EXE	
p PEG(m)+ni=7524.7500+1.0000i	EXE	显示垂点桩号+平曲线元号复数/耗时 3.28 s
μr(m)+ni=0.0756+3.0000i	EXE	显示超挖径距+测点线元号复数/耗时 9.42 s
a+hi(m)=0.0757	EXE	只显示水平移距
XJ(m),π⇒END=?	2985477.1046 EXE	输入全站仪实测 4 号掌子面测点坐标
YJ(m)+ni=?	476836.0491 EXE	
HJ(m)=?	1357.9297 EXE	
p PEG(m)+ni=7524.2500+1.0000i	EXE	显示垂点桩号+平曲线元号复数/耗时 3.25 s
μr(m)+ni=-0.0572+4.0000i	EXE	显示欠挖径距+测点线元号复数/耗时 9.44 s
a+hi(m)=-0.0575	EXE	只显示水平移距
XJ(m),π⇒END=?	2985477.2986 EXE	输入全站仪实测 5 号掌子面测点坐标
YJ(m)+ni=?	476836.0604 EXE	
HJ(m)=?	1356.0353 EXE	
p PEG(m)+ni=7524.7500+1.0000i	EXE	显示垂点桩号+平曲线元号复数/耗时 3.31 s
μr(m)+ni=0.0967+5.0000i	EXE	显示超挖径距+测点线元号复数/耗时 9.41 s
XJ(m),π⇒END=?	2985479.6461 EXE	输入全站仪实测 6 号掌子面测点坐标
YJ(m)+ni=?	476836.1975 EXE	
HJ(m)=?	1355.6495 EXE	
p PEG(m)+ni=7524.7500+1.0000i	EXE	显示垂点桩号+平曲线元号复数/耗时 3.25 s
μr(m)+ni=-0.0533+6.0000i	EXE	显示欠挖径距+测点线元号复数/耗时 9.42 s
a+hi(m)=-0.4252-0.0534i	EXE	显示水平移距+垂直移距复数
XJ(m),π⇒END=?	2985482.5091 EXE	输入全站仪实测 7 号掌子面测点坐标
YJ(m)+ni=?	476836.3647 EXE	
HJ(m)=?	1356.2091 EXE	
p PEG(m)+ni=7524.7500+1.0000i	EXE	显示垂点桩号+平曲线元号复数/耗时 3.28 s

续表

屏幕提示	按键	说明
μr(m)+ni=-0.0771+7.0000i	EXE	显示欠挖径距+测点线元号复数/耗时 9.46 s
XJ(m),π⇒END=?	2985482.9861 EXE	输入全站仪实测 8 号掌子面测点坐标
YJ(m)+ni=?	476836.3926 EXE	
HJ(m)=?	1357.39 EXE	
p PEG(m)+ni=7524.7501+1.0000i	EXE	显示垂点桩号+平曲线元号复数/耗时 3.30 s
μr(m)+ni=0.0725+8.0000i	EXE	显示超挖径距+测点线元号复数/耗时 9.53 s
a+hi(m)=0.0728	EXE	只显示水平移距
XJ(m),π⇒END=?	2985483.0174 EXE	输入全站仪实测 9 号掌子面测点坐标
YJ(m)+ni=?	476836.3944 EXE	
HJ(m)=?	1360.8698 EXE	
p PEG(m)+ni=7524.7501+1.0000i	EXE	显示垂点桩号+平曲线元号复数/耗时 3.34 s
μr(m)+ni=-0.0904+9.0000i	EXE	显示欠挖径距+测点线元号复数/耗时 9.53 s
a+hi(m)=-0.0906-0.8252i	EXE	显示水平移距+垂直移距复数
XJ(m),π⇒END=?	2985482.5832 EXE	输入全站仪实测 10 号掌子面测点坐标
YJ(m)+ni=?	476836.369 EXE	
HJ(m)=?	1363.2411 EXE	
p PEG(m)+ni=7524.7500+1.0000i	EXE	显示垂点桩号+平曲线元号复数/耗时 3.32 s
μr(m)+ni=0.0549+10.0000i	EXE	显示超挖径距+测点线元号复数/耗时 9.50 s
a+hi(m)=0.0634+0.1128i	EXE	显示水平移距+垂直移距复数
XJ(m),π⇒END=?	SHIFT π EXE	输入 π 结束程序
QH2-8T⇒END		程序结束显示

上表灰底色所示的 4 号,8 号测点分别位于 4 号,8 号倾斜直线线元,QH2-8T 程序只显示其水平移距,不显示垂直移距。上表灰底色所示的 5 号,7 号测点分别位于 5 号,7 号水平直线线元,其超欠挖值就等于垂直移距,因此,也不显示“水平移距+垂直移距 i”复数。

② 开挖轮廓线放样

重复执行 QH2-8T 程序,选择隧道超欠挖功能及隧道开挖轮廓线为基准线,计算上述 11 个相同测点的屏幕提示与用户操作过程如下:

屏幕提示	按键	说明
ROUTE OR RAMP QH2-8T		显示程序标题
NEW(0),OLD(≠0) DATA=?	2 EXE	输入≠0 数为不计算主点数据
STA XY NEW(0),OLD(1),NO(2)=?	2 EXE	输入 2 为不计算极坐标放样参数

续表

屏幕提示	按　键	说　　明
PEG→XY(1),XY→PEG(2),μr(3)=?	3 EXE	输入 3 隧道超欠挖,1 正算/2 反算
LINE(1,0,2)=?	0 EXE	输入 0 选择隧道开挖轮廓线
XJ(m),π⇒END=?	2985481.0179 EXE	输入全站仪实测 1 号掌子面测点坐标
YJ(m)+ni=?	476836.2776 EXE	
HJ(m)=?	1364.5137 EXE	
p PEG(m)+ni=7524.7500+1.0000i	EXE	显示垂点桩号+平曲线元号复数/耗时 3.28 s
μr(m)+ni=-0.1617+1.0000i	EXE	显示欠挖径距+测点线元号复数/耗时 9.50 s
a+hi(m)=-0.3762−0.1735i	EXE	显示水平移距+垂直移距复数
XJ(m),π⇒END=?	2985478.4225 EXE	输入全站仪实测 1′号掌子面测点坐标
YJ(m)+ni=?	476836.1261 EXE	
HJ(m)=?	1364.3458 EXE	
p PEG(m)+ni=7524.7500+1.0000i	EXE	显示垂点桩号+平曲线元号复数/耗时 3.25 s
μr(m)+ni=-0.0424+1.0000i	EXE	显示欠挖径距+测点线元号复数/耗时 9.41 s
a+hi(m)=-0.0747−0.0510i	EXE	显示水平移距+垂直移距复数
XJ(m),π⇒END=?	2985477.3455 EXE	输入全站仪实测 2 号掌子面测点坐标
YJ(m)+ni=?	476836.0632 EXE	
HJ(m)=?	1362.7725 EXE	
p PEG(m)+ni=7524.7501+1.0000i	EXE	显示垂点桩号+平曲线元号复数/耗时 3.25 s
μr(m)+ni=-0.1799+2.0000i	EXE	显示欠挖径距+测点线元号复数/耗时 9.50 s
a+hi(m)=-0.1939−0.4169i	EXE	只显示垂直移距复数
XJ(m),π⇒END=?	2985476.8222 EXE	输入全站仪实测 3 号掌子面测点坐标
YJ(m)+ni=?	476836.0326 EXE	
HJ(m)=?	1360.8136 EXE	
p PEG(m)+ni=7524.7500+1.0000i	EXE	显示垂点桩号+平曲线元号复数/耗时 3.28 s
μr(m)+ni=-0.0244+3.0000i	EXE	显示欠挖径距+测点线元号复数/耗时 9.41 s
a+hi(m)=-0.0245−0.3194i	EXE	只显示水平移距
XJ(m),π⇒END=?	2985477.1046 EXE	输入全站仪实测 4 号掌子面测点坐标
YJ(m)+ni=?	476836.0491 EXE	
HJ(m)=?	1357.9297 EXE	
p PEG(m)+ni=7524.2500+1.0000i	EXE	显示垂点桩号+平曲线元号复数/耗时 3.28 s
μr(m)+ni=-0.1572+4.0000i	EXE	显示欠挖径距+测点线元号复数/耗时 9.50 s

续表

屏幕提示	按　键	说　　明
a+hi(m)=-0.1579	EXE	只显示水平移距
XJ(m),π⇒END=?	2985477.2986 EXE	输入全站仪实测 5 号掌子面测点坐标
YJ(m)+ni=?	476836.0604 EXE	
HJ(m)=?	1356.0353 EXE	
p PEG(m)+ni=7524.7500+1.0000i	EXE	显示垂点桩号+平曲线元号复数/耗时 3.28 s
μr(m)+ni=-0.0033+5.0000i	EXE	显示欠挖径距+测点线元号复数/耗时 9.47 s
XJ(m),π⇒END=?	2985479.6461 EXE	输入全站仪实测 6 号掌子面测点坐标
YJ(m)+ni=?	476836.1975 EXE	
HJ(m)=?	1355.6495 EXE	
p PEG(m)+ni=7524.7500+1.0000i	EXE	显示垂点桩号+平曲线元号复数/耗时 3.31 s
μr(m)+ni=-0.1533+6.0000i	EXE	显示欠挖径距+测点线元号复数/耗时 9.41 s
a+hi(m)=-0.8831−0.1537i	EXE	显示水平移距+垂直移距复数
XJ(m),π⇒END=?	2985482.5091 EXE	输入全站仪实测 7 号掌子面测点坐标
YJ(m)+ni=?	476836.3647 EXE	
HJ(m)=?	1356.2091 EXE	
p PEG(m)+ni=7524.7500+1.0000i	EXE	显示垂点桩号+平曲线元号复数/耗时 3.28 s
μr(m)+ni=-0.1771+7.0000i	EXE	显示欠挖径距+测点线元号复数/耗时 9.50 s
XJ(m),π⇒END=?	2985482.9861 EXE	输入全站仪实测 8 号掌子面测点坐标
YJ(m)+ni=?	476836.3926 EXE	
HJ(m)=?	1357.39 EXE	
p PEG(m)+ni=7524.7501+1.0000i	EXE	显示垂点桩号+平曲线元号复数/耗时 3.32 s
μr(m)+ni=-0.0275+8.0000i	EXE	显示欠挖径距+测点线元号复数/耗时 9.53 s
a+hi(m)=-0.0276	EXE	只显示水平移距
XJ(m),π⇒END=?	2985483.0174 EXE	输入全站仪实测 9 号掌子面测点坐标
YJ(m)+ni=?	476836.3944 EXE	
HJ(m)=?	1360.8698 EXE	
p PEG(m)+ni=7524.7501+1.0000i	EXE	显示垂点桩号+平曲线元号复数/耗时 3.22 s
μr(m)+ni=-0.1904+9.0000i	EXE	显示欠挖径距+测点线元号复数/耗时 9.56 s
a+hi(m)=-0.1908−1.3827i	EXE	显示水平移距+垂直移距复数
XJ(m),π⇒END=?	2985482.5832 EXE	输入全站仪实测 10 号掌子面测点坐标
YJ(m)+ni=?	476836.369 EXE	

续表

屏幕提示	按键	说明
HJ(m)=?	1363.2411 EXE	
p PEG(m)+ni=7524.7500+1.0000i	EXE	显示垂点桩号+平曲线元号复数/耗时3.22 s
μr(m)+ni=-0.0451+10.0000i	EXE	显示超挖径距+测点线元号复数/耗时9.50 s
a+hi(m)=-0.0520-0.0890i	EXE	显示水平移距+垂直移距复数
XJ(m),π⇛END=?	SHIFT π EXE	输入π结束程序
QH2-8T⇛END		程序结束显示

③ 隧道净空测量

重复执行QH2-8T程序的隧道超欠挖功能，选择二衬轮廓线为基准线，拱顶线元计算2个测点，其余线元计算1个测点的屏幕提示与用户操作过程如下：

屏幕提示	按键	说明
ROUTE OR RAMP QH2-8T		显示程序标题
NEW(0),OLD(≠0) DATA=?	3 EXE	输入≠0数为不计算主点数据
STA XY NEW(0),OLD(1),NO(2)=?	2 EXE	输入2为不计算极坐标放样参数
PEG→XY(1),XY→PEG(2),μr(3)=?	3 EXE	输入3隧道超欠挖,1正算/2反算
LINE(1,0,2)=?	2 EXE	输入2选择隧道二衬轮廓线
XJ(m),π⇛END=?	2985481.5693 EXE	输入全站仪实测1号掌子面点坐标
YJ(m)+ni=?	476836.3098 EXE	
HJ(m)=?	1364.0022 EXE	
p PEG(m)=7524.7500+1.0000i	EXE	显示垂点桩号+平曲线元号复数/耗时3.25 s
μr(m)+ni=0.0690+1.0000i	EXE	显示超挖径距+测点线元号复数/耗时9.44 s
XJ(m),π⇛END=?	2985479.8452 EXE	输入全站仪实测1′号掌子面点坐标
YJ(m)+ni=?	476836.2091 EXE	
HJ(m)=?	1364.5103 EXE	
p PEG(m)+ni=7524.7500+1.0000i	EXE	显示垂点桩号+平曲线元号复数/耗时3.28 s
μr(m)+ni=0.0434+1.0000i	EXE	显示超挖径距+测点线元号复数/耗时9.44 s
XJ(m),π⇛END=?	2985477.3805 EXE	输入全站仪实测2号掌子面点坐标
YJ(m)+ni=?	476836.0652 EXE	
HJ(m)=?	1362.374 EXE	
p PEG(m)+ni=7524.7500+1.0000i	EXE	显示垂点桩号+平曲线元号复数/耗时3.25 s
μr(m)+ni=0.0543+2.0000i	EXE	显示超挖径距+测点线元号复数/耗时9.38 s

续表

屏幕提示	按键	说明
XJ(m),π⇒END=?	2985477.1707 EXE	输入全站仪实测 3 号掌子面点坐标
YJ(m)+ni=?	476836.053 EXE	
HJ(m)=?	1360.6574 EXE	
p PEG(m)+ni=7524.7501+1.0000i	EXE	显示垂点桩号+平曲线元号复数/耗时 3.25 s
μr(m)+ni=0.0187+3.0000i	EXE	显示超挖径距+测点线元号复数/耗时 9.37 s
XJ(m),π⇒END=?	2985477.3284 EXE	输入全站仪实测 4 号掌子面点坐标
YJ(m)+ni=?	476836.0622 EXE	
HJ(m)=?	1357.7174 EXE	
p PEG(m)+ni=7524.7501+1.0000i	EXE	显示垂点桩号+平曲线元号复数/耗时 3.25 s
μr(m)+ni=0.0385+4.0000i	EXE	显示超挖径距+测点线元号复数/耗时 9.41 s
XJ(m),π⇒END=?	2985477.5676 EXE	输入全站仪实测 5 号掌子面点坐标
YJ(m)+ni=?	476836.0761 EXE	
HJ(m)=?	1356.3932 EXE	
p PEG(m)+ni=7524.7500+1.0000i	EXE	显示垂点桩号+平曲线元号复数/耗时 3.25 s
μr(m)+ni=0.0388+5.0000i	EXE	显示超挖径距+测点线元号复数/耗时 9.44 s
XJ(m),π⇒END=?	2985480.3388 EXE	输入全站仪实测 6 号掌子面点坐标
YJ(m)+ni=?	476836.238 EXE	
HJ(m)=?	1355.8513 EXE	
p PEG(m)+ni=7524.7501+1.0000i	EXE	显示垂点桩号+平曲线元号复数/耗时 3.29 s
μr(m)+ni=0.0436+6.0000i	EXE	显示超挖径距+测点线元号复数/耗时 9.62 s
XJ(m),π⇒END=?	2985482.4644 EXE	输入全站仪实测 7 号掌子面点坐标
YJ(m)+ni=?	476836.3621 EXE	
HJ(m)=?	1356.3948 EXE	
p PEG(m)+ni=7524.7500+1.0000i	EXE	显示垂点桩号+平曲线元号复数/耗时 3.22 s
μr(m)+ni=0.0372+7.0000i	EXE	显示超挖径距+测点线元号复数/耗时 9.47 s
XJ(m),π⇒END=?	2985482.6645 EXE	输入全站仪实测 8 号掌子面点坐标
YJ(m)+ni=?	476836.3738 EXE	
HJ(m)=?	1357.3345 EXE	
p PEG(m)+ni=7524.7501+1.0000i	EXE	显示垂点桩号+平曲线元号复数/耗时 3.28 s
μr(m)+ni=0.0567+8.0000i	EXE	显示超挖径距+测点线元号复数/耗时 9.50 s

续表

屏幕提示	按　键	说　　明
XJ(m),π⇒END=?	2985482.8467 EXE	输入全站仪实测 9 号掌子面点坐标
YJ(m)+ni=?	476836.3844 EXE	
HJ(m)=?	1360.8589 EXE	
p PEG(m)+ni=7524.7500+1.0000i	EXE	显示垂点桩号+平曲线元号复数/耗时 3.25 s
μr(m)+ni=0.0383+9.0000i	EXE	显示超挖径距+测点线元号复数/耗时 9.44 s
XJ(m),π⇒END=?	2985482.3238 EXE	输入全站仪实测 10 号掌子面点坐标
YJ(m)+ni=?	476836.3539 EXE	
HJ(m)=?	1363.1091 EXE	
p PEG(m)+ni=7524.7501+1.0000i	EXE	显示垂点桩号+平曲线元号复数/耗时 3.25 s
μr(m)+ni=0.0638+10.0000i	EXE	显示超挖径距+测点线元号复数/耗时 9.47 s
XJ(m),π⇒END=?	SHIFT π EXE	输入 π 结束程序
QH2−8T⇒END		程序结束显示

3.10　从匝道设计图纸获取缓曲线元起讫点半径的方法

QH2－8T 程序将直线、圆曲线、缓和曲线三种平曲线元设计数据统一为：起点半径 R_s、终点半径 R_e、含偏转系数的线长 $\pm L_h$，对于缓曲线元，线长一般较易获取，关键是如何获取线元的起讫半径 R_s 与 R_e。因为由设计图纸的线位数据，只能获取缓曲线元参数 A 与含偏转系数的线长 $\pm L_h$，图纸一般并不直接给出起讫半径，需要根据所连接的线元数据，依据缓和曲线的线长方程与角度方程综合确定。

例如，图 3－18 的设计图纸只标注了圆曲线元半径 R 与缓曲线元参数 A，线位数据表中给出了各线元的线长（图纸未给线长时，可由匝道主点桩号反算得到），但各缓曲线元的起点(start)半径 R_s 与终点(end)半径 R_e 并未标注。

缓和曲线两端连接的线元，如起讫半径分别与所连线元在该点的半径相等，称半径为连续过渡，否则称为非连续过渡。在设计图纸上，半径为连续过渡的主点名一般为 YH，HY，HZ 等，半径为非连续过渡的主点名一般为 GQ（公切）等。

缓曲线元起讫点半径过渡是否连续？应对设计数据进行综合分析后才能最终确定，不能仅仅凭设计图纸标注的点名简单决定。当使用 QH2－8T 程序算出的匝道终点数据与设计图纸不符时，其主要原因就是缓曲线元的起讫半径输入有误。

当缓曲线元所连接的两个线元的半径已知时，应先固定该缓曲线元的小半径，再应用缓和曲线线长方程算出另一端的大半径；当缓曲线元所连接的两个线元的半径均未知时，应使用设计图纸中的线位数据表，反算出该缓曲线元的偏角 β，再应用缓和曲线偏角方程先算出一端的半径，最后应用缓和曲线线长方程算出另一端的半径。

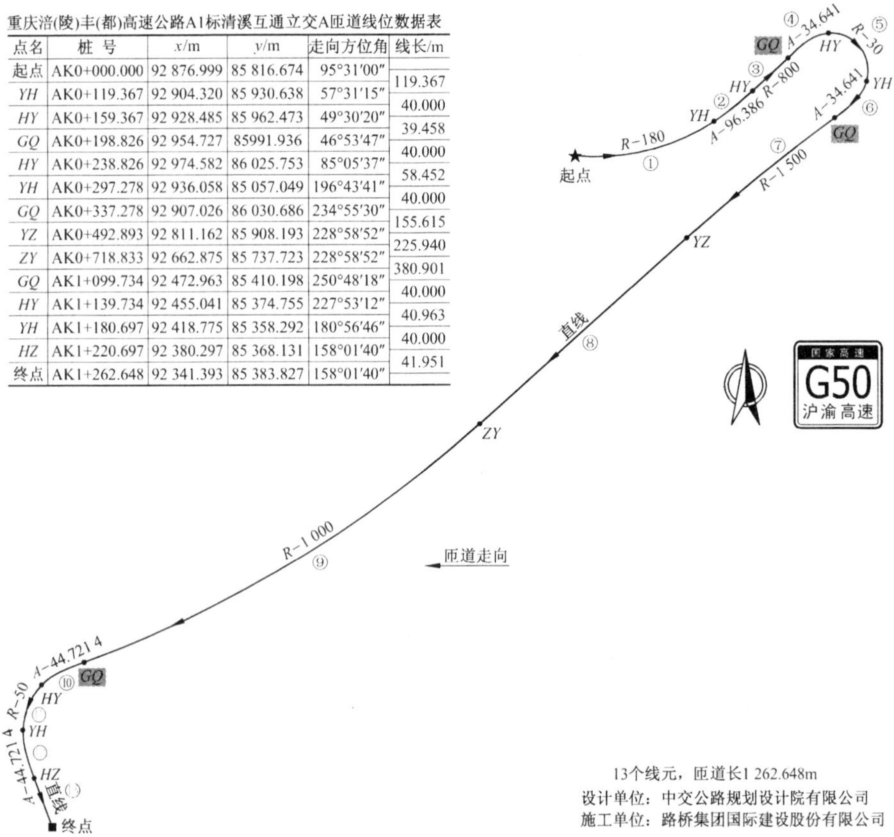

重庆涪(陵)丰(都)高速公路A1标清溪互通立交A匝道线位数据表

点名	桩 号	x/m	y/m	走向方位角	线长/m
起点	AK0+000.000	92 876.999	85 816.674	95°31′00″	
YH	AK0+119.367	92 904.320	85 930.638	57°31′15″	119.367
HY	AK0+159.367	92 928.485	85 962.473	49°30′20″	40.000
GQ	AK0+198.826	92 954.727	85991.936	46°53′47″	39.458
HY	AK0+238.826	92 974.582	86 025.753	85°05′37″	40.000
YH	AK0+297.278	92 936.058	85 057.049	196°43′41″	58.452
GQ	AK0+337.278	92 907.026	86 030.686	234°55′30″	40.000
YZ	AK0+492.893	92 811.162	85 908.193	228°58′52″	155.615
ZY	AK0+718.833	92 662.875	85 737.723	228°58′52″	225.940
GQ	AK1+099.734	92 472.963	85 410.198	250°48′18″	380.901
HY	AK1+139.734	92 455.041	85 374.755	227°53′12″	40.000
YH	AK1+180.697	92 418.775	85 358.292	180°56′46″	40.963
HZ	AK1+220.697	92 380.297	85 368.131	158°01′40″	40.000
终点	AK1+262.648	92 341.393	85 383.827	158°01′40″	41.951

图 3-18　重庆涪(陵)丰(都)高速公路 A1 标清溪互通立交 A 匝道设计图

1）匝道案例 1

图 3-18 所示的 A 匝道有 13 个线元，其中 3 号，4 号线元的连接点，6 号，7 号线元的连接点及 9 号，10 号线元的连接点名均为 GQ，因此，应验证 4 号，6 号，10 号线元的起讫半径。

(1) 4 号缓曲线元起讫半径的验证

4 号缓曲线元是连接半径分别为 800 m 与 30 m 的圆曲线元，按先固定缓曲线元小半径的原则，应有终点半径 $R_e = 30$，需要反算起点半径 R_s。由缓和曲线线长方程

$$\frac{A^2}{R_e} - \frac{A^2}{R_s} = L_h \tag{3-1}$$

解得

$$R_s = \left(R_e^{-1} - \frac{L_h}{A^2}\right)^{-1} \tag{3-2}$$

将 $A = 34.641$，$L_h = 40$ m，$R_e = 30$ m 代入式(3-2)，算得 $R_s = -32\,171\,551.79$ m，说明 4 号缓曲线元起点半径应为 $R_s = \infty$，也即为完整缓和曲线，该点与半径为 800 m 的圆曲线元连接时，半径过渡不连续。

算出的 R_s 为-∞是因为设计给出的缓曲参数 $A=34.641$ 取位太少所至。按 $R_s=\infty$，应用式(3-1)反求出缓曲参数的精确值应为

$$A=\sqrt{40\div\left|30^{-1}-\infty^{-1}\right|}=\sqrt{40\times 30}=34.641\,016\,15$$

(2) 6 号缓曲线元起讫半径的验证

6 号缓曲线元是连接半径分别为 30 m 与 1 500 m 的圆曲线元，按先固定缓曲线元小半径的原则，应有起点半径 $R_s=30$ m，需要反求终点半径 R_e。由缓和曲线线长方程

$$\frac{A^2}{R_s}-\frac{A^2}{R_e}=L_h \tag{3-3}$$

解得

$$R_e=\left(R_s^{-1}-\frac{L_h}{A^2}\right)^{-1} \tag{3-4}$$

将 $A=34.641$，$L_h=40$ m，$R_s=30$ m 代入式(3-4)，算得 $R_e=-32\,171\,551.79$ m，说明 6 号缓曲线元的终点半径应为 $R_e=\infty$，该点与半径为 1 500 的圆曲线元连接时，半径过渡不连续。

(3) 10 号缓曲线元起讫半径的验证

10 号缓曲线元是连接半径分别为 1 000 m 与 50 m 的圆曲线元，按先固定缓曲线元小半径的原则，应有终点半径 $R_e=50$ m，需要反求起点半径 R_s。

将 $A=44.7214$，$L_h=40$ m，$R_s=50$ m 代入式(3-2)，算得 $R_s=27\,639\,935.42$ m，说明 10 号缓曲线元的起点半径应为 $R_s=\infty$，该点与半径为 1 000 的圆曲线元连接时，半径过渡不连续。根据上述验算结果编写的该案例 13 个线元的设计数据列于表 3-10。

表 3-10　　图 3-18 所示 A 匝道平曲线元设计数据

$Z_{QD}=\mathrm{AK}0+000$，$x_{QD}=92\,876.999$，$y_{QD}=85\,816.674$，$\alpha_{QD}=95°31'00''$

序	R_s/m	R_e/m	±L/m	备注
1	180	180	-119.367	
2	180	800	-40	
3	800	800	-39.459	
4	0	30	40	起点名 *GQ*
5	30	30	58.452	
6	30	0	40	终点名 *GQ*
7	1 500	1 500	-155.615	
8	0	0	225.94	
9	1 000	1 000	380.9	
10	0	50	-40	起点名 *GQ*
11	50	50	-40.964	
12	50	0	-40	
13	0	0	41.951	

(4) 数据库子程序

根据表 3-10 的线元数据，以文件名 A—8 编写数据库子程序如下：

13→N ↵	平曲线元数
5N+2S+16→DimZ ↵	定义额外变量维数
0→List X[1]:92876.999→List Y[1]:85816.674→List Freq[1]↵	起点桩号/中桩坐标
180+180i→Z[1]:-119.367→Z[2]:95°31°→Z[3]↵	1 号圆曲线元数据/左偏
180+800i→Z[6]:-40→Z[7]↵	2 号缓曲线元数据/左偏
800+800i→Z[11]:-39.459→Z[12]↵	3 号圆曲线元数据/左偏
30i→Z[16]:40→Z[17]↵	4 号缓曲线元数据/右偏
30+30i→Z[21]:58.452→Z[22]↵	5 号圆曲线元数据/右偏
30→Z[26]:40→Z[27]↵	6 号缓曲线元数据/右偏
1500+1500i→Z[31]:-155.615→Z[32]↵	7 号圆曲线元数据/左偏
0→Z[36]:225.94→Z[37]↵	8 号直线线元数据
1000+1000i→Z[41]:380.9→Z[42]↵	9 号圆曲线元数据/右偏
50i→Z[46]:-40→Z[47]↵	10 号缓曲线元数据/左偏
50+50i→Z[51]:-40.964→Z[52]↵	11 号圆曲线元数据/左偏
50→Z[56]:-40→Z[57]↵	12 号缓曲线元数据/左偏
0→Z[61]:41.951→Z[62]↵	13 号直线线元数据
Return	

将上述数据库子程序以文件名 A—8 输入 fx-5800P，编辑 QH2—8T 主程序，将正数第 9 行的数据库子程序名修改为 A—8。

(5) 计算平曲线主点数据

执行 QH2—8T 程序，计算 A 匝道平曲线主点数据的屏幕显示与用户操作过程如下：

屏幕提示	按 键	说 明
ROUTE OR RAMP QH2—8T		显示程序标题
NEW(0),OLD(≠0) DATA=?	0 [EXE]	重新调用数据库子程序计算主点数据
PEG ZD(m)=1262.6480	[EXE]	显示平曲线终点设计桩号/耗时 29.31 s
αZD=158°1′40.09″	[EXE]	显示终点走向方位角(差 0.09″)
X+YiZD(m)=92341.4010+85383.8212i	[EXE]	显示终点中桩坐标复数(Δx = 8 mm，Δy = 5.8 mm)
[MODE][4]⇒Stop!	[MODE] [4]	进入 REG 模式

算出的匝道终点数据，桩号与走向方位角与设计图纸相符，而中桩坐标与设计图纸还是有一定的差异，这是因为设计给出的线长取位太少所至，尤其是对于 5 号与 11 号小半径圆曲线元，线长取位只到 0.001 m 是不够的。当设计单位给出了 dwg 格式匝道平曲线设计文件时，可以用在 AutoCAD 上直接量取 5 号与 11 号小半径圆曲线元的线长值修改用设计图纸主点桩号反算出的线长值后，再重新计算主点数据。

2）匝道案例 2

图 3－19 所示的 D 匝道有 4 个线元，其中 1 号，3 号线元为圆曲线元，2 号，4 号线元为缓曲线元，主点名没有 GQ，因此，半径过渡一般应是连续的，分别验证如下。

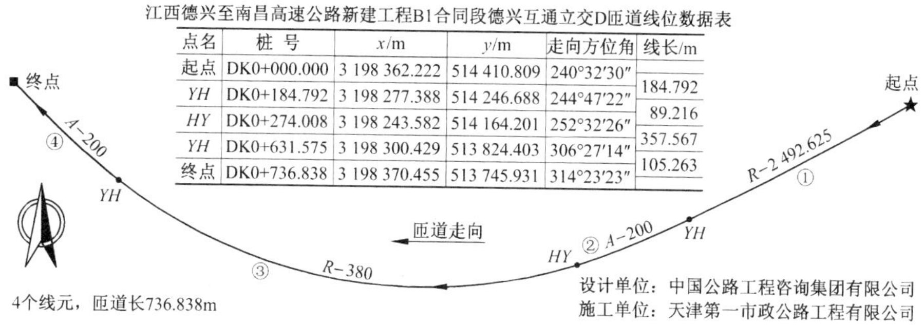

江西德兴至南昌高速公路新建工程B1合同段德兴互通立交D匝道线位数据表

点名	桩 号	x/m	y/m	走向方位角	线长/m
起点	DK0+000.000	3 198 362.222	514 410.809	240°32′30″	
					184.792
YH	DK0+184.792	3 198 277.388	514 246.688	244°47′22″	
					89.216
HY	DK0+274.008	3 198 243.582	514 164.201	252°32′26″	
					357.567
YH	DK0+631.575	3 198 300.429	513 824.403	306°27′14″	
					105.263
终点	DK0+736.838	3 198 370.455	513 745.931	314°23′23″	

图 3－19　江西德兴至南昌高速公路新建工程 B1 合同段德兴互通立交 D 匝道设计图

(1) 2 号缓曲线元起讫半径的验证

2 号缓曲线元是连接半径分别为 2 492.625 m 与 380 m 的圆曲线元，按先固定缓曲线元小半径的原则，应有终点半径 $R_e = 380$ m，需要反求起点半径 R_s。

将 $A = 200$，$L_h = 89.216$ m，$R_e = 380$ m 代入式(3－2)，算得 $R_s = 2\,492.653\,233$ m，说明 2 号缓曲线元起点半径应等于 1 号圆曲线元的半径，也即 $R_s = 2\,492.625$ m。

应用式(3－2)反求出的 R_s 并不完全等于 1 号圆曲线元半径的原因是 2 号缓曲线元的线长取位太少引起。将 2 号缓曲线元的设计数据 $A = 200$，$R_s = 2\,492.625$ m，$R_e = 380$ m 代入式(3－1)，反求出的缓曲线长应为 $L_h = 89.215\,818\,24$ m。

(2) 4 号缓曲线元起讫半径的验证

4 号缓曲线元起点是连接半径为 380 的圆曲线元，且起点名为 YH，可以认为半径为连续过渡，应有起点半径 $R_s = 380$ m，需要反求终点半径 R_e。

将 $A = 200$，$L_h = 105.263$ m，$R_e = 380$ m 代入式(5－5)，算得 $R_e = 253\,333\,333.4$ m，说明 4 号缓曲线元终点半径应为 $R_e = \infty$，也即为完整缓和曲线。应用缓和曲线方程式(2－1)反求出缓曲线长的精确值应为 $L_h = A^2/R = 105.263\,157\,9$ m。根据上述验算结果编写的该案例 4 个线元的设计数据列于表 3－11。

表 3－11　　图 3－19 所示 D 匝道平曲线元设计数据

Z_{QD} = DK0＋000，x_{QD} = 3 198 362.222，y_{QD} = 514 410.809，α_{QD} = 240°32′30″

序	R_s/m	R_e/m	$\pm L$/m	备注
1	2 492.625	2 492.625	184.792	
2	2 492.625	380	89.215 8	非完整缓曲线元
3	380	380	357.567	
4	380	0	105.263 2	

(3) 数据库子程序

根据表 3-11 的线元数据，以文件名 D-8 编写数据库子程序如下：

4→N↵	平曲线元数
5N+2S+16→DimZ↵	定义额外变量维数
0→List X[1]:3198362.222→List Y[1]:514410.809→List Freq[1]↵	起点桩号/中桩坐标
2492.625+2492.625i→Z[1]:184.792→Z[2]:240°32′30°→Z[3]↵	1 号圆曲线元数据/右偏
2492.625+380i→Z[6]:89.2158→Z[7]↵	2 号缓曲线元数据/右偏
380+380i→Z[11]:357.567→Z[12]↵	3 号圆曲线元数据/右偏
380→Z[16]:105.2632→Z[17]↵	4 号缓曲线元数据/右偏
Return	

将上述子程序以文件名 D-8 输入 fx-5800P，编辑 QH2-8T 主程序，将正数第 9 行的数据库子程序名修改为 D-8。

(6) 计算平曲线主点数据

执行 QH2-8T 程序，计算 D 匝道平曲线主点数据的屏幕显示与用户操作过程如下：

屏幕提示	按　键	说　　明
ROUTE OR RAMP QH2-8T		显示程序标题
NEW(0),OLD(≠0) DATA=?	0 EXE	重新调用数据库子程序计算主点数据
PEG ZD(m)=736.8380	EXE	显示平曲线终点设计桩号/耗时 10.31 s
αZD=314°23′22.78″	EXE	显示终点走向方位角(差 0.22″)
X+YiZD(m)=3198370.454+513745.9313i	EXE	显示终点中桩坐标复数(Δx = 1 mm, Δy = 0.3 mm)
[MODE][4]⇒Stop!	MODE 4	进入 REG 模式

算出的匝道终点数据，桩号与走向方位角与设计图纸相符，而中桩坐标与设计图纸最大差 1 mm。

3) 匝道案例 3

图 3-20 所示的 AB 匝道有 5 个线元，其中只有 3 号线元为圆曲线元，其余 4 个线元均为缓曲线元，且有两个主点名为 *GQ* 点。

(1) 1 号缓曲线元起讫半径的验证

由于 1 号缓曲线元的终点名为 *GQ* 点，所以其起点半径与终点半径都不确定，无法使用固定小半径的方法确定该缓曲线元另一端的半径，此时，应先使用设计图纸线位数据表中的走向方位角反算缓曲线元的偏角 β，以确定大半径。

1 号缓曲线元的偏角为 $\beta = 146°48'03.2'' - 143°31'00.7'' = 3°17'02.5'' = 0.05731709745$ 弧度，由式(2-5)可以列出偏角方程为

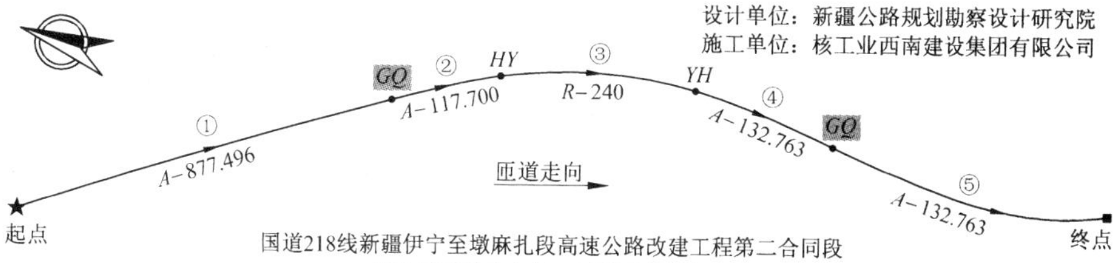

国道218线新疆伊宁至墩麻扎段高速公路改建工程第二合同段
伊宁县互通式立交AB匝道线位数据表

点名	桩 号	x/m	y/m	走向方位角	线长/m
起点	ABK0+000	4 868 100.300	488 049.656	143°31′00.7″	193.99
GQ	ABK0+193.99	4 867 940.654	488 159.820	146°48′03.2″	55.38
HY	ABK0+249.37	4 867 893.129	488 188.169	153°40′46.2″	97.6
YH	ABK0+346.97	4 867 799.361	488 212.717	176°58′46.3″	73.44
GQ	ABK0+420.41	4 867 726.085	488 209.102	185°44′45.7″	143.59
终点	ABK0+564	4 867 585.288	488 222.392	152°14′00.9″	

5个线元
匝道长564m

图 3-20 国道 218 线新疆伊宁至墩麻扎段高速公路改建工程第二合同段伊宁县互通式立交 AB 匝道设计图

$$\beta=\frac{l_e^2}{2A^2}-\frac{l_s^2}{2A^2}=\frac{l_e^2-l_s^2}{2A^2}=\frac{(l_e-l_s)(l_e+l_s)}{2A^2}=\frac{L_h(l_s+L_h+l_s)}{2A^2}=\frac{2l_sL_h+L_h^2}{2A^2} \tag{3-5}$$

式中，$L_h=193.99\ \text{m}$，为缓曲线长；l_s 为起点(大半径端)的原点线长，由于起点半径未知，因此也未知。

解式(3-5)，得

$$l_s=\frac{2A^2\beta-L_h^2}{2L_h} \tag{3-6}$$

将 1 号线元的缓曲参数 $A=877.496$，偏角 $\beta=0.057\,317\,097\,45$ 代入式(3-6)，算出起点的原点线长为 $l_s=130.512\,2\ \text{m}$。再由式(2-2)算出起点半径为

$$R_s=\frac{A^2}{l_s}=\frac{877.496^2}{130.512\,2}=5\,899.825\,7\ \text{m}$$

由式(3-1)，得

$$R_e=\left(R_s^{-1}+\frac{L_h}{A^2}\right)^{-1}=\left(5\,899.825\,7^{-1}+\frac{193.99}{877.496^2}\right)^{-1}=2\,372.862\,9\ \text{m}$$

(2) 2 号缓曲线元起讫半径的验证

因 2 号缓曲线元的终点名为 HY 点，按固定小半径的原则，也应有 $R_e=240\ \text{m}$，只需要确定起点半径 R_s。将 $A=117.7$，$L_h=55.38\ \text{m}$ 及 $R_e=240\ \text{m}$ 代入式(3-3)，算得 $R_s=5\,915.048\,5\ \text{m}$。可见，2 号缓曲线元的起点半径并不等于 1 号线元的终点半径，也即，该点的半径过渡不连续。

(3) 4 号缓曲线元起讫半径的验证

因 4 号缓曲线元的起点名为 YH 点，按固定小半径的原则，也应有 $R_s=240\ \text{m}$，只需要确定终点半径 R_e。将 $A=132.763$，$L_h=73.44\ \text{m}$ 及上述的 R_s 值代入式(3-6)，算得 $R_e=$

10 213 809.82 m，应该可以认为 $R_e=\infty$，也即，4 号缓曲线元为完整缓和曲线。

(4) 5 号缓曲线元起讫半径的验证

由于 5 号缓曲线元的起点名为 GQ 点，因此，起点半径不确定，终点半径也不确定。

由匝道线位数据表反求的 5 号缓曲线元的偏角为 $\beta=152°14'00.9''-185°44'45.7''=-33°30'44.8''=-0.584\ 902\ 495\ 9$ 弧度。

将 $A=132.763$，$L_h=143.59$ m 及上述偏角绝对值代入式(3－7)，算得起点(大半径端)的原点线长为 $l_s=0.003\ 173\ \text{m}\approx 0\ \text{m}$，因此，可以认为 $R_s=\infty$，也即，该缓曲线元为完整缓和曲线，该线元起点半径过渡是连续的。这说明，主点名为 GQ 的半径过渡也有连续的，不能简单地认为凡是 GQ 点的半径过渡都不连续。

将上述数据代入式(2－5)，算得终点半径为 $R_e=122.752\ 4$ m。

由于该线元为左偏，因此，由线元起讫点走向方位角反算出的偏角值为负数，将其代入式(3－6)计算起点的原点线长时，应取绝对值。根据上述验算结果编写的该案例 5 个线元的设计数据列于表 3－12。

表 3－12　　图 3－20 所示 AB 匝道平曲线元数据

$Z_{QD}=$ ABK0＋000，$x_{QD}=4\ 868\ 100.3$，$y_{QD}=488\ 049.656$，$\alpha_{QD}=143°31'00.7''$

序	R_s/m	R_e/m	±L/m	备注
1	2 372.862 9	5 899.825 7	193.99	终点名 GQ
2	5 915.048 5	240	55.38	
3	240	240	97.6	
4	240	0	73.44	终点名 GQ
5	0	122.752 4	−143.59	

(5) 数据库子程序

根据表 3－12 的线元数据，以文件名 AB－8 编写数据库子程序如下：

5→N↵　　平曲线元数

5N＋2S＋16→DimZ↵　　定义额外变量维数

0→List X[1]:4868100.3→List Y[1]:488049.656→List Freq[1]↵　起点桩号/中桩坐标

2372.8629＋5899.8257i→Z[1]:193.99→Z[2]:143°31°0.7°→Z[3]↵

1 号缓曲线元数据/右偏

5915.0485＋240i→Z[6]:55.38→Z[7]↵　　2 号缓曲线元数据/右偏

240＋240i→Z[11]:97.6→Z[12]↵　　3 号圆曲线元数据/右偏

240→Z[16]:73.44→Z[17]↵　　4 号缓曲线元数据/右偏

122.7524i→Z[21]:-143.59→Z[22]↵　　5 号缓曲线元数据/左偏

Return

将上述数据库子程序以文件名 D－8 输入 fx-5800P，编辑 QH2－8T 主程序，将正数第 9 行的数据库子程序名修改为 D－8。

(6) 计算平曲线主点数据

执行 QH2－8T 程序，计算 AB 匝道平曲线主点数据的屏幕显示与用户操作过程如下：

屏幕提示	按　键	说　　明
ROUTE OR RAMP QH2－8T		显示程序标题
NEW(0),OLD(≠0) DATA＝?	**0** EXE	重新调用数据库子程序计算主点数据
PEG ZD(m)＝564.0000	EXE	显示平曲线终点设计桩号/耗时 15.37 s
αZD＝152°14′6.67″	EXE	显示终点走向方位角(差 5.77″)
X＋YiZD(m)＝4867585.290＋488222.3919i	EXE	显示终点中桩坐标复数(Δx = 2 mm, Δy = 0.1 mm)
[MODE][4]⇛Stop!	MODE 4	进入 REG 模式

算出的匝道终点数据，桩号和中桩坐标与设计图纸基本相符，而走向方位角与设计图纸相差 5.77″。

4) 匝道案例 4

图 3－21 所示的 B 匝道有 6 个线元，其中 1 号，3 号，5 号线元为圆曲线元，2 号，4 号，6 号线元为缓曲线元。按缓和曲线线长方程式(3－2)与式(3－4)确定并编写的该案例 6 个线元的设计数据列于表 3－13。

广西阳(朔)至鹿(寨)高速公路第A3合同段荔浦服务区B匝道线位数据表

点名	桩　号	x/m	y/m	走向方位角	线长/m
起点	BK0+000	2 714 677.656	433 835.581	256°55′08.2″	
YH	BK0+041.238	2 714 666.270	433 795.964	251°00′43.1″	41.238
HY	BK0+097.488	2 714 645.500	433 743.703	246°59′00.1″	56.25
YH	BK0+141.333	2 714 628.578	433 703.255	247°36′41″	43.845
HY	BK0+189.183	2 714 610.005	433 659.158	246°15′22.3″	47.85
YH	BK0+214.059	2 714 599.710	433 636.514	244°50′49.6″	24.876
终点	BK0+273.044	2 714 573.195	433 583.831	241°49′43.6″	58.985

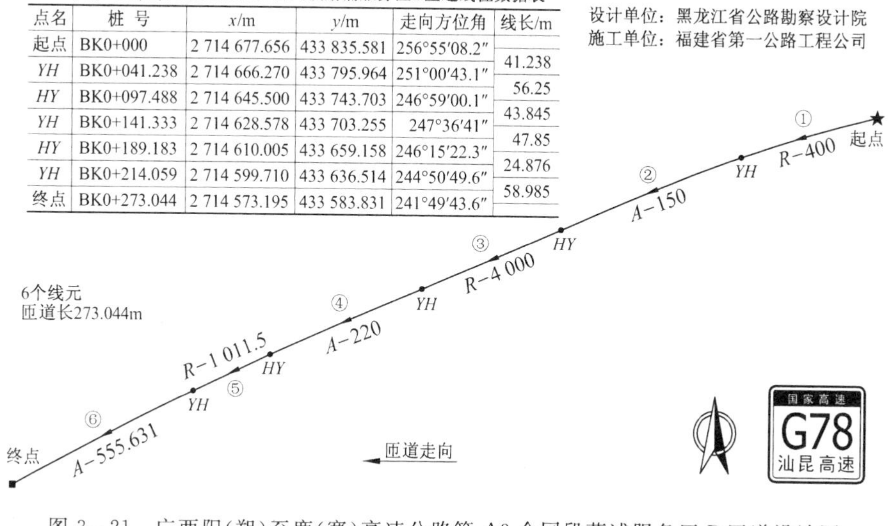

图 3－21　广西阳(朔)至鹿(寨)高速公路第 A3 合同段荔浦服务区 B 匝道设计图

表 3－13　　图 3－21 所示 B 匝道平曲线元设计数据

Z_{QD} = BK0＋000，x_{QD} = 2 714 677.656，y_{QD} = 433 835.581，α_{QD} = 256°55′08.2″

序	R_s/m	R_e/m	±L/m	备注
1	400	400	－41.238	
2	400	0	－56.25	终点名 HY

续表

序	R_s/m	R_e/m	±L/m	备注
3	4 000	4 000	43.845	
4	0	1 011.5	-47.85	起点名 *YH*
5	1 011.5	1 011.5	-24.876	
6	1 011.5	1 253.806 5	-58.985	

由表 3-13 可知，该案例的 2 号缓曲线元终点半径过渡不连续，但主点名标注为 *HY*；4 号缓曲线元起点半径过渡也不连续，但主点名标注为 *YH*，也即两个半径过渡不连续主点名均未标注为 *GQ*。

根据表 3-13 的线元数据，以文件名 B－8 编写数据库子程序如下：

6→N↵ 平曲线元数

5N+2S+16→DimZ↵ 定义额外变量维数

0→List X[1]:2714677.656→List Y[1]:433835.581→List Freq[1]↵ 起点桩号/中桩坐标

400+400i→Z[1]:-41.238→Z[2]:256°55°8.2°→Z[3]↵ 1 号圆曲线元数据/左偏

400→Z[6]:-56.25→Z[7]↵ 2 号缓曲线元数据/左偏

4000+4000i→Z[11]:43.845→Z[12]↵ 3 号圆曲线元数据/右偏

1011.5i→Z[16]:-47.85→Z[17]↵ 4 号缓曲线元数据/左偏

1011.5+1011.5i→Z[21]:-24.876→Z[22]↵ 5 号圆曲线元数据/左偏

1011.5+1253.8065i→Z[26]:-58.985→Z[27]↵ 6 号缓曲线元数据/左偏

Return

将上述数据库子程序以文件名 B－8 输入 fx-5800P，编辑 QH2－8T 主程序，将正数第 9 行的数据库子程序名修改为 B－8。

执行 QH2－8T 程序，计算 B 匝道平曲线主点数据的屏幕显示与用户操作过程如下：

屏幕提示	按　键	说　　明
ROUTE OR RAMP QH2－8T		显示程序标题
NEW(0),OLD(≠0) DATA=?	0 EXE	重新调用数据库子程序计算主点数据
PEG ZD(m)=273.0440	EXE	显示平曲线终点设计桩号/耗时 14.00 s
αZD=241°49′43.83″	EXE	显示终点走向方位角(差 0.23″)
X+YiZD(m)=2714573.196+433583.8313i	EXE	显示终点中桩坐标复数(Δx = 1 mm，Δy = 0.4 mm)
[MODE][4]⇒Stop!	MODE 4	进入 REG 模式

算出的匝道终点数据，桩号、走向方位角、中桩坐标与设计图纸基本相符。

5）线元设计数据输入有误的检查方法

使用上述介绍的方法验算完缓曲线元起讫半径，完成匝道平曲线元数据输入，执行 QH2－8T 程序计算平曲线的主点数据，当屏幕显示的终点数据与设计图纸相差较大时，应按 MODE

④键进入 REG 模式，将统计串列 1～$N+1$ 行的主点桩号及其中桩坐标与设计图纸给出的主点数据逐个比较，哪个主点的数据相差较大，就表示该线元的设计数据输入有误。

3.11 线元法程序 QH2－8T 计算平曲线主点数据的精度分析

每个平曲线元的设计数据为起点半径 R_s、终点半径 R_e、含偏转系数的线长 $\pm L$，QH2－8T 程序是应用各平曲线元径相连接计算路线或匝道平曲线主点数据的，每个主点的数据包括主点桩号、走向方位角及其中桩坐标，其计算精度与用户输入的每个线元的 R_s，R_e，L 的数据位数有关。

一般地，当设计图纸给出的 R_s，R_e 值为整数时，容易准确获取；当不是整数时，图纸给出的数值是四舍五入过的半径值。而线长 L，图纸一般只给到了 0.001 m 位，实际上，其 0.000 1 m 位是有数字的。当标段的总线元数不多时，这种误差积累即使传递到标段终点也不会太大。

对于交点法设计的路线平曲线，还有一个重要的误差来源就是相邻交点之间的夹直线长，这就与设计院所给的图纸精度有关。

由于使用 QH2－7T 的单交点程序算不出相邻交点之间夹直线长的精确值，只有使用参考文献[1]图形编程计算器 fx-9750GⅡ/fx-9860GⅡ/fx-CG20 连续交点三维坐标计算程序 Q2C8 才能算出。

以重庆涪丰高速公路 A1 标段为例，在 fx-9750GⅡ/fx-9860GⅡ/fx-CG20 任一款图形编程计算器上，将该标段 $JD_{13} \sim JD_{30}$ 的平曲线设计数据输入到 File1 串列文件，执行 Q2C8 程序，完成平曲线主点数据计算后，在 PC 机启动通讯软件 FA-124，将 File1 串列文件下载到 FA-124 并输出为 File1.csv 格式文件；在 Windows 的资源管理器下，执行参考文献[1]标配光盘的成果整理程序 H2C8.exe，处理该标段的 File1.csv 格式串列文件，在 H2C8 程序自动创建的文本格式成果文件 File1.txt 中就可以察看到各相邻交点间的夹直线长，该文件的部分内容见图 3－22 所示，各相邻交点夹直线长的统计结果列于表 3－14。

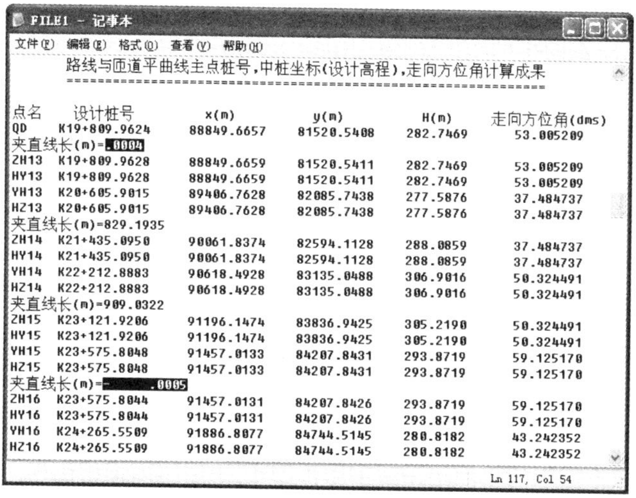
```
FILE1 - 记事本
文件(F) 编辑(E) 格式(O) 查看(V) 帮助(H)
        路线与匝道平曲线主点桩号,中桩坐标(设计高程),走向方位角计算成果
        ==============================================================

点名    设计桩号          x(m)          y(m)          H(m)       走向方位角(dms)
QD     K19+809.9624    88849.6657    81520.5408    282.7469      53.005209
夹直线长(m)=.0004
ZH13   K19+809.9628    88849.6659    81520.5411    282.7469      53.005209
HY13   K19+809.9628    88849.6659    81520.5411    282.7469      53.005209
YH13   K20+605.9015    89406.7628    82085.7438    277.5876      37.484737
HZ13   K20+605.9015    89406.7628    82085.7438    277.5876      37.484737
夹直线长(m)=829.1935
ZH14   K21+435.0950    90061.8374    82594.1128    288.0859      37.484737
HY14   K21+435.0950    90061.8374    82594.1128    288.0859      37.484737
YH14   K22+212.8883    90618.4928    83135.0488    306.9016      50.324491
HZ14   K22+212.8883    90618.4928    83135.0488    306.9016      50.324491
夹直线长(m)=909.0322
ZH15   K23+121.9206    91196.1474    83836.9425    305.2190      50.324491
HY15   K23+121.9206    91196.1474    83836.9425    305.2190      50.324491
YH15   K23+575.8048    91457.0133    84207.8431    293.8719      59.125170
HZ15   K23+575.8048    91457.0133    84207.8431    293.8719      59.125170
夹直线长(m)=-      .0005
ZH16   K23+575.8044    91457.0131    84207.8426    293.8719      59.125170
HY16   K23+575.8044    91457.0131    84207.8426    293.8719      59.125170
YH16   K24+265.5509    91886.8077    84744.5145    280.8182      43.242352
HZ16   K24+265.5509    91886.8077    84744.5145    280.8182      43.242352
                                                         Ln 117, Col 54
```

图 3－22 Q2C8 程序算出的重庆涪(陵)丰(都)高速公路 A1 标段 K 线成果文件 File1.txt 部分内容

表 3-14　执行 Q2C8 程序算出的图 2-28 交点平曲线间的夹直线长

序	交点号	夹直线长/m	序	交点号	夹直线长/m	序	交点号	夹直线长/m
1	起点	0.000 4	8	JD_{19}	0.001 3	15	JD_{26}	576.942 0
2	JD_{13}	829.193 5	9	JD_{20}	0.000 6	16	JD_{27}	3 066.037 5
3	JD_{14}	909.032 2	10	JD_{21}	-0.000 5	17	JD_{28}	-0.000 6
4	JD_{15}	-0.000 5	11	JD_{22}	0.000 0	18	JD_{29}	-0.000 6
5	JD_{16}	0.000 7	12	JD_{23}	-0.000 4	19	JD_{30}	142.090 8
6	JD_{17}	813.571 6	13	JD_{24}	-0.001 0			
7	JD_{18}	-0.000 1	14	JD_{25}	640.584 2			

表 3-14 灰底色所示的夹直线长，在设计图纸中是等于 0 的，而 Q2C8 程序算出的这些值却并不等于 0，这就属于设计精度问题。

在编写 QH2－8T 程序的线元数据时，是忽略了这些实际不等于 0 的夹直线长，这就造成了用 QH2－8T 程序计算该标段的平曲线数据时，终点的桩号、走向方位角及其中桩坐标与设计值会有稍许差异。虽然这种 mm 级的差异不会对路线施工放样产生影响，但总容易使用户错误地认为，QH2－8T 线元法程序的计算精度不高。

虽然 fx-5800P 只能在屏幕上显示 10 位数字，但其内部是以 15 位数字的精度计算的，以测量高斯平面坐标的 x 坐标通常为 7 位整数计，也还取位到了 8 位小数，也即，fx-5800P 的计算精度最差都可以到 0.000 01 mm，而线元法公式本身是严密的，理论上并不存在误差。

当路线或匝道设计图纸是按交点法设计时，建议使用参考文献[1]的 Q2C8 程序计算，然后再执行成果整理程序 H2C8.exe，对输出的 Filen.csv 格式串列文件进行处理，在成果整理程序输出的成果文件 Filen.txt 文件中，所有的线长与坐标都输出到了 0.000 1 m 位，转角与走向方位角都输出到了 0.01″。

3.12　含大偏角非完整缓和曲线的线元法平曲线坐标正、反算案例

1）案例 1

将图 2-53 的交点法平曲线设计数据变换为线元法设计数据，结果见图 3-23 所示。

(1) 数据库子程序

编写文件名为 AJD2－8 的数据库子程序如下：

3→N↲　　平曲线元数

5N+2S+16→DimZ↲　　定义额外变量维数

424.3663→List X[1]:276304.0481→List Y[1]:493580.1988→List Freq[1]↲

起点桩号/中桩坐标

300i→Z[1]:176.3333→Z[2]:273°26°24.35°→Z[3]↲　　1 号缓曲线元数据/右偏

300+300i→Z[6]:77.1445→Z[7]↲　　3 号圆曲线元数据/右偏

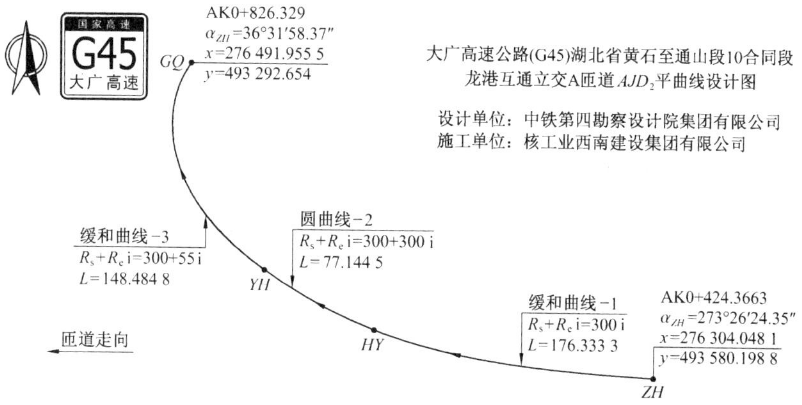

图 3-23　第 3 号非完整缓和曲线为大偏角非完整缓和曲线线元法设计图纸

300+55i→Z[11]:148.4848→Z[12]↵　　　　4 号缓曲线元数据/右偏

Return

将上述数据库子程序输入 fx-5800P，编辑 QH2-8T 主程序，将正数第 10 行的调用数据库子程序名修改为 AJD2-8。

(2) 平曲线主点数据计算及坐标正算

执行 QH2-8T 程序，计算平曲线主点数据与计算 3 号非完整缓和曲线元 4 个加桩坐标正算的屏幕提示及用户操作过程如下：

屏幕提示	按　键	说　　明
ROUTE OR RAMP QH2-8T		显示程序标题
NEW(0),OLD(≠0) DATA=?	0 EXE	重新调用数据库子程序计算主点数据
PEG ZD(m)=826.3289	EXE	显示平曲线终点设计桩号/耗时 11.06 s
αZD=36°31′58.22″	EXE	显示终点走向方位角(差 0.15″)
X+YiZD(m)=276491.9555+493292.6540i	EXE	显示终点中桩坐标复数(Δx = 0 mm, Δy = 0 mm)
[MODE][4]⇛Stop!	EXE	继续执行程序
STA XY,NEW(0),OLD(1),NO(2)=?	2 EXE	输入 2 为不计算极坐标放样数据
PEG→XY(1),XY→PEG(2),Pier(4)=?	1 EXE	输入 1 为坐标正算
+PEG(m),<QD⇛END=?	700 EXE	输入加桩号(计算偏角 β=8°49′15.03″)
αi=310°38′59.8″	EXE	显示加桩走向方位角/耗时 4.00 s
X+Yi(m)=276380.8831+493321.0308i	EXE	显示中桩坐标复数
ANGLE(0)⇛NO,-L+R(Deg)=?	0 EXE	输入 0 为不计算边桩坐标
+PEG(m),<QD⇛END=?	750 EXE	输入加桩号(计算偏角 β=31°52′45.51″)
αi=333°42′30.3″	EXE	显示加桩走向方位角/耗时 4.34 s
X+Yi(m)=276419.4674+493289.7661i	EXE	显示中桩坐标复数
ANGLE(0)⇛NO,-L+R(Deg)=?	0 EXE	输入 0 为不计算边桩坐标
+PEG(m),<QD⇛END=?	810 EXE	输入加桩号(计算偏角 β=78°27′25.48″)

续表

屏幕提示	按　键	说　　明
αi=20°17′10.31″	EXE	显示加桩走向方位角/耗时 6.26 s
X+Yi(m)=276477.6240+493284.9430i	EXE	显示中桩坐标复数
ANGLE(0)⇒NO,-L+R(Deg)=?	0 EXE	输入 0 为不计算边桩坐标
+PEG(m),<QD⇒END=?	825 EXE	输入加桩号(计算偏角 β=93°19′27.86″)
αi=35°9′12.71″	EXE	显示加桩走向方位角/耗时 6.25 s
X+Yi(m)=276490.8783+493291.8758i	EXE	显示中桩坐标复数
ANGLE(0)⇒NO,-L+R(Deg)=?	0 EXE	输入 0 为不计算边桩坐标
+PEG(m),<QD⇒END=?	0 EXE	输入小于起点的桩号结束程序
QH2−8T⇒END		程序结束显示

(3) 坐标反算

重复执行 QH2−8T 程序,计算上述 4 个中桩坐标反算的屏幕提示及用户操作过程如下:

屏幕提示	按　键	说　　明
ROUTE OR RAMP QH2−8T		显示程序标题
NEW(0),OLD(≠0) DATA=?	3 EXE	用最近调用的数据库子程序计算
STA XY,NEW(0),OLD(1),NO(2)=?	2 EXE	输入 2 为不计算极坐标放样数据
PEG→XY(1),XY→PEG(2),Pier(4)=?	2 EXE	输入 2 为坐标反算
XJ(m),π⇒END=?	276380.8831 EXE	输入第 1 个中桩点坐标
YJ(m)+ni=?	493321.0308 EXE	
p PEG(m)+ni=700.0000+3.0000i	EXE	显示垂点桩号+线元号复数/耗时 8.28 s
αp=310°38′59.78″	EXE	显示走向方位角
Xp+Ypi(m)=276380.8831+493321.0308i	EXE	显示中桩坐标复数
HDp→J -L,+R(m)=0.0000	EXE	显示 0 边距为中桩坐标
XJ(m), π⇒END=?	276419.4674 EXE	输入第 2 个中桩点坐标
YJ(m)+ni=?	493289.7661 EXE	
p PEG(m)+ni=750.0000+3.0000i	EXE	显示垂点桩号+线元号复数/耗时 9.06 s
αp=333°42′30.4″	EXE	显示走向方位角
Xp+Ypi(m)=276419.4674+493289.7661i	EXE	显示中桩坐标复数
HDp→J -L,+R(m)=0.0000	EXE	显示 0 边距为中桩坐标
XJ(m), π⇒END=?	276477.624 EXE	输入第 3 个中桩点坐标
YJ(m)+ni=?	493284.943 EXE	
p PEG(m)+ni=810.0000+3.0000i	EXE	显示垂点桩号+线元号复数/耗时 12.91 s
αp=20°17′10.34″	EXE	显示走向方位角
Xp+Ypi(m)=276477.6240+493284.9430i	EXE	显示中桩坐标复数
HDp→J -L,+R(m)=0.0000	EXE	显示 0 边距为中桩坐标
XJ(m), π⇒END=?	276490.8783 EXE	输入第 4 个中桩点坐标

续表

屏幕提示	按键	说明
YJ(m)+ni=?	**493291.8758** EXE	
p PEG(m)+ni=825.0000+3.0000i	EXE	显示垂点桩号+线元号复数/耗时 12.90 s
αp=35°9′12.67″	EXE	显示走向方位角
Xp+Ypi(m)=276490.8783+493291.8758i	EXE	显示中桩坐标复数
HDp→J -L,+R(m)=0.0000	EXE	显示 0 边距为中桩坐标
XJ(m), π⇛END=?	SHIFT π EXE	输入 π 结束程序
QH2−8T⇛END		程序结束显示

2）案例 2

将图 2－54 的交点法平曲线设计数据变换为线元法设计数据，结果见图 3－24 所示。

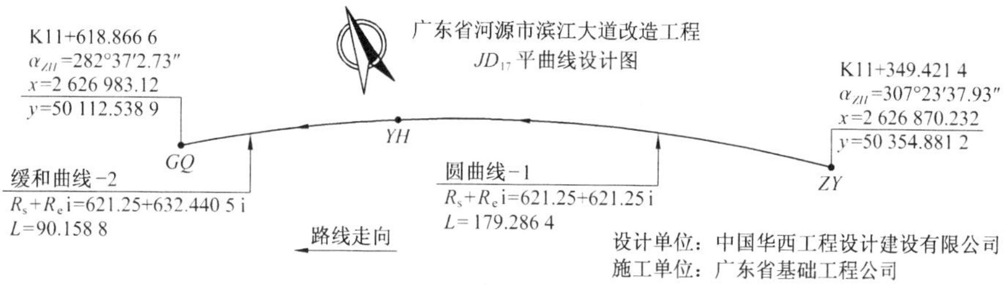

图 3－24　第 2 号非完整缓曲线元为大参数大偏角非完整缓和曲线线元法设计图纸

(1) 数据库子程序

编写文件名为 JD17－8 的数据库子程序如下：

2→N↵　　平曲线元数

5N+2S+16→DimZ↵　　定义额外变量维数

11349.4214→List X[1]:2626870.232→List Y[1]:50354.8812→List Freq[1]↵

　　起点桩号/中桩坐标

621.25+621.25i→Z[1]:-179.2864→Z[2]:307°23°37.93°→Z[3]↵

　　1 号圆曲线元数据/左偏

621.25+632.4405i→Z[6]:-90.1588→Z[7]↵　　2 号缓曲线元数据/左偏

Return

将上述数据库子程序输入 fx-5800P，编辑 QH2－8T 主程序，将正数第 10 行的调用数据库子程序名修改为 JD17－8。

(2) 平曲线主点数据计算及坐标正算

执行 QH2－8T 程序，计算平曲线主点数据与 2 号非完整缓曲线元 1 个加桩坐标正算的屏幕提示及用户操作过程如下：

屏幕提示	按键	说明
ROUTE OR RAMP QH2－8T		显示程序标题
NEW(0),OLD(≠0) DATA＝?	0 EXE	重新调用数据库子程序计算主点数据
PEG ZD(m)＝11618.8666	EXE	显示平曲线终点设计桩号/耗时 11.06 s
αZD＝282°37′2.7″	EXE	显示终点走向方位角(差 0.03″)
X＋YiZD(m)＝2626983.120＋50112.5388i	EXE	显示终点中桩坐标复数($\Delta x = 0$ mm，$\Delta y = 1$ mm)
[MODE][4]⇛Stop!	EXE	继续执行程序
STA XY,NEW(0),OLD(1),NO(2)＝?	2 EXE	输入 2 为不计算极坐标放样数据
PEG→XY(1),XY→PEG(2),Pier(4)＝?	1 EXE	输入 1 为坐标正算
＋PEG(m),<QD⇛END＝?	11550 EXE	输入加桩号(计算偏角 $\beta = 233°0'21.53''$)
αi＝288°53′57.44″	EXE	显示加桩走向方位角/耗时 8.15 s
X＋Yi(m)＝2626964.434＋50178.7862i	EXE	显示中桩坐标复数
ANGLE(0)⇛NO,-L＋R(Deg)＝?	0 EXE	输入 0 为不计算边桩坐标
＋PEG(m),<QD⇛END＝?	0 EXE	输入小于起点的桩号结束程序
QH2－8T⇛END		程序结束显示

(3) 坐标反算

重复执行 QH2－8T 程序，计算上述 1 个中桩坐标反算的屏幕提示及用户操作过程如下：

屏幕提示	按键	说明
ROUTE OR RAMP QH2－8T		显示程序标题
NEW(0),OLD(≠0) DATA＝?	3 EXE	用最近调用的数据库子程序计算
STA XY,NEW(0),OLD(1),NO(2)＝?	2 EXE	输入 2 为不计算极坐标放样数据
PEG→XY(1),XY→PEG(2),Pier(4)＝?	2 EXE	输入 2 为坐标反算
XJ(m), π⇛END＝?	2626964.434 EXE	输入 1 个中桩点坐标
YJ(m)＋ni＝?	50178.7863 EXE	
p PEG(m)＋ni＝11549.9998＋2.0000i	EXE	显示垂点桩号＋线元号复数/耗时 17.35 s
αp＝288°53′57.51″	EXE	显示走向方位角
Xp＋Ypi(m)＝2626964.434＋50178.7864i	EXE	显示中桩坐标复数
HDp→J -L,＋R(m)＝-0.0004	EXE	显示负数为左边距
XJ(m), π⇛END＝?	SHIFT π EXE	输入 π 结束程序
QH2－8T⇛END		程序结束显示

3.13 含断链的线元法任意路线或匝道曲线三维坐标计算源程序(QH2－8T)

QH2－8T 程序包含文件名为 QH2－8T 的主程序，文件名为 SUB2－81～SUB2－89 的 9 个子程序，文件名为 SUB2－8A～SUB2－8F 的 6 个子程序，共有 15 个子程序，子程序的输入方法与主程序相同，主程序与子程序都是以文件方式存储于机器内存。

完成主程序及 15 个子程序输入后，源程序需要占用 11 438 字节内存，输入程序前，请您按 MODE 5 键进入 PROG 模式，查看您机器的剩余内存容量是否大于 11 438 字节。

1）源程序的输入方法

（1）主程序 QH2－8T 的输入方法

按 MODE 5 键进入图 3－25(a)所示的 PROG 模式主菜单，按 1 键选择新建程序，进入图 3－25(b)所示的文件名界面，字符输入模式自动锁定为字母输入模式，状态栏显示 A，输入文件名 QH2－8T 按 EXE 键，进入图 3－25(c)所示的选择文件模式界面。

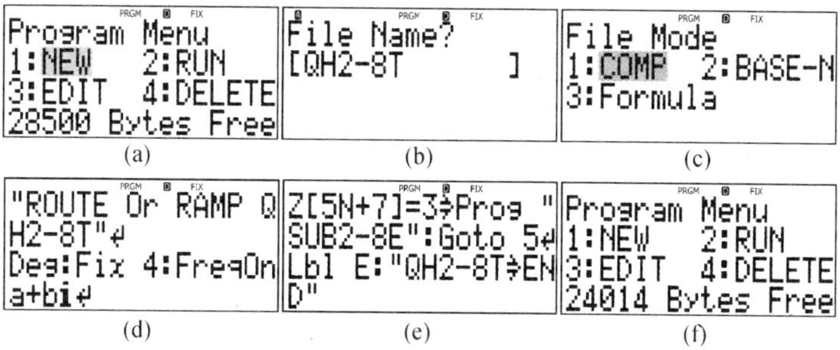

图 3－25　新建主程序 QH2-8T 并输入程序语句的操作过程

因为是输入程序，所以应按 1 键选择 COMP 模式(按 3 键选择 Formula 模式为输入用户公式，按 2 键选择 BASE-N 模式为基数计算)，进入图 3－25(d)所示的界面，即可开始输入程序语句。

完成 QH2－8T 主程序最后一条语句输入后的界面见图 3－25(e)所示，按 EXIT 键返回图 3－25(f)所示的 PROG 模式主菜单。当用户机器为新机器，或在输入程序前，清除了全部内存数据时，屏幕底部显示的机器剩余内存数应为 24 014 字节，由此算出 QH2－8T 主程序所占用的内存为 28 500－24 014 = 4 486 字节。

（2）子程序的输入方法

下面介绍 SUB2－81 子程序的输入方法，其余子程序的输入方法类同。

按 MODE 5 键进入图 3－26(a)所示的 PROG 模式主菜单，按 1 键选择新建程序，进入图 3－26(b)所示的文件名界面，字符输入模式自动锁定为字母输入模式，状态栏显示 A，输入

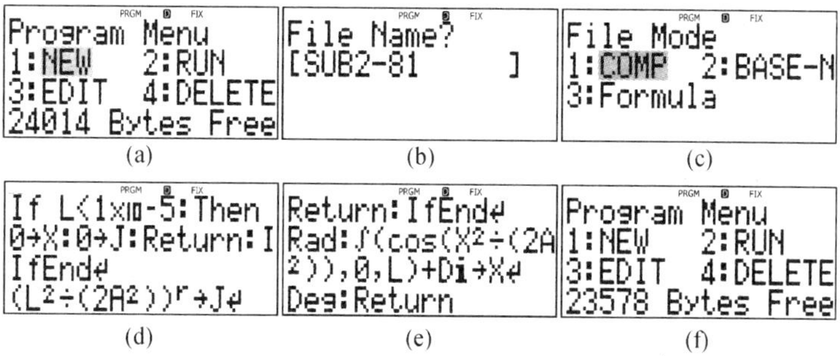

图 3－26　新建子程序 SUB2-81 并输入程序语句的操作过程

文件名 SUB2－81 按 EXE 键，进入图 3－26(c)所示的选择文件模式界面；按 1 键选择 COMP 模式，进入图 3－26(d)所示的界面，即可开始输入程序语句。

完成 SUB2－81 子程序最后一条语句输入后的界面见图 3－26(e)所示，按 EXIT 键返回图 3－26(f)所示的 PROG 模式主菜单。屏幕底部显示的机器剩余内存数应为 23 578 字节，由此算出 SUB2－81 子程序所占用的内存为 24 014－23 578＝436 字节。

(3) 主程序与子程序的相互关系

完成主程序 QH2－8T 与 15 个子程序 SUB2－81～SUB2－89，SUB2－8A～SUB2－8F 的输入后，按 MODE 5 键，进入图 3－27(a)所示的 PROG 模式主菜单界面，屏幕底部显示的机器剩余内存数应为 17 066 字节，由此算出主程序与全部 15 个子程序所占用的内存为 28 500－17 062＝11 438 字节。按 3 键进入图 3－27(b)所示的程序编辑模式列表界面，按 ▼ 键移动光标查看。

图 3－27 清楚地表明了主程序与子程序的关系，它们都是以文件方式存储于机器内存。第一版相当一部分用户，错误地认为子程序是输入在主程序内的，致使程序执行时出错。

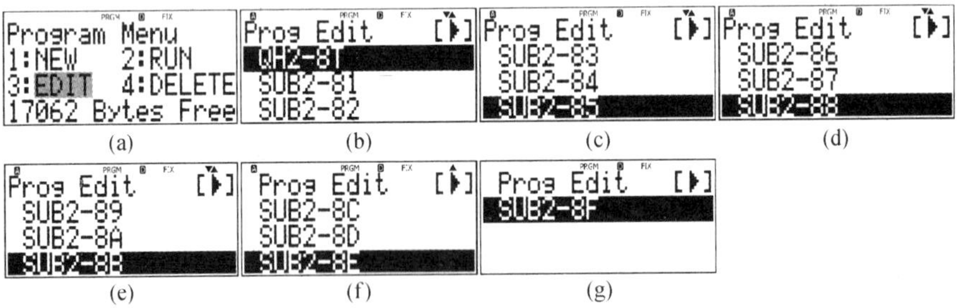

(a) (b) (c) (d) (e) (f) (g)

图 3－27　完成主程序 QH2－8T 和 15 个子程序输入后的程序编辑模式列表界面

2) 源程序

输入下列程序时，fx-5800P 程序语句的输入按键方法参见表 1－3，设置语句的输入按键方法参见表 1－4，复数函数的输入按键方法参见表 1－5。

(1) 主程序 QH2－8T，占用内存 4 486 字节(加 15 个子程序共 11 438 字节)

"ROUTE Or RAMP QH2－8T"↵ 显示程序标题

Deg:Fix 4:FreqOn:a＋bi↵ 设置角度单位/数值显示格式/打开频率串列

"NEW(0),OLD(≠0) DATA＝"?→O↵ 是否跳过调用已知数据库子程序

O≠0⇒Goto 2:ClrStat:ClrMemory↵ 清除统计存储器及字母变量存储器

Prog "JD63－8"↵ 请用户根据实际情况修改数据库子程序名

D→Z[5N＋1]:S→Z[5N＋2]:C→Z[5N＋3]↵

转存断链桩数/竖曲线变坡点数/超高横坡数

L→Z[5N＋4]:W→Z[5N＋5]↵ 转存隧道二衬轮廓线元数/洞身支护参数

If D＞0:Then For N＋2→I To N＋1＋D↵ 有断链桩时

List X[I]－List Y[I]→List Freq[I]:Next:IfEnd↵ 计算断链值

```
    If C>0:Then [[0,0,0,0,0,0,0,0][0,0,0,0,0,0,0,0][0,0,0,0,0,0,0,0][0,0,0,0,0,
0,0,0]]→Mat C:IfEnd ↲                        定义路基横断面主点矩阵 Mat C 为 4 行×8 列
    0→Z[5N+8]↲                                设置显示长链重桩区桩号标记
    If D>0 And C>0 ↲                          有断链桩及超高横坡时
    Then For 1→I To Z[5N+3]↲                  超高横坡度设计桩号→连续桩号
    Int(I÷3+2⌟3)→E:3I−9E+7→F ↲                超高横坡桩号所在行号 E/列号 F
    Mat B[E,F]→Z:Prog "SUB2−89"↲              超高横坡设计桩号→连续桩号
    Z→Mat B[E,F]:Next:IfEnd ↲                 连续桩号存回 Mat B 矩阵原位置
    If Z[5N+5]>0 And Z[5N+1]>0 ↲              变换洞身支护参数矩阵 Mat E 设计桩号
    Then For 1→I To Z[5N+5]↲                  在洞身支护参数个数循环
    Int(I÷2+0.5)→K:4I−8K+5→L ↲                Mat E 矩阵的行号 K/列号 L
    Mat E[K,L]→Z:Prog "SUB2−89"↲              Mat E 矩阵第 1 列设计桩号→连续桩号
    Z→Mat E[K,L]:Next:IfEnd ↲                 连续桩号存回 Mat E 矩阵原位置
    1→Z[5N+8]↲                                恢复不显示长链重桩区桩号及断链号
    If Z[5N+4]>0:Then 0→Q ↲                   计数变量赋 0
    Z[5N+4]÷2+2→P ↲                           隧道二衬轮廓线对称主点起始行号 P
    For P→I To Z[5N+4]↲
    Q+1→Q:I−2Q+1→K ↲                          源隧道二衬轮廓线主点起始行号 K
    -Mat D[K−1,1]→Mat D[I,1]:Mat D[K−1,2]→Mat D[I,2]↲      线元圆心坐标赋值
    Mat D[K−1,3]→Mat D[I,3]↲                  半径赋值
    -Mat D[K,4]→Mat D[I,4]:Mat D[K,5]→Mat D[I,5]↲          线元起点坐标赋值
    Next ↲
    For 1→I To Z[5N+4]↲                       按隧道二衬轮廓线线元数循环
    Mat D[I,5]+Mat D[I,4]i−Mat D[I,2]−Mat D[I,1]i→J ↲
                                              二衬轮廓线元圆心→起点复数差
    Arg(J)→J:J<0⇒J+360→J ↲                    二衬轮廓线元圆心→起点断面方位角
    I=Z[5N+4] And Mat D[I,4]=Mat D[1,4]⇒270→J ↲   最末线元为垂直直线时
    J→Mat D[I,6]:Next:IfEnd ↲                 圆心→起点断面方位角存入 Mat D 第 6 列
    For 1→I To N ↲                            一次性计算全部线元端点主点数据
    ReP(Z[5I−4])→R:ImP(Z[5I−4])→D ↲           暂存线元起点半径 Rs 与终点半径 Re
    R=0⇒1×10^30→R:D=0⇒1×10^30→D ↲             将 Rs，Re=0 的半径修改为 1×10^30
    R+Di→Q:Q→Z[5I−4]↲                         将完整 Rs，Re 反存入 Z[5I−4]单元
    List X[I]+Abs(ReP(Z[5I−3]))→List X[I+1]↲  累加线元端点连续桩号
    List X[I+1]→Z ↲                           线元端点桩号赋值
    1→P:ReP(Z[5I−3])<0⇒-1→P ↲                 生成线元偏转系数±1
    0→A:0→R ↲                                 赋缓曲参数与半径初始 0 值
```

If ReP(Q)=ImP(Q) And ReP(Q)=1×10^30 ↵	直线线元端点走向方位角
Then ImP(Z[5I−3])→S:S→T ↵	起点→端点夹角/偏角(直转点)
Abs(ReP(Z[5I−3]))→D ↵	起点→端点弦长
Prog "SUB2−84":IfEnd ↵	直线端点中桩坐标与走向方位角
If ReP(Q)=ImP(Q) And ReP(Q)<1×10^30 ↵	圆曲线元
Then Prog "SUB2−83":IfEnd ↵	加桩中桩坐标,走向方位角
If ReP(Q)≠ImP(Q)↵	缓曲线元
Then √(PReP(Z[5I−3])÷Abs(ReP(Q)$^{-1}$−ImP(Q)$^{-1}$))→A ↵	缓曲线元参数
ReP(Z[5I−2])+Ai→Z[5I−2]↵	缓曲线元起点走向方位角+参数 i 复数
Prog "SUB2−82"↵	缓曲线元端点中桩坐标及走向方位角
2÷(ReP(Q)$^{-1}$+ImP(Q)$^{-1}$)→R:IfEnd ↵	缓曲拟合圆弧半径
If I<N:Then T→Z[5I+3]↵	存线元端点走向方位角+缓曲参数 i 复数
Else T→Z[5N+14]:IfEnd ↵	存终点走向方位角
ReP(U)→List Y[I+1]:ImP(U)→List Freq[I+1]↵	存线元端点坐标
If R>0:Then D+Ri→Z[5I]↵	圆弧/拟合圆弧弦长+半径 i 复数
√(R^2−D^2÷4)→T ↵	弦长中点至圆弧圆心距离
List Y[I]+List Freq[I]i→V ↵	圆曲/缓曲线元起点坐标复数
Arg(U−V)→S:S<0⇒S+360→S ↵	圆曲/缓曲线元起讫弦长方位角
S+90P→D ↵	线元起讫弦长终点→圆心方位角
Abs(Z[5I−3])>πR⇒D+180→D ↵	大于半圆的圆曲线
(U+V)÷2+T∠D→Z[5I−1]↵	圆弧圆心坐标复数
IfEnd:Next ↵	
Z[5N+2]=0⇒Goto 1 ↵	没有竖曲线数据时
ReP(Z[5N+15])→Z:Z[5N+1]>0⇒Prog "SUB2−89"↵	起点设计桩号→连续桩号
N+2+Z[5N+1]→J:Z→List X[J]↵	竖曲线起点连续桩号存入统计串列行号
ImP(Z[5N+15])→List Y[J]↵	起点高程存入统计串列
ReP(Z[5N+16])→Z:Z[5N+1]>0⇒Prog "SUB2−89"↵	SJD_1 设计桩号→连续桩号
100(ImP(Z[5N+16])−List Y[J])÷(Z−List X[J])→List Freq[J]↵	起点走向坡度存入统计串列
tan^{-1}(0.01List Freq[J])→S ↵	起点走向坡道角 τ_1
Z+ImP(Z[5N+16])i→Z ↵	SJD_1 连续桩号+高程 i 复数
For 1→I To Z[5N+2]↵	计算变坡点竖曲线主点数据
Z→A:5N+2I+16→C:ReP(Z[C])→Z ↵	提取下个变坡点或终点桩号
Z[5N+1]>0⇒Prog "SUB2−89"↵	下个变坡点设计桩号→连续桩号
Z+ImP(Z[C])i→Z:Z−A→X ↵	SJD_i 连续桩号+高程 i 复数
100(ImP(X)÷ReP(X))→Q:tan^{-1}(0.01Q)→K ↵	变坡点走向坡度 i_n,坡道角 τ_n

```
S－K→D↵                                              坡道转角Δ
N＋1＋Z[5N＋1]＋2I→J↵                                存储变坡点主点数据到统计串列行号
1→P:D＜0⇒-1→P↵                                      竖曲线凸凹系数P
Z[C－1]→V:PV→List Freq[J]↵                          存储变坡点竖曲线半径R代数值
Q→List Freq[J＋1]↵                                   存储变坡点走向坡度
V＋Di→Z[C－1]↵                                       坡道转角Δ存入竖曲线半径虚部
Vtan(Abs(D)÷2)→T↵                                    竖曲线切线长
ReP(A)－Tcos(S)→List X[J]↵                           竖曲线SZY连续桩号
ImP(A)－Tsin(S)→List Y[J]↵                           竖曲线SZY设计高程
ReP(A)＋Tcos(K)→List X[J＋1]↵                        竖曲线SYZ连续桩号
ImP(A)＋Tsin(K)→List Y[J＋1]↵                        竖曲线SYZ设计高程
K→S:Next↵
N＋3＋Z[5N＋1]＋2Z[5N＋2]→J↵                         存储终点数据的统计串列行号
ReP(Z)→List X[J]:ImP(Z)→List Y[J]↵                  存储终点连续桩号及高程到统计串列
List Freq[J－1]→List Freq[J]↵                        重复存储最后一个坡度τn
Lbl 1:List X[N＋1]→Z↵                                提取平曲线终点连续桩号
Z[5N＋1]＞0⇒Prog "SUB2－88"↵                         连续桩号→设计桩号
"PEG ZD(m)＝":Z◢                                     显示终点设计桩号
"αZD＝":Z[5N＋14]▸DMS◢                               显示终点走向方位角
"X＋YiZD(m)＝":List Y[N＋1]＋List Freq[N＋1]i◢        显示终点中桩坐标复数
"[MODE][4]⇒Stop!"◢                                   按(MODE)(4)键终止程序并进入REG模式
Lbl 2:Do:"STA XY NEW(0),OLD(1),NO(2)＝"?→G↵          选择是否输入测站点坐标
LpWhile G≠0 And G≠1 And G≠2↵                         输入数值不规范时循环
If G＝2:Then π→Z[5N＋6]:Goto 3:IfEnd↵                不输入测站点坐标Z[5N＋6]
G＝1⇒Goto 3↵                                         使用最近输入的测站点坐标
"STA X(m),Mat F TRA n＝"?→S↵                         输入测站点x坐标或Mat F矩阵导线点号
If Frac(S)＝0 And S≦10↵                              S为Mat F矩阵1～10行导线点号
Then Mat F[S,1]＋Mat F[S,2]i→Z[5N＋6]↵              赋导线点坐标给测站点坐标Z[5N＋6]
"Xt＋Yti(m)＝":Z[5N＋6]◢                             显示导线点(trave)平面坐标复数
Else "STA Y(m)＝"?→U:S＋Ui→Z[5N＋6]:IfEnd↵
                                                     输入测站点y坐标并生成测站坐标复数
Lbl 3:If Z[5N＋4]＝0↵                                无隧道二衬轮廓线数据时
Then Do:"PEG→XY(1),XY→PEG(2),Pier(4)＝"?→G↵
LpWhile G≠1 And G≠2 And G≠4↵                         输入正算/反算/桥墩控制系数
Else Do:"PEG→XY(1),XY→PEG(2),μr(3)＝"?→G↵           输入正算/反算/隧道控制系数
LpWhile G≠1 And G≠2 And G≠3:IfEnd↵
```

```
G→Z[5N+7]↵                                         存正算/反算/隧道/桥墩控制系数
If G=3:Then Do:"LINE(1,0,2)="?→B↵                   选择隧道超欠挖计算轮廓线类型
LpWhile B≠2 And B≠1 And B≠0:B→Z[5N+11]:IfEnd↵
        2 隧道二衬净空轮廓线/1 二衬+衬砌厚+预留变形量/0 轮廓线+喷射层厚
G=2 Or G=3⇒Goto 5↵                                  转移到反算程序段
Do:If Z[5N+7]=4↵                                    桥墩桩基坐标计算
Then "Pier n(0→19), π⇒END="?→Q↵                     输入桥墩号(最多 0~19 号墩)
Q=π⇒Break:Q+1→Q↵                                    桥墩号=π时结束程序
Int(Q÷2+0.5)→K:4Q−8K+5→L↵                           Mat E 矩阵的行号 K/列号 L
Mat E[K,L]→Z[5N+9]:Mat E[K,L+1]→Z↵                  提取墩台类号/墩台中心设计桩号
Mat E[K,L+2]+Mat E[K,L+3]i→Z[5N+10]↵
                                                    生成墩台中心"法向偏距+走向偏角 i"复数
"Pier PEG(m)+ni=":Z+Z[5N+9]i◢                       显示墩台中心"设计桩号+墩类号 i"复数
Else "+PEG(m),<QD⇒END="?→Z:IfEnd↵                   输入加桩号(QD 表示起点)
Z[5N+1]>0⇒Prog "SUB2−89"↵                           设计桩号→连续桩号
If Z=2π:Then List X[1]+1→Z:Goto 4:IfEnd↵            加桩位于短链空桩区时重复输入加桩
Z<List X[1] Or Z>List X[N+1]⇒Break↵                 加桩位于计算标段外时结束程序
For 1→I To N↵                                       在已输入线元内定位加桩所在线元号
Z<List X[I] Or Z>List X[I+1]⇒Goto N↵                加桩不在本次循环线元内
Z−List X[I]→L↵                                      线元起点→加桩线长
If ReP(Z[5I−4])=ImP(Z[5I−4]) And ReP(Z[5I−4])=1×10^30↵   加桩位于直线线元
Then ImP(Z[5I−3])→S:S→T:L→D↵                        直线起点→加桩弦切角,偏角与弦长
Prog "SUB2−84":Break:IfEnd↵                         加桩中边桩坐标
If ReP(Z[5I−4])=ImP(Z[5I−4]) And ReP(Z[5I−4])<1×10^30↵   加桩位于圆曲线元
Then Prog "SUB2−83":Break:IfEnd↵                    加桩中边桩坐标与走向方位角
Prog "SUB2−82":Break↵                               缓曲加桩中桩坐标与走向方位角
Lbl N:Next↵
Prog "SUB2−85"↵                                     显示加桩中桩坐标及计算显示边桩坐标
Lbl 4:LpWhile Z≥List X[1]:Goto E↵                   加桩大于等于起点桩号时循环
Lbl 5:"XJ(m),π⇒END="?→X↵                            坐标反算程序段输入边桩坐标
X=π⇒Goto E:"YJ(m)+ni="?→Y↵                          可以指定反算线元号
0→I:ImP(Y)>0 And ImP(Y)≤N⇒ImP(Y)→I↵                 指定边桩线元号计算
X+ReP(Y)i→Y↵                                        生成边桩坐标复数
Z[5N+3]>0 And Z[5N+7]=2⇒"HJ(m),0⇒NO="?→Z[5N+14]↵
                                                    坐标反算输入边桩实测高程
Z[5N+7]=3⇒"HJ(m)="?→Z[5N+14]↵                       隧道超欠挖输入隧道测点实测高程
```

```
I＞0⇒Goto 6↵                                             按用户输入指定线元号反算
Abs(Y－List Y[1]－List Freq[1]i)→C↵                      起点→边桩距离
List X[1]＋C→Z↵                                          边桩桩号一次近似值
For 1→S To N↵                                            搜索边桩线元号确定二次近似值
Z＞List X[S] And Z＜List X[S＋1]⇒Break:Next↵
9000→C:S→E↵                                              存储最短距离变量赋初始值
For E→I To N↵                                            计算边桩→各线元弦长中点距离
List Y[I]＋List Freq[I]i→U↵                              线元起点坐标复数
(U＋List Y[I＋1]＋List Freq[I＋1]i)÷2→U↵                 线元弦长中点坐标复数
Abs(Y－U)→D↵                                             边桩→线元弦长中点的距离
If D＜C:Then D→C:I→F:IfEnd↵                              边桩→线元弦长中点最短距离及线元号
Next:F→I:F≧2⇒F－1→I↵                                     搜索到的边桩线元号减1
Lbl 6:I＞N⇒1→I↵                                          线元号超限时从1号线元开始重新搜索
If ReP(Z[5I－4])＝ImP(Z[5I－4]) And ReP(Z[5I－4])＝1×10^30↵    直线线元
Then ReP(Z[5I－2])＋ImP(Z[5I－3])→T↵                     直线线元走向方位角(顾及直转点)
T＜0⇒T＋360→T:T＞360⇒T－360→T↵
If T＝0 Or T＝180↵
Then ReP(Y)＋List Freq[I]i→U:Goto 7:IfEnd↵               αs＝0/180的垂点坐标复数U
If T＝90 Or T＝270↵
Then List Y[I]＋ImP(Y)i→U:Goto 7:IfEnd↵                  αs＝90/270垂点坐标复数U
tan(T)→W↵                                                直线线元走向方位角正切@@
(ReP(Y)＋W²List Y[I]－W(List Freq[I]－ImP(Y)))÷(W²＋1)→U↵
U＋(ImP(Y)－(U－ReP(Y))÷W)i→U↵                           垂点坐标复数U
Lbl 7:U－List Y[I]－List Freq[I]i→F↵                     线元起点→垂点复数
If Abs(F)＝0:Then T→H↵                                   线元起点→垂点方位角
Else Arg(F)→H:H＜0⇒H＋360→H:IfEnd↵                       线元起点→垂点方位角
1→J:Abs(T－H)＞150⇒-1→J↵                                 比较与走向方位角的正反关系
List X[I]＋JAbs(F)→Z↵                                    垂点连续桩号
If Z≧List X[I] And Z≦List X[I＋1]:Then Goto Z↵           垂点位于直线线元内
Else I＋1＞N⇒Goto Z:I＋1→I↵                              垂点不在直线线元内时继续搜索
Goto 6:IfEnd:IfEnd↵
List Y[I]＋List Freq[I]i→V↵                              圆曲/缓曲线元起点坐标复数
ImP(Z[5I])→R:Z[5I－1]→O↵                                 圆曲/缓曲拟合圆弧半径及圆心坐标复数
Arg(Y－O)→F:Abs(Y－O)→D↵                                 圆心→边桩幅角F与平距D
O＋R∠F→U↵                                                垂点坐标复数U
Abs(U－V)→C↵                                             线元起点→垂点弦长C
```

```
sin⁻¹(C÷2÷R)→E↵                                          线元起点→垂点弦切角
List X[I]+πER÷90→Z↵                                      垂点初始桩号
1→P:ReP(Z[5I−3])<0⇒-1→P↵                                  生成线元偏转系数
If ReP(Z[5I−4])=ImP(Z[5I−4])↵                             垂点位于圆曲线元
Then If C>ReP(Z[5I]) And Abs(ReP(Z[5I−3]))≤πR↵           圆曲线长小于半圆弧长
Then I+1→I:Goto 6:IfEnd↵                                  弦长大于圆曲线元弦长
Arg(O−V)→T:T<0⇒T+360→T↵                                   线元起点→圆心方位角
Arg(U−O)→J:J<0⇒J+360→J↵                                   圆心→垂点方位角
J−T→J:J<0⇒J+360→J↵                                        圆心→垂点方位角归零
If J<180 And P=1 Or J>180 And P=-1↵                       圆曲线长超过半圆弧长
Then (90−E)Rπ÷45+Z→Z↵                                     增量改正后的垂点桩号
ReP(Z[5I−2])+(360−2E)P→T↵                                 垂点走向方位角 T
Else ReP(Z[5I−2])+2PE→T:IfEnd↵
If Z>List X[I+1]:Then I+1→I:Goto 6↵                       加桩号大于圆曲线元终点桩号
IfEnd:Goto Z↵                                             显示坐标正交反算结果
Else If C>ReP(Z[5I])+3:Then I+1→I↵                        垂点不在缓曲线元
Goto 6:IfEnd:IfEnd↵
Prog "SUB2−82"↵                                           缓曲垂点中桩坐标 U/走向方位角 T
Arg(Y−U)→J:J<0⇒J+360→J↵                                   缓曲垂点→边桩点方位角
J−T→J:J<0⇒J+360→J↵                                        归零到垂点走向方位角
If J<3 Or J>357 Or J>177 And J<183↵                       边桩点靠近中线
Then Z+cos(J)Abs(Y−U)→Z↵                                  改正垂点桩号
If Z>List X[I+1]+2×10-4:Then I+1→I:Goto 6:IfEnd↵
Prog "SUB2−82"↵                                           缓曲垂点中桩坐标 U/走向方位角 T
Abs(Y−U)<0.001⇒Goto Z:IfEnd↵
Do↵
Y−U→C:Abs(C)→S↵                                           缓曲垂点→边桩点复数及边距
Arg(C)→J:J<0⇒J+360→J↵                                     缓曲垂点→边桩点幅角及方位角
J−T→J:J<0⇒J+360→J↵                                        归算垂点→边点方位角
If J>220:Then J−270→J:1→F↵                                左边桩偏角改正数系数
Else 90−J→J:-1→F:IfEnd↵                                   右边桩偏角改正数系数
πJ÷180÷(FPL÷A²+S⁻¹)→F↵                                    缓曲垂点桩号改正数
Z+F→Z↵                                                    改正后的垂点桩号
If Z>List X[I+1]+2×10-4 Or Z<List X[I]↵                   垂点不在该缓曲线元继续循环
Then I+1→I:Goto 6:IfEnd↵                                  判断垂点是否在该缓曲线元内
Prog "SUB2−82"↵                                           改正后的缓曲垂点中桩坐标
```

```
tan(T)ImP(U−Y)+ReP(U−Y)→C↵                          缓曲垂线方程残差 f(l_p)
LpWhile Abs(C)>0.001↵                               f(l_p)>0.001 m 时继续循环
Lbl Z:Prog "SUB2−85"↵                               显示坐标反算结果
Z[5N+7]=3⇒Prog "SUB2−8E":Goto 5↵                    计算及显示隧道超欠挖结果
Lbl E:"QH2−8T⇒END"
```

(2) 子程序

① SUB2−81,占用内存 436 字节

功能　计算缓和曲线切线支距坐标。

入口变量　从原点起算的缓曲线长 L,缓曲参数 A。

中间变量　D。

出口变量　切线支距坐标复数 X,计算偏角 J。

```
If L<1×10-5:Then 0→X:0→J:Return:IfEnd↵
(L²÷(2A²))ʳ→J↵                                      十进制度计算偏角
L^(3)÷6÷A²−L^(7)÷336÷A^(6)→D↵                       级数公式前 2 项支距坐标
J≦14⇒Goto X↵
If J>14 And J≦37↵
Then D+L^(11)÷42240÷A^(10)→D:Goto X:IfEnd↵          前 3 项支距坐标
If J>37 And J≦65↵
Then D+L^(11)÷42240÷A^(10)−L^(15)÷9676800÷A^(14)→D↵
                                                    前 4 项支距坐标
Goto X:IfEnd↵
Rad:∫(sin(X²÷(2A²)),0,L)→D↵                         积分公式切线支距坐标
∫(cos(X²÷(2A²)),0,L)+Di→X↵
Deg:Return↵
Lbl X:L−L^(5)÷40÷A^(4)→X↵                           级数公式前 2 项切线坐标
If J≦7:Then X+Di→X:Return:IfEnd↵
If J>7 And J≦25↵
Then X+L^(9)÷3456÷A^(8)+Di→X:Return:IfEnd↵          前 3 项切线坐标
If J>25 And J≦50↵
Then X+L^(9)÷3456÷A^(8)−L^(13)÷599040÷A^(12)+Di→X↵
                                                    前 4 项切线坐标
Return:IfEnd↵
Rad:∫(cos(X²÷(2A²)),0,L)+Di→X↵                      积分公式切线坐标
Deg:Return
```

② SUB2−82,占用内存 230 字节

功能　计算缓和曲线起点 s→加桩 j 的弦切角、弦长、偏角,加桩中桩坐标与走向方位角。

入口变量 加桩桩号 Z,缓曲起讫半径复数 Z[5I−4],“起点走向方位角+缓曲参数 i”复数 Z[5I−2]。

中间变量 A, L, X, V, J, E, O。

出口变量 加桩中桩坐标负数 U,走向方位角 T。

```
ImP(Z[5I−2])→A↵                              提取缓曲线元参数
A²÷ReP(Z[5I−4])→L↵                           缓曲原点→起点的线长
Prog "SUB2−81":X→V:J→E↵                      起点切线支距坐标U与偏角E
If ReP(Z[5I−4])>ImP(Z[5I−4])↵                正向缓曲线元Rs>Re
Then Z−List X[I]+L→L↵                        缓曲原点→加桩线长L
Prog "SUB2−81":X−V→O↵                        正向缓曲加桩减起点复数O
Else A²÷ImP(Z[5I−4])→L↵                      反向缓曲原点→终点线长L
List X[I+1]−Z+L→L↵                           反向缓曲原点→加桩线长L
Prog "SUB2−81":V−X→O:IfEnd↵                  反向缓曲起点减加桩复数O
Abs(O)→D:Arg(O)→T↵                           起点→加桩弦长与幅角
Abs(T−E)→S:Abs(J−E)→T↵                       起点→加桩弦切角与偏角
Prog "SUB2−84"↵                              加桩中桩坐标复数U与走向方位角T
Return
```

③ SUB2−83,占用内存 92 字节

功能 计算圆曲线起点 s→加桩 j 的弦长、弦切角、偏角。

入口变量 圆曲线半径 ReP(Z[5I−4]),加桩圆曲线长 L。

出口变量 起点 s→加桩 j 的圆曲线元半径 R,弦长 D,弦切角 S,偏角 T。

```
ReP(Z[5I−4])→R:Z−List X[I]→L↵                圆曲线半径,起点→加桩线长
(L÷2÷R)ʳ→S:2Rsin(S)→D↵                       圆曲线起点→加桩弦切角与弦长
2S→T:Prog "SUB2−84"↵                         加桩中桩坐标与走向方位角
Return
```

④ SUB2−84,占用内存 138 字节

功能 计算加桩的中桩坐标与走向方位角。

入口变量 起点→加桩弦长 D,弦长弦切角 S,偏角 T。

中间变量 U, S。

出口变量 加桩 j 中桩坐标复数 U 及其走向方位角 T。

```
1→U:ReP(Z[5I−3])<0⇒-1→U↵                     生成线元偏转系数
ReP(Z[5I−2])+US→S↵                           起点→加桩弦长方位角
ReP(Z[5I−2])+UT→T↵                           加桩走向方位角
T<0⇒T+360→T:T>360⇒T−360→T↵                   规范加桩走向方位角T∈0°~360°
List Y[I]+List Freq[I]i+D∠S→U↵               加桩中桩坐标复数U
Return
```

⑤ SUB2－85，占用内存 808 字节

功能　显示加桩走向方位角、中桩坐标复数、中边桩设计高程，或显示垂点走向方位角、中桩坐标复数、中边桩设计高程。

入口变量　Z[5N+7]＝1（正算）/2（反算）/3（桥墩桩基坐标计算），加桩或垂点桩号 Z，走向方位角 T，加桩或垂点中桩坐标复数 U，边桩坐标复数 Y。

中间变量　D，K，M，W，I，O。

出口变量　边距代数值 D，中边桩设计高程 H，坡口开口偏距及填/挖高差复数 Z[5N+12]。

T＜0⇒T+360→T:T＞360⇒T−360→T↵	规范加桩走向方位角 $T\in 0°\sim 360°$
If Z[5N+7]=1 Or Z[5N+7]=4↵	正算或桥墩桩基计算
Then "αi=":T▶DMS◢	显示加桩走向方位角 T
"X+Yi(m)=":U◢	显示加桩中桩坐标复数
IfEnd↵	
If Z[5N+7]=2 Or Z[5N+7]=3↵	反算或隧道超欠挖计算
Then Abs(Y−U)→D↵	垂点→边桩边距
If D≠0:Then Arg(Y−U)→K↵	垂点→边桩辐角
K＜0⇒K+360→K↵	垂点→边桩方位角
K−T→K:K＜0⇒K+360→K:IfEnd↵	变为 p 点走向为零方向的方位角
0→M:0→W↵	左右边距变量清零
If K＞180:Then D→M:-M→D↵	边桩位于中线左侧的边距为负
Else D→W:IfEnd↵	边桩位于中线右侧的边距为正
Z[5N+14]+Di→Z[5N+9]:Z→K↵	“测点高程+边距 i”复数/垂点连续桩号
Z[5N+1]＞0⇒Prog "SUB2−88"↵	连续桩号→设计桩号
"p PEG(m)+ni=":Z+Ii◢	显示垂点“设计桩号+线元号 i”复数
If Z[5N+7]=2:Then "αp=":T▶DMS◢	反算显示垂点走向方位角 T
"Xp+Ypi(m)=":U◢	显示垂点中桩坐标复数
"HDp→J -L,+R(m)=":D◢	显示边距（左负右正）
IfEnd:K→Z:IfEnd↵	恢复垂点连续桩号
0→H:Z[5N+2]＞0⇒Prog "SUB2−8A"↵	计算中桩或垂点设计高程
Z[5N+7]=3⇒Z[5N+9]−H→Z[5N+9]↵	生成测点隧中坐标复数
If H＞0 And Z[5N+7]≠3:Then "H(m)=":H◢	显示中桩或垂点设计高程
IfEnd:U→O↵	存中桩或垂点坐标复数
Z[5N+7]=3⇒Return↵	隧道超欠挖时返回主程序
ReP(Z[5N+6])≠π⇒Prog "SUB2−87"↵	显示中桩/垂点极坐标放样参数
Z[5N+7]=4⇒Prog "SUB2−8D"↵	桥墩桩基坐标计算
Z[5N+7]=4⇒Return↵	桥墩桩基计算返回主程序
Z[5N+7]=1⇒Prog "SUB2−86"↵	正算时计算边桩坐标

```
Z[5N+7]=1⇒Return↵                                正算时返回主程序
Z[5N+7]=2 And Z[5N+3]=0⇒Return↵                  反算无超高横坡矩阵数据返回主程序
ImP(Z[5N+9])→M:0→Z[5N+13]↵                       反算赋边桩边距及无超高横坡标记赋 0 值
Z[5N+3]>0⇒Prog "SUB2-8B"↵                        计算左右横坡度与路基横断面主点数据@
Z[5N+13]=1⇒Prog "SUB2-8C"↵                       计算边桩设计高程 H 及坡口开口偏距
Z[5N+14]≠0 And H≠0⇒Z[5N+12]+(Z[5N+14]-H)i→Z[5N+12]↵
                                                 输入了边桩实测高程时
If ImP(Z[5N+9])<0 And H≠0↵
Then "HL(m)=":H◢                                 显示左边桩设计高程
IfEnd:If ImP(Z[5N+9])≥0 And H≠0↵
Then "HR(m)=":H◢                                 显示右边桩设计高程
IfEnd:Abs(Z[5N+12])=0⇒Return↵
"a+hi(m)=":Z[5N+12]◢                             显示坡口开口偏距及填(+)挖(-)高差复数
Return
```

⑥ SUB2-86,占用内存 852 字节

功能 计算并显示加桩边桩坐标。

入口变量 中桩坐标复数 U,走向方位角 T,左/右偏角 K,左/右边距 M,挖填边坡控制系数 W,路基标准横断面设计数据矩阵 Mat A,路基超高横坡设计数据矩阵 Mat B,加桩路基与挖填边坡主点数据矩阵 Mat C。

中间变量 V, Z[5N+3], L。

出口变量 左/右边桩坐标复数 O,设计高程 H,路基左/右幅超高横坡度复数 G。

```
"ANGLE(0⇒NO,-L+R(Deg)="?→K↵                      输入左(-)或右(+)偏角
K=0⇒Return↵                                      偏角为 0 时返回
T+K→V:K>0⇒V+180→V↵                               中桩→左边桩方位角
0→Z[5N+13]↵                                      设置搜索超高横坡度标记
Z[5N+3]>0 And (K=-90 Or K=90)⇒Prog "SUB2-8B"↵
                                                 计算左右横坡度与路基横断面主点数据
If Z[5N+13]=1:Then "iL(%)=":ReP(G)◢              显示加桩路基左横坡度
IfEnd↵
Do:"WL(m),0⇒NO="?→M↵                             输入左边距 M
0→H:M=0 Or M<-2.2⇒Break↵                         M=0 或边距系数非法时结束左边桩坐标计算
If M<0:Then "T(>0),W(<0),NO(0)="?→W↵             正数填方/负数挖方/0 不计算
W=0⇒Break↵                                       跳出 Do 循环
-M→M:4Int(M)+20Frac(M)-5→L↵                      变换负数边距系数为列号 1/3/5/7
If W>0:Then Mat C[1,5]+Mat C[3,L]→M↵             生成填方边距系数的左边距值
Mat C[1,6]+Mat C[3,L+1]→H↵                       生成填方边距系数点的设计高程
```

```
Else Mat C[1,5]+Mat A[1,9]+Mat C[4,L]→M↵          生成挖方边距系数的左边距值
Mat C[1,6]+Mat C[4,L+1]→H↵                          生成挖方边距系数的设计高程
IfEnd:IfEnd↵
U+M∠V→O↵                                            左边桩坐标复数 O
"XL+YLi(m)=":O◢                                     显示左边桩坐标复数
-M→M↵                                                设置左边距为负数
Z[5N+2]>0 And Z[5N+13]=1 And H=0⇒Prog "SUB2-8C"↵   左边桩设计高程
If H≠0:Then "HL(m)=":H◢                             显示左边桩设计高程
IfEnd:ReP(Z[5N+6])≠π⇒Prog "SUB2-87"↵               显示左边桩极坐标放样参数
LpWhile M≠0↵
If Z[5N+13]=1:Then "iR(%)=":ImP(G)◢                 显示加桩右横坡度
IfEnd↵
Do:"WR(m),0⇒NO="?→M↵                                输入右边距
0→H:M=0 Or M<-2.2⇒Break↵        M=0 或边距系数非法时结束右边桩坐标计算
If M<0:Then "T(>0),W(<0),NO(0)="?→W↵               正数填方/负数挖方/0 不计算
W=0⇒Break↵                                           跳出 Do 循环
-M→M:4Int(M)+20Frac(M)-5→L↵                         变换边距系数为列号 1/3/5/7
If W>0:Then Mat C[2,5]+Mat C[3,L]→M↵               生成填方边距系数的右边距值
Mat C[2,6]+Mat C[3,L+1]→H↵                          生成填方边距系数的设计高程
Else Mat C[2,5]+Mat A[1,9]+Mat C[4,L]→M↵          生成挖方边距系数的右边距值
Mat C[2,6]+Mat C[4,L+1]→H↵                          生成挖方边距系数的设计高程
IfEnd:IfEnd↵
U+M∠(V+180)→O↵                                      右边桩坐标复数 O
"XR+YRi(m)=":O◢                                     显示右边桩坐标复数
Z[5N+3]>0 And Z[5N+13]=1 And H=0⇒Prog "SUB2-8C"↵   右边桩设计高程
If H≠0:Then "HR(m)=":H◢                             显示左边桩设计高程
IfEnd:ReP(Z[5N+6])≠π⇒Prog "SUB2-87"↵               显示右边桩极坐标放样参数
LpWhile M≠0↵
Return
```

⑦ SUB2−87，占用内存 88 字节

功能　计算与显示测站→放样点的方位角与平距。

入口变量　测站点坐标复数 Z[5N+6]，放样点坐标复数 O。

出口变量　测站点→后视点复数差 O，放样水平角 J，放样平距 Abs(S)。

```
O-Z[5N+6]→O:Arg(O)→J↵                               测站点→放样点辐角
J<0⇒J+360→J↵                                         测站点→放样点方位角
"α=":J▸DMS◢                                          显示测站→放样点方位角
```

```
"HD(m)=":Abs(O)◢                                        显示测站点→放样点平距
Return
```

⑧ SUB2－88，占用内存 82 字节

功能　连续桩号→设计桩号。

入口变量　连续桩号 Z。

出口变量　设计桩号 Z。

```
For 1→B To Z[5N+1]↵                                    在断链数据中后→前搜索
Z>List X[N+1+B]⇒Z－List Freq[N+1+B]→Z↵                 连续桩号→设计桩号
Next:Return
```

⑨ SUB2－89，占用内存 294 字节

功能　设计桩号→连续桩号。

入口变量　设计桩号 Z，Z[5N＋8]＝0 时，显示长链重桩区桩号与断链号。

中间变量　B，P，O。

出口变量　连续桩号 Z。

```
For Z[5N+1]→B To 1 Step -1↵                           在断链数据中由前→后搜索
N+1+B→P:If List Freq[P]>0↵                                              长链
Then If Z≧List Y[P] And Z≦List X[P]↵                          加桩位于长链重桩区
Then If Z[5N+8]=0:Then "+Break Z(m)=":Z+Bi◢
                                                  显示长链重桩区桩号+长链号 i 复数
IfEnd:"BACK(0),+Break,FRONT(≠0)="?→O↵             输入 0 在长链桩后，否则在长链前
O≠0⇒Z+List Freq[P]→Z:Goto R:IfEnd↵                       加桩在长链桩前时加长链值
If Z>List X[P]:Then Z+List Freq[P]→Z↵
Goto R:IfEnd↵
Else If Z>List X[P] And Z<List Y[P]↵                          加桩位于短链空桩区
Then "in -Break PEG n=":B◢                            显示加桩位于短链空桩区及断链号
2π→Z:Return:IfEnd↵                                          为加桩号赋 2π 值返回
Z≧List Y[P]⇒Z+List Freq[P]→Z:IfEnd↵
Lbl R:Next↵
Return
```

⑩ SUB2－8A，占用内存 398 字节

功能　计算中桩设计高程。

入口变量　加桩号 Z。

中间变量　I，J，L，V，Q，V，D，A，B，C，G，M，W，O。

出口变量　加桩设计高程 H。

```
N+2+Z[5N+1]→I↵                                        竖曲线起点在统计串列的行号
I+1+2Z[5N+2]→J↵                                       竖曲线终点在统计串列的行号
```

```
Z<List X[I] Or Z>List X[J]⇒Return ↵              加桩位于计算区间外时返回
For 1→I To Z[5N+2]+1 ↵                            按变坡点号搜索加桩区间
N+Z[5N+1]+2I→J ↵                                  竖曲线起点统计串列行号
If Z≧List X[J] And Z≦List X[J+1]↵                 加桩位于直线坡道
Then Z−List X[J]→L ↵                              直线坡道起点→加桩平距 L
List Y[J]+0.01LList Freq[J]→H ↵                   直线坡道加桩设计高程 H
Break:IfEnd ↵
If Z>List X[J+1] And Z≦List X[J+2]↵               加桩位于竖曲线坡道
Then Z−List X[J+1]→L:List Freq[J+1]→V ↵           加桩线长 L,竖曲线半径 V
1→Q:V<0⇒-1→Q:Abs(V)→V ↵                           生成竖曲线凸凹系数±1
tan⁻¹(0.01List Freq[J])→D ↵                       竖曲线坡道角 τ1
2QVsin(D)−L→A:2Vcos(D)→B:-L→C ↵                  一元二次方程系数 a,b,c
√(B²−4AC)→G ↵                                     方程中间数据 G
tan⁻¹((-B+G)÷(2A))→M ↵                            方程的两个解
tan⁻¹((-B−G)÷(2A))→W ↵
M→O:W>0 And W≦0.5Abs(ImP(Z[5N+2I+15]))⇒W→O ↵     选择最终解
List Y[J+1]+Ltan(D−QO)→H ↵                        竖曲线段加桩高程 H
Break:IfEnd:Next ↵
Return
```

⑪ SUB2－8B,占用内存 890 字节

功能 计算加桩左右横坡度复数 G = $i_L + i_R$i。

入口变量 加桩号 Z,中桩设计高程 H。

中间变量 B, C, D, E, K, I, P, L,路基标准横断面设计数据矩阵 Mat A,路基超高横坡设计数据矩阵 Mat B,加桩路基与挖填边坡主点数据矩阵 Mat C。

出口变量 左右横坡度复数 G=$i_L + i_R$i,渐变系数 K,路基横断面与一二级边坡主点数据矩阵 Mat C,搜索到加桩超高横坡度时设置标记数值 Z[5N+13]=1,否则设置 Z[5N+13]=0。

```
For 1→I To Z[5N+3]−1 ↵                            在所有超高横坡度连续桩号间搜索
Int(I÷3+2⌟3)→B:3I−9B+7→C ↵                        起超高横坡桩号所在行号 B/列号 C
Int((I+1)÷3+2⌟3)→D:3(I+1)−9D+7→E ↵               始超高横坡桩号所在行号 D/列号 D
If Z≧Mat B[B,C] And Z≦Mat B[D,E]↵                 连续桩号比较
Then (Z−Mat B[B,C])÷(Mat B[D,E]−Mat B[B,C])→K ↵   线性渐变系数 K
Mat A[3,9]≠0⇒K²(3−2K)→K ↵                         超高横坡度为三次抛物线渐变时
Mat B[B,C+2]+(Mat B[D,E+2]−Mat B[B,C+2])K→G ↵     加桩右幅超高横坡度
Gi+Mat B[B,C+1]+(Mat B[D,E+1]−Mat B[B,C+1])K→G ↵
                                                  加桩左/右幅超高横坡度复数
1→Z[5N+13]:Break:IfEnd:Next ↵                     搜索到超高横坡度标记
```

```
Z[5N+13]=0⇒Return↵                                    未搜索到超高横坡时返回
Mat A[1,4]→Mat C[1,1]:H→Mat C[1,2]↵                   左幅中分带外缘边距与设计高程
Mat A[1,4]+Mat A[1,3]→Mat C[1,3]↵                     左幅硬路肩外缘边距
H-0.01ReP(G)Mat A[1,3]→Mat C[1,4]↵                    设计高程
Mat C[1,3]+Mat A[1,1]→Mat C[1,5]↵                     左幅土路肩外缘边距
Mat A[1,2]→L:ReP(G)>L⇒ReP(G)→L↵                       提取土路肩横坡度
Mat C[1,4]-0.01LMat A[1,1]→Mat C[1,6]↵                设计高程
Mat A[1,5]→Mat C[2,1]:H→Mat C[2,2]↵                   右幅中分带外缘边距与设计高程
Mat A[1,5]+Mat A[1,6]→Mat C[2,3]↵                     右幅硬路肩外缘边距
H-0.01ImP(G)Mat A[1,6]→Mat C[2,4]↵                    设计高程
Mat C[2,3]+Mat A[1,8]→Mat C[2,5]↵                     右幅土路肩外缘边距
Mat A[1,7]→L:ImP(G)>L⇒ImP(G)→L↵                       提取土路肩横坡度
Mat C[2,4]-0.01LMat A[1,8]→Mat C[2,6]↵                设计高程
For 2→I To 3:1→P:I=3⇒-1→P↵                            填(1)挖(-1)方控制系数
For 1→K To 7 Step 2↵                                  在一、二级边坡内循环
If K=1:Then 0→O↵
Else Mat C[I+1,K-2]+Mat C[I+1,K-1]i→O:IfEnd↵          确定基准主点
If K=1 Or K=5↵                                        计算边坡平台主点
Then ReP(O)+Abs(Mat A[I,K]Mat A[I,K+1])→Mat C[I+1,K]↵边坡平台主点边距
ImP(O)-PMat A[I,K+1]→Mat C[I+1,K+1]:IfEnd↵            边坡平台主点设计高差
If K=3 Or K=7↵                                        计算平台主点
Then ReP(O)+Mat A[I,K+1]→Mat C[I+1,K]↵                平台主点边距
ImP(O)-0.01Mat A[I,K]Mat A[I,K+1]→Mat C[I+1,K+1]:IfEnd↵
                                                      平台主点设计高差
Next:Next:Return
```

⑫ SUB2-8C,占用内存556字节

功能 计算加桩左/右边桩设计高程 H。

入口变量 左/右边距代数值 M(左负右正),左/右路基横坡度复数 $G=i_L+i_R\mathrm{i}$,挖填边坡控制系数 W。

中间变量 I, K, W, D, J, O, S, Q, P,加桩路基与挖填边坡主点数据矩阵 Mat C。

出口变量 边桩设计高程 H,坡口开口偏距+挖填高差复数 Z[5N+12]。

```
0→Z[5N+12]:2→I:ImP(G)→K↵                              左/右边桩控制系数,左/右横坡度K
If M<0:Then Abs(M)→M:1→I:ReP(G)→K:IfEnd↵
If M≦Mat C[I,1]↵                                      边桩位于左/右中分带内
Then Mat C[I,2]→H:Return:IfEnd↵                       左/右边桩设计高程
If M≦Mat C[I,3]↵                                      边桩位于左/右车道及硬路肩内
```

```
Then Mat C[I,2]−0.01K(M−Mat C[I,1])→H:Return:IfEnd↵    左/右边桩设计高程
If M≦Mat C[I,5]↵    边桩位于左/右土路肩内
Then Mat C[I,4]+(Mat C[I,6]−Mat C[I,4])(M−Mat C[I,3])÷(Mat C[I,5]−Mat C[I,3])→H:Return:IfEnd↵    左/右边桩设计高程
"T(>0),W(<0),NO(0)="?→W↵    输入正数为填方/负数为挖方
W=0⇒Return↵    不计算边桩设计高程时返回
If W>0:Then 0→D:3→J↵    填方边沟宽及 Mat C 主点行号
Else Mat A[1,9]→D:4→J:IfEnd↵    挖方边沟宽 D 及 Mat C 主点行号 J
M−Mat C[I,5]−D→S↵    边桩相对与填/挖方土路肩外缘边距差
If S≦0:Then Mat C[I,6]→H:Return:IfEnd↵    挖方边沟内设计高程
For 1→K To 7 Step 2↵    在一、二级边坡内搜索
If K=1:Then 0→O↵    确定起点边距及其设计高程复数
Else Mat C[J,K−2]+Mat C[J,K−1]i→O:IfEnd↵
If S≦Mat C[J,K]↵
Then (S−ReP(O))÷(Mat C[J,K]−ReP(O))→Q↵    内插设计高程边距比例系数
Mat C[I,6]+ImP(O)+Q(Mat C[J,K+1]−ImP(O))→H↵    内插边桩设计高程
Break:IfEnd:Next↵
S−Mat C[J,1]→Z[5N+12]:S−Mat C[J,5]→P↵    计算两个坡口开口偏距
Abs(P)<Abs(Z[5N+12])⇒P→Z[5N+12]↵    提取最小的坡口开口偏距代数值
Return
```

⑬ SUB2−8D，占用内存 332 字节

功能 根据墩台中心走向方位角，中桩坐标复数，矩阵 Mat D 存储的桥墩桩基坐标，计算桥墩桩基测量坐标及其极坐标放样参数。

入口变量 用户输入的桥墩号 *S*，桥墩中桩走向方位角 Z[24]，桥墩中桩坐标 Z[27]。

中间变量 *L*，*S*，*X*，*Y*，*J*，*K*，*O*。

出口变量 桥墩桩基点测量坐标 *X*，墩台中桩→桩基测量坐标差复数 *D*。

```
2Z[5N+9]−1→L↵    生成墩类 Mat D 矩阵起始行号
Do:"Sn,X+Yi(m),π⇒Next="?→S↵    输入桥墩桩基(stake)点号或墩台中心坐标复数
ReP(S)=π⇒Break↵    输入 π 结束程序
If Frac(S)=0 And ImP(S)=0↵    输入数据为桥墩桩基点号时
Then Mat D[L,Abs(S)]i+Mat D[L+1,Abs(S)]→X↵    生成桥墩桩基坐标复数
S<0⇒Conjg(X)→X↵    负数桩基号生成共轭复数
X×1∠ImP(Z[5N+10])→Y↵    生成桥墩桩基走向坐标复数(顾及偏角)
Else (ImP(S)+ReP(S)i)×1∠ImP(Z[5N+10])→Y:IfEnd↵
    生成直接输入桥墩桩基坐标复数
T+Arg(Y)→J↵    桥墩中心→桩基点测量方位角
```

```
If ReP(Z[5N+10])<0:Then U+Abs(ReP(Z[5N+10]))∠(T-90)→K↵
Else U+ReP(Z[5N+10])∠(T+90)→K:IfEnd↵
K+Abs(Y)∠J→O↵                                    桥墩桩基点坐标复数
"X+YSi(m)=":O◢                                   显示桥墩桩基(stake)点测量坐标复数
ReP(Z[5N+6])≠π⇒Prog "SUB2-87"↵                   显示桩基极坐标放样参数
LpWhile S≠π:Return
```

⑭ SUB2-8E,占用内存 1 172 字节

功能　计算隧道超欠挖值。

入口变量　隧道测点垂点连续桩号 Z,测点“断面高差+边距 i”复数 Z[5N+9]

中间变量　A, I, K, L, P, Q, X, Y, T, R, C, D, G, V, M, S。

出口变量　隧道“超欠挖值+轮廓线元号 i”复数。

```
Z[5N+11]=2⇒0→Z[5N+10]↵                           净空测量外偏距为 0
0→A:For 1→I To Z[5N+5]-1↵                        在 Mat E 矩阵按行搜索垂点连续桩号位置
Int(I÷2+0.5)→K:4I-8K+5→L↵                        Mat E 矩阵起点行号 K/列号 L
Int((I+1)÷2+0.5)→P:4(I+1)-8P+5→Q↵               Mat E 矩阵终点行号 P/列号 Q
Mat E[P,Q]→Q:Mat E[K,L]→P↵
If Z≧P And Z≦Q↵
Then Z[5N+11]=1⇒Mat E[K,L+1]→Z[5N+10]↵          外偏距=“二衬厚+预留变形量”
Z[5N+11]=0⇒Mat E[K,L+1]+Mat E[K,L+2]→Z[5N+10]↵
                                                 外偏距=“二衬厚+预留变形量+一衬厚”
Z[5N+10]+Mat E[K,L+3]i→Z[5N+10]↵                “外偏距+隧中偏距 i”复数
1→A:Break:IfEnd:Next↵
If A=0:Then Int(Z[5N+5]÷2+0.5)→K↵               Mat E 矩阵末点行号 K
4Z[5N+5]-8K+5→L↵                                 Mat E 矩阵末点列号 L
Z[5N+11]=1⇒Mat E[K,L+1]→Z[5N+10]↵               外偏距=“二衬厚+预留变形量”
Z[5N+11]=0⇒Mat E[K,L+1]+Mat E[K,L+2]→Z[5N+10]↵
                                                 外偏距=“二衬厚+预留变形量+一衬厚”
Z[5N+10]+Mat E[K,L+3]i→Z[5N+10]↵                “外偏距+隧中偏距 i”复数
IfEnd↵
Z[5N+9]-ImP(Z[5N+10])i→Z[5N+9]↵                 用隧中偏距改正测点隧中坐标
ImP(Z[5N+9])→X:ReP(Z[5N+9])→Y↵                  转存测点隧中坐标
100→P:For 1→I To Z[5N+4]↵                        全部轮廓线元搜索最短超欠挖值
I+1→T:I=Z[5N+4]⇒1→T↵                             提取轮廓线元终点号
Mat D[I,3]→R↵                                    轮廓线元半径
If R=0:Then Mat D[T,5]-Mat D[I,5]→C↵            轮廓线元为直线的起讫坐标差
Mat D[T,4]-Mat D[I,4]→D:IfEnd↵
```

```
If R=0 And C=0↵                                  轮廓线元为水平直线
Then Mat D[I,5]-Y→G↵                             轮廓线元为水平直线的超欠挖值G
Mat D[T,4]→K:Mat D[I,4]→L↵
If X≧K And X≦L And Abs(G)<Abs(P)↵
Then G→P:I→V:IfEnd:IfEnd↵                        存测点“超欠挖值+线元号i”复数
If R=0 And D=0↵                                  轮廓线元为垂直线
Then X-Mat D[I,4]→G↵                             轮廓线元为垂直线的超欠挖值G
Mat D[T,5]→K:Mat D[I,5]→L↵
If Y≧K And Y≦L Or Y≧L And Y≦K↵
Then C>0⇒-G→G↵                                  +Y轴方向线元变换超欠挖值符号
If Abs(G)<Abs(P):Then G→P:I→V↵                  存测点“超欠挖值+线元号i”复数
IfEnd:IfEnd:IfEnd↵
If R=0 And C≠0 And D≠0↵                          轮廓线元为倾斜直线
Then D÷C→K:Mat D[I,4]-KMat D[I,5]→B↵
Abs(KY-X+B)÷√(K²+1)→G↵                           倾斜直线超欠挖绝对值
Arg(C+Di)→L:L<0⇒L+360→L↵                        倾斜直线起讫点隧中断面方位角
Arg(Z[5N+9]-Mat D[I,5]-Mat D[I,4]i)→M↵          线元起点→测点辐角
M<0⇒M+360→M↵                                    线元起点→测点隧中断面方位角
M-L→Q:Q<0⇒Q+360→Q↵                              归零后的线元起点→测点隧中断面方位角
Q<180⇒-G→G:IfEnd↵
Z[5N+9]-Mat D[I,2]-Mat D[I,1]i→S↵               轮廓线元圆心→测点坐标差复数
Arg(S)→J:J<0⇒J+360→J↵                           线元圆心→边桩点隧中方位角
R>0⇒Abs(S)-Mat D[I,3]→G↵                        测点圆曲线元超欠挖值
Mat D[I,6]→Q:Mat D[T,6]→K↵                       转存矩阵线元隧中方位角
If I=1 And (J≧Q Or J≦K) And Abs(G)<Abs(P)↵
Then G→P:I→V:IfEnd↵                              1号拱顶线元“超欠挖值+线元号i”复数
If I>1 And J≧Q And J≦K And Abs(G)<Abs(P)↵
Then G→P:I→V:IfEnd:Next↵
P-ReP(Z[5N+10])→P↵                               超欠挖值减二衬轮廓线外偏距
"μr(m)+ni=":P+Vi◢                                显示“超欠挖值+轮廓线元号i”复数
Z[5N+11]≠2⇒Prog "SUB2-8F"↵                      隧道二衬轮廓线净空测量
Return
```

⑮ SUB2-8F,占用内存574字节

功能 计算隧道断面测点至计算轮廓线边缘的水平移距与垂直移距。

入口变量 隧道测点垂点连续桩号 Z,测点超欠挖代数值 P,测点线元号 V。

中间变量 R, Q, D, T, Q, D, T。

出口变量　隧道“水平移距＋垂直移距 i”复数 Y。

```
If Mat D[V,3]>0:Then Mat D[V,3]+ReP(Z[5N+10])→R↵    圆弧线元半径+外偏距
Z[5N+9]-Mat D[V,2]-Mat D[V,1]i→Q↵    线元圆心→测点隧中坐标差复数
If R>Abs(ReP(Q)):Then √(R²-ReP(Q)²)→D↵    测点水平线交点 Y 坐标绝对值
ImP(Z[5N+9])-Mat D[V,1]-D→Y↵    测点位于+X 轴的水平移距
ImP(Z[5N+9])<Mat D[V,1]⇒Mat D[V,1]-D-ImP(Z[5N+9])→Y↵
                                                        测点位于-X 轴的水平移距
If V=(Z[5N+4]+2)÷2↵    单线铁路隧道测点 X>仰拱主点 X 时水平移距赋 0
Then Mat D[V-1,3]=0 And ReP(Z[5N+9])>Mat D[V,5]-ReP(Z[5N+10])⇒0→
Y:IfEnd↵
Else 0→Y:IfEnd↵    水平移距赋 0
If R>Abs(ImP(Q)):Then √(R²-ImP(Q)²)→D↵    测点垂直线交点 X 坐标绝对值
ReP(Z[5N+9])-Mat D[V,2]-D→T↵
ReP(Z[5N+9])<Mat D[V,2]⇒Mat D[V,2]-D-ReP(Z[5N+9])→T↵测点垂直移距
Else 0→T:IfEnd↵    垂直移距赋 0
Y+Ti→Y↵    “水平移距+垂直移距 i”复数
Else If V=Z[5N+4]↵
Then Mat D[1,5]+Mat D[1,4]i→T↵    直线线元终点隧中坐标复数
Else Mat D[V+1,5]+Mat D[V+1,4]i→T:IfEnd↵
T-Mat D[V,5]-Mat D[V,4]i→Q↵    直线线元起讫点隧中坐标复数差
ReP(Q)=0 Or ImP(Q)=0⇒0→Y↵    线元为水平或垂直直线时不显示
If ReP(Q)≠0 And ImP(Q)≠0↵
Then Arg(Q)→K:ReP(P)÷Abs(cos(K))→Y:IfEnd:IfEnd↵
If Abs(Y)>0:Then "a+hi(m)=":Y◢    显示“水平移距+垂直移距 i”复数
IfEnd:Return
```

3）数据库子程序

QH2－8T 数据库子程序文件名的命名规则及其输入方法与 QH2－7T 程序相同。

4）程序计算的统计串列平曲线主点数据与断链桩数据说明

执行 QH2－8T 程序，屏幕提示“**NEW(0),OLD(≠0) DATA="?"**”，输入 0 响应时，程序自动调用数据库子程序计算平竖曲线的主点数据及断链桩数据，并将结果存入统计串列。存储在统计串列数据的意义列于表 3－15。

表 3－15　QH2-8T 程序平竖曲线主点数据及断链桩数据统计串列规划

行号	List X	List Y	List Freq	说　明
1	起点连续桩号	x_s	y_s	平曲线起点连续桩号/中桩坐标
2	线元 1 终点连续桩号	x_1	y_1	线元 1 终点连续桩号/中桩坐标

续表

行号	List X	List Y	List Freq	说　明
3	线元 2 终点连续桩号	x_2	y_1	线元 2 终点连续桩号/中桩坐标
	⋮	⋮	⋮	⋮
$N+1$	线元 N 终点连续桩号	x_e	y_e	平曲线终点连续桩号/中桩坐标
$N+2$	断链 1 后桩号	断链 1 前桩号	断链值 1	断链桩数值
$N+3$	断链 2 后桩号	断链 2 前桩号	断链值 2	断链桩数值
⋮	⋮	⋮	⋮	⋮
$N+D+1$	断链 D 后桩号	断链 D 前桩号	断链值 D	断链桩数值
$N+D+2$	起点连续桩号	起点高程	i_s	竖曲线起点数据
$N+D+3$	SZY_1 连续桩号	SZY_1 高程	$\pm R_1$	竖曲线 SZY_1 点数据
$N+D+4$	SYZ_1 连续桩号	SYZ_1 高程	i_1	竖曲线 SYZ_1 点数据
$N+D+5$	SZY_2 连续桩号	SZY_2 高程	$\pm R_2$	竖曲线 SZY_2 点数据
$N+D+6$	SYZ_2 连续桩号	SYZ_2 高程	i_2	竖曲线 SYZ_2 点数据
⋮	⋮	⋮	⋮	⋮
$N+D+2S+3$	终点连续桩号	终点高程		竖曲线起点数据

注：N 为平曲线线元数，D 为断链桩数，S 为竖曲线变坡点数。

统计串列 1～$N+1$ 行存储 N 个平曲线线元的 $N+1$ 个主点的连续桩号及其中桩坐标。

与卡西欧二代图形编程器 fx-9750GⅡ/fx-9860GⅡ/fx-CG20 不同的是，fx-5800P 的统计串列单元只能存储实数，不能存储复数。

从第 $N+2$ 行开始的统计串列，用于存储断链桩数据，其中 List X[N+2]存储第一个断链桩的后桩号，List Y[N+2]存储第一个断链桩的前桩号（以路线走向为前进方向），List Freq[N+2]存储第一个断链桩的断链值，List Freq[N+2]单元的数值由程序将 List X[N+2]－List Y[N+2]的计算结果赋值得到，不需要在数据数据库子程序中赋值。List Freq[N+2]>0 时为长链，List Freq[N+2]<0 时为短链。

如果还有第 2 个断链桩，应将该断链桩数据赋值到统计串列的第 $N+3$ 行，其余断链桩数据的存储位置依次类推。程序对平曲线的断链桩个数没有限制，但要求平曲线、竖曲线、路基超高横坡度的断链桩必须对应相同。

设平曲线的断链桩数为 D，则最后一个断链桩数据在统计串列的行号为 $N+D+1$，主程序将算出的竖曲线主点数据从 $N+D+2$ 行开始存入统计串列。

竖曲线的每个变坡点有两个主点——SZY 与 SYZ，加上起点与终点，当有 S 个变坡点时，应有 $2+2S$ 个主点，每个主点数据占用统计串列一行，$2+2S$ 个主点数据存储在 $N+D+2$ 行～$N+D+2S+3$ 行的统计串列中，其中 List X 存储主点连续桩号，List Y 存储主点设计高程，List Freq 存储的数据是：起点、终点、SYZ 点存储该点的走向坡度，SZY 点存储竖曲线半径代数值，凸形竖曲线的半径为正数，凹形竖曲线的半径为负数。

5）额外变量存储器单元数据说明

QH2－8T 程序使用的额外变量存储器，是在数据库子程序中通过语句 **5N＋2S＋16→DimZ** 定义的，其中额外变量存储器 Z[1]～Z[5N]单元用于输入及存储 *N* 个平曲线的设计参数及其中间计算结果，详细参见表 3－1。Z[5N＋1]～Z[5N＋14]单元用于存储程序中间计算结果及控制系数，详细参见表 3－16。

表 3－16　额外变量 Z[5N＋1]开始的单元存储数据的意义

数据意义	单元	数据意义	单元
断链桩数 *D*	Z[5N＋1]	竖曲线变坡点数 *S*	Z[5N＋2]
路基超高横坡断面数 *C*	Z[5N＋3]	隧道二衬轮廓线线元数 *L*	Z[5N＋4]
洞身支护参数个数 *W*	Z[5N＋5]	测站点坐标复数	Z[5N＋6]
正算 1/反算 2/隧道 3/桥墩 4 系数	Z[5N＋7]	长链桩号显示控制系数	Z[5N＋8]
隧道测点“断面高差＋边距 i”复数/墩台“设计桩号＋墩类号 i”复数	Z[5N＋9]	二衬轮廓线“外偏距＋隧中偏距 i”复数/墩台“法向偏距＋走向偏角 i”复数	Z[5N＋10]
隧道超欠挖轮廓线类型 0/1/2	Z[5N＋11]	坡口“偏距＋挖填高差 i”复数	Z[5N＋12]
搜索到超高横坡度标记	Z[5N＋13]	边桩实测高程	Z[5N＋14]

Z[5N＋15]～Z[5N＋2S＋16]单元用于在数据库子程序中输入竖曲线起点、边坡点、终点数据，详细参见表 3－2。

3.14　中文彩色图形编程计算器 fx-CG20 及其程序简介

本节的内容来自于参考文献[1]。

1）fx-CG20 中文彩色图形编程计算器特点简介

fx-CG20 中文彩色图形编程计算器是卡西欧公司于 2010 年 10 月推出、专门为中国市场定制的二代图形编程计算器产品，键面见图 3－28 所示，它具有如下特点：

(1) 主菜单及其提示以中文字符显示，便于中国用户使用。

(2) 384×216 像素彩色图形屏幕显示，彩色显示颜色超过 65 000 种，用户可以根据需要，将执行程序的提示字符、计算结果、串列单元数据、图形等设置为彩色显示。

(3) 具有 61 kB 主内存，16 MB 存储器内存，主内存与存储器内存均使用闪存，更换电池不会丢失机内程序与数据。

(4) 内置 6 个串列文件——File 1～File 6，每个串列文件可以使用 26 个串列——List 1～List 26。用户可以在 MS-Excel 软件中输入串列数据，并存储为 csv 格式的逗号分隔文件，再将 csv 格式文件复制到计算器的存储器内存，然后在计算器的“统计”模式下执行 载入 命令，可将 csv 文件的数据读入计算器的当前串列文件中。

(5) 允许定义 26 个字母矩阵——Mat A～Mat Z，矩阵的最大行数或列数为 999，矩阵单元可以存储复数(fx-9860G/fx-9860G SD/fx-9860G Slim 图形机的矩阵单元不能存储复数)，可以直接对矩阵进行连续+，-，×，转置，行列式，赋值与求逆运算，便于使用矩阵编写严密平差程序。用户可以在 MS-Excel 软件中输入矩阵数据，存储为 csv 格式的逗号分隔文件，再将 csv 格式文件复制到计算器的存储器内存，然后在“计算·矩阵”模式下执行 载入 命令，可将 csv 文件的数据读入计算器的当前矩阵中。

(6) 屏幕顶部新增状态栏显示。在卡西欧的系列编程计算器中，状态栏显示只有工程编程计算器 fx-5800P 才有，二代图形编程计算器 x-9750GⅡ与 fx-7400GⅡ都没有状态栏显示。

(7) 使用类 BASIC 结构化程序语言，程序语言与 fx-9860G/fx-9860GSD/fx-9860GSlim，fx-9750GⅡ，fx-7400GⅡ，fx-5800P，fx-50F 基本相同。

用计算器标配的标准 USB 数据线与 PC 机的 USB 口连接，可以将计算器内存作为普通 U 盘使用，应用 Windows 的资源管理器，通过复制文件的方式实现计算器与 PC 机的数据与程序文件传输。fx-CG20 不再提供与 FA-124 的数据传输功能。

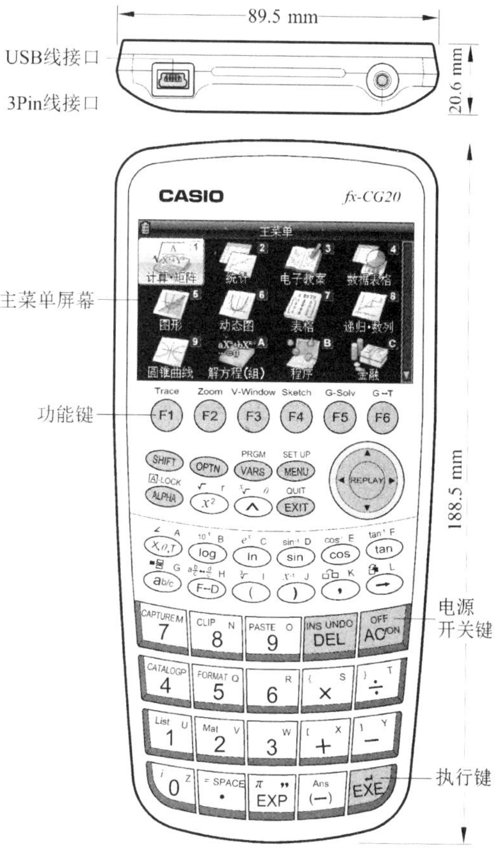

图 3-28　fx-CG20 图形编程计算器的键面

(8) fx-CG20 提供了三种输入程序的方法：① 在 FA-124 中输入并输出为 g1m 格式的程序文件，再将 g1m 文件复制到计算器内存，当复制到计算器主内存的“@Mainmem/Program”文件夹时，计算器自动转换为扩展名为 g3m 的同名可执行程序文件；当复制到计算器的存储器内存时，需要在“程序”模式执行 载入 命令，将其输入到主内存并自动生成 g3m 格式的同名可执行程序文件；② 使用 Windows 的记事本输入 txt 格式文本程序文件，再将 txt 文件复制到计算器主内存的“@Mainmem/Program”文件夹，计算器自动创建扩展名为 g3m 的同名可执行程序文件；③ 在 fx-CG20 中通过按键方式逐句输入程序。

使用计算器标配的 SB-62 数据线（与 fx-5800P 的数据线相同）连接两台计算器的 3Pin 口，可以在两台 fx-CG20 之间进行文件传输。

2）交点法任意路线或匝道曲线三维坐标计算程序 Q2C8/H2C8 简介

其中 Q2C8.g1m 为 fx-CG20 源程序文件，H2C8.exe 为配套的 PC 机成果整理程序文件。用户只需要将参考文献[1]标配光盘的 Q2C8.g1m 文件复制到 fx-CG20 的存储器内存，再操作 fx-CG20，将 Q2C8.g1m 文件载入机器主内存即可执行，不需要用户重复输入。

(1) Q2C8 程序功能简介

本书的 fx-5800P 程序 QH2－7T 只能对单个交点平曲线进行三维坐标计算，而 fx-CG20 的 Q2C8 程序可以对最多 100 个交点的平曲线(允许含任意个断链)进行三维坐标计算，具有三维坐标正算、正交反算、斜交反算、超高与边桩设计高程计算、特大型桥梁的桥墩桩基坐标计算与隧道超欠挖计算等功能。

(2) Q2C8 程序平竖曲线设计数据的输入与存储

① 平竖曲线设计数据的输入

由于 fx-CG20 设置有 6 个串列文件——File1～File6，每个串列文件又设置有 List 1～List 26 共 26 个串列，因此 Q2C8 程序是将路线或匝道的平竖曲线设计数据预先输入到一个串列文件中，6 个串列文件，最多允许输入 6 条路线或匝道的设计数据，用户通过修改当前串列文件名，来选择需要计算的路线或匝道。

fx-CG20 串列文件的 26 个串列 List 1～List 26 数据与 MS-Excel 的 A～Z 列名数据对应，用户只需要按 Q2C8 程序的设计数据串列规划要求，在 MS-Excel 的 A～Z 列输入平竖曲线设计数据，并另存为 Filen. csv 格式文件(n 为 1～6 的整数)；将 Filen. csv 文件复制到 fx-CG20 的存储器内存，再操作 fx-CG20，设置 Filen 为当前串列文件，在“统计”模式执行 CSV / 载入 命令，将 Filen. csv 文件从存储器内存载入 fx-CG20 主内存。

② 平竖曲线主点数据计算

执行 Q2C8 程序，程序自动从当前串列文件中读取设计数据计算平竖曲线主点数据，并将中间结果及主点数据结果返存入当前串列文件。用户可以将完成主点数据计算后的串列文件另存到 fx-CG20 存储器内存保存为 Filen. csv 文件，以后需要时，只需要在“统计”模式执行 CSV / 载入 命令，将 Filen. csv 文件从存储器内存载入 fx-CG20 主内存即可。如果载入的 Filen. csv 文件为已经完成主点数据计算的串列文件，则再次执行 Q2C8 程序时，不需要再重复计算平竖曲线主点数据。

(3) 矩阵数据的输入与存储

执行 Q2C8 程序的超高及边桩设计高程计算、桥墩桩基坐标、隧道超欠挖计算时，需要预先将这些计算所需要的设计数据输入到指定的矩阵中。

① 路基标准横断面及其超高横坡数据的输入

Q2C8 程序也是用 Mat A 矩阵存储路基标准横断面设计数据，用 Mat B 矩阵存储左线路基超高横坡数据，Mat C 矩阵存储右线路基超高横坡数据，这样就可以使左右分离式路基的两个平竖曲线串列文件共用相同的 Mat A，Mat B 与 Mat C 矩阵数据。

由于 fx-CG20 有 Mat A～Mat Z 等 26 个矩阵，每个矩阵的行列数最大可以为 999，因此，Mat A 矩阵允许输入 50 个路基标准横断面设计数据，且可以输入一～四级挖填边坡数据；只要内存允许，Mat B 与 Mat C 矩阵最多可以输入 500 个路基超高横坡数据。

用户可以在 MS-Excel 中输入与编辑矩阵数据，并另存为 MAT_N. csv 格式文件(N 为 A～Z 之间的字母)；将 MAT_N. csv 文件复制到 fx-CG20 的存储器内存，再操作 fx-CG20，将 MAT_N. csv 文件从存储器内存载入机器主内存，即可将数据载入机器的矩阵存储器。

② 桥墩桩基坐标数据的输入

Q2C8 程序用 Mat V 矩阵存储桥墩的墩台中心桩基坐标数据，用 Mat U 矩阵存储桥墩的墩台中心设计数据，只要内存允许，各可以存储 500 组数据，可以计算任意特大型桥梁的桩基坐标。可以在 MS-Excel 中输入与编辑 Mat V 与 Mat U 矩阵的数据。

③ 隧道超欠挖数据的输入

Q2C8 程序用 Mat Z 矩阵存储隧道二衬轮廓线主点数据，用 Mat Y 矩阵存储左洞围岩洞身支护参数，用 Mat X 矩阵存储右洞围岩洞身支护参数，这样就可以使左右洞分离式路基的两个平竖曲线串列文件共用相同的 Mat Z, Mat Y 与 Mat X 矩阵数据。

只要内存允许，最多可以存储 50 类二衬轮廓线主点数据，可以存储 500 组围岩洞身支护参数。可以将一个标段内的数十个隧道数据全部输入到机器主内存，程序能自动选择相应类的二衬轮廓线主点数据进行隧道超欠挖计算。

例如，图 2-49 所示的白岩脚隧道实际上有图 2-50 和图 2-51 所示的 5 类二衬轮廓线主点数据，当测点桩号位于两类二衬轮廓线交界处时，Q2C8 程序能根据存储在洞身支护参数矩阵中的二衬轮廓线类号自动选择相应的二衬轮廓线主点数据计算，案例如下：

屏幕提示	按　键	说　　明
JD curve xyH Q2C8		显示程序标题
new(0)/old(≠0) main point data=?	**0** EXE	输入 0 为重新计算主点数据
i_L%, i_R% Mat B(1)/Mat C(2)/no(0)=?	**0** EXE	输入 0 为没有超高横坡表矩阵
hor－curve first JD num=?	**1** EXE	输入平曲线起始交点号
ver－curve first SJD num=?	**1** EXE	输入竖曲线起始变坡点号，耗时 22.33 s
Z_{ZD}(m)=34065.0000	EXE	显示平曲线终点桩号，耗时 34.11 s
α_{ZD}=53°58′06.9″	EXE	显示平曲线终点走向方位角
Press [MENU][2]⇛Stop!	EXE	继续计算
st xy new(0)/old(>0)/no(<0)=?	**-1** EXE	输入任意负数为不输入测站点坐标
peg→xyH(1)/xy→peg(2)/ xyH→δr(3)/pier(4)=?	**3** EXE	输入 3 隧道超欠挖，1 正算/2 反算 /4 桥墩桩基放样
Mat Y(0)/Mat X(≠0)=?	**0** EXE	输入 0 选择 Mat Y 矩阵洞身支护参数
contour line(1/0/2)=?	**1** EXE	输入 1 选择初期支护轮廓线
ClrMat W(0), no(≠0)=?	**0** EXE	输入 0 为清除前已存储的测点数据
p peg(m)=7525.2501	EXE	显示垂足点桩号，耗时 2.27 s
δr(m)+ni=0.1036+5.0000i	EXE	显示超挖法距及测点位于5 类二衬轮廓线
←→+↑↓i(m)=0.0000+0.1040i	EXE	显示水平与竖直移动距离复数
x_i(m)/π⇛end=?	**2985481.0697** EXE	输入全站仪实测 18 号掌子面点的坐标
y_i(m)=?	**476836.2807** EXE	
H_i(m)=?	**1355.801** EXE	
p peg(m)=7524.7501	EXE	显示垂足点桩号，耗时 2.27 s
δr(m)+ni=-0.0907+3.0000i	EXE	显示欠挖法距及测点位于3 类二衬轮廓线

续表

屏幕提示	按 键	说 明
←→+↑↓i(m)=-0.3339−0.0933i	EXE	显示水平与竖直移动距离复数
x_i(m)/π⇒end=?	**2985482.1455** EXE	输入全站仪实测19号掌子面点的坐标
y_i(m)=?	**476836.3435** EXE	
H_i(m)=?	**1355.7841** EXE	
x_i(m)/π⇒end=?	SHIFT π EXE	输入π结束程序
Q2C8⇒End		程序结束显示

需要特别说明的是,在上表中,Q2C8程序计算白岩脚隧道平竖曲线主点数据时间长达56.44 s,计算测点隧道超欠挖的时间也要2.27 s,似乎比较,这是因为,该标段的平竖曲线串列文件File5.csv输入了新建贵阳久长至永温铁路全线34.065 km、共23个交点的平竖曲线设计数据及全线19座隧道的全部二衬轮廓线主点数据与洞身支护参数,使用这些数据,用户可以对全线任意一座隧道进行隧道超欠挖计算。如果仅仅输入白岩脚一个隧道的平竖曲线数据,其计算一个隧道超欠挖的时间小于1 s,因为在同等条件下,fx-CG20的计算速度比fx-5800P快21倍。

Q2C8程序自动将用户输入的隧道掌子面测点的三维坐标、程序计算的测点隧中坐标、超欠挖值存入Mat W矩阵(最多允许存储40个测点的隧道测量数据),完成隧道一个断面的测量与计算后,在"计算·矩阵"模式下,执行 >矩阵 / CSV / 载入 命令,将Mat W矩阵数据另存到机器的存储器内存文件MAT_Wm.csv(m为0~99之间的整数)。重复执行Q2C8程序的隧道超欠挖功能,屏幕提示"**ClrMat W(0),no(≠0)=?**"时,输入0响应,清空Mat W矩阵,又可以存储下一个断面的隧道测量与超欠挖计算数据。

(4) 配套的PC机成果整理程序文件H2C8.exe简介

执行Q2C8程序,完成平竖曲线主点数据计算后,将当前串列数据输出为Filen.csv格式文件;完成若干个隧道断面的超欠挖测量后,将当前断面的隧道超欠挖矩阵Mat W的数据输出为MAT_Wn.csv格式文件,将这些文件从fx-CG20存储器内存复制到PC机的某个硬盘文件夹下,将参考文献[1]标配光盘的H2C8.exe程序文件也复制到PC机的该文件夹下,在Windows的资源管理器下,鼠标左键双击H2C8.exe程序文件,弹出图3-29所示的对话框中输入平竖曲线串列文件名File5/10(图3-29灰底色所示字符),其后的"/10"为需要计算的逐桩间距10 m,按Enter键,H2C8程序在该文件夹下创建一系列成果文件,详细参见图3-29所示。

其中的路线平曲线交点、主点及逐桩坐标文件Cafile5.dat内容见图3-30所示,可见,Cafile5.dat文件共含包含有3 532个点的坐标。该文件为用于南方测绘CASS展点的平曲线坐标文件。在南方CASS执行"绘图处理\展野外测点代码"下拉菜单命令,在弹出的文件选择对话框中选择Cafile5.dat文件,即可在CASS绘图区得到路线平曲线10逐桩间距的中桩坐标平面位置,以供用户绘制路线中线精确的平曲线图。

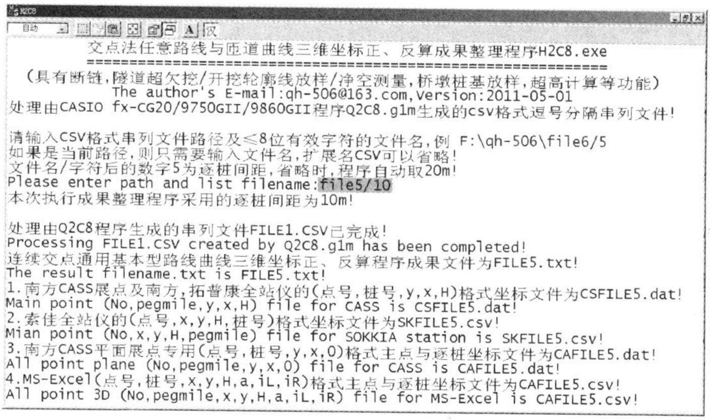

交点法任意路线与匝道曲线三维坐标正、反算成果整理程序H2C8.exe
==
(具有断链,隧道超欠挖/开挖轮廓线放样/净空测量,桥墩桩基放样,超高计算等功能)
The author's E-mail:qh-506@163.com,Version:2011-05-01
处理由CASIO fx-CG20/9750GII/9860GII程序Q2C8.g1m生成的csv格式逗号分隔串列文件!

请输入CSV格式串列文件路径及≤8位有效字符的文件名,例 F:\qh-506\file6/5
如果是当前路径,则只需要输入文件名,扩展名CSV可以省略!
文件名/字符后的数字5为逐桩间距,省略时,程序自动取20m!
Please enter path and list filename:file5/10
本次执行成果整理程序采用的逐桩间距为10m!

处理由Q2C8程序生成的串列文件FILE1.CSV已完成!
Processing FILE1.CSV created by Q2C8.g1m has been completed!
连续交点通用基本型路线曲线三维坐标正、反算程序成果文件为FILE5.txt!
The result filename.txt is FILE5.txt!
1.南方CASS展点及南方,拓普康全站仪的(点号,桩号,y,x,H)格式坐标文件为CSFILE5.dat!
Main point (No,pegmile,y,x,H) file for CASS is CSFILE5.dat!
2.索佳全站仪的(点号,x,y,H,桩号)格式坐标文件为SKFILE5.csv!
Mian point (No,x,y,H,pegmile) file for SOKKIA station is SKFILE5.csv!
3.南方CASS平面展点专用(点号,桩号,y,x,0)格式主点与逐桩坐标文件为CAFILE5.dat!
All point plane (No,pegmile,y,x,0) file for CASS is CAFILE5.dat!
4.MS-Excel(点号,桩号,x,y,H,a,iL,iR)格式主点与逐桩坐标文件为CAFILE5.csv!
All point 3D (No,pegmile,x,y,H,a,iL,iR) file for MS-Excel is CAFILE5.csv!

图 3-29 在 Windows 98 的资源管理器中执行成果整理程序 H2C8.exe 的操作界面

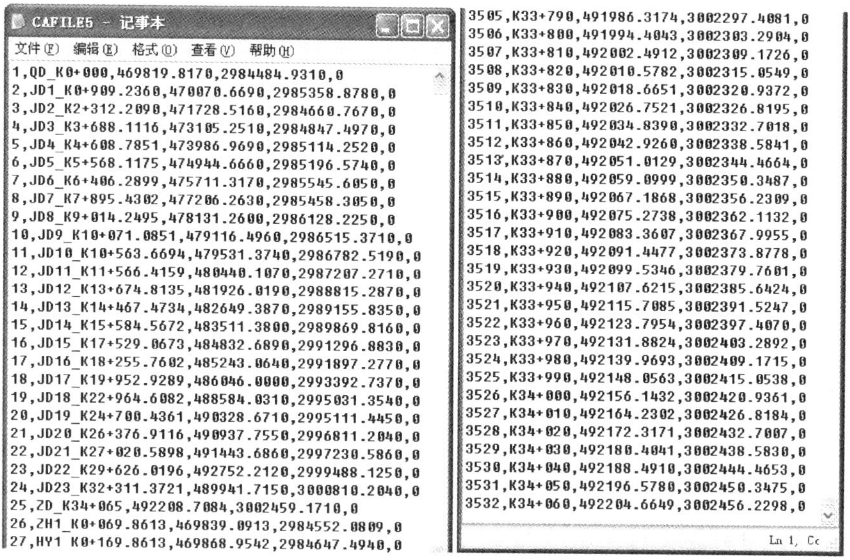

CAFILE5 - 记事本

文件(F) 编辑(E) 格式(O) 查看(V) 帮助(H)

1,QD_K0+000,469819.8170,2984484.9310,0
2,JD1_K0+909.2360,470070.6690,2985358.8780,0
3,JD2_K2+312.2090,471728.5160,2984660.7670,0
4,JD3_K3+688.1116,473105.2510,2984847.4970,0
5,JD4_K4+608.7851,473986.9690,2985114.2520,0
6,JD5_K5+568.1175,474944.6660,2985196.5740,0
7,JD6_K6+406.2899,475711.3170,2985545.6050,0
8,JD7_K7+895.4302,477206.2630,2985458.3050,0
9,JD8_K9+014.2495,478131.2600,2986128.2250,0
10,JD9_K10+071.0851,479116.4960,2986515.3710,0
11,JD10_K10+563.6694,479531.3740,2986782.5190,0
12,JD11_K11+566.4159,480440.1070,2987207.2710,0
13,JD12_K13+674.8135,481926.0190,2988815.2870,0
14,JD13_K14+467.4734,482649.3870,2989155.8350,0
15,JD14_K15+584.5672,483511.3800,2989869.8160,0
16,JD15_K17+529.0673,484832.6890,2991296.8830,0
17,JD16_K18+255.7602,485243.0640,2991897.2770,0
18,JD17_K19+952.9289,486046.0000,2993392.7370,0
19,JD18_K22+964.6082,488584.0310,2995031.3540,0
20,JD19_K24+700.4361,490328.6710,2995111.4450,0
21,JD20_K26+376.9116,490937.7550,2996811.2040,0
22,JD21_K27+020.5898,491443.6860,2997230.5860,0
23,JD22_K29+626.0196,492752.2120,2999488.1250,0
24,JD23_K32+311.3721,489941.7150,3000810.2040,0
25,ZD_K34+065,492208.7084,3002459.1710,0
26,ZH1_K0+069.8613,469839.0913,2984552.0809,0
27,HY1_K0+169.8613,469868.9542,2984647.4940,0

3505,K33+790,491986.3174,3002297.4081,0
3506,K33+800,491994.4043,3002303.2904,0
3507,K33+810,492002.4912,3002309.1726,0
3508,K33+820,492010.5782,3002315.0549,0
3509,K33+830,492018.6651,3002320.9372,0
3510,K33+840,492026.7521,3002326.8195,0
3511,K33+850,492034.8390,3002332.7018,0
3512,K33+860,492042.9260,3002338.5841,0
3513,K33+870,492051.0129,3002344.4664,0
3514,K33+880,492059.0999,3002350.3487,0
3515,K33+890,492067.1868,3002356.2309,0
3516,K33+900,492075.2738,3002362.1132,0
3517,K33+910,492083.3607,3002367.9955,0
3518,K33+920,492091.4477,3002373.8778,0
3519,K33+930,492099.5346,3002379.7601,0
3520,K33+940,492107.6215,3002385.6424,0
3521,K33+950,492115.7085,3002391.5247,0
3522,K33+960,492123.7954,3002397.4070,0
3523,K33+970,492131.8824,3002403.2892,0
3524,K33+980,492139.9693,3002409.1715,0
3525,K33+990,492148.0563,3002415.0538,0
3526,K34+000,492156.1432,3002420.9361,0
3527,K34+010,492164.2302,3002426.8184,0
3528,K34+020,492172.3171,3002432.7007,0
3529,K34+030,492180.4041,3002438.5830,0
3530,K34+040,492188.4910,3002444.4653,0
3531,K34+050,492196.5780,3002450.3475,0
3532,K34+060,492204.6649,3002456.2298,0

Ln 1, Cc

图 3-30 H2C8 程序创建的含平曲线交点、主点与 10 m 间距逐桩坐标文件 Cafile5.dat 首尾内容

图 3-29 并未显示 H2C8 程序创建的矩阵坐标文件 MATRIWm.dat。执行 H2C8 程序时,程序自动探测当前文件夹下是否有 MAT_Wm.csv(m 为 0~99 之间的整数)格式文件,如果有,则自动从 MAT_Wm.csv 系列文件中逐个读入矩阵数据,并逐个创建隧道测量隧中坐标文件 MATRIWm.dat。执行 H2C8 程序一次,最多可以处理 MAT_W0.csv~MAT_W99.csv 等 100 个文件,并在当前文件夹下,创建 MATRIW0.dat~MA TRIW99.dat 等 100 个隧中坐标文件。图 3-31 为 MATRIW0.dat 文件的内容,该文件的点号位数据为测点垂点桩号,编码位数据为测点的超欠挖值,高程位数据为测点所在二衬轮廓线类号。

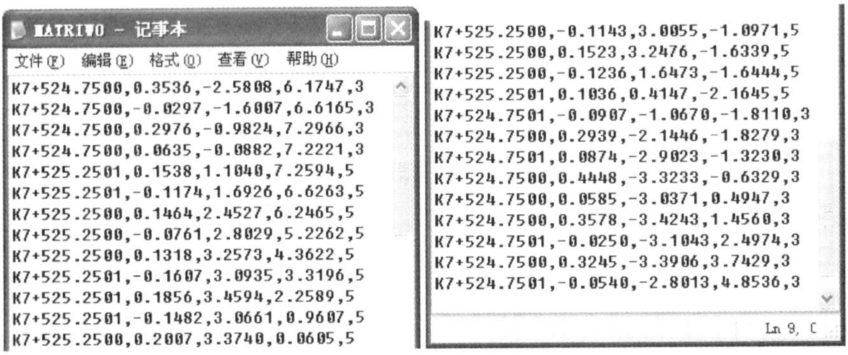

MATRIW0 - 记事本

文件(F) 编辑(E) 格式(O) 查看(V) 帮助(H)

```
K7+524.7500,0.3536,-2.5808,6.1747,3
K7+524.7500,-0.0297,-1.6007,6.6165,3
K7+524.7500,0.2976,-0.9824,7.2966,3
K7+524.7500,0.0635,-0.0882,7.2221,3
K7+525.2501,0.1538,1.1040,7.2594,5
K7+525.2501,-0.1174,1.6926,6.6263,5
K7+525.2500,0.1464,2.4527,6.2465,5
K7+525.2500,-0.0761,2.8029,5.2262,5
K7+525.2500,0.1318,3.2573,4.3622,5
K7+525.2501,-0.1607,3.0935,3.3196,5
K7+525.2501,0.1856,3.4594,2.2589,5
K7+525.2501,-0.1482,3.0661,0.9607,5
K7+525.2500,0.2007,3.3740,0.0605,5
K7+525.2500,-0.1143,3.0055,-1.0971,5
K7+525.2500,0.1523,3.2476,-1.6339,5
K7+525.2500,-0.1236,1.6473,-1.6444,5
K7+525.2501,0.1036,0.4147,-2.1645,5
K7+524.7501,-0.0907,-1.0670,-1.8110,3
K7+524.7500,0.2939,-2.1446,-1.8279,3
K7+524.7501,0.0874,-2.9023,-1.3230,3
K7+524.7500,0.4448,-3.3233,-0.6329,3
K7+524.7500,0.0585,-3.0371,0.4947,3
K7+524.7500,0.3578,-3.4243,1.4560,3
K7+524.7501,-0.0250,-3.1043,2.4974,3
K7+524.7500,0.3245,-3.3906,3.7429,3
K7+524.7501,-0.0540,-2.8013,4.8536,3
```

Ln 9, C

图 3-31　H2C8 程序创建的隧道超欠挖测量隧中坐标文件 MATRIW0. dat 内容

在南方 CASS 执行“绘图处理\展野外测点代码”下拉菜单命令，在弹出的文件选择对话框中选择 MATRIW0. dat 文件，即可在 CASS 绘图区得到本断面所有超欠挖测点的平面位置，点位右侧的注记数值为该测点的超欠挖值。将 AutoCAD 的自动对象捕捉只设置为“节点”捕捉，按 F3 键启动对象捕捉，执行 pline 命令，顺序捕捉并连接图面点位，即可绘制出测点围成的隧道横断面图，案例结果见图 3-32 所示。

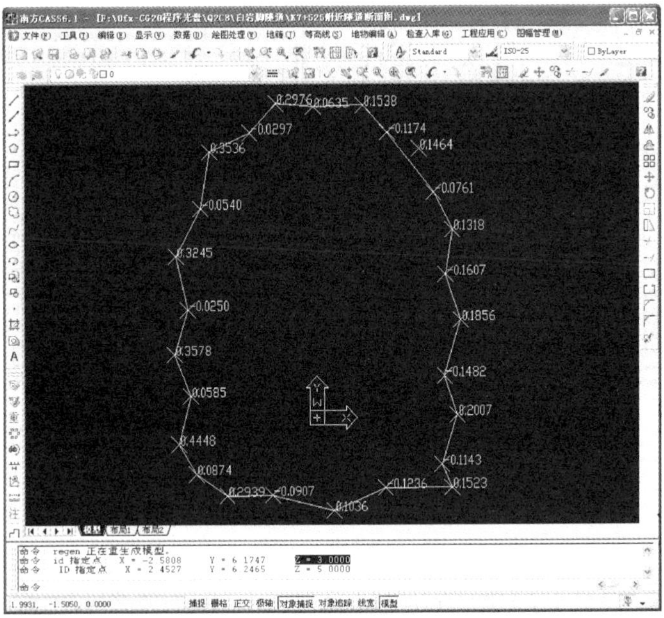

图 3-32　白岩脚隧道 K7+524.75/525.25 两断面的超欠挖展点图

3）fx-CG20 主内存与存储器内存的数据交换及其应用

fx-CG20 有 16 MB 字节的存储器内存，用户可以将主内存的程序、串列文件、矩阵输出到存储器内存保存。例如，新建贵阳久长至永温铁路全线 34.065 km、共 23 个交点的平竖曲线设计数据均输入在机器的 File5 串列文件中，执行 Q2C8 程序完成平竖曲线主点数据计算后，将其另存为存储器内存的 File5.csv 格式文件，其文件容量为 21 KB 字节，16 MB 存储器内存共可以存储 780 个这种容量的文件。可见，16 MB 字节的存储器内存可以存储大量的串列或矩阵数据文件。虽然 fx-CG20 主内存只能存储 6 个串列文件数据，但通过存储器内存，可以外存很多串列文件，通过主内存与存储器内存相互交换数据的方式，可以方便地实现 6 条以上路线或匝道曲线的三维坐标计算。

4）线元法任意路线或匝道曲线三维坐标计算程序 Q2C9/H2C9 简介

其中 Q2C9.g1m 为 fx-CG20 源程序文件，H2C9.exe 为配套的 PC 机成果整理程序文件。

Q2C9 程序是线元法程序，其功能与 Q2C8 程序完全相同。由于线元法程序存储平竖曲线主点数据没有占用当前串列文件的 List 1～List 26 全部串列，因此，路线的超高横坡数据不是输入到 Mat B 或 Mat C 矩阵，而是直接输入到当前串列文件的 List 21～List 25 中。

与本书的 fx-5800P 程序 QH2－7T 与 QH2－8T 比较，参考文献[1]的 fx-CG20 程序 Q2C8 与 Q2C9 实现了输入输出数据及绘图坐标文件的全数字化计算，如果您掌握了 PC 机 Windows 操作系统的基本操作方法，就很容易学会 fx-CG20 程序的操作方法。

5）一、二等水准测量记录程序 Q3C1/H3C1 简介

其中 Q3C1.g1m 为 fx-CG20 源程序文件，H3C1.exe 为配套的 PC 机成果整理程序文件。

程序严格按 GB/T 12897—91《国家一、二等水准测量规范》[10]的限差要求与观测方法编写。

(1) 记录容量

当内存只有 Q3C1 程序及其 3 个子程序时，最多可以记录 200 站一等或二等水准测量观测数据。每站水准测量观测数据的记录计算结果存储在当前串列文件中。

(2) 串列数据的颜色

每站一等或二等水准测量需要观测 8 个数据，为便于用户按 MENU 2 键，在“统计”模式查看已存储的观测数据，程序将串列中的 4 个前、后尺上、下丝读数用绿色数字显示，2 个基本分划中丝读数用蓝色数字显示，2 个辅助分划中丝读数用红色数字显示，使用户很容易通过颜色辨别哪些数据是原始观测数据，哪些数据为程序计算结果。

(3) 观测数据的检核与超限处理

一、二等水准测量，每站需要输入 8 个观测数据，进行 11 项检核，当 11 项检核项中的任何一项超限时，程序立即用红色字符显示超限内容及其超限值，并要求重新观测并输入本站数据。当用户在输入一站数据中间，希望不存本站数据时，只需要任意输入当前数据，使本站的一个指标超限，程序立即提示重新输入本站数据。

(4) 水准测段观测数据的输入

程序是按测段进行水准测量设计，只要内存容量允许，程序对一个串列文件存储的测段数没有限制。在 PC 机执行成果整理程序 H3C1.exe 时，自动按水准测段统计观测数据。

完成一个水准测段观测及数据输入后，可以按 MENU 2 键进入“统计”模式，查看已记录的水准测量成果。记录每站观测数据，需要占用4行 List 1～List 5 串列，图 3-33 为前 4 站的水准观测数据记录结果。图中的绿色数字为前、后尺上、下丝读数，蓝色数字为基本分划中丝读数，红色数字为辅助分划中丝读数，黑色数字为程序计算结果。

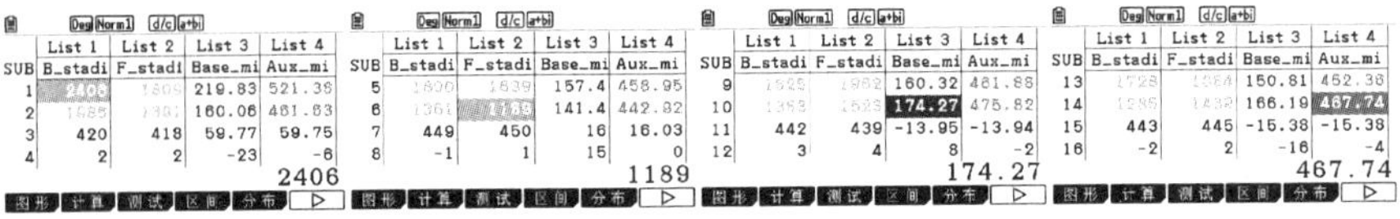

图 3-33　在“统计”模式中查看当前串列文件的水准测量记录内容

(5) 将当前串列文件 File1 另存到存储器内存的 File1.csv 格式文件

在“统计”模式功能菜单下，按 F6 F6 F1 (CSV) F2 (另存为) 键，将当前串列数据保存到存储器内存的 File1.csv 文件，操作过程见图 3-34 所示。

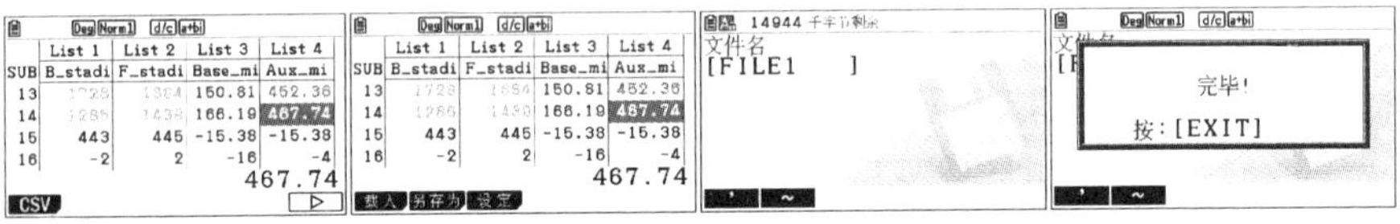

图 3-34　在“统计”模式将 File1 串列数据另存到存储器内存的 File1.csv 文件

用 fx-CG20 标配的通用 USB 数据线连接计算器与 PC 机的 USB 口，在计算器上按 F2 (接收) 键，启动计算器与 PC 机的连接，操作过程见图 3-35 所示。

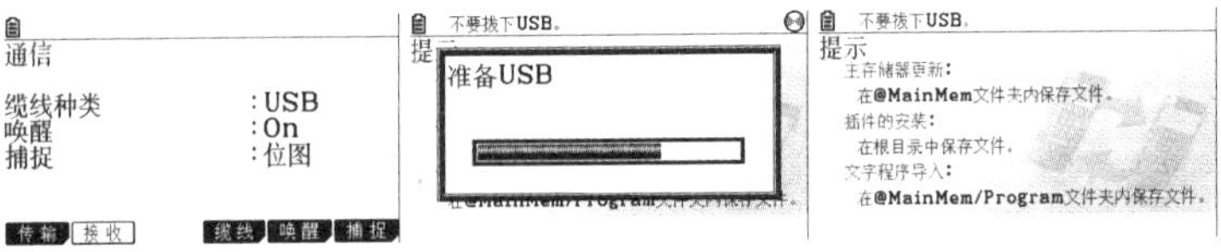

图 3-35　fx-CG20 通过 USB 缆线与 PC 机连接进行文件传输操作

完成连接后，在 PC 机打开 Windows 资源管理器，从计算器的存储器内存中将 File1.csv 文件复制到 PC 机硬盘的某个文件夹下。

(6) 用 PC 机成果整理程序 H3C1.exe 生成一、二等水准测量成果文件

PC 机程序文件 H3C1.exe 是专为 fx-CG20 程序 Q3C1 开发的一个成果整理程序，它能从 Q3C1 程序生成并输出的 csv 格式逗号分隔文件中读取数据，并输出到扩展名为 txt 的同名文本格式文件中，供用户存档与打印。

在 Windows 的资源管理器下，将 File1.csv 与 H3C1.exe 文件复制到一个文件夹，鼠标左键双击 H3C1.exe 文件名执行程序，输入 file1 按回车键，程序自动从同路径下的 File1.CSV 文件中读入数据，并在同路径下生成 File1.txt 成果文件。执行程序 H3C1.exe 的界面见图 3-36 所示，成果文件 File1.txt 的部分内容见图 3-37 所示。

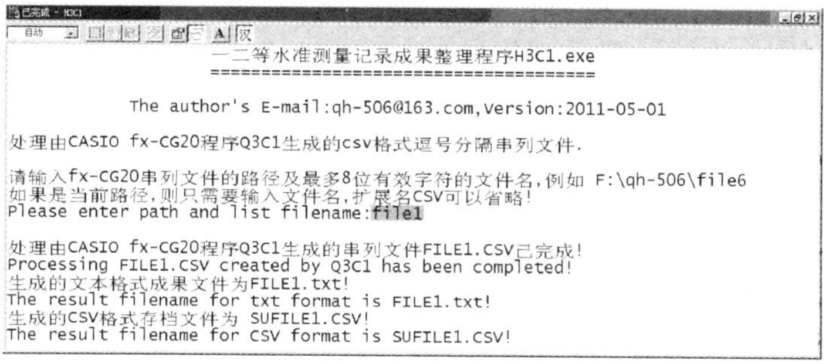

一二等水准测量记录成果整理程序H3C1.exe
======================================

The author's E-mail:qh-506@163.com,Version:2011-05-01

处理由CASIO fx-CG20程序Q3C1生成的csv格式逗号分隔串列文件.

请输入fx-CG20串列文件的路径及最多8位有效字符的文件名,例如 F:\qh-506\file6
如果是当前路径,则只需要输入文件名,扩展名CSV可以省略!
Please enter path and list filename:file1

处理由CASIO fx-CG20程序Q3C1生成的串列文件FILE1.CSV已完成!
Processing FILE1.CSV created by Q3C1 has been completed!
生成的文本格式成果文件为FILE1.txt!
The result filename for txt format is FILE1.txt!
生成的CSV格式存档文件为 SUFILE1.CSV!
The result filename for CSV format is SUFILE1.CSV!

图 3-36 在 PC 机执行程序 H3C1.exe 输入 file1 串列文件名的界面

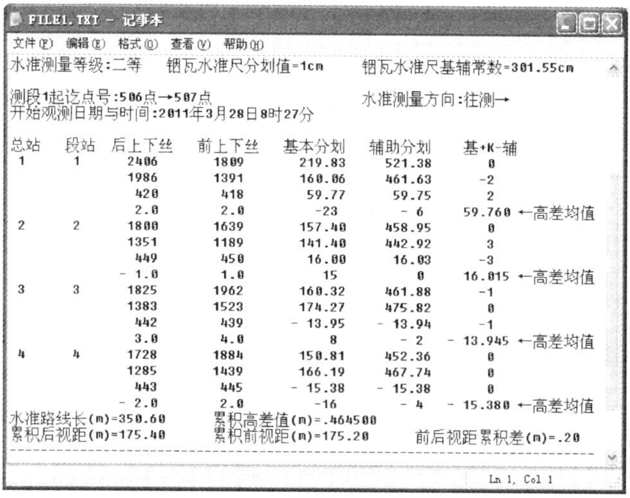

FILE1.TXT - 记事本

水准测量等级:二等　铟瓦水准尺分划值=1cm　铟瓦水准尺基辅常数=301.55cm

测段1起讫点号:506点→507点　水准测量方向:往测→
开始观测日期与时间:2011年3月28日8时27分

总站	段站	后上下丝	前上下丝	基本分划	辅助分划	基+K-辅
1	1	2406	1809	219.83	521.38	0
		1986	1391	160.06	461.63	-2
		420	418	59.77	59.75	2
		2.0	2.0	-23	-6	59.760 ←高差均值
2	2	1800	1639	157.40	458.95	0
		1351	1189	141.40	442.92	3
		449	450	16.00	16.03	-3
		-1.0	1.0	15	0	16.015 ←高差均值
3	3	1825	1962	160.32	461.88	-1
		1383	1523	174.27	475.82	0
		442	439	-13.95	-13.94	-1
		3.0	4.0	8	-2	-13.945 ←高差均值
4	4	1728	1884	150.81	452.36	0
		1285	1439	166.19	467.74	0
		443	445	-15.38	-15.38	0
		-2.0	2.0	-16	-4	-15.380 ←高差均值

水准路线长(m)=350.60　累积高差值(m)=.464500
累积后视距(m)=175.40　累积前视距(m)=175.20　前后视距累积差(m)=.20

Ln 1, Col 1

图 3-37 成果文件 File1.txt 的部分内容

6）三、四等水准测量记录程序 Q3C2/H3C2 简介

其中 Q3C2.g1m 为 fx-CG20 源程序文件，H3C2.exe 为配套的 PC 机成果整理程序文件。

程序严格按 GB/T 12898—91《国家三、四等水准测量规范》[11]的限差要求与观测方法编写。进行四等水准测量时，可以选择读上、下丝计算视距，也可以直读视距。

参考文献

[1] 覃辉，段长虹，覃楠. CASIOfx-CG20 中文图形编程计算器电子手簿与隧道超欠挖程序[M]. 上海：同济大学出版社，2011.

[2] 覃辉，覃楠. CASIOfx-5800P 编程计算器基于数据库子程序的测量程序与案例[M]. 上海：同济大学出版社，2010.

[3] 覃辉，段长虹. CASIOfx-5800P 矩阵编程计算器原理与实用测量程序[M]. 上海：同济大学出版社，2007.

[4] 覃辉. CASIOfx-4800P/fx-4850P 与 fx-5800P 编程计算器功能比较与程序转换[M]. 上海：同济大学出版社，2009.

[5] 西安交通大学高等数学教研室编. 复变函数[M]. 北京：人民教育出版社，1979.

[6] 四川矿业学院. 数学手册[M]. 北京：科学出版社，1978.

[7] 中华人民共和国行业标准.（JTG B01-2003）公路工程技术标准[S]. 北京：人民交通出版社，2004.

[8] 中华人民共和国行业标准.（JTG D20-2006）公路路线设计规范[S]. 北京：人民交通出版社，2006.

[9] 中华人民共和国行业标准.（JTJ 061-99）公路勘测规范[S]. 北京：人民交通出版社，1998.

[10] 中华人民共和国国家标准（GB/T 12897-91）. 国家一、二等水准测量规范. 1991-05-05 发布，1992-01-01 实施. 北京：中国标准出版社，1992.

[11] 中华人民共和国国家标准（GB/T 12898-91）. 国家三、四等水准测量规范. 1991-05-05 发布，1992-01-01 实施. 北京：中国标准出版社，1992.